L'ODYSSÉE

L'ODYSSÉE

HOMÈRE

L'ODYSSÉE

Traduction, introduction, notes et index
par
Médéric Dufour
professeur à la Faculté des Lettres
et Sciences humaines de Lille
et
Jeanne Raison
professeur au lycée Fénelon

GF-Flammarion

© 1965, by GARNIER-FRÈRES, Paris.
ISBN 2-08-070064-2

INTRODUCTION

Des deux épopées qui sont à l'origine de la littérature grecque, l'une illustre la puissance d'expansion de la race : elle évoque l'établissement des Grecs sur la côte d'Asie; et l'un des plus marquants épisodes dans cette prise de possession, la guerre de Troie, devient, grâce à *l'Iliade*, l'événement symbolique où se traduit la force conquérante des Hellènes. La seconde épopée met en lumière un autre de leurs dons : la faculté d'adaptation qui, jointe à l'esprit d'aventure, a permis à ce peuple de terriens de se plier si bien à des conditions d'existence nouvelles qu'il se montre capable, dès qu'il s'éveille à la poésie, de concevoir et de goûter *l'Odyssée*, ce poème de la mer.

Lorsqu'ils descendent des contrées du Nord, les Achéens ignorent tout de la mer et semblent n'avoir pas même dans leur langue un mot pour la désigner. Mais de toutes parts elle les sollicite dans ce pays nouveau où elle s'insinue par des baies innombrables, où les îles jalonnent le large, où la limpidité de l'air semble rapprocher encore les côtes voisines. Ils répondent à son appel, et, pour se former à la navigation où la mer les invite, ils trouvent des maîtres chez ceux qui les ont précédés sur les rives de l'Égée. Ce n'est pas aux Phéniciens, bien qu'on leur en ait souvent fait honneur, c'est aux Égéens que les Grecs doivent leurs premières notions et leurs progrès rapides dans un art pour eux nouveau.

A bien d'autres égards, ils sont tributaires de ces Égéo-Crétois, dont plus tard il ne leur est resté qu'un souvenir imprécis, mais dont la civilisation brillante se mêle encore, pendant la période mycénienne, à l'apport proprement hellénique. S'ils conservent leur langue et leurs dieux, leur organisation familiale et féodale, les

Achéens subissent, même dans le domaine social et
religieux, l'influence de ceux qu'ils vont supplanter.
Et, dans ce qui touche la vie pratique surtout, ils leur
empruntent : ils s'adressent à eux pour décorer leurs
palais formidables; par eux ils sont instruits à cultiver
la vigne et l'olivier; d'eux enfin ils apprennent les secrets
de la navigation; et à leur tour, ils sont bientôt devenus
des « peuples de la mer », ainsi que les désignent, dès le
~ XIIIᵉ siècle, des textes égyptiens.

Vienne au siècle suivant le dernier ban d'envahisseurs,
les Doriens, qui vont recouvrir la Thessalie, la Grèce centrale, le Péloponnèse, la Crète : ils refoulent les Achéens,
et à l'éclat de la période mycénienne ils font succéder
les temps obscurs du « moyen âge » hellénique. Mais par
mer les Achéens cherchent un refuge en Asie, et sur ce
sol où leurs aïeux avaient été des vainqueurs ils évoquent
aux jours moins heureux le souvenir des exploits anciens.
Leurs aèdes en célèbrent la gloire et, rattachant ainsi le
présent au passé par-delà l'invasion dorienne, ils font
vers le ~ IXᵉ siècle fleurir en Éolide, en Ionie, l'épopée
homérique, source de toute poésie grecque.

Si telles paraissent être les conditions et l'époque où
elle fut écrite, il n'est pas malaisé toutefois d'y reconnaître des marques d'un temps plus ancien. D'une lignée
d'aèdes venus avant lui, le poète de *l'Odyssée* reçoit ces
formules métriques si commodes pour remplir la fin de
l'hexamètre, ces comparaisons, ces périphrases dont le
trésor s'est accru peu à peu des apports de chacun, l'art
de la composition épique, oratoire autant que narrative,
la versification souple et savante, et la langue composite,
instrument d'art, éloignée de tout langage parlé. Certains
mots y remontent à un passé si vieux que leur sens est
depuis longtemps obscurci : le poète les explique à sa
façon, par des étymologies peu sûres; Athéné « à face de
chouette » devient pour lui la déesse « aux yeux brillants »;
il ne donne à Héra que les grands yeux, non la tête de
vache dont elle était pourvue, et d'Argiphonte, le météore
« éblouissant de blancheur », il fait un « messager rapide ».

A ceux qui l'ont précédé il doit encore la donnée et
sans doute l'ébauche de son poème : dans *l'Odyssée* qui
nous est parvenue on discerne les éléments d'une œuvre
plus archaïque et rudimentaire qu'inspiraient le labeur

et les périls, et les aventures merveilleuses ou terribles des gens de mer. Notre texte le laisse deviner, d'abord dans maintes descriptions techniques où l'on suit la manœuvre et le mouillage, où l'on voit le marin planter le mât et dresser la voilure ou bien, abordant par la poupe au rivage, étayer sur la grève sa nef qu'il a tirée à sec. Ces détails minutieux, dont notre *Odyssée* reste pleine, la rapprochent du temps lointain où les Achéens s'initiaient à l'art périlleux de la navigation.

Mais voici qu'après un cabotage prudent le long des côtes, ou une brève traversée jusqu'à l'île prochaine, ils osent contourner les pointes du Péloponnèse. Ithaque *, pauvre roche, avec Zante et Samé, marque à l'ouest de la Grèce la ligne de partage entre les eaux du Levant, plus familières, et celles du Couchant, mystérieuses et pleines d'épouvante. De là vient son importance, et de ses bords est parti l'audacieux qui ne craint pas de franchir entre deux écueils meurtriers le détroit qu'interdisent Charybde et Scylla. Il entre dans la mer Tyrrhénienne peuplée de monstres, de prodiges; et, comme tous ceux qui s'en vont au loin, il rapporte de ses voyages des récits merveilleux, qui forment le fond de la première *Odyssée*.

Pleine d'aventures étranges, elle ressemblait moins à une épopée qu'à un conte. Et ce caractère est resté dans maints passages des récits chez Alcinoos qui forment la seconde partie de notre poème. Nulle part ces récits ne nous montrent Athéné, la sage déesse, dont partout ailleurs le génie raisonnable illumine l'œuvre et veille au salut du héros. Mais on y trouve un merveilleux plus étrange : celui de la mer inconnue qui mène le voyageur vers les Cyclopes à l'œil unique, l'île d'Éole où sont enfermés les vents, les Lestrygons et les Sirènes, et Charybde et Scylla; celui des puissances magiques incarnées dans Circé qui change en pourceaux les compagnons

---

* Où faut-il placer l'île d'Ulysse ? Après l'avoir longtemps reconnue dans celle qui garde le nom de l'ancienne Ithaque : Thiaki, on l'a identifiée à Leucade (Doerpfeld); on croit la retrouver dans Corfou (Lentz-Spitta, Hennig). Il est peut-être aussi sage de la voir encore dans Thiaki (Seure). Le nom de l'île y invite, bien que la fixité des noms de lieux ne soit pas absolue; son aspect s'accorde assez bien avec les indications du texte homérique; et si la médiocrité de ses ressources et de son étendue paraît une objection, il ne faut pas oublier que le royaume d'Ulysse, loin d'être borné à Ithaque, tire des îles voisines sa puissance et sa richesse.

d'Ulysse, puis les rétablit dans leur forme première, et
indique au héros le secret d'évoquer les morts.

A ce merveilleux pourtant se joignait déjà l'intérêt de
la vérité humaine; car ces contes venaient s'insérer dans
une aventure simple, empruntée à la vie : celle du marin
qui s'en va pour un long voyage, laissant chez lui sa
femme avec un fils nouveau-né. La tempête, l'escale for-
cée, les courses des pirates le retiennent au loin si longtemps qu'on le croit « péri ». Au foyer, la femme est sage;
mais sa beauté, jointe aux biens du maître, lui attire des
prétendants que le fils est trop jeune pour écarter. Le
mari revient quand on a cessé de l'attendre, et reparaît
dans sa demeure comme un vagabond inconnu.

A ce thème, très vieux et souvent repris, on peut concevoir et la vie peut donner plus d'un dénouement. Celui
de *l'Odyssée* sera farouche : insulté chez lui par ceux qui
convoitent sa femme, l'inconnu se révèle et massacre ses
rivaux.

Si nous cherchons par où notre *Odyssée* diffère de
cette ébauche, nous discernons de l'une à l'autre à la fois
un enrichissement et une transformation. L'œuvre s'est
enrichie d'observation humaine, et la variété des carac-
tères qu'elle nous offre permet d'y trouver une image du
peuple où elle est née. L'intervention des dieux, pourtant si fréquente, ne contrarie point la vérité du tableau.
Car le retour d'Ulysse peut bien être le souci constant
d'Athéné : le héros n'en agit pas moins comme s'il était
seul et ne devait compter que sur lui-même. Chez lui
donc et chez ceux qui se meuvent autour de lui, nous
voyons vivre et s'exprimer une race jeune encore et
prompte aux violences, ingénieuse jusqu'à la ruse, bien
douée pour la parole, capable de beaux sentiments :
l'amitié, la fidélité au maître, à l'époux, le respect du
suppliant, l'hospitalité généreuse; médiocre dans son
idéal, qui ne s'élève guère au-dessus de la vie joyeuse et
facile que mènent à Schérie les princes phéaciens. Et
nous voyons aussi les aspects divers des paysages : la
côte rocheuse ou basse, le maquis, le bois, la mer chan-
geante, et le tableau d'une civilisation déjà brillante,
encore grossière, où le luxe raffiné s'allie à la simplicité
primitive, voire à la malpropreté repoussante.

Mais le poète fait plus, et la matière qu'il traite est
par lui transformée. Soucieux d'assurer à son *Odyssée*

le succès qu'avait obtenu *l'Iliade*, il lui donne un caractère mixte en unissant dans une large mesure au poème marin des souvenirs du poème de guerre.

Car le voyageur qu'il mène aux pays étrangers est un des héros de la guerre de Troie, Ulysse « saccageur de villes », qui, sans être au premier plan dans *l'Iliade*, y est très souvent mentionné; par ce choix le poète rattache l'une à l'autre les deux épopées. La femme d'Ulysse, la sage Pénélope, s'oppose à l'épouse infidèle — si on vraiment coupable — Hélène, qui dans *l'Iliade* est cause initiale de la guerre, et aussi à l'épouse meurtrière, Clytemnestre, qui fera périr au retour l'Atride vainqueur de Troie; Télémaque luttant avec Ulysse pour lui rendre sa royauté s'oppose au triste Oreste que son père n'a même pas revu : par ces antithèses entre la fille d'Icarios et les filles de Léda, entre le fils d'Ulysse et celui d'Agamemnon, *l'Odyssée* se relie encore à *l'Iliade*.

Les développements nouveaux dont s'agrandit le poème tendent au même objet : dans les quatre premiers chants le voyage de Télémaque à Pylos et à Sparte n'est pas imaginé seulement pour mettre en relief les dons aimables que la jeunesse épanouit chez le fils d'Ulysse, ni pour préparer habilement, par les éloges qu'on fait de lui, l'entrée en scène du héros principal : il permet au poète d'introduire dans *l'Odyssée* deux compagnons d'armes d'Ulysse, deux personnages de *l'Iliade*, Nestor et Ménélas, et, par surcroît, Hélène. Les récits contés par Ménélas à Télémaque sont un nouveau moyen de mêler au poème d'autres héros de la guerre fameuse : Ajax, fils d'Oïlée, succombant au naufrage, Agamemnon, victime de l'adultère Égisthe.

Dans les récits chez Alcinoos, un des épisodes les plus importants est, au chant XI, l'évocation des Morts. Or, après Tirésias, le devin, et Anticlée, mère d'Ulysse, ceux dont le héros narre le plus longuement la rencontre et nous redit l'entretien sont des Grecs illustrés devant Troie : Agamemnon, Achille, Ajax, dont la présence sur les bords du fleuve Océan évoque à l'esprit les rives du Scamandre.

Et dans la dernière partie du poème, l'épreuve de l'arc, le massacre des prétendants et des serviteurs infidèles sont des scènes de guerre où se trahit encore une influence de *l'Iliade*.

Ainsi transformée *l'Odyssée* demeure harmonieuse : le combat sur terre y alterne avec l'aventure de mer;

des contes anciens y sont mêlés au tableau d'une civilisation plus tardive; mais entre ces éléments divers
s'est établie l'unité. Faut-il y voir cependant le travail
de plusieurs poètes ? On sait qu'après s'être attachée,
plus d'un siècle, à la suite de Wolf, à supprimer Homère
et émietter son œuvre aux mains d'aèdes inconnus, la
critique, par un labeur inverse, tend à lui restituer les
poèmes que lui attribuait la tradition; et la réaction en
ce sens est si forte qu'à son tour elle paraît excessive.

Si la division très nette de *l'Odyssée* en trois parties :
Voyage de Télémaque, Ulysse chez Alcinoos, Vengeance
d'Ulysse, suggère l'idée que ces trois développements
ne sont pas de la même main, il est juste aussi de marquer
qu'ils forment un tout, puisque l'objet du poème est
défini, le dénouement même indiqué dès le début, dans
l'avertissement adressé par Télémaque aux prétendants,
et que *l'Odyssée* ne s'achève vraiment qu'au chant XXIV
par la paix conclue entre Ulysse vainqueur et les parents
de ses victimes.

Si, d'autre part, les inégalités artistiques manifestes,
les incohérences, les bavardages lassants nous portent,
non sans motif, à admettre des interpolations nombreuses
et regrettables dans un beau texte, il faut songer aussi
que notre esthétique n'est pas celle des temps homériques, et que le souci de l'œuvre parfaite, achevée en
tous ses détails, ne s'impose guère encore au poète : il
peut, après avoir employé tout son art dans un récit,
bâcler d'un style négligé tel autre qui l'intéresse moins;
il peut répéter trop souvent, à notre gré, tel morceau
qu'il sait bien accueilli de son auditoire.

A souligner les différences, à mettre en relief les contradictions, à éliminer les faiblesses on a dépensé beaucoup
de science et d'esprit. Bien qu'il ne puisse conduire à des
certitudes, il faut admirer cet effort dont l'œuvre critique
de V. Bérard sur *l'Odyssée* est le plus récent et brillant
témoignage. Mais qu'il ne nous détourne pas d'accepter
et de lire le poème en son entier, de voir dans *l'Odyssée*
un tout plutôt qu'un assemblage et, suivant le mot de
Jean Moréas, « de nous abandonner à Homère avec un
cœur pur ».

Le texte suivi est celui de Thomas W. ALLEN (Oxford,
1907). Au début des chants sont rappelés les noms tra-

ditionnels donnés par les Anciens aux épisodes contenus dans ces chants, titres vénérables et plus expressifs que les vingt-quatre lettres adoptées à l'époque alexandrine pour désigner les diverses parties du poème.

BIBLIOGRAPHIE

On trouvera une bibliographie homérique très ample dans
V. BÉRARD : *Introduction à l'Odyssée*, Paris, 1924.

A consulter particulièrement, — outre les ouvrages de
V. BÉRARD : *Les Phéniciens et l'Odyssée*, Paris, 1902-
1903; *La Résurrection d'Homère ; Ithaque et la Grèce
des Achéens* (1928); *L'Odyssée d'Homère ; Dans le sil-
lage d'Ulysse* (1933) :

VAN GENNEP : *La Question d'Homère* (bibliographie de
A. J. Reinach), Paris, 1909.

L. LAURAND : *A propos d'Homère*, Paris, Klincksieck,
1913.

G. GLOTZ : *Le Travail dans la Grèce ancienne*, Paris,
Alcan, 1920.

Melville BOLLING : *The external evidence for interpolation
in Homer*, Oxford, 1925.

CONTENAU : *La Civilisation phénicienne*, Paris, Payot, 1926.

M. SULZBERGER : *Les Noms propres chez Homère et dans
la mythologie grecque* (Rev. des Et. gr., 1926).

U. WILAMOWITZ-MOELLENDORFF : *Die Heimkehr des
Odysseus*, Berlin, 1927.

L. STELLA : *Echi di Civiltà preistoriche nei poemi d'Omero*,
Milano, 1927.

Milman PARRY : *L'Épithète traditionnelle dans Homère ;
Les Formules et la métrique d'Homère*, Paris, Belles-
Lettres, 1928.

G. GLOTZ : *La Cité grecque*, Paris, 1928.

BURRAGE : *The Ithaca of the Odyssey*, Oxford, 1928.

GRISET : *La patria e il regno di Odisseo*, Pignerol, 1928.

Compte rendu de P. Chantraine (R. Ph. LV, p. 210-211, 1929).

Lentz-Spitta : *Corfou = Ithaque* (Rev. des Et. gr., 1929).

L. Laurand : *Manuel des Etudes grecques*, Fasc. II, 6e édition, Paris, Picard, 1930.

Woodhouse : *The composition of Homer's Odyssey*. Oxford, 1930.

P. Chantraine : *L'Emploi des formules dans le premier chant de l'Iliade* (Rev. des Et. gr., 1932).

G. Seure : *A la recherche d'Ithaque et de Troie*, Paris, Geuthner, 1933.

Georges-M. Calhoun : *Télémaque et le plan de l'Odyssée* (Rev. des Et. gr., 1934).

Hennig (R.) : *Die Geographie des Homerischen Epos. Eine Studie über die erdkundlichen Elemente der Odyssee.* Leipzig, Teubner, 1934.

L'ODYSSÉE

CHANT I

INVOCATION A LA MUSE - ASSEMBLÉE DES DIEUX - EXHORTATION D'ATHÉNÉ A TÉLÉMAQUE - FESTIN DES PRÉTENDANTS

SOMMAIRE : Invocation à la Muse (1-10). Les Dieux tiennent assemblée en l'absence de Poséidon, et, à la requête d'Athéné, décident le retour d'Ulysse (11-95). Athéné se rend à Ithaque sous les traits de Mentès, roi des Taphiens. Accueillie par Télémaque, elle relève son courage et lui conseille d'aller à Pylos la Sablonneuse auprès de Nestor, et à Sparte chez Ménélas, pour y apprendre des nouvelles de son père (96-324). Réconforté, Télémaque renvoie dans sa chambre sa mère Pénélope, descendue pour entendre le rhapsode Phémios, puis il convoque pour le lendemain les prétendants à l'agora, afin de leur notifier ses résolutions. La nuit venue, tous vont se reposer (325-444).

Muse, dis-moi le héros aux mille expédients, qui tant erra, quand sa ruse eut fait mettre à sac l'acropole sacrée de Troade, qui visita les villes et connut les mœurs de tant d'hommes [1]! Combien en son cœur il éprouva de tourments sur la mer, quand il luttait pour sa vie et le retour de ses compagnons! Mais il ne put les sauver malgré son désir : leur aveuglement les perdit, insensés qui dévorèrent les bœufs d'Hélios Hypérion [2]. Et lui leur ôta la journée du retour. A nous aussi, déesse née de Zeus, conte ces aventures, en commençant où tu voudras [3].

En ce temps-là tous ceux qui avaient échappé au brusque trépas étaient en leur logis, sauvés de la bataille et de la mer. Seul, Ulysse [4] désirait encore son retour et sa femme. Une nymphe, Calypso, une auguste déesse,

le retenait dans ses grottes profondes, brûlant de l'avoir
pour époux. Mais quand la roue du temps eut amené
l'année où les dieux avaient filé son retour au foyer,
dans Ithaque, même alors, et parmi les siens il n'était
pas au bout de ses épreuves. Les dieux le prenaient en
pitié, tous excepté Poséidon, dont l'implacable rancune
poursuivait le divin Ulysse jusqu'à son retour au pays.

Or, le dieu s'en était allé en une terre lointaine, chez
les Éthiopiens [5] qui, aux extrémités du monde, sont par-
tagés en deux, les uns au couchant, les autres à l'orient
d'Hypérion. Il y était allé recevoir une hécatombe de
taureaux et d'agneaux, et goûtait le plaisir d'être assis au
festin. Cependant les autres dieux tenaient conseil au
manoir de Zeus Olympien. Et le premier, le Père des
hommes et des dieux prit la parole. Il avait en son cœur
le souvenir du noble Égisthe, qu'avait tué le fils d'Agamemnon, Oreste, au nom fameux. Cette pensée en l'esprit, il dit aux Immortels : « Ah! vraiment, de quels
griefs les mortels ne chargent-ils pas les dieux! C'est de
nous, à les entendre, que viennent leurs maux; mais
c'est par leur démence qu'ils sont frappés plus que ne
voulait leur destin. Naguère, malgré le destin, Égisthe
épousa la femme légitime de l'Atride, et le tua à son
retour; il savait pourtant quel affreux trépas l'attendait :
car, nous l'avions averti, lui ayant dépêché Hermès, le
vigilant guetteur Argiphonte [6], pour lui défendre de tuer
le mari et d'épouser la femme. Oreste vengerait l'Atride,
quand, l'adolescence atteinte, il regretterait sa terre.
Ainsi parla Hermès; mais ses bons avis ne purent fléchir
le cœur d'Égisthe; et maintenant il a d'un seul coup
expié tous ses crimes. »

La déesse aux yeux brillants [7], Athéné, lui répondit :
« Fils de Cronos, notre père, Puissance souveraine, le
trépas qui coucha cet homme ne fut que trop mérité;
et de cette mort périsse quiconque commettrait de tels
forfaits! »

Mais mon cœur se déchire au souvenir du prudent
Ulysse, le malheureux, qui depuis si longtemps souffre,
loin de ses amis, en une île ceinte de flots, au nombril
de la mer. L'île est couverte de forêts; c'est le séjour
d'une déesse, la fille d'Atlas aux pernicieux conseils,
celui qui connaît les abîmes de toute mer et soutient seul
les hautes colonnes séparant la terre et le ciel. Sa fille
garde captif le malheureux qui se lamente; sans cesse
elle le charme de douces et flatteuses paroles, afin qu'il

perde souvenance d'Ithaque. Mais lui qui voudrait voir
ne fût-ce que la fumée s'élevant de sa terre, Ulysse
appelle la mort. Et ton cœur ne s'émeut pas, Olympien!
Tu n'agréais donc pas les sacrifices qu'il t'offrait près
des vaisseaux argiens, en la vaste Troade? D'où te
vient contre lui cette rancune si grande [8], ô Zeus? »

Zeus, assembleur des nues, lui répondit : « Mon enfant,
quelle parole a franchi la barrière de tes dents [9]? Comment pourrais-je oublier le divin Ulysse, qui l'emporte
sur tous les hommes par l'intelligence, et qui l'emporte
aussi par le nombre des sacrifices offerts aux dieux
immortels, habitants du ciel immense? Mais Poséidon,
porteur de la terre [10], a contre lui rancune opiniâtre,
à cause du Cyclope, dont il aveugla l'œil unique, le
divin Polyphème, le plus fort de tous les Cyclopes. La
nymphe Thoôsa l'avait enfanté, la fille de Phorcys, prince
de la mer inlassable [11]; elle s'était donnée à Poséidon au
creux d'une antre. Et c'est pourquoi l'Ebranleur de
la terre, Poséidon, sans le tuer, fait errer Ulysse loin de
son pays. Eh bien! nous tous qui sommes ici, songeons
à assurer son retour. Poséidon quittera sa rancune; car
il ne pourra seul tenir tête à tous les dieux immortels. »

Alors la déesse aux yeux brillants, Athéné, lui
répondit : « Notre père, fils de Cronos, Puissance souveraine, s'il agrée maintenant aux Bienheureux que le
prudent Ulysse revienne à sa maison, dépêchons Hermès,
le messager Argiphonte, en l'île Ogygie [12], afin qu'au
plus vite il porte à la nymphe aux belles boucles notre
immuable arrêt, le retour du patient Ulysse! Et moi,
j'irai en Ithaque stimuler son fils et lui mettre au cœur
assez d'énergie pour convoquer à l'agora les Achéens
aux longs cheveux et congédier tous les prétendants qui
ne cessent de lui égorger en foule brebis et vaches aux
pieds tors, aux cornes recourbées. Je l'enverrai à Sparte
et à Pylos des Dunes [13], s'enquérir du retour de son père
et gagner un beau renom parmi les hommes. »

Ayant ainsi parlé, elle attacha sous ses pieds ses belles
sandales immortelles, en or, qui la portaient sur l'immensité de la terre et des eaux, aussi vite que les souffles
du vent; elle saisit sa forte javeline à la pointe de bronze,
lourde, longue, infrangible, avec laquelle cette fille d'un
père puissant dompte par rangées les héros à qui elle
garde rancune. Elle partit en s'élançant des cimes de
l'Olympe et s'arrêta au pays d'Ithaque devant le porche
d'Ulysse, sur le seuil de la cour, sa javeline de bronze en

la main; elle avait pris le visage d'un hôte, Mentès, chef
des Taphiens [14]. Elle trouva là les prétendants superbes;
ils charmaient leur cœur en jouant aux cailloux [15], assis
devant la porte, sur le cuir des bœufs qu'ils avaient
abattus. Parmi eux, des hérauts et d'alertes serviteurs
mêlaient dans des cratères le vin et l'eau, ou bien lavaient
les tables avec des éponges aux nombreux trous, puis les
disposaient devant chacun et tranchaient force viandes.
    Télémaque, divinement beau, l'aperçut avant tous.
Assis parmi les prétendants, il avait le cœur plein de
chagrin voyant en pensée son valeureux père : ne
reviendrait-il pas faire en son manoir une jonchée de ces
prétendants, ressaisir les droits du maître et régner sur
ses biens ? Ainsi songeait Télémaque assis parmi les
prétendants, quand il aperçut Athéné. Il alla droit au
porche, et son cœur s'indignait qu'un hôte attendît si
longtemps à la porte; il s'approcha de l'arrivant, lui prit
la main droite, reçut sa javeline de bronze, et lui adressa
ces paroles ailées : « Salut, étranger, tu seras chez nous
traité en ami; viens d'abord souper; tu diras ensuite ce
dont tu as besoin. »
    Il dit et lui montra le chemin; Pallas Athéné le suivit.
Quand tous deux furent entrés dans la haute demeure,
il alla porter la javeline contre une haute colonne dans un
râtelier bien poli, où beaucoup d'autres étaient dressées,
celles du patient Ulysse; puis il mena la déesse s'asseoir
dans un beau fauteuil bien incrusté, sur lequel il avait
étendu une housse de lin; et sous ses pieds il mit un
escabeau. Pour lui-même il approcha une chaise ornée de
mosaïques, loin des prétendants, de crainte que l'hôte,
mêlé à des gens bruyants et incommodé par leur vacarme,
ne prît en dégoût le souper; et puis il voulait l'interroger
sur l'absence de son père. Une servante, apportant dans
une belle aiguière d'or de l'eau pour les mains, la leur
versait au-dessus d'une cuvette d'argent et disposait
devant eux une table polie. Une digne intendante leur
apporta le pain et leur servit en abondance des mets
qu'elle avait en réserve. L'écuyer tranchant leur tendit
des plateaux de viandes diverses, posa devant eux des
coupes d'or, et maintes fois l'échanson venait leur verser
le vin.
    Cependant les prétendants superbes étaient entrés.
Ils s'asseyaient à la file sur les chaises et les fauteuils;
des hérauts versèrent l'eau sur leurs mains; des servantes
entassèrent le pain dans des corbeilles et de jeunes

esclaves couronnèrent de boisson le bord des cratères. Tous les convives tendirent les mains vers les mets servis devant eux. Puis, le désir du boire et du manger apaisé, leur cœur sentit d'autres besoins, celui du chant et de la danse; car ce sont là les ornements d'un festin. Un héraut mit une très belle cithare entre les mains de Phémios, qui chantait devant les prétendants par contrainte, et, sur sa phorminx, l'aède préludait à un beau chant.

Cependant, Télémaque disait à la déesse aux yeux brillants, Athéné, en approchant la tête de son oreille pour n'être pas entendu des autres : « Cher hôte, mes paroles vont-elles te fâcher ? Tu vois ce qui plaît à ces gens, la cithare et le chant. Ah! cela leur est facile; car ils mangent impunément le bien d'autrui, le patrimoine d'un héros, dont peut-être les os blanchis pourrissent sous la pluie, gisant sur une grève; à moins que les flots ne les roulent dans la mer. Ah! s'ils le voyaient de retour en Ithaque, leur vœu à tous serait plutôt d'être rapides à la course que riches en or et en vêtements. Mais non, il a péri d'une mort lamentable; plus de consolation pour nous, un des habitants de la terre nous vînt-il annoncer son retour! Le jour en est bien perdu pour lui! Mais réponds-moi en toute vérité : qui es-tu ? d'où viens-tu ? Où sont tes parents, ta cité ? Sur quel vaisseau arrives-tu ? Comment des matelots t'ont-ils amené en Ithaque ? Qui prétendent-ils être ? car je ne crois pas que tu sois venu jusqu'ici sur tes jambes! Et dis-moi encore, sans rien me cacher, que je sache bien tout : viens-tu pour la première fois, ou étais-tu l'hôte de mon père ? Car beaucoup d'étrangers fréquentaient sa maison : lui-même se plaisait tant à visiter les hommes! »

La déesse aux yeux brillants, Athéné, lui répondit : « Je te parlerai donc en toute vérité. Je déclare être Mentès, fils du prudent Anchialos, et je règne sur les Taphiens, amis de la rame. Et maintenant, je suis venu ici sur un vaisseau avec mon équipage; je vais sur la mer vineuse chez des hommes au parler étranger chercher du bronze à Témésa [16], où je porte une cargaison de fer brillant. Mon vaisseau est ancré près de la campagne, à l'écart de la ville, dans le port de Rheithron, sous le Néion boisé [17]. Et, comme nos pères en tout temps, nous sommes, Ulysse et moi, deux hôtes; tu peux aller le demander au vieux héros Laërte. On dit qu'il ne vient

plus à la ville et vit reclus à la campagne, en proie aux
chagrins, avec une vieille qui lui sert le manger et le
boire, quand ses jambes sont lasses d'avoir traîné sur
l'aire de son vignoble. Je suis venu aujourd'hui, parce
qu'on m'avait dit que ton père était au pays; mais, les
dieux sans doute contrarient son retour. Car il n'est pas
mort, le divin Ulysse [18]; vivant encore, il est retenu
par la vaste mer dans une île cernée des flots, captif
d'ennemis sauvages, qui le gardent contre son gré. Mais
à cette heure je veux te faire la prédiction que m'ins-
pirent les Immortels, et je suis sûr qu'elle s'accomplira;
je ne suis pourtant ni devin ni savant augure : il ne sera
plus longtemps loin de son cher pays, fût-il entravé par
des chaînes de fer; il saura revenir, car jamais il n'est à
court d'expédients. Maintenant réponds-moi et dis toute
la vérité : Ulysse a-t-il donc un si grand fils ? La ressemblance, oui, est frappante; cette tête, ces beaux yeux sont
les siens; car, nous nous rencontrions souvent, avant
qu'il s'embarquât pour Troie, où les plus vaillants
Argiens s'en sont allés sur leurs nefs creuses. Depuis lors
je ne vis plus Ulysse; il ne m'a pas revu. »

Le prudent Télémaque lui répondit : « Je vais donc,
mon hôte, te dire l'exacte vérité. Ma mère affirme que je
suis son fils; mais, moi, comment le saurais-je ? Nul
encore n'a pu vérifier en personne sa naissance. Certes,
j'aimerais mieux être le fils d'un homme heureux, que la
vieillesse atteint sur ses domaines! Mais non! Celui dont
on me dit le fils, eut de tous les mortels la pire destinée.
Sache-le, puisque tu me poses la question! »

La déesse aux yeux brillants, Athéné, lui répliqua :
« Les dieux n'ont pas réservé à ta race un avenir sans
gloire, puisque Pénélope enfanta un fils d'un tel mérite.
Mais réponds-moi en toute vérité : Que signifie ce
festin ? Pourquoi cette foule ? Quel besoin as-tu de ces
gens ? Est-ce un banquet, un repas de noces ? Car, ce ne
peut être un pique-nique. L'insolence des gens qui
festoient passe les bornes, il me semble. Tout homme
raisonnable qui viendrait dans ta maison s'indignerait à
la vue de pareille licence! »

Le prudent Télémaque lui répondit : « Mon hôte, puisque tu me poses cette question et tiens à être renseigné,
autrefois cette maison était, sans doute, opulente et bien
tenue, au temps où l'absent était encore au pays. Mais
les dieux, qui nous veulent du mal, en ont autrement
décidé : le plus invisible des hommes, voilà ce qu'ils ont

fait de lui! Sa mort même ne me causerait pas tant de
chagrin, s'il avait été dompté parmi ses compagnons au
pays des Troyens, ou dans les bras de ses amis, l'écheveau
de la guerre dévidé. Les Panachéens lui auraient élevé
un tombeau et il eût amassé pour son fils grand héritage de
gloire. Mais non! il a été enlevé sans honneur par les Harpyes [19]; il disparut sans qu'on le vît, sans qu'on le sût;
il ne m'a laissé que chagrins et larmes. Et, ce n'est pas sur
lui seul que je me lamente et pleure; car les dieux m'ont
préparé d'autres maux et d'autres soucis. Tous les nobles
qui règnent sur nos îles, Doulichion [20], Samé, Zacynthe
couverte de forêts; tous les princes de la rocheuse Ithaque,
tous, tant qu'ils sont, courtisent ma mère et mangent
mes biens. Elle, sans refuser ouvertement un mariage
qui lui répugne, n'a point la force d'en finir. En attendant,
ils dévorent et consument la maison. Un jour viendra
qu'ils me mettront en pièces, moi aussi! »

Prise de pitié, Pallas Athéné lui dit : « Que tu dois
regretter l'absence d'Ulysse, et comme il appesantirait
ses mains sur ces prétendants sans vergogne! Qu'il
revienne maintenant, apparaisse au seuil de sa maison,
avec son heaume, son écu et deux javelines, tel que je le
vis la première fois, quand il buvait et faisait chère lie
dans notre manoir : il revenait d'Ephyre [21], de chez Ilos,
fils de Merméros. Il y était allé sur un vaisseau rapide
chercher un poison mortel pour le bronze de ses flèches.
Ilos ne voulut pas lui en donner par crainte des dieux
éternels; mais mon père l'en pourvut, tant était grande
son amitié! Que cet Ulysse-là se mesure avec ces prétendants; brève serait leur vie, amères leurs noces! Mais
cet avenir repose sur les genoux des dieux : peut-être
reviendra-t-il se venger d'eux en son manoir même,
peut-être ne le reverra-t-on pas! Pour toi, songe, je t'y
engage, aux moyens de chasser ces prétendants hors de
ta maison. Allons, comprends-moi et médite mes conseils.
Demain, convoque à l'agora les héros achéens, déclare à
tous ta volonté, et atteste les dieux. Somme les prétendants de s'en aller chez eux; que ta mère, si elle a le
désir du mariage, retourne au manoir de son père, dont la
puissance est grande; aux prétendants de songer à cette
union et de fournir en grand nombre les présents qu'on
doit donner au père pour obtenir sa fille. A toi je donnerai
un sage conseil, que tu suivras, j'espère. Equipe de vingt
rameurs le meilleur de tes vaisseaux et va t'enquérir de ton
père depuis si longtemps absent; peut-être un mortel te

parlera-t-il de lui, ou bien entendras-tu quelqu'une de
ces rumeurs venues de Zeus, qui le plus souvent
répandent les nouvelles parmi les hommes. Va d'abord
à Pylos et interroge le vénérable Nestor, puis à Sparte
chez le blond Ménélas : c'est le dernier rentré des
Achéens cuirassés de bronze. Si tu apprends que ton
père est vivant, sur le chemin du retour, quoiqu'on te
ruine ici, patiente encore l'année; si tu entends dire qu'il
est trépassé, que vraiment il n'est plus, reviens dans ton
pays, dresse-lui un tombeau, rends-lui selon le rite tous
les honneurs funèbres, et donne ta mère à un époux. Ces
devoirs bien accomplis, avise en ton esprit et ton cœur
aux moyens de tuer les prétendants en ta demeure, soit
par ruse, soit à découvert; il ne faut plus t'amuser à
des enfantillages; l'âge en est passé! Ne sais-tu pas quel
renom s'attache dans le monde entier au noble Oreste,
depuis qu'il mit à mort le perfide Egisthe, qui lui avait
tué un père illustre ? Et toi de même, ami, puisque je te
vois si beau et si grand, sois vaillant, afin d'être loué
par la plus lointaine postérité. Pour moi, je vais maintenant redescendre vers mon vaisseau rapide et mes
compagnons, qui doivent fort s'impatienter à m'attendre.
Toi, songe à mes paroles, médite mes avis. »

Le prudent Télémaque lui répondit : « Mon hôte,
l'affection inspire tes conseils, comme ceux d'un père à
son enfant; jamais je ne les oublierai. Mais reste encore,
es-tu si pressé ? Quand tu auras pris le bain et fait bonne
chère ici, tu regagneras ton vaisseau, la joie au cœur,
avec un présent magnifique, précieux, tel que des hôtes
en donnent à des hôtes aimés : tu le garderas en souvenir
de moi. »

La déesse aux yeux brillants, Athéné, lui répondit :
« Ne me retiens plus; j'ai hâte de partir. Le présent que
ton cœur t'engage à m'offrir, tu me le donneras à un autre
voyage, pour que je l'emporte chez moi; choisis-le très
beau; il méritera que tu en reçoives un d'égale valeur. »

A ces mots Athéné aux yeux brillants s'envola, comme
un oiseau qui disparaît aux yeux [22]. Elle avait mis au
cœur de Télémaque décision et hardiesse, et le souvenir
de son père lui était plus présent. Puis, ayant réfléchi,
il eut l'âme saisie de stupeur; car il s'avisa que l'étranger
était un dieu. Aussitôt il revint parmi les prétendants;
et sa démarche était divine.

Au milieu d'eux chantait l'aède illustre; ils étaient
assis en silence, à l'écouter. Il disait le désastreux retour

des Achéens, les épreuves qu'à leur départ de Troie leur
avait infligées Pallas Athéné. A l'étage, le chant inspiré
pénétra dans le cœur de la fille d'Icarios, la sage Pénélope. Aussi descendit-elle le haut escalier de sa chambre ;
elle n'était pas seule : deux suivantes l'accompagnaient.
Quand la noble femme fut arrivée devant les prétendants,
elle s'arrêta à l'entrée de la salle bien charpentée, elle
tenait devant son visage un voile moiré ; et ses suivantes
attentives étaient à ses côtés. Alors, elle dit en pleurant
au divin aède : « Phémios, puisque tu sais tant d'autres
chants, baumes au cœur des mortels, tant d'aventures
d'hommes ou de dieux, que vantent les aèdes, dis-leur
assis près d'eux un de ces chants, et qu'ils boivent leur
vin en silence ; mais cesse cette rhapsodie si triste, qui
toujours me déchire le cœur au fond de la poitrine, depuis
que m'a frappée un deuil inconsolable ; tel est mon regret
d'une tête si chère, et mon souvenir toujours vivant du
héros, dont la gloire s'étend au loin dans l'Hellas et
jusqu'en Argos. »
    Le prudent Télémaque lui répondit : « Ma mère,
pourquoi refuser au chanteur fidèle de nous charmer au
gré de son inspiration ? La faute n'est pas aux aèdes, mais
sans doute à Zeus, qui fait comme il lui plaît le sort des
hommes infortunés. Il n'y a donc pas à s'indigner si
celui-ci conte la funeste destinée des Danaens. Le chant le
plus admiré des hommes, c'est toujours le plus nouveau.
Toi, donc, que ton âme et ton cœur aient la force de
l'entendre. Ulysse n'est pas le seul qui au pays de Troie
ait perdu la journée du retour : combien d'autres mortels
y ont péri ! Va dans ta chambre, veille aux travaux de ton
sexe, métier et quenouille, ordonne à tes servantes d'aller
à leur besogne ; la parole est l'affaire des hommes, la
mienne, surtout ; car c'est moi qui suis le maître dans la
maison. »
    Saisie d'étonnement, elle se retira dans sa chambre ;
elle avait enfermé en son cœur les sages paroles de son
enfant. Arrivée à l'étage avec ses suivantes, elle pleurait
Ulysse, son cher époux, jusqu'à l'heure où Athéné aux
yeux brillants versa sur ses paupières le doux sommeil.
Les prétendants criaient dans la salle envahie par l'ombre :
tous avaient senti le désir d'être couchés près d'elle.
    Et, s'adressant à eux, le prudent Télémaque prit la
parole : « Prétendants de ma mère, qui portez si loin
l'insolence, goûtons en ce moment le plaisir du festin, que
nul cri ne s'élève ; car il est beau d'écouter un tel aède,

que sa voix égale aux dieux. Mais, dès l'aurore, allons tous
siéger à l'agora; je veux vous déclarer sans réticence ma
décision : quittez ce manoir; cherchez ailleurs d'autres
festins; mangez vos biens à vous, allant l'un chez l'autre,
tour à tour. Si vous trouvez préférable et plus avantageux
de consumer impunément le patrimoine d'un seul
homme, dévorez tout! Mais moi j'élèverai mon cri vers
les dieux éternels, afin qu'un jour Zeus accorde l'expiation
de vos méfaits : vous pourriez bien alors périr dans ce
manoir sans être vengés. »

Il dit, et tous, se mordant les lèvres, admiraient
avec quelle audace Télémaque avait parlé. C'est Antinoos,
fils d'Eupithès, qui lui riposta : « Télémaque, ce sont sans
doute les dieux qui t'apprennent à hausser le ton et
parler avec tant d'audace ? Mais puisse le fils de Cronos
ne jamais te faire roi d'Ithaque cernée des flots, bien que
ta naissance t'en donne le droit! »

Le prudent Télémaque lui répondit : « Antinoos, au
risque d'exciter ta colère, je parlerai. Oui, certes, cette
royauté je serais heureux de la prendre, si Zeus me la
donnait. Prétends-tu donc que ce soit parmi les hommes
la pire destinée ? Non, ce n'est pas un mal de régner.
Aussitôt la maison est opulente et l'homme plus honoré.
Oui, certes, il y a beaucoup d'autres princes achéens
dans Ithaque cernée des flots, des jeunes et des anciens.
Un d'eux possédera donc cette royauté, puisque le noble
Ulysse est mort. Moi, je serai du moins le seigneur de
notre maison, et des esclaves que l'illustre Ulysse captura
pour moi. »

Alors Eurymaque, fils de Polybe, lui répondit : « Télémaque, cet avenir repose sur les genoux des dieux : ils
décideront quel Achéen régnera dans Ithaque cernée des
flots. Pour toi jouis de tes biens et règne sur ta maison;
et que nul ne vienne contre ton gré, par violence, t'arracher ton patrimoine; cela ne sera point tant qu'il y
aura des hommes à Ithaque. Mais je veux, mon brave,
t'interroger sur ton hôte : d'où venait cet homme ? De
quel pays prétend-il être ? Où sont sa famille et sa terre
natale ? T'apportait-il quelque nouvelle du retour de ton
père ? Ou bien était-il venu réclamer une dette ? Comme
il a disparu vite, sans attendre qu'on fît sa connaissance!
Il n'a pas figure de vilain. »

Le prudent Télémaque lui répondit : « Eurymaque, il
n'est plus de retour pour mon père; je ne crois plus
aux nouvelles que je puis recevoir, et je ne prête plus

attention à aucune prophétie, quand ma mère convoque dans la salle un devin pour le questionner. Celui dont tu parles est un hôte de notre famille, il est de Taphos; il déclare être Mentès, fils du prudent Anchialos; il règne sur les Taphiens amis de la rame. »

Ainsi parla Télémaque; mais en son esprit, il avait reconnu une déesse immortelle. Les prétendants, ne pensant plus qu'à la danse et au chant délectable, en goûtaient le plaisir jusqu'au soir; et pendant qu'ils en jouissaient, survint la nuit obscure. Alors, désirant se coucher, ils s'en furent chacun chez soi.

Télémaque alla dans la belle cour, au lieu bien découvert où était construite sa haute chambre. Et là s'étant couché, il agitait maintes pensées en son esprit. Il était accompagné d'une servante attentive, qui portait des torches allumées, Euryclée, fille d'Ops, fils de Pisénor, que jadis Laërte avait achetée toute jeune de ses deniers; elle lui avait coûté le prix de vingt bœufs et il l'honorait dans la maison à l'égal de sa noble épouse; mais jamais il n'était entré dans son lit, ne voulant pas exciter la jalousie de sa femme. Elle accompagnait donc Télémaque en portant des torches allumées; il lui était plus cher qu'à nulle autre servante, car elle avait été sa nourrice quand il était tout petit.

Il ouvrit la porte de sa chambre solidement construite, s'assit sur son lit, ôta sa molle tunique, la mit sur les bras de la diligente vieille. Celle-ci, après l'avoir pliée avec soin et pendue à un clou près du châlit percé de trous [23], sortit de la chambre, ferma la porte avec l'anneau d'argent [24], puis tira le verrou par la courroie. Alors, toute la nuit, Télémaque, sous la toison de brebis qui le couvrait, méditait en son esprit le voyage conseillé par Athéné.

CHANT II

ASSEMBLÉE DES ITHACIENS - DÉPART DE TÉLÉMAQUE

SOMMAIRE : Le lendemain, les Ithaciens, convoqués par Télémaque, se réunissent à l'agora. Malgré l'intervention d'Halithersès et de Mentor, les prétendants refusent de quitter le manoir d'Ulysse, et la requête de Télémaque, demandant un vaisseau et un équipage, est repoussée (1-259). Télémaque, retiré sur le rivage, invoque Athéné, qui lui apparaît sous les traits de Mentor et lui promet son assistance (260-298). Rentré chez lui, il repousse l'invitation sarcastique d'Antinoos et ordonne à Euryclée de tout préparer pour son départ ; pendant ce temps, Athéné lui procure vaisseau et équipage (299-404). Le soir venu, Télémaque fait porter au vaisseau les provisions et s'embarque avec Athéné-Mentor (405-434).

Dès que, née au matin, parut Aurore aux doigts de rose, le fils d'Ulysse se leva sur sa couche, et endossa ses vêtements ; puis il passa sur son épaule son épée aiguë, attacha sous ses pieds brillants [25] ses belles sandales et sortit de sa chambre, beau comme un dieu. Sur-le-champ il donna aux hérauts à la voix claire l'ordre de convoquer à l'assemblée les Achéens aux longs cheveux [26]. Les hérauts lançaient l'appel et les Achéens s'assemblaient en diligence. Quand ils furent réunis et en nombre, Télémaque s'avança dans l'assemblée, tenant en sa paume une javeline de bronze ; il n'était pas seul, deux chiens courants le suivaient. Merveilleuse était la grâce qu'Athéné avait versée sur sa personne ; aussi son entrée attirait-elle tous les regards. Il s'assit sur le siège de son père, les anciens lui ayant fait place.

C'est le héros Egyptios qui dans l'assemblée prit le premier la parole ; il était déjà voûté par la vieillesse et avait grande expérience. Son fils, le lancier Antiphos, avait accompagné le divin Ulysse sur ses nefs creuses vers Ilios aux beaux poulains; mais le sauvage Cyclope l'avait tué au creux de son antre pour un dernier souper. Egyptios avait trois autres fils; l'un frayait avec les prétendants, Eurynomos; les deux autres étaient toujours occupés aux champs du père. Mais celui-ci n'en oubliait pas l'absent, et le chagrin le faisait pleurer. C'est en versant des larmes qu'il prit la parole dans l'assemblée et dit : « Ecoutez, Ithaciens, ce que je vais dire. Jamais notre assemblée ne s'est réunie et nous n'avons tenu séance depuis que le noble Ulysse est parti sur ses vaisseaux creux. Qui donc aujourd'hui nous convoque ? Qui en sentit le pressant besoin ? Est-ce un jeune ou un ancien ? A-t-il entendu parler du retour de l'armée et veut-il nous faire connaître ce qu'il a appris avant nous ? Ou bien a-t-il quelque autre affaire d'intérêt public à communiquer et exposer à notre conseil ? Il me paraît zélé et sage. Puisse Zeus mener à bien ce qu'il projette en son esprit! »

Il dit, et le fils d'Ulysse se réjouit de ce souhait de bon augure; il ne resta pas longtemps assis, car il brûlait de parler. Il prit place au milieu de l'assemblée, et le sceptre [27] fut mis en sa main par le héraut Pisénor, lequel ne savait que sages conseils. S'adressant d'abord au vieillard, il lui dit : « Vieillard, l'homme n'est pas loin et tu vas le connaître à l'instant, celui qui convoqua le peuple; c'est moi-même, que la douleur atteint plus qu'aucun autre. Je n'ai pas ouï parler du retour de l'armée; je ne songe pas à vous faire connaître une nouvelle que j'ai apprise avant vous; et je n'ai aucune affaire d'intérêt public à communiquer et exposer à votre conseil; c'est moi seul qui ai besoin de votre aide, parce que le malheur est tombé sur ma maison, un double malheur : j'ai perdu mon valeureux père, qui jadis régnait ici sur vous, et qui fut pour vous un père bienveillant! Et voici maintenant un malheur encore plus grand, qui aura bientôt consommé la ruine de notre maison et qui me fera perdre tout moyen d'existence : des prétendants obsèdent ma mère contre son gré : ce sont les fils des hommes qui sont princes d'Ithaque; ils n'ont garde de se rendre à la maison de son père Icarios, qui fixerait les présents d'usage [28], puis la donnerait à l'un d'eux, choisi et préféré par lui. Eux, habitués à passer tout le jour chez nous, à sacrifier nos bœufs, nos brebis, nos chèvres grasses, festoient, boivent notre vin aux reflets de feu, sans compter; grand est le gâchis; car il n'y a pas ici d'homme tel qu'était Ulysse, pour écarter la ruine de la maison. Moi, je ne suis pas encore en état de le faire. Je le regretterais bientôt, n'ayant pas la force de repousser le mal. Ah! comme je le ferais, si j'en avais le pouvoir. Car la conduite de ces gens n'est plus tolérable; la ruine de ma maison est une infamie. Indignez-vous donc, vous aussi; craignez le jugement de nos voisins, des peuples qui nous entourent; redoutez la colère des dieux; prenez garde que leur courroux ne fasse retomber la peine de ces attentats sur vous-mêmes. Je vous en prie par Zeus Olympien et Thémis, qui dissout et réunit les assemblées, faites, mes amis, que ces abus cessent, que je puisse dans la solitude de ma maison m'abandonner au deuil qui m'accable, à moins que mon père, le noble Ulysse, n'ait, par malveillance, maltraité les Achéens aux bonnes jambières, et qu'en représailles, malveillants à votre tour, vous ne vouliez me faire du mal, en animant ces hommes contre moi. Pour moi, il me vaudrait bien mieux que le peuple mangeât mes richesses, mes troupeaux. Je pourrais du moins quelque jour être dédommagé, car nous irions par la ville vous harcelant de nos plaintes, vous réclamant notre créance, jusqu'à ce qu'elle nous fût rendue en entier. Mais il n'est point de compensation aux maux dont on m'accable. »

Ainsi disait-il en colère, et, les yeux pleins de larmes, il jeta son sceptre à terre. La pitié saisit tout le peuple. Alors tous restaient silencieux, personne n'osant répondre à Télémaque par des paroles violentes; seul Antinoos lui répliqua en ces termes : « Télémaque au verbe haut, à l'audace effrénée, qu'as-tu dit pour nous couvrir de honte ? Tu voudrais bien attacher une flétrissure à nos personnes. Mais à qui la faute ? Non pas aux prétendants achéens, mais à ta propre mère; car il n'est point de femme mieux entendue aux ruses. Voici déjà la troisième année, bientôt la quatrième, qu'elle déçoit le cœur des Achéens en leur poitrine. A tous elle donne de l'espoir; à chacun elle promet, envoie des messages; mais elle a d'autres projets en tête. Voici le dernier subterfuge qu'imagina son esprit : elle dressa dans sa chambre un grand métier pour y tisser un voile fin et long : incontinent elle vint nous dire : « Jeunes hommes, mes prétendants, vous pressez mon mariage; l'illustre

Ulysse est mort; attendez donc que j'aie fini ce voile;
ne faites pas que tous ces fils soient en pure perte; ce
sera le linceul du seigneur Laërte, le jour où il aura
succombé sous le coup funeste de la Mort cruelle [29]. Ne
faites point que quelqu'une des femmes d'Achaïe aille
parler au peuple contre moi, indignée de voir sans suaire
un homme qui gagna tant de biens! » Voilà ce qu'elle
disait et nous nous rendîmes, malgré la fierté de notre
cœur. Alors le jour, elle tissait la grande toile, et, la
nuit, elle défaisait son ouvrage, à la lumière des flambeaux. Ainsi, trois ans durant, elle sut cacher sa ruse
et tromper les Achéens. Mais quand, au retour des
saisons, arriva la quatrième année, une de ses femmes,
qui savait tout, nous révéla son artifice, et nous la surprîmes défaisant le brillant tissu. C'est ainsi qu'elle
dut finir son ouvrage, malgré elle et contrainte. Voilà
ce que te répondent les prétendants, pour qu'en ton
cœur tu saches la vérité, et que tous les Achéens la
connaissent. Renvoie ta mère, presse-la d'épouser celui
que désignera son père et qui saura lui plaire, à elle-
même. Mais si, par tant de délais, elle vexe encore les
fils des Achéens, fière en son cœur qu'Athéné l'ait
comblée de ses dons plus qu'une autre, science des
splendides ouvrages, finesse d'esprit, ruses telles qu'au
temps jadis n'en eurent point des Achéennes renommées,
femmes aux belles boucles, Tyro et Alcmène [30] et Mycène
au brillant diadème — aucune n'avait autant d'astuce
que Pénélope — cette fois son calcul est faux. Car les
prétendants mangeront tes vivres et tes biens aussi
longtemps qu'elle s'obstinera au dessein que les dieux
lui mettent en la poitrine. Elle y gagne pour elle une
grande gloire, mais pour toi le regret de tant de vivres!
Nous, nous n'irons pas à nos terres ni ailleurs, avant
qu'elle ait épousé l'Achéen qui aura su lui agréer. »
    Le prudent Télémaque lui repartit : « Antinoos, je
ne puis pourtant chasser de la maison contre son gré
celle qui m'a donné le jour et m'a nourri. Je ne sais si
mon père est vivant quelque part ou s'il est trépassé.
Ce serait un malheur pour moi de tant payer à Icarios,
si je prends le parti de renvoyer ma mère. Outre les
maux que j'aurai à souffrir de la part de son père, un
démon m'en enverra d'autres; car ma mère invoquera
contre moi les terribles Erinyes, pour être partie de
la maison, et je serai tout ensemble en butte à l'indignation des hommes. Aussi n'attendez point que je

prononce jamais une telle sentence. Si votre cœur vous
reproche votre conduite, sortez de mon manoir, préparez-
vous d'autres festins, mangez vos biens à vous, banque-
tant les uns chez les autres à tour de rôle. S'il vous
semble plus profitable et plus digne de consumer sans
nul dédommagement la subsistance d'un seul, eh bien,
pillez tout! Moi, j'élèverai mon cri vers les dieux éternels,
et nous verrons si Zeus punira ces excès. Alors, vous
pourriez bien périr en mon manoir sans être vengés! »

Comme Télémaque parlait ainsi, Zeus dont le regard
porte au loin lui envoya de la haute cime d'une montagne deux aigles : ils volèrent un temps se livrant au
souffle du vent, planant côte à côte, les ailes déployées.
Arrivés au-dessus de l'agora pleine du bruit des voix,
ils tournoyèrent à rapides coups d'ailes, en jetant sur
toutes les têtes des regards de mort. Puis, s'attaquant
l'un l'autre, ils se déchirèrent avec leurs serres les joues
et le cou; enfin, ils s'élancèrent à droite au-dessus des
maisons et de l'acropole des Ithaciens. Tous les témoins
furent terrifiés par le présage, et agitèrent en leur esprit
des pensées qui devaient s'accomplir.

Alors le vieux héros Halithersès, fils de Mastor, prit
la parole dans l'assemblée. C'était le plus versé de sa
génération en la connaissance des oiseaux et l'interprétation des destinées. Il parla donc aux assistants avec
bienveillance, leur disant : « Ecoutez maintenant, Ithaciens, ce que je vais dire. C'est surtout aux prétendants
que s'adresse ma prophétie; car vers eux roule un grand
malheur. Ulysse ne sera plus longtemps loin des siens;
déjà tout proche il plante pour tous ceux-ci le meurtre
et la mort; et beaucoup d'autres encore pâtiront parmi
nous qui habitons Ithaque visible au loin [31]. Cherchons,
sans attendre, les moyens de faire cesser les excès des
prétendants. Mais plutôt, qu'ils y renoncent d'eux-
mêmes; leur intérêt est de ne point tarder. Je ne prédis
pas sans expérience, mais en parfaite connaissance.
Pour Ulysse, j'affirme que tout s'est accompli comme je
l'annonçais, quand les Argiens s'embarquaient pour
Ilios et qu'avec eux partait Ulysse fécond en ruses. Je
disais qu'il souffrirait nombre d'épreuves, perdrait tous
ses compagnons et reviendrait en son pays au bout de
vingt ans sans être reconnu de personne. Toutes ces
prédictions vont maintenant s'accomplir. »

Eurymaque, fils de Polybe, lui répliqua : « Vieillard,
tu ferais bien de t'en retourner chez toi et de garder tes

prophéties pour tes enfants, à qui il pourrait arriver
malheur un jour. Pour la divination, je suis bien meilleur
prophète que toi. Nombre d'oiseaux vont et viennent sous
les rayons du soleil sans toujours annoncer les destinées.
Quant à Ulysse, il a péri au loin, et je regrette que tu
n'aies pas péri avec lui; tu ne débiterais pas tant de
prophéties, et n'exciterais pas ainsi la colère de Télémaque,
dans l'espoir qu'il te fasse un présent profitable à ta
maison. Je vais te dire une chose, qui sûrement s'accomplira : si tu abuses de ta vieille, de ta grande expérience
pour tromper un jeune homme, si tes paroles l'excitent
à faire la mauvaise tête, c'est à lui d'abord qu'il en
coûtera le plus; et ceux qui nous écoutent l'empêcheront
bien de rien faire. Quant à toi, vieillard, nous t'infli-
gerons une amende, qu'en ton cœur tu seras fâché de
payer, et la peine te sera cuisante. A Télémaque, moi, je
donnerai devant tous ce conseil : qu'il presse sa mère de
retourner chez son père; aux prétendants de songer à
cette union et de fournir en grand nombre les présents
qu'on doit donner au père pour obtenir sa fille : car je ne
pense pas que les fils des Achéens renoncent à cette
recherche qui vous afflige; nous ne craignons personne, ni
Télémaque avec tous ses discours, ni toi, vieillard, avec
tes prophéties, dont nous n'avons cure, que tu nous
débites sans trêve, et dont le seul résultat est de te faire
haïr encore davantage. Ses biens à lui seront mangés pour
sa ruine, et jamais on ne lui en paiera le prix, tant que sa
mère bernera les Achéens avec son mariage; nous, qui
passons toutes nos journées à attendre, nous sommes en
rivalité à cause de ses mérites, sans songer aux partis
brillants qui s'offrent à chacun de nous. »

Le sage Télémaque lui répondit : « Eurymaque et
vous tous, nobles prétendants, je ne vous sollicite plus
sur ce sujet; je ne vous en parle plus : les dieux et tous
les Achéens savent maintenant à quoi s'en tenir. Mais
donnez-moi un vaisseau rapide et vingt compagnons
pour l'aller et le retour. J'irai à Sparte et à la Pylos des
Dunes m'informer du retour de mon père depuis si
longtemps absent : peut-être quelque mortel m'en
parlera-t-il, ou entendrai-je une voix venue de Zeus,
ce qui le plus souvent apporte des nouvelles aux hommes.
Si l'on m'apprend que mon père est vivant et doit revenir,
alors, nonobstant ma ruine, je patienterai encore un an;
si l'on me dit qu'il est mort et disparu, je reviendrai dans
mon pays lui élever un monument, lui rendre tous les

honneurs funèbres qui lui sont dus, puis je donnerai ma
mère à un mari. »

Ayant ainsi parlé, il s'assit, et dans l'assemblée se
leva Mentor, que l'irréprochable Ulysse avait pour
compagnon, et à qui, partant sur ses vaisseaux, il avait
confié toute sa maison : on devait obéir au vieillard qui
garderait tout intact. Inspiré par la bienveillance, il
prit la parole et dit dans l'assemblée : « Ecoutez maintenant
ce que je vais dire, Ithaciens. A quoi bon, pour un roi
porteur de sceptre, suivre son penchant à la douceur et à
la clémence, montrer des sentiments d'équité ? qu'il soit
plutôt toujours cruel et que ses actes soient iniques,
puisque personne n'a souvenance du divin Ulysse dans
ce peuple dont il était roi et pour lequel il avait la douceur
d'un père. Que les prétendants soient arrogants, soit;
qu'ils commettent leurs violences, et s'abandonnent à
leur malignité, soit. Car ils jouent leurs têtes, quand, par
un abus de force, ils dévorent la maison d'Ulysse, en
affirmant qu'il ne reviendra plus. Mais c'est le peuple
dont la conduite m'indigne : comment! vous restez là
sans souffler mot ni adresser de reproches à cette poignée
de prétendants, sans mettre un terme à leurs excès;
vous êtes le nombre pourtant! »

Léocrite, fils d'Evenor, lui répondit : « Insolent
Mentor, esprit en démence, en voilà une parole! Quoi!
tu excites le peuple contre nous! Il est dur, eût-on
l'avantage du nombre, de courir le risque d'une bataille
pour un festin. Si l'Ithacien Ulysse, survenant en
personne, avait au cœur l'envie de chasser les nobles
prétendants, festoyant en sa grand'salle, son retour ne
serait pas une joie pour sa femme, qui le désire tant, et il
trouverait sur l'heure une fin honteuse, s'il s'attaquait
à des adversaires supérieurs en nombre. Toi, tu n'as
point parlé comme il fallait. Et maintenant, vous autres,
peuple, dispersez-vous : que chacun retourne à ses
travaux. Celui-ci aura, pour l'aider dans ses préparatifs
de voyage, Mentor et Halithersès, qui ont toujours été
les compagnons de son père; mais je crois bien qu'il ne
bougera pas d'Ithaque de longtemps et y attendra des
nouvelles; ce voyage, il ne le fera jamais. » Il dit, et
renvoya sur-le-champ l'assemblée. Les assistants se
dispersèrent, retournant chacun à son logis. Quant
aux prétendants, ils revinrent au manoir du divin Ulysse.

Télémaque, allant à l'écart sur le rivage de la mer,
se lava les mains dans l'eau grise et invoqua en ces termes

Athéné : « Exauce-moi, dieu qui vins hier en notre maison et m'ordonnas d'aller par la mer brumeuse, m'enquérir du retour de mon père depuis si longtemps parti. Tous ces projets, les Achéens les contrecarrent, surtout les prétendants, hommes cruels et superbes. »

Il priait ainsi; Athéné, paraissant à quelques pas, vint à lui : elle avait emprunté la figure et la voix de Mentor; prenant la parole, elle lui adressa ces mots ailés : « Télémaque, tu ne manqueras dans l'avenir ni de vaillance, ni de sens, si la belle ardeur de ton père s'est installée en toi; ah! qu'il excellait à mener au terme action et parole! Si tu lui ressembles, ton voyage ne sera pas un vain projet et tu n'y renonceras point. Mais, si tu n'es pas le fils d'Ulysse et de Pénélope, je n'espère pas que tu achèves jamais ce que tu médites. Peu d'enfants sont pareils à leur père : la plupart sont pires; il en est peu qui aient plus de mérite. Mais, puisque tu ne lui seras inférieur ni en courage ni en esprit, que la prudence d'Ulysse ne te fait nullement défaut, il y a lieu d'espérer que tu mèneras à bonne fin ces projets. Pour le présent, n'aie cure ni des desseins ni des pensées des prétendants insensés; ils n'ont aucune prévoyance, aucune justice, nul pressentiment de la mort et de la noire kère, qui pourtant approche et les enlèvera tous un jour. Le voyage que tu médites ne sera plus longtemps retardé : crois-en le fidèle compagnon de ton père; je vais équiper pour toi un vaisseau rapide et je t'accompagnerai en personne. Toi, retourne à ton manoir te mêler aux prétendants; prépare les provisions; enferme tout dans des récipients, le vin dans des amphores, la farine, moelle des hommes, dans des outres épaisses; moi, je me hâterai de rassembler dans le pays un équipage de volontaires. Il y a beaucoup de vaisseaux dans Ithaque cernée des flots, des neufs et des vieux. Je verrai moi-même quel est le meilleur; nous l'armerons sans tarder et le lancerons sur la vaste mer. »

Ainsi parlait Athéné, fille de Zeus. Télémaque n'attendit plus longtemps après avoir entendu la voix de la déesse. Il partit vers sa maison, le chagrin au cœur. En son manoir il trouva les fiers prétendants écorchant des chèvres et flambant des porcs dans la cour. Antinoos vint en riant droit à lui, serra sa main et lui adressa ces mots à haute voix : « Télémaque, au verbe haut, à l'audace effrénée, ne te soucie plus au fond de ta poitrine d'actes et de mots méchants. Fais-moi le plaisir de manger et de

boire comme devant. Tout ce que tu demandes, les
Achéens s'en occuperont avec diligence, vaisseau et
rameurs de choix, afin que tu arrives sans tarder à la
sainte Pylos pour y entendre parler de ton illustre père. »

Le prudent Télémaque lui répondit : « Antinoos, je ne
puis sans protester festoyer en votre outrecuidante
compagnie et me réjouir, le cœur léger. Ne vous suffit-il
pas d'avoir jusqu'à ce jour consumé comme prétendants
tant de biens précieux, mon avoir, pendant que j'étais
encore un enfant sans raison ? Mais à présent que me voilà
grand, que je m'instruis aux paroles d'autrui, et que le
courage croît en moi, je tâcherai de lancer contre vous
les funestes kères, soit par mon voyage à Pylos, soit ici,
dans ce pays. Oui, j'irai, et le voyage dont je parle ne sera
pas vain : je le ferai comme passager, puisque je n'ai
point de vaisseau ni de rameurs à moi; car il vous a
semblé plus avantageux qu'il en fût ainsi! »

Il dit, et retira sa main de la main d'Antinoos, qui ne
la retint pas. Cependant les prétendants préparaient le
festin dans la grand'salle. Ils lui adressaient insultes et
sarcasmes. Un des jeunes arrogants parlait ainsi : « Sans
doute Télémaque médite notre mort. Il ramènera des
auxiliaires de la Pylos des Dunes ou bien de Sparte, car
il en brûle d'envie. A moins qu'il n'ait le dessein d'aller
dans Ephyre au gras terroir, pour en rapporter des
poisons qui consument la vie, les jeter dans le cratère et
nous faire périr tous! » Un autre de ces jeunes arrogants
disait : « Mais qui sait si lui aussi, partant sur un vaisseau
creux, ne périra pas loin de ses amis dans sa course
errante, tout comme Ulysse ? Ainsi, il nous causerait
encore plus de peine, car nous aurions à partager tous ses
biens; quant au manoir, nous le donnerions en propre à
sa mère et à celui qui l'épouserait. »

Ainsi parlaient-ils. Télémaque descendit dans le
spacieux trésor au toit élevé, où étaient entassés l'or et
le bronze, des vêtements dans des coffres, et quantité
d'huile odorante. Il y avait aussi des jarres de vieux vin,
douce boisson; elles contenaient une liqueur divine et
pure, rangées en file contre le mur, pour le jour où
Ulysse reviendrait en sa maison, après tant d'épreuves.
Une solide et épaisse porte à deux battants était fermée
par un double verrou; une intendante était là nuit et
jour, gardant le trésor, l'esprit toujours en éveil, Euryclée,
fille d'Ops, fils de Pisénor. Télémaque, l'ayant appelée
dans le trésor, lui dit : « Nourrice, puise pour moi dans

les amphores un vin agréable, le plus savoureux après celui que tu conserves pour le malheureux que tu attends toujours dans l'espoir qu'il reviendra après avoir échappé à la mort et aux kères funestes, Ulysse, issu de Zeus. Remplis douze jarres et ajuste à toutes des couvercles; verse de la farine d'orge dans des outres bien cousues; qu'il y ait vingt mesures de farine d'orge égrugée à la meule. Garde pour toi cette confidence, rassemble tout ce que tu auras préparé; je le prendrai moi-même ce soir, dès que ma mère sera montée à l'étage pour se mettre au lit. Je pars pour Sparte et la Pylos des Dunes m'enquérir du retour de mon père et voir si l'on me donnera de ses nouvelles. »

Ainsi parla-t-il; sa nourrice Euryclée poussa un cri perçant et, gémissant, lui adressa ces paroles ailées : « Pourquoi donc, cher enfant, cette pensée t'est-elle venue en l'esprit ? Comment ! tu veux courir la terre immense, quand tu restes seul à notre tendresse : lui, Ulysse, issu de Zeus, il a péri loin de sa patrie, en pays étranger. Les prétendants, dès que tu seras parti, te dresseront un guet-apens, pour que tu périsses par ruse, et ils se partageront tout ce qu'il y a ici. Reste donc à veiller sur ce qui t'appartient; nul besoin d'aller sur la mer inlassable souffrir ni errer. »

Le prudent Télémaque lui répondit : « Rassure-toi, nourrice, car ce n'est pas sans un dieu que j'ai formé ce projet. Mais jure de n'en rien dire à ma mère avant onze ou douze jours; attends qu'elle-même me demande et apprenne mon départ; il ne faut pas que les pleurs altèrent sa beauté! »

Il dit et la vieille jura le grand serment des dieux qu'elle se tairait. Puis, dès qu'elle eut juré et achevé la formule du serment, elle remplit pour lui des amphores de vin et versa de la farine d'orge dans des outres bien cousues. Télémaque cependant alla dans la grand'salle se mêler aux prétendants.

Alors la déesse aux yeux brillants, Athéné, forma un autre dessein. Sous les traits de Télémaque, elle allait partout dans la ville et, abordant chacun des hommes, elle lui adressait une exhortation, les pressant tous de se rassembler le soir près du vaisseau rapide. En outre, elle demandait un navire rapide à Noémon, l'illustre fils de Phronios, et celui-ci le lui promit de bon gré. Quand, le soleil couché, toutes les rues se couvraient d'ombre, la déesse tira le vaisseau rapide dans la mer, puis elle y plaça tous les agrès, que portent les bateaux bien pontés. Elle alla l'amarrer à la bouche du port, et les braves compagnons se rassemblaient autour : la déesse animait chacun d'eux.

Alors Athéné aux yeux brillants forma un autre dessein. Elle partit pour le manoir du divin Ulysse. Là, elle versa sur les prétendants un doux sommeil; elle égarait leur esprit pendant qu'ils buvaient, et elle faisait tomber les coupes de leurs mains. Ils s'en allèrent dormir par la ville, ne restant plus longtemps assis, car le sommeil tombait sur leurs paupières. D'autre part, Athéné aux yeux brillants adressa la parole à Télémaque, l'appelant hors de la grand'salle si spacieuse : elle avait emprunté l'aspect et la voix de Mentor : « Télémaque, déjà tes compagnons aux bonnes jambières sont assis à leur place, la main sur la rame, et n'attendant plus que ton signal. Allons, ne retardons pas le départ! »

Ayant ainsi parlé, Pallas Athéné ouvrit la marche à vive allure. Télémaque marchait derrière, les pas dans les siens. Puis, quand ils furent descendus au vaisseau et à la mer, ils trouvèrent sur le rivage leurs compagnons chevelus. Télémaque à l'alerte vigueur [32] leur dit : « Par ici, amis, allons chercher les vivres, ils sont tous rassemblés dans la maison. Ma mère n'a entendu parler de rien, ni d'ailleurs les servantes; une seule est dans la confidence. »

Ayant ainsi parlé, il leur montra le chemin, et l'équipage le suivit. Les compagnons qui avaient apporté les provisions, les déposèrent sur le vaisseau bien ponté, comme le fils d'Ulysse l'avait ordonné. Télémaque monta sur la nef, précédé d'Athéné, qui alla s'asseoir à la poupe; Télémaque prit place auprès d'elle. Les compagnons dénouèrent les amarres, puis, étant montés à bord, s'assirent sur les bancs. Athéné aux yeux brillants leur envoyait un vent favorable, un vif Zéphyr [33], qui chantait sur la mer vineuse. Télémaque, encourageant ses compagnons, leur ordonna de mettre la main aux agrès et ils obéirent à son ordre. Ils dressèrent le mât de sapin et l'encochèrent dans la coursive; puis ils le lièrent solidement par l'étai d'avant et hissèrent la voilure blanche avec la drisse en cuir tordu. Le vent gonfla la voile en son milieu, et le flot, bouillonnant autour de l'étrave, bruissait fort sous l'élan du vaisseau. Celui-ci courait sur les vagues en suivant sa route. Quand ils eurent lié les agrès sur le vaisseau noir, ils disposèrent des

cratères couronnés de vin et versèrent des libations aux
dieux immortels, qui existent de toute éternité; et, plus
qu'à tous les autres, à la fille de Zeus, la vierge aux yeux
brillants. Toute la nuit et l'Aurore déjà parue, le vaisseau
poursuivit sa course.

CHANT III

SÉJOUR A PYLOS

SOMMAIRE : Athéné et Télémaque arrivent à Pylos, où ils reçoivent
cordial accueil (1-66). Télémaque répond à Nestor sur le but de
son voyage et le prie de lui apprendre ce qu'il sait sur son père
(67-101). Nestor lui conte les épreuves subies devant Troie et le
retour des Achéens; mais il ne sait rien d'Ulysse (102-200). Entretien sur les prétendants, les chances de vengeance et le retour
d'Ulysse (201-238). A la demande de Télémaque, Nestor explique
comment l'absence de Ménélas rendit possible le meurtre d'Agamemnon (239-328). Après le sacrifice aux dieux, Nestor offre à ses
hôtes de passer la nuit sous son toit, mais Athéné décline l'invitation (329-370). Départ d'Athéné; Nestor la reconnaît et lui voue
une offrande (371-403). Le lendemain matin, sacrifice à Athéné
(404-463). Après le repas rituel, Télémaque, accompagné de Pisistrate, se dirige par terre vers Phèrès et Lacédémone (464-497).

Le soleil se leva, quittant la mer splendide, et vint
au firmament de bronze éclairer les dieux immortels, et
les mortels, par toute la terre qui donne le blé. Ils
arrivèrent alors à Pylos, la citadelle bien bâtie de Nélée.
Les Pyliens faisaient sur le rivage de la mer un sacrifice
de taureaux noirs à l'Ebranleur de la terre, le dieu aux
cheveux sombres. Il y avait neuf rangées de sièges et
sur chacune cinq cents hommes étaient assis, et devant
eux étaient neuf taureaux, un pour chaque groupe. Ils
avaient mangé les viscères, et on brûlait des morceaux
de cuisses pour le dieu, quand arrivèrent les compagnons,
droit au rivage; ils relevèrent et carguèrent les voiles du
vaisseau bien fait, et après l'avoir amarré, débarquèrent.
Télémaque sortit donc précédé d'Athéné. La première,

la déesse aux yeux brillants, Athéné, lui adressa la parole :
« Télémaque, tu ne dois plus être timide, si peu que ce
soit. Tu as navigué sur les flots, pour t'enquérir de ton
père, savoir en quel lieu la terre le couvre et comment il
acheva sa destinée. Va droit à Nestor, le dompteur de
chevaux. Sachons quel dessein cache sa poitrine. Prie-le,
toi, de te parler en vérité. Il ne te dira pas de mensonge ;
car il est toute sagesse. » Le prudent Télémaque lui
repartit : « Mentor, comment donc irai-je ? Comment
m'insinuer auprès de lui ? Je ne suis pas encore expert
en discours persuasifs, sans compter qu'un homme jeune
appréhende de parler à un vieillard. » La déesse aux yeux
brillants, Athéné, lui répondit : « Télémaque, tu trouveras
de toi-même certaines paroles en ton esprit ; un démon t'en
inspirera d'autres ; car je ne crois pas que tu sois né et
que tu aies été nourri contre le gré des dieux. »

Ayant ainsi parlé, Pallas Athéné prit les devants à
vive allure ; Télémaque suivait la déesse, les pas dans
les siens. Ils arrivèrent à l'assemblée des Pyliens et
aux sièges, où Nestor était assis avec ses fils ; autour
d'eux leurs compagnons, préparant le festin, cuisaient
des quartiers de viande et embrochaient d'autres pièces.
Dès qu'ils virent ces étrangers, ils vinrent tous en foule,
les saluèrent du geste et les invitèrent à s'asseoir. Le
premier, Pisistrate, fils de Nestor, s'étant approché,
prit la main des deux et les installa au festin sur de molles
toisons posées à même les sables marins, entre son frère
Thrasymède et son père. Il leur donna des parts de
viscères et leur versa du vin dans une coupe d'or ;
puis, portant la santé de Pallas Athéné, fille de Zeus
qui tient l'égide, il lui dit : « Étranger, adresse ta prière
à Poséidon, notre roi. C'est en son honneur qu'est donné
le festin pour lequel vous êtes arrivés en venant ici.
Quand tu auras fait ta libation et ta prière, selon le rite,
donne à ton compagnon la coupe de vin doux comme le
miel, pour qu'il en fasse autant ; car lui aussi, je pense,
il prie les immortels ; tous les hommes ont besoin des
dieux. Mais il est le plus jeune : il a le même âge que moi.
Aussi te donnerai-je la coupe d'or, à toi le premier. »

Ayant ainsi parlé, il lui mettait en main la coupe de
vin doux. Athéné se réjouit de sa sagesse et de sa justice,
parce qu'il lui avait offert la coupe d'or en premier lieu.
Aussitôt elle adressait au seigneur Poséidon une ardente
prière : « Exauce-moi, Poséidon porteur de la terre ; ne
refuse pas à nos prières le succès de notre entreprise.

Accorde le bonheur tout d'abord à Nestor et à ses fils;
puis à tous les autres Pyliens donne aussi ta faveur en
retour de cette illustre hécatombe. Permets enfin que
Télémaque et moi, nous nous en retournions, ayant
réussi dans l'entreprise qui nous amenait ici sur notre
noir vaisseau rapide. »

Après cette prière, elle accomplissait tous les rites.
Elle donna ensuite à Télémaque la belle coupe, à deux
anses [34], et le fils d'Ulysse fit la même prière. Quand
les Pyliens eurent rôti la surface des viandes et les eurent
retirées des broches, ils firent les parts et jouirent du
glorieux festin. Ensuite, après avoir chassé le désir
du boire et du manger, au milieu d'eux Nestor, le vieux [35]
conducteur de chars, prenait la parole : « Il serait plus
honnête, maintenant que nos hôtes se sont réjouis
à manger, de les questionner, de nous informer de leur
nom. Étrangers, qui êtes-vous ? Est-ce une affaire qui
vous amène, ou bien errez-vous sur la mer sans but, en
pirates qui voguent à l'aventure, jouant leur vie et
apportant le malheur aux gens d'autres pays ? »

Le prudent Télémaque lui répondit avec assurance;
Athéné elle-même avait mis la hardiesse en son cœur,
pour qu'il interrogeât Nestor sur son père disparu, et
acquît bonne renommée parmi les hommes : « Nestor,
fils de Nélée, gloire des Achéens, tu demandes d'où nous
sommes : je vais te le dire. Nous venons d'Ithaque, que
domine le Néion. L'affaire dont je vais te parler n'intéresse que nous, non notre peuple. C'est de la renommée
de mon père au loin répandue que je poursuis les échos :
entendrai-je parler de l'illustre et endurant Ulysse, qui
combattait avec toi, dit-on, et dont la ruse causa le sac
de l'acropole troyenne ? De tous les autres, qui guer-
royaient contre les Troyens, nous savons par ouï-dire
où chacun périt d'une mort pitoyable. Mais pour ce
héros, le fils de Cronos a voulu que sa fin restât ignorée;
car personne ne peut dire avec certitude où il a péri,
s'il fut dompté sur un continent par des hommes hos-
tiles, ou sur la mer dans les flots d'Amphitrite. C'est
pourquoi je viens maintenant embrasser tes genoux :
voudras-tu me conter sa mort lamentable; l'as-tu vue
de tes yeux, ou bien as-tu entendu un autre parler de
l'errant ? car sa mère enfanta le plus malheureux des
hommes. Ne m'adoucis pas l'événement par égard ni
pitié; dis-moi toute la vérité, comme tu en fus témoin.
Je t'en prie, si jamais mon père, le vaillant Ulysse, a

parlé ou agi pour toi suivant sa promesse, au pays des
Troyens, où vous les Achéens, vous éprouviez tant de
souffrances, de cela souviens-toi maintenant en ma
faveur, et parle sans feinte. »

Alors le vieux conducteur de chars, Nestor, lui répondit:
« Ami, tu as évoqué les peines que nous avons souffertes
en ce pays, nous fils d'Achéens à l'indomptable courage,
toutes nos courses avec nos vaisseaux sur la mer brumeuse
pour des razzias de butin, quand l'ordonnait Achille,
tous nos combats autour de la grande ville du roi Priam,
où périrent les meilleurs d'entre nous, où gisent Ajax,
second Arès, et Achille, et Patrocle, semblable à un
dieu pour le conseil; et mon cher fils, à la fois si fort et
parfaitement beau, Antiloque, excellent à la course et
au combat... Et que d'autres maux nous avons soufferts!
Qui parmi les mortels pourrait les narrer tous ? Même
si tu restais cinq, six ans à m'interroger sur les peines
que souffrirent là-bas les illustres Achéens, avant de
tout savoir tu rentrerais lassé dans ta patrie. Neuf
années durant, nous ourdîmes mille ruses et le fils de
Cronos à grand-peine nous donna la victoire. Il y en
avait un à qui personne n'eût voulu s'égaler pour l'esprit;
car il l'emportait sur tous en ruses diverses, l'illustre
Ulysse, ton père, si tu es bien son fils : j'éprouve du
respect à ta vue; certes toutes tes paroles sont oppor-
tunes, et l'on ne saurait croire qu'un jeune homme parle
avec tant de justesse. Là-bas, tout le temps que nous y
fûmes, jamais l'illustre Ulysse et moi ne fûmes d'avis
différent ni dans l'assemblée ni au conseil; c'est avec
même cœur, même esprit, même prudence dans les avis,
que nous parlions aux Argiens, pour qu'il en résultât
le meilleur succès. Mais, après avoir mis à sac l'acropole
escarpée de Priam, lorsque nous embarquâmes et qu'un
dieu dispersa les Achéens, alors Zeus, en sa providence,
préméditait un pénible retour pour les Argiens; car
tous n'avaient pas en l'esprit la sagesse et la justice;
aussi beaucoup d'entre eux achevèrent une destinée
malheureuse, par suite du ressentiment funeste de la
vierge aux yeux brillants, fille d'un père tout-puissant.
Elle mit la discorde entre les deux Atrides. Ils avaient,
sans respect de la règle, convoqué à l'assemblée tous
les Achéens au coucher du soleil — les fils des Achéens,
s'y rendirent alourdis par le vin — et tous deux expli-
quèrent en un discours à quelle fin ils avaient assemblé
l'armée. Alors Ménélas pressait les Achéens de songer au

retour sur le large dos de la mer; mais ce projet n'agréait
nullement à Agamemnon; il voulait retenir l'armée et
célébrer les hécatombes sacrées pour apaiser la terrible
colère d'Athéné; insensé, qui ne savait point qu'il ne
réussirait pas à la fléchir; car l'esprit des dieux éternels
ne change pas en un instant. Ainsi tous deux restaient,
échangeant de dures paroles. Les Achéens aux bonnes
jambières se levèrent avec un immense vacarme, et leur
volonté les partageait en deux camps. Nous passâmes
la nuit à méditer en nos esprits de cruels projets les uns
contre les autres, car Zeus nous préparait un mortel
malheur. Dès l'aurore, nous, d'un côté, nous tirons nos
vaisseaux dans la mer brillante [36]; nous y embarquons
nos richesses et la femme à la fine taille; mais la moitié
de l'armée demeurait obstinément sur place auprès de
l'Atride Agamemnon, pasteur de peuples; nous autres,
nous voguions montés sur nos vaisseaux; ils allaient à
toute vitesse; un dieu avait aplani la mer immense.
Arrivés à Ténédos nous fîmes des sacrifices aux dieux,
désirant le retour en nos maisons. Mais Zeus ne voulait
pas encore notre retour, le cruel, qui, pour la seconde
fois, souleva une funeste querelle. Les uns, ramenant
en arrière leurs vaisseaux en forme de croissant, revinrent,
sous la conduite d'Ulysse, le roi prudent et fécond en
ruses, vers l'Atride Agamemnon, pour lui complaire;
moi, avec ma flotte au complet, je fuyais, parce que je
savais quels maux méditait la divinité. Et fuyait aussi le
fils de Tydée, second Arès, car il avait entraîné ses
compagnons. Plus tard nous rejoignit le blond Ménélas.
Il nous trouva à Lesbos, consultant sur la grande traversée :
prendrions-nous à l'ouest des escarpements de Chios,
en direction de Psyria [37], gardant Chios à notre gauche,
ou passerions-nous à l'est en longeant le Mimas [38]
battu des vents ? Nous demandions qu'un dieu nous
fît paraître un signe; il nous le montra, nous ordonnant
de couper par le milieu de la mer vers l'Eubée, pour
échapper d'urgence au malheur. Un vent clair se leva,
soufflant favorablement; nos vaisseaux parcoururent si
vite les chemins poissonneux que pendant la nuit nous
abordions au Géreste [39]. Là nous offrons quantité de
cuisses de taureaux à Poséidon, qui nous avait fait mesurer
une si longue étendue de mer. On était au quatrième jour,
lorsqu'en Argos les compagnons du fils de Tydée,
Diomède, dompteur de chevaux, arrêtèrent leurs vaisseaux
bien faits. Pour moi, je me dirigeai droit vers Pylos,

et le vent favorable ne faiblit pas ; car un dieu l'avait fait
souffler dès le départ. Ainsi arrivai-je, mon cher enfant,
sans avoir rien appris ; et je ne sais rien des Achéens,
ni ceux qui furent sauvés ni ceux qui périrent. Tout ce
que, demeurant dans notre manoir, j'apprends, tu le
sauras, comme c'est justice, et je ne te cacherai rien.
On dit que les Myrmidons, aux bonnes lances, sont bien
arrivés, conduits par l'illustre fils du magnanime Achille ;
bien arrivé Philoctète, le brillant fils de Pœas. Idoménée
a ramené en Crète tous ses compagnons épargnés par
la guerre et dont la mer ne lui prit aucun. Pour l'Atride,
vous-mêmes, bien que vous habitiez à l'écart, vous avez
ouï-dire qu'il revint, et qu'Egisthe lui avait préparé une
mort lamentable. Mais il a pitoyablement expié. Comme
il est bon de laisser un fils après sa mort ! Car celui-ci
s'est vengé du meurtrier, le perfide Egisthe, qui lui
avait tué son illustre père. Toi aussi, mon ami, puisque
je te vois très beau et très grand, sois vaillant, afin que
même nos arrière-neveux fassent ton éloge. »
    Le prudent Télémaque lui répondit : « Nestor, fils de
Nélée, gloire des Achéens, celui-là certes a tiré une belle
vengeance, et les Achéens porteront au loin sa renommée
jusqu'aux âges à venir. Ah ! si les dieux m'avaient revêtu
d'une telle force pour me venger des blessants excès des
prétendants, qui, dans leur insolence, machinent tant de
forfaits contre moi ! Mais les dieux n'ont filé ce bonheur
ni pour mon père ni pour moi ; et maintenant il faut,
malgré mon désir, tout endurer. »
    Alors, le vieux conducteur de chars, Nestor, lui
répondit : « Mon ami, puisque tu m'as rappelé ces faits
et m'en as parlé, on dit que de nombreux prétendants de
ta mère séjournent dans ton manoir contre ta volonté et
préparent ta ruine. Dis-moi, est-ce de bon gré que tu te
laisses dompter, ou les peuples te haïssent-ils dans le
pays, en suivant la voix d'un dieu ? Qui sait si Ulysse
ne reviendra pas un jour leur faire payer leurs violences,
ou seul, ou avec tous les Achéens ? Veuille Athéné aux
yeux brillants t'aimer comme elle avait souci du glorieux
Ulysse, au pays des Troyens, où nous Achéens, nous
subissions nos épreuves ! Car je n'ai encore vu les dieux
aimer personne aussi manifestement que Pallas Athéné
protégeait celui-là ; je souhaite qu'elle t'aime autant et
prenne égal souci de toi. Alors, maint de ces prétendants
oublierait à jamais le mariage. »
    Le prudent Télémaque lui répondit : « Vieillard, je ne

pense pas que ta parole doive s'accomplir encore. Ce sont
là de bien grands mots. J'en suis tout étonné. Ce bonheur
ne saurait arriver, malgré mon espoir, même si les dieux
le voulaient ainsi. »

La déesse aux yeux brillants, Athéné, lui dit : « Télémaque, quelle parole a franchi la barrière de tes dents ?
Il est facile à un dieu, quand il le veut, de sauver un
homme, si loin qu'il soit. Moi j'aimerais mieux subir
mille épreuves avant de rentrer en ma maison et de voir
le jour du retour, plutôt que de mourir en revenant à
mon foyer, comme Agamemnon fut victime du crime
d'Egisthe et de sa femme. La mort est la loi commune à
tous les hommes, et les dieux mêmes ne peuvent la
détourner de celui qu'ils aiment, quand il est pris par la
funeste Parque de la mort cruelle. »

Le prudent Télémaque lui répondit : « Mentor, n'en
parlons plus, si grand que soit notre chagrin; son retour
ne sera plus une réalité, et déjà les dieux ont médité pour
lui la mort et la kère noire. Je veux à présent m'enquérir
d'autre chose et questionner Nestor, puisqu'il l'emporte
sur tous par la justice et la sagesse; il a régné, dit-on,
sur trois générations d'hommes [40], et je crois avoir devant
les yeux un immortel. Nestor, fils de Nélée, dis-moi la
vérité : comment donc est mort l'Atride, Agamemnon
au grand royaume ? Où était Ménélas ? Quel genre de
mort avait prémédité contre lui le perfide Egisthe ? car
celui qu'il a tué valait bien mieux que lui. Ménélas
n'était-il pas dans l'Argos achéenne [41] ? était-il quelque
part ailleurs à courir le monde, pour que l'autre ait eu
l'audace d'assassiner ? »

A quoi le vieux conducteur de chars, Nestor, répondit :
« Puisque tu le veux, enfant, je te dirai toute la vérité.
Certes, tu devines toi-même ce qui fût advenu, si l'Atride,
le blond Ménélas, avait, à son retour de Troie, trouvé
Egisthe encore vivant dans son manoir. Sur son cadavre
même les Achéens n'eussent point répandu la terre; les
chiens et les oiseaux l'auraient déchiqueté gisant dans
la plaine, loin de la ville, et nulle Achéenne ne l'eût pleuré;
car il avait prémédité un trop grand crime. Nous,
cependant, nous étions là-bas accomplissant maints
exploits, tandis que bien tranquille, il était au fond de
l'Argolide nourrice de chevaux; il pressait par ses paroles
la séduction de l'épouse d'Agamemnon. D'abord la noble
Clytemnestre se refusait à l'adultère; car elle avait le
cœur honnête, et près d'elle se trouvait l'aède, à qui

l'Atride, partant pour Troie, avait bien recommandé de
veiller sur sa femme. Mais, quand la Parque des dieux
l'eut enchaînée pour qu'elle succombât, Egisthe emmena
l'aède dans une île déserte, pour devenir proie et pâture
aux oiseaux. Alors ce qu'il voulait, elle le voulut bien, et
il la mena en sa maison. Il brûla ensuite quantité de cuisses
sur les autels sacrés des dieux; il suspendit à leurs murs
maintes offrandes, des tissus et de l'or, parce qu'il avait
accompli un grand exploit, que jamais n'avait espéré
son cœur. Nous, revenant de Troie, nous naviguions
ensemble, l'Atride et moi, car nous étions unis d'amitié.
Mais quand nous arrivâmes au Sounion sacré, promontoire
d'Athènes, Phébus Apollon, atteignant de ses douces
flèches [42] le pilote de Ménélas, le tua, comme il tenait en
main le gouvernail du vaisseau qui voguait, Phrontis,
fils d'Onétor, qui, parmi les tribus des hommes, excellait
pour conduire une nef sous l'assaut des ouragans. Ainsi,
Ménélas, malgré sa hâte, fit relâche en ce lieu, pour
ensevelir son compagnon et lui rendre tous les honneurs
funèbres. Mais quand, repartant sur la mer vineuse dans
ses vaisseaux creux, il fut amené par sa course au promontoire escarpé de Malée [43], alors Zeus dont la voix
porte au loin médita pour lui une navigation pénible;
il versa sur ses vaisseaux le souffle de vents bruyants, et
les flots se gonflaient, énormes comme des montagnes.
La flotte fut coupée; Ménélas en amena une partie en
Crète [44], là où les Cydoniens habitent sur les rives du
Iardanos. Il est aux confins de Gortyne, un rocher lisse,
plongeant à pic dans les flots, parmi les brumes de la mer;
le Notos pousse les grandes houles contre ce promontoire
occidental, vers Phaestos, et sur ce petit rocher se brisent
les fortes lames. C'est là que les vaisseaux parvinrent; et
les hommes à grand-peine évitèrent la mort, mais les
vagues brisèrent les nefs contre les écueils. Cinq vaisseaux
seulement à la proue sombre [45] furent, par le vent et le
flot, portés près de l'Egypte. C'est ainsi qu'en ces lieux,
amassant quantité de vivres et d'or, Ménélas errait avec
ses vaisseaux chez des peuples d'autre langue. Egisthe
eut chez lui tout le temps de méditer ses crimes. Sept
années il régna sur Mycènes riche en or, après avoir tué
l'Atride, et le peuple était maté sous son joug. Mais la
huitième année survint pour son dam le noble Oreste,
revenant d'Athènes [46]; il tua le meurtrier, le perfide
Egisthe, qui avait assassiné son illustre père. L'ayant mis
à mort, il offrit aux Argiens le repas funèbre pour son

odieuse mère et le lâche Egisthe. Le même jour revenait
Ménélas hardi dans la mêlée, avec toutes les richesses
dont ses nefs étaient pleines. Toi donc, ami, ne reste pas
longtemps loin de ta maison, laissant derrière toi tes
biens, et dans ton manoir des hommes d'une telle
insolence. Crains qu'ils ne dévorent tout ton patrimoine,
après se l'être partagé, pendant que toi, tu fais un long
voyage. Je te conseille pourtant et te presse d'aller chez
Ménélas : il y a peu de temps qu'il est arrivé de pays
étrangers d'où, en son cœur, il espérait peu revenir,
égaré par les tempêtes sur une mer si vaste que les oiseaux
mêmes n'en reviennent pas sur une année, tant elle est
grande et redoutable. Va maintenant avec ton vaisseau
et tes compagnons. Si tu veux t'y rendre par terre, je
mets à ta disposition char et chevaux, et aussi mes fils,
qui t'accompagneront jusqu'à la superbe Lacédémone,
séjour du blond Ménélas. Prie-le de te dire toute la
vérité. Mais il ne te mentira pas; car c'est un homme
d'une grande loyauté. »

Ainsi parla-t-il; cependant le soleil s'était couché,
et le crépuscule était venu. La déesse aux yeux brillants,
Athéné, dit parmi eux : « Vieillard, tu nous as fait ces
récits comme il convenait. Allons, maintenant, détachez
les langues des victimes, mêlez le vin, pour que nous
puissions faire les libations à Poséidon et aux autres
Immortels, puis songer à nous coucher. C'est l'heure.
Déjà la lumière s'est plongée dans la brume, et on ne
doit pas s'attarder dans un festin des dieux; il faut
partir. »

Ainsi parla la fille de Zeus; l'assistance obéit à sa voix.
Les hérauts versèrent l'eau sur les mains; les jeunes gens
mirent aux cratères une couronne de boisson et distri-
buèrent à tous les coupes pleines pour l'offrande; ils
jetèrent les langues dans le feu, et chacun se levant faisait
à son tour la libation. Quand ils eurent achevé, et bu
autant que désirait leur cœur, Athéné et Télémaque
beau comme un dieu s'apprêtaient tous deux à retourner
à leur nef creuse. Mais Nestor les arrêta en leur adressant
ces mots : « Zeus et tous les autres dieux immortels
m'épargnent cet affront, que vous vous en alliez de chez
moi dans votre vaisseau, comme si j'étais vraiment un
pauvre hère si dépourvu qu'il n'ait dans sa maison
manteaux ni couvertures pour y dormir mollement, lui
et ses hôtes. Non, il y a chez moi manteaux et belles
couvertures. Et certes, le fils d'Ulysse, ce héros, ne

couchera pas à bord sur un gaillard, tant que moi, je
vivrai, et qu'après moi resteront dans mon logis des fils
pour héberger les hôtes qui viendront ici. »

La déesse aux yeux brillants, Athéné, lui répliqua :
« Voilà qui est bien dit, cher vieillard. Il convient que
Télémaque t'obéisse, car c'est ainsi beaucoup mieux. Il
te suivra donc à cette heure, pour dormir sous ton toit.
Mais moi, j'irai vers le vaisseau noir, afin de rassurer
les compagnons et de leur donner tous les ordres. Je me
vante d'être parmi eux le seul homme d'âge ; tous sont
plus jeunes, et nous suivent par pure amitié ; ils sont
tous contemporains du généreux Télémaque ; cette nuit
donc, je coucherai à bord du vaisseau noir. A l'aurore,
j'irai chez les vaillants Caucones [47], où une créance m'est
due, qui est ancienne et d'importance. Quant à celui-ci,
puisqu'il est venu dans ta maison, fais-le conduire sur
un char par l'un de tes fils ; donne-lui des chevaux, les
plus légers à la course et les plus vigoureux. »

Ayant ainsi parlé, Athéné aux yeux brillants s'en alla,
sous la forme d'une orfraie. L'effroi saisit tous ceux qui
la virent. Le vieillard admira le prodige dont il était
témoin. Il prit la droite de Télémaque, puis, élevant la
voix, lui dit : « Ami, je ne crois pas que tu sois jamais
lâche et pleutre, puisque, si jeune, des dieux te suivent
et te guident. Entre les dieux habitants de l'Olympe ce
n'était pas une autre que la fille de Zeus, la très glorieuse
Tritogénie [48], qui honorait ton valeureux père entre les
Argiens. Reine, sois-moi propice, accorde-moi bonne
renommée, à moi, à mes enfants, à ma chaste épouse.
Je te sacrifierai une génisse d'un an au large front,
indomptée encore et que nul homme n'a soumise au
joug : je te l'offrirai, après lui avoir plaqué sur les cornes
des feuilles d'or. »

Tel était son vœu ; et Pallas Athéné l'exauça. Le vieux
conducteur de chars, Nestor, précédant ses fils et ses
gendres, revint à sa belle demeure. Quand ils furent
arrivés au fameux manoir du maître, ils s'assirent chacun
selon son rang sur des chaises et des fauteuils. Pour les
arrivants, le vieillard mêla dans un cratère du vin suave
que l'intendante avait cacheté onze ans auparavant, et
dont elle venait d'ôter la coiffe [49]. Il fit le mélange dans le
cratère, puis, versant une libation, il priait avec ferveur
Athéné, fille de Zeus porteur de l'égide. Quand ils eurent
achevé les libations, et bu autant que désirait leur cœur,
ils allèrent, souhaitant dormir, chacun en son logis ; et

sur un lit de sangles, Nestor, le vieux conducteur de
chars, coucha Télémaque, fils du divin Ulysse, sous le
portique à l'écho sonore. Près de lui il laissait l'adroit
lancier, Pisistrate, chef de guerriers, celui de ses enfants
qui, n'étant pas encore marié, restait dans son manoir.
Lui-même alla dormir au fond de sa haute maison.
L'épouse royale avait préparé son lit et s'y était couchée.

Quand parut Aurore aux doigts de rose, née au matin,
le vieux conducteur de chars, Nestor, sauta de sa couche;
il sortit et vint s'asseoir sur les pierres lisses, qui se
trouvaient devant la grand-porte, blanches à l'enduit
brillant. C'est là qu'autrefois s'asseyait Nélée, conseiller
égal en sagesse à un dieu. Mais déjà, dompté par la Kère[50],
il s'en était allé chez Hadès, et maintenant c'était le
vieux Nestor, refuge des Achéens, qui, le sceptre en
main, y tenait audience. Autour de lui s'assemblaient et
se pressaient ses fils, au sortir de leurs chambres, Echéphron, Stratios, Persée, Arétos et le divin Thrasymède.
Puis arriva sixième, le héros Pisistrate. Près de Nestor,
ils amenèrent et firent asseoir Télémaque semblable à
un dieu, et parmi eux, le vieux conducteur de chars
prit la parole en ces termes : « Hâtez-vous, mes chers
enfants, d'accomplir mon vœu, afin qu'avant tous les
dieux je me rende propice Athéné, que j'ai bien reconnue,
quand elle vint prendre part à l'opulent festin de notre
dieu. Que l'un aille dans la plaine, me chercher au plus
vite une génisse, et qu'un bouvier la presse. Qu'un autre,
allant au noir vaisseau du valeureux Télémaque, amène
ses compagnons et n'en laisse que deux. Qu'un troisième
ordonne à l'orfèvre Laercès de venir ici, pour couvrir
d'or les cornes de la génisse. Vous autres, restez assemblés
en ce lieu; mais dites aux servantes de préparer dans la
noble demeure, le festin, les sièges, le bois, et d'apporter
de l'eau limpide. »

Il dit, et tous s'empressaient. La génisse arriva de
la plaine; vinrent aussi du vaisseau rapide et bien équilibré les compagnons du valeureux Télémaque; puis
l'orfèvre, ayant en main les outils de bronze, instruments
de son art, l'enclume, le marteau, les tenailles bien faites,
avec quoi il travaillait l'or. Et vint aussi Athéné pour
recevoir l'offrande. Nestor, le vieux conducteur de chars,
donna l'or; et après l'avoir laminé, l'orfèvre en couvrait
les cornes de la génisse, afin que la déesse se réjouît de
voir l'offrande. Stratos et le noble Echéphron amenèrent
la génisse en la tenant par les cornes. Arétos vint appor-

tant du cellier l'eau lustrale dans un bassin orné de fleurs
ciselées; de l'autre main, il tenait les grains d'orge dans
une corbeille. Le belliqueux Thrasymède, une hache
affilée aux mains, était prêt à frapper la génisse. Perseus
tenait le vase pour recevoir le sang. Le vieux conducteur
de chars, Nestor, commença le sacrifice, en versant l'eau
lustrale et l'orge; et il priait ardemment Athéné, en pré-
levant sur la tête des poils qu'il jetait dans le feu. Dès
qu'on eut prié et jeté les grains d'orge, le fils de Nestor,
le vaillant Thrasymède, s'approcha de la victime et la
frappa : la hache trancha les tendons du cou, brisant la
force vitale; ce fut la sainte clameur des filles, des brus
et de la vénérable épouse de Nestor, Eurydice, aînée des
filles de Clyménos. Puis les fils et les gendres, soulevant
la victime au-dessus de la terre aux larges chemins, la
maintenaient, et Pisistrate, chef des guerriers, lui coupa
la gorge. Dès que le sang noir eut jailli et que la vie
abandonna les os, ils dépecèrent la bête, coupèrent
aussitôt selon le rite, les cuisses entières; ils les couvrirent
de graisse sur l'une et l'autre face, et mirent par-dessus
d'autres morceaux saignants. Le vieillard les faisait
cuire sur des bûches et les arrosait de vin couleur de
feu; les jeunes gens se tenaient auprès, ayant en main les
fourchettes à cinq branches. Puis, quand les cuisses
furent rôties et qu'ils eurent goûté aux entrailles, ils
coupèrent le reste en morceaux, l'embrochèrent, et
firent cuire les viandes à la pointe des broches, qu'ils
tenaient en leurs mains.

Cependant la belle Polycaste avait donné le bain à
Télémaque : c'était la plus jeune fille de Nestor, fils de
Nélée. Lorsqu'elle l'eut baigné et frotté d'huile fluide,
elle jeta sur lui une tunique et un beau vêtement flot-
tant. Quand il était sorti de la baignoire, son corps
ressemblait à celui des Immortels. Il alla s'asseoir près
de Nestor, pasteur des peuples.

Après qu'ils eurent rôti la surface des viandes et les
eurent retirées du feu, ils s'assirent pour festoyer. De
nobles échansons se levèrent pour verser le vin dans les
coupes. Et quand fut apaisé le désir du boire et du
manger, le vieux conducteur de chars, Nestor, prit la
parole et leur dit : « Mes enfants, amenez pour Télémaque et attelez au char les chevaux à la belle crinière,
afin qu'il se mette en route! »

Ainsi parla-t-il, ses fils l'entendirent et s'empressèrent
de lui obéir; ils attelèrent sous le joug du char les chevaux

rapides. Une intendante y plaça le pain, le vin, les viandes, que mangent les rois issus de Zeus. Puis Télémaque monta dans le beau char. A son côté prit place le fils de Nestor, Pisistrate, chef de guerriers, qui saisit les rênes en ses mains. Il enleva du fouet les deux chevaux, qui volaient de bon gré dans la plaine, laissant derrière eux l'acropole escarpée de Pylos. Tout le jour, ils secouèrent le joug, qui enserrait leur front. Le soleil se couchait, et toutes les rues se remplissaient d'ombre quand on atteignit Phères [51] et la maison de Dioclès, fils d'Ortiloque qui eut pour père Alphée. Là, ils passèrent la nuit, et l'hôte leur offrit des présents.

Quand parut Aurore aux doigts de rose, née au matin, ils attelèrent les chevaux et montèrent dans le char aux appliques de bronze; ils poussèrent les coursiers hors de l'entrée et du portique à l'écho sonore, et les enlevèrent d'un coup de fouet; les deux chevaux volaient de bon gré, et les voyageurs arrivèrent à la plaine qui produit le blé; et là, ils achevèrent leur course, tant les chevaux rapides faisaient de chemin. Le soleil se couchait et toutes les rues s'emplissaient d'ombre.

CHANT IV

SÉJOUR A LACÉDÉMONE

SOMMAIRE : Arrivée à Lacédémone et chaleureux accueil de
Ménélas (1-67). L'admiration de Télémaque devant la magnifi-
cence du palais permet au roi de raconter comment il acquit ces
richesses. Il déclare que de tous ses compagnons d'armes c'est
Ulysse qu'il regrette le plus (68-112). Télémaque pleure, et Ménélas, puis Hélène, le reconnaissent (113-154). Pisistrate expose le but
du voyage; les regrets de Ménélas ont ému tous les assistants; mais
Pisistrate met fin aux larmes (155-234). Hélène et Ménélas rap-
pellent des exploits d'Ulysse (235-305). Le lendemain, Ménélas
commence d'exposer tout ce qu'il sait sur l'absent (306-350). La
ruse d'Idothée lui a permis d'interroger Protée, qui lui narra le
naufrage d'Ajax, fils d'Oïlée, et le meurtre d'Agamemnon par
Égisthe (351-547). Ulysse est vivant, mais la nymphe Calypso le
retient captif dans son île (548-569). Télémaque reçoit de Ménélas
les présents d'hospitalité (570-624). Cependant les prétendants
apprennent son départ et se concertent pour lui dresser au retour
un guet-apens (625-674). Angoisses de Pénélope, qui a surpris leur
projet (675-794). Athéné lui envoie un fantôme, sous les traits
d'Iphthimé, afin de la réconforter (795-841). Les prétendants
partent pour l'embuscade où ils espèrent voir tomber Télémaque
(842-847).

Ils arrivèrent au creux des ravins profonds où se
trouve Lacédémone, et se rendirent au manoir du glorieux
Ménélas, qu'ils trouvèrent offrant dans sa demeure à de
nombreux parents le repas de noces de son fils et de
son irréprochable fille[52]. Il envoyait celle-ci au fils
d'Achille[53], qui brisait les rangs de guerriers. C'est à
Troie que la première fois Ménélas l'avait promise et
s'était d'un signe de tête engagé à la donner, et les
dieux maintenant achevaient le mariage. Alors donc il

la faisait conduire sur un char attelé de chevaux vers la
ville fameuse des Myrmidons, sur qui régnait le fiancé.
Pour son fils, qui seulement atteignait l'adolescence, il
avait choisi à Sparte la fille d'Alector. Ce fils était le
fort Mégapenthès, né d'une esclave; car les dieux ne
donnaient plus à Hélène l'espoir d'une descendance,
depuis qu'elle avait mis au monde l'enfant charmante,
qui avait la beauté d'Aphrodite aux joyaux d'or.

Ainsi festoyaient dans le grand manoir à la haute
toiture les voisins et parents du glorieux Ménélas; ils
faisaient chère lie, et parmi eux un aède divin chantait en
s'accompagnant de la lyre; deux bateleurs, au rythme
du chant, pirouettaient au milieu de l'assemblée. Devant
le portail ils avaient tous deux arrêté leurs chevaux, le
héros Télémaque et le brillant fils de Nestor. Et comme
il sortait, le fort Eteónée les vit : c'était le diligent
serviteur du glorieux Ménélas; il alla donc à travers la
grand-salle les annoncer au pasteur de peuples. S'arrê-
tant près de lui, il lui adressa ces paroles ailées : « Ménélas,
issu de Zeus, il y a là deux étrangers, deux hommes qui,
à les voir, semblent de la race du grand Zeus. Dis si
nous devons dételer leurs chevaux rapides ou les envoyer
chez un autre qui leur fasse bon accueil. »

Alors, tout indigné, le blond Ménélas lui dit : « Tu
n'étais pourtant pas sans raison, Eteónée, fils de Boéthos,
jusqu'à ce jour; mais maintenant, en vérité, tu dis des
sottises comme un enfant. Que de fois, avant d'arriver
ici, avons-nous tous deux, chez d'autres hommes, mangé
le repas d'hospitalité : misère dont Zeus nous préserve
à l'avenir! Détèle les chevaux des étrangers et amène-les
ici prendre part au festin. »

Il dit et Eteónée traversa la grand-salle, ordonnant à
d'autres diligents serviteurs de l'accompagner. Ceux-ci
dételèrent du joug les chevaux écumants, qu'ils attachèrent devant les crèches; ils leur jetèrent l'épeautre, y
mêlant l'orge blanche, et appuyèrent le timon du char
contre le mur au crépi luisant; quant aux hôtes, ils les
firent entrer au manoir divin. Tous deux contemplaient
avec admiration la demeure du roi issu de Zeus; on eût
dit que le soleil ou la lune resplendissaient sous les pla-
fonds élevés du glorieux Ménélas. Quand ils eurent joui
de ce spectacle, ils se rendirent aux baignoires bien polies
pour y prendre le bain, et lorsque des servantes les eurent
baignés et frottés d'huile, elles jetèrent sur leurs épaules
des tuniques et des manteaux de laine; ils vinrent alors

s'asseoir sur des fauteuils, près de l'Atride Ménélas. Une
autre servante, apportant de l'eau pour les mains dans
une belle aiguière d'or, la leur versa au-dessus d'un
plateau d'argent, et déploya devant eux une table polie.
Alors, la respectable intendante leur apporta et présenta
le pain, puis leur servit de nombreux mets, leur faisant
les honneurs de ses provisions. L'écuyer tranchant leur
offrit à bout de bras des plateaux de viandes variées et
posait devant eux des coupes d'or. Portant la santé de
ses deux hôtes, le blond Ménélas leur dit : « Prenez du
pain; régalez-vous! Puis, votre repas achevé, nous vous
demanderons qui vous êtes. Le sang de vos parents n'a
pas en vous dégénéré; vous êtes de la race des rois issus
de Zeus et porteurs de sceptres; car des vilains n'auraient
pas d'aussi nobles enfants. »

Il dit et leur offrit une grasse échine de bœuf, prenant
en main ce rôt, qu'on lui avait servi comme part du
roi. Ils tendaient les mains vers les mets posés devant
eux. Puis, quand ils furent rassasiés de manger et de
boire, Télémaque prit la parole pour dire au fils de Nestor,
en approchant la tête, afin que les autres ne pussent
l'entendre : « Fils de Nestor, cher à mon cœur, vois donc
comme resplendissent en cette salle aux multiples échos
le bronze et l'or, et l'électron [54] et l'argent et l'ivoire.
Telle, j'imagine, doit être à l'intérieur la cour de Zeus
Olympien, tant il y a ici d'indicibles merveilles; l'étonnement me saisit à les voir. »

Le blond Ménélas surprit ce qu'il disait, et, élevant la
voix, il leur adressa ces paroles ailées : « Chers enfants,
aucun mortel sans doute ne saurait le disputer à Zeus;
car sa demeure même et ses biens sont immortels. Mais
parmi les hommes peut-être en est-il qui puissent rivaliser avec moi pour les biens. Combien ai-je subi d'épreuves, en quels lieux n'ai-je pas erré pour rapporter ces
richesses sur mes vaisseaux! il m'a fallu sept ans avant
de revenir; j'ai, dans mes courses, visité Chypre, la
Phénicie, l'Egypte, Ethiopiens, Sidoniens, Erembes [55], et
la Libye, où les agnelets ont des cornes dès leur naissance; car les brebis ont des petits trois fois au cours
d'une année; là ni le maître ni le berger ne sont jamais
à court de fromage, de viandes, de lait doux; tout au
long de l'an les brebis s'offrent à la traite. Et c'est pendant que, moi, je voyageais ainsi, pour amasser de
grands biens qu'un autre tuait mon frère, par un guet-
apens, à l'improviste, grâce à la ruse d'une maudite

femme. Aussi est-ce sans joie que je règne sur ces biens. Vos pères, quels qu'ils soient, ont dû vous conter cette histoire; car j'ai souffert des maux sans nombre, j'ai perdu une très riche demeure qui contenait mille objets précieux. Puissé-je y vivre encore avec trois fois moins de richesses et que soient saufs les hommes, qui ont alors péri en la vaste Troade, loin d'Argos nourricière de chevaux. Certes, je les pleure tous et souvent me lamente assis dans notre maison; tantôt je rassasie mon cœur de gémissements et tantôt je m'arrête; car on se lasse vite des sanglots qui donnent le frisson. Mais sur aucun de mes compagnons, si vive que soit ma peine, je ne pleure autant que sur un seul, dont le regret me fait prendre en dégoût sommeil et festin; car nul Achéen n'a subi tant d'épreuves qu'Ulysse en a souffert et supporté. Ainsi le voulait le destin : à lui les soucis, à moi un éternel regret; depuis si longtemps il est parti, sans que nous sachions même s'il est mort ou vivant! Il est pleuré sans doute par le vieux Laërte et la fidèle Pénélope et Télémaque, le nouveau-né qu'il laissait dans sa maison! »

Il dit, et fit naître en Télémaque le désir de pleurer l'absent. Des larmes tombèrent de ses paupières sur le sol, au nom de son père. Il se couvrit les yeux de son manteau de pourpre, qu'il tenait à deux mains. Ménélas s'en aperçut, mais il hésita en son esprit et en son cœur : attendrait-il que l'étranger fît lui-même mention de son père, ou l'interrogerait-il le premier pour s'informer de tout ?

Pendant qu'il délibérait ainsi en son esprit et son cœur, Hélène sortit de sa chambre aux lambris odorants [56] : au toit élevé : on eût dit Artémis aux flèches d'or. Adrasté qui la suivait, lui avança une chaise bien ouvragée; Alcippé portait un tapis de molle laine, et Phylo une corbeille d'argent, qu'avait donnée pour elle Alcandre, femme de Polybe qui habitait en la Thèbes d'Egypte, où les richesses abondent dans les maisons. De lui Ménélas avait reçu deux baignoires d'argent, deux trépieds, et dix talents d'or. Sa femme, pour sa part, offrit à Hélène des dons merveilleux : quenouille d'or, corbeille d'argent montée sur roulettes et dorée sur les bords. La suivante Phylo l'avait donc mise devant elle, pleine de laine bien filée; et dessus était posée la quenouille chargée de laine violette. Hélène s'assit sur la chaise, un tabouret sous les pieds. Aussitôt elle adressait à son mari maintes questions : « Savons-nous, Ménélas issu de Zeus, quels hommes prétendent être ces étrangers venus dans notre maison ? Me trompé-je ou vais-je dire la vérité ? Mais mon cœur me pousse. Non jamais je n'ai vu pareille ressemblance chez un homme ni chez une femme, et j'en suis saisie d'étonnement. N'est-ce pas là le fils du magnanime Ulysse, Télémaque, qu'en sa maison il laissait jeune enfant, quand pour moi, face de chienne, vous autres, Achéens, vous portiez sous Troie une guerre hardie ? »

Le blond Ménélas lui répondit : « J'ai le même sentiment, femme, et suis frappé comme toi de cette ressemblance ; ce sont ses pieds, ses mains, les éclairs de ses yeux, sa tête, et, sur son front, sa chevelure ! Et tout à l'heure quand je parlais d'Ulysse, et rappelais les peines, les fatigues qu'il endura pour moi, notre hôte a répandu sous ses sourcils des larmes amères, et mis son manteau de pourpre devant ses yeux. »

Le fils de Nestor, Pisistrate, lui répondit : « Fils d'Atrée, Ménélas nourrisson de Zeus, chef d'armée, celui-ci est vraiment le fils d'Ulysse, comme tu le dis ; mais il est prudent, et il craint en son cœur, venant ainsi, pour la première fois, de proférer des paroles vaines devant toi, dont la voix nous charme comme celle d'un dieu. C'est le vieux conducteur de chars, Nestor, qui m'envoya pour l'accompagner ; car il espérait te voir, afin de recevoir conseil ou assistance. En l'absence du père, un enfant a maintes peines à souffrir dans sa maison, quand il n'a point d'autres défenseurs ; tel est à présent le sort de Télémaque : son père est parti, et il n'a personne parmi le peuple pour le préserver de la ruine. »

Le blond Ménélas lui répondit : « Hé quoi ! Il est donc vrai qu'en ma maison est venu le fils de l'homme qui m'est si cher, et subit pour moi tant d'épreuves ! Je me promettais de l'accueillir à son retour mieux que tout autre Argien, si Zeus Olympien dont la voix porte au loin nous accordait à tous les deux de franchir la mer et de rentrer sur nos vaisseaux rapides. Je lui aurais en Argos cédé une ville et bâti un palais ; je l'aurais amené d'Ithaque avec ses biens, son fils et tous ses sujets ; j'aurais dépeuplé pour eux une des villes d'alentour, qui reconnaissent ma puissance ; voisins en ce pays, nous serions fréquentés souvent ; nul dissentiment n'aurait troublé notre amitié ni nos joies, avant que nous couvrît le noir nuage de la mort. Mais il a fallu qu'un dieu même m'enviât ce bonheur, en refusant le retour à ce malheureux, à lui seul! »

Ainsi parlait-il, et en tous il faisait naître le désir des lamentations. Elle pleurait, Hélène, l'Argienne née de Zeus; et pleuraient aussi Télémaque et l'Atride Ménélas; même le fils de Nestor ne pouvait retenir ses larmes, car il se souvenait en son cœur de l'irréprochable Antiloque, qu'avait tué l'illustre fils de la brillante Aurore [57]. Ce souvenir lui fit prononcer ces paroles ailées : « Fils d'Atrée, le vieux Nestor disait que tu es le plus sensé des mortels, chaque fois que nous parlions de toi dans sa grand-salle et que nous nous interrogions. Maintenant, s'il se peut, suis mon conseil : je ne goûte pas de douceur à pleurer après le repas : mais l'Aurore qui naît de grand matin va bientôt poindre, et je ne trouve pas mauvais de pleurer sur la mort de ceux dont s'est achevé le destin. C'est le seul hommage qu'on puisse rendre aux malheureux mortels, couper ses cheveux et laisser des larmes tomber le long de ses joues. Moi aussi, j'ai perdu mon frère : ce n'était pas le moins vaillant des Argiens : tu dois le savoir; car, pour moi, je ne l'ai jamais rencontré ni vu; on dit qu'Antiloque surpassait tous les autres, qu'il n'avait point d'égal à la course et au combat. »

Le blond Ménélas lui répondit : « Ami, tu as dit tout ce que dirait et ferait un homme sensé, même plus âgé que toi. Né d'un tel père, tes paroles doivent être pleines de sens. Elle est facile à reconnaître, la race de l'homme à qui Zeus a filé un destin heureux dans son mariage, dans ses enfants; ainsi accorda-t-il à Nestor de vivre jusqu'à la vieillesse une suite de jours prospères dans sa maison et de voir ses fils à leur tour sages et habiles à manier la lance. Nous, cessons donc les pleurs, que l'occasion fit tantôt couler; pensons au repas de nouveau, et qu'on verse l'eau sur nos mains. Dès l'aurore, Télémaque et moi, nous échangerons les propos qu'il nous faut tout au long tenir ensemble. »

Il dit; et sur leurs mains l'eau fut versée par Asphalion, le diligent serviteur du glorieux Ménélas. Tous alors les tendirent vers les mets préparés et servis devant eux.

A ce moment Hélène, fille de Zeus, conçut un autre dessein. Dans le vin du cratère, où ils puisaient à boire, elle jeta soudain une drogue, calmant de la douleur et du ressentiment, oubli de tous les maux. Et qui buvait de ce mélange ne laissait de tout le jour les larmes couler sur ses joues, sa mère et son père fussent-ils morts, son frère

et son fils eussent-ils succombé par le bronze, devant lui,
sous ses yeux. Telles étaient les drogues savantes et
salutaires que la fille de Zeus tenait de Polydamna, la
femme de Thon, née en Egypte; dans ce pays la terre qui
donne le blé produit en abondance aussi des simples,
dont maints mélanges sont bienfaisants et maints autres
nuisibles. Chacun y est médecin, le plus habile du monde;
ils sont tous du sang de Paeon. Quand elle eut jeté sa
drogue dans le cratère et ordonné aux échansons de
verser le vin, elle reprit la parole et dit : « Fils d'Atrée,
Ménélas, nourrisson de Zeus, et vous, fils d'hommes
valeureux, un dieu, vous le savez, Zeus, donne à chacun
son lot, à l'un le bien, à l'autre le mal; car il peut tout.
Maintenant donc festoyez, assis dans la grand-salle,
égayez-vous en joyeux propos; mes paroles s'accorderont
à vos sentiments. Je ne vais pas vous narrer ni vous énu-
mérer tous les exploits de l'endurant Ulysse, mais entre
autres le haut fait qu'accomplit et osa cet homme énergique au pays des Troyens, théâtre de vos épreuves,
Achéens. S'étant meurtri de coups qui le défiguraient, il
jeta sur ses épaules de pauvres guenilles [58], et accoutré
comme un esclave, il se glissa chez les ennemis, dans
la ville aux larges rues; pour se mieux cacher, il contre-
faisait un pauvre hère, un mendiant, lui, si différent
près des nefs achéennes. Sous cet aspect donc, il pénétra
dans la ville des Troyens. Et ceux-ci n'y pouvaient rien
voir; seule, je le reconnus sous ce déguisement, et je le
questionnai; lui, par astuce, cherchait à m'éviter; mais
quand je l'eus baigné, frotté d'huile, vêtu de bonnes
hardes, quand j'eus fait grand serment de ne pas révéler la présence d'Ulysse parmi les Troyens avant son
retour aux nefs rapides et aux tentes, alors il me confia
tout le plan des Achéens. Et puis, ayant tué beaucoup
de Troyens par le bronze effilé, il s'en alla rejoindre les
Argiens, leur rapporta maintes nouvelles. Et les autres
Troyennes alors poussaient des lamentations aiguës; mais,
moi, je ressentais de la joie; car déjà mon cœur était
changé; je souhaitais revenir en ma maison, et je regret-
tais l'aveuglement, dont Aphrodite m'avait frappée,
quand elle m'avait conduite là-bas, loin de ma patrie,
laissant derrière moi ma fille, ma chambre, mon époux
qui ne le cédait à personne ni en esprit, ni en beauté. »

En réponse, le blond Ménélas lui dit : « Oui, femme,
ce que tu dis là est bien juste. J'ai déjà connu les pensées et l'esprit de nombreux héros, j'ai parcouru le vaste

monde; mais je n'ai jamais vu de mes yeux rien d'égal
au cœur de l'endurant Ulysse. Ainsi voyez encore, ce
qu'il a fait et osé, cet homme énergique, dans le cheval
de bois, où nous étions embusqués, tous les meilleurs
des Argiens, portant aux Troyens le meurtre et la mort.
Tu vins près de l'engin; tu devais y être poussée par un
démon, qui voulait offrir aux Troyens une occasion de
gloire; Déiphobe, semblable à un dieu, te suivait. Trois
fois tu fis le tour de la machine creuse en la tâtant; trois
fois tu appelas par leur nom les Danaens les plus vaillants, et tu imitais pour chacun la voix de leurs épouses.
Assis au milieu d'eux le fils de Tydée et l'illustre Ulysse
avec moi, nous entendions ton appel. Et tous deux, Diomède et moi, nous allions suivre notre premier mouvement, ou sortir ou te répondre de l'intérieur; mais
Ulysse nous arrêta et contint notre désir. Alors tous les
autres fils des Achéens gardaient le silence; seul Anti-
clos voulait te répondre. Mais Ulysse lui fermait la
bouche de ses deux puissantes mains sans faiblir et il
sauva ainsi tous les Achéens. Il ne le laissa point jusqu'à l'heure où Pallas Athéné t'entraîna loin de nous. »
    Le prudent Télémaque lui répondit : « Fils d'Atrée,
Ménélas nourrisson de Zeus, chef d'armée, ma douleur
n'en est que plus vive. Car ces exploits n'ont pas écarté
de lui la triste mort; à quoi bon avoir dans la poitrine
un cœur de fer ? Mais allons, envoyez-nous au lit, que
nous goûtions couchés la douceur du sommeil. »
    Il dit, et l'Argienne Hélène ordonna aux servantes de
dresser des lits sous le portique, d'y mettre de belles couvertures de pourpre, d'étendre par-dessus des tapis et de
poser sur le tout des vêtements de laine, bien épais.
Les servantes vinrent de la grand-salle, une torche à la
main, préparèrent les lits, et un héraut amena les hôtes.
Ils dormirent donc là dans le vestibule, le héros Télémaque et le brillant fils de Nestor. L'Atride alla dormir
au fond de la demeure au toit élevé, et à son côté se
coucha Hélène au long châle, divine entre les femmes.
    Quand parut Aurore aux doigts de rose, qui naît de
grand matin, Ménélas, hardi dans la mêlée, s'élança de sa
couche, endossa ses vêtements, jeta sur son épaule son
épée aiguë, attacha sous ses pieds brillants ses belles
sandales, et sortit de la chambre, pareil à un dieu. Il
vint s'asseoir près de Télémaque, prit la parole et lui
tint ce discours : « Quel besoin, héros Télémaque, t'a
donc amené ici dans la brillante Lacédémone, sur le

vaste dos de la mer : affaire publique ou privée ? fais-m'en la confidence en toute vérité. »

Le prudent Télémaque lui répondit : « Fils d'Atrée, Ménélas nourrisson de Zeus, chef d'armée, je suis venu dans l'espoir que tu me donnerais des nouvelles de mon père. Ma maison est mangée; mes riches terres sont perdues; ma demeure est pleine d'hommes méchants, qui ne cessent d'égorger par tas mes brebis, mes bœufs luisants à la marche traînante [59] : ce sont les prétendants de ma mère, et leur insolence est démesurée. Aussi je te supplie, en prenant tes genoux, de bien vouloir me dire sa triste mort, si tu la vis de tes propres yeux, ou si tu entendis un autre te conter ses courses errantes; car vraiment sa mère a enfanté le plus malheureux des hommes. Ne m'adoucis pas la vérité par respect ni pitié, mais conte-moi tout l'événement comme tes yeux l'ont vu. Je t'en prie : si mon père, le vaillant Ulysse, te fit promesse de parole ou d'action et l'accomplit au pays de Troie, où vous, Achéens, subissiez vos épreuves, de cela souviens-toi aujourd'hui, et parle-moi sans réticence. »

Grandement indigné, le blond Ménélas lui dit : « Malheur! au lit du héros à l'âme vaillante ils voudraient coucher, ces hommes sans cœur! Comme le lion vigoureux, lorsque dans sa tanière la biche a laissé les faons nouveau-nés qui la tettent encore, pour chercher des vallons boisés et brouter des ravins herbus, lui, revenant à sa litière, inflige aux deux petits un sort cruel; ainsi Ulysse infligera aux prétendants une mort ignominieuse. Puisse-t-il, Zeus Père, Athéné, Apollon, tel que jadis au beau site de Lesbos, il se leva pour répondre au défi de Philomélède et l'abattit de son bras puissant, à la joie de tous les Achéens, revenir et se rencontrer avec les prétendants! De tous la vie serait brève et les noces amères! Pour répondre à tes questions et à tes prières, je ne saurais rien te dire contre la vérité ni te tromper, mais voici ce que me révéla l'infaillible vieillard de la mer : je ne veux t'en omettre ni cacher un seul mot.

« C'était en Egypte, où malgré mon désir du retour, les dieux me retenaient; je ne leur avais pas offert les hécatombes rituelles; les dieux veulent toujours qu'on soit attentif à leurs commandements. Or, il y a, en avant de l'Egypte, dans la mer aux nombreuses houles, une île qu'on appelle Pharos; elle n'est éloignée que d'une pleine journée de marche d'un vaisseau creux, s'il a en poupe le souffle de la brise fraîche; et là se trouve un port au bon mouillage, d'où on lance vers la haute mer les nefs bien équilibrées, quand elles ont fait leur provision à l'aiguade profonde. En ce lieu, les dieux me retinrent vingt jours; jamais on ne voyait se lever les bons vents du large, qui deviennent les compagnons des nefs sur le large dos de la mer. Et sans doute tous les vivres se seraient épuisés, ainsi que le courage des hommes, si une divinité ne m'avait pris en pitié pour me sauver, la fille du puissant Protée, du vieillard de la mer, Idothée, car j'avais vivement ému son cœur. Elle vint à ma rencontre, comme je m'étais écarté de mes compagnons; toujours, errant autour de l'île, ils pêchaient avec des hameçons crochus; car la faim tourmentait leur estomac. Se plaçant près de moi, elle prit la parole et me tint ce discours : « Es-tu si dépourvu de raison, étranger, et si simple d'esprit, ou bien t'abandonnes-tu de ton gré et trouves-tu plaisir à tes épreuves ? Voilà longtemps que tu demeures en cette île sans pouvoir imaginer aucun moyen d'en finir, et cependant le courage de tes compagnons faiblit. »

Elle dit, et moi, je lui répliquai : « Je te dirai, qui que tu sois entre les déesses, que je ne demeure pas ici de mon gré, mais je dois être coupable d'une faute envers les dieux immortels qui habitent le vaste ciel. Toi, du moins, dis-moi, puisque les dieux savent tout, quel est celui des Immortels qui m'enchaîne ici, arrête mon voyage, comment je reviendrai, faisant route, sur la mer poissonneuse. »

Je parlai ainsi; l'illustre déesse me repartit aussitôt : « Eh bien, étranger, je te répondrai en toute franchise. Ici vient souvent un vieillard de la mer, infaillible, immortel, Protée [60] l'Egyptien, qui connaît les abîmes de toute mer, le serviteur de Poséidon. On dit qu'il est mon père, que je lui dois le jour. Si tu pouvais lui tendre une embuscade et te saisir de lui, il te dirait peut-être ta route, la longueur du chemin, le retour, comment tu navigueras sur la mer poissonneuse; il t'apprendra encore, nourrisson de Zeus, si tu le veux, tout ce qui se passe dans ton manoir de mauvais et de bon, depuis ton départ, pendant ce long et pénible voyage. » Elle dit, et moi, je lui répondis : « Explique-moi donc toi-même quelle embuscade je puis tendre au vieillard divin; je crains que, prévoyant mon attaque et sachant d'avance ce qu'elle sera, il ne l'esquive. Car pour un mortel un dieu est difficile à dompter. » Je parlai ainsi; l'illustre déesse me repartit aussitôt : « Aussi te répondrai-je, étranger, en toute franchise.

Quand le soleil atteint le milieu du ciel, alors l'infaillible
vieillard de la mer sort de l'onde, couvert par les noirs
moutons que soulève le souffle du Zéphyr, et il va se
coucher à l'abri d'antres creux. Autour de lui des phoques,
rejetons de la belle déesse marine, dorment en foule,
sortis de la mer grise exhalant l'âcre odeur des profonds
abîmes. Là je te conduirai à l'apparition de l'Aurore, je
vous posterai tous en rang; pour toi choisis trois compagnons sûrs, les meilleurs que tu aies dans tes vaisseaux
aux solides bordages. Je vais te dire toutes les ruses du
vieillard.

« Il commencera par dénombrer et passer en revue ses
phoques. Puis, quand il les aura tous comptés sur ses
doigts et bien vus, il se couchera au milieu d'eux, comme
un pâtre parmi son troupeau de moutons. Dès l'instant
que vous le verrez endormi, pensez alors à employer
force et violence, et maintenez-le sur place bon gré,
mal gré, quoi qu'il fasse pour vous échapper. Il s'y
essaiera, en prenant toutes les formes, celles des êtres
qui rampent sur la terre, celles de l'eau, du feu au divin
flamboiement. Vous, tenez-le sans faiblir, et serrez-le
plus fort. Mais, quand il parlera pour t'interroger, reprenant la forme sous laquelle vous l'aurez vu dormir, alors,
seigneur, renonce à la violence, délie le vieillard, ques-
tionne-le sur le dieu qui te persécute, sur ton retour,
et le moyen de faire route sur la mer poissonneuse. » Ayant
ainsi parlé, elle plongea sous la mer houleuse. Et moi,
j'allai vers mes vaisseaux, là où ils étaient à sec sur les
sables, et, chemin faisant, mon cœur agitait maintes
pensées. Quand je fus arrivé à la mer, nous préparâmes
le repas du soir, puis survint la nuit divine. Alors nous
nous couchâmes au brisement des flots. Et quand parut
Aurore aux doigts de rose, qui naît de grand matin,
j'allais le long du rivage de la mer aux larges voies,
adressant aux dieux d'ardentes prières; j'emmenai les
trois compagnons, en qui j'avais le plus confiance pour
toute entreprise. Idothée, qui avait plongé dans le vaste
sein de la mer, en avait rapporté les peaux de quatre
phoques, fraîchement écorchés; c'est la ruse qu'elle avait
préméditée contre son père. Elle avait creusé des lits
dans les sables marins, puis s'était assise en nous attendant. Nous vînmes tout près d'elle; et elle nous coucha
en rang, et jeta une peau sur chacun. Ç'aurait été le
moment le plus terrible de l'embuscade; car l'odeur
mortelle des phoques, enfants de la mer, nous mettait

à un terrible supplice; qui pourrait, en effet, dormir
près d'un monstre marin ? Mais elle-même nous tira
d'embarras : elle avait préparé un cordial énergique; elle
mit sous le nez de chacun l'ambroisie qu'elle avait appor-
tée et dont le parfum suave fit évanouir la puanteur de
la bête. Toute la matinée nous attendîmes d'un cœur
patient. Les phoques vinrent en foule de la mer, puis se
couchèrent en rang au brisement des flots. Au milieu du
jour, le vieillard sortit de l'eau; il trouva les phoques
obèses, les passa tous en revue, en calcula le nombre.
C'est nous qu'il compta les premiers; son cœur n'eut
point soupçon de la ruse, puis il se coucha lui aussi. Nous
nous élançâmes à grands cris et l'entourâmes de nos
bras. Mais lui n'oublia ruse ni artifice. Il fut d'abord
un lion à la forte crinière, puis un dragon, une panthère,
un grand porc; il se changea en eau limpide, en arbre au
feuillage altier. Nous cependant nous le tenions sans
faiblir, d'un cœur patient. Quand le vieillard, qui savait
tant de ruses, fut las de ses artifices, alors il m'adressa
la parole pour m'interroger : « Quel dieu, fils d'Atrée,
te conseilla ces moyens, pour me prendre à l'improviste
en cette embuscade ? Que veux-tu ? » Il dit, et moi, je
lui repartis : « Tu sais — pourquoi chercher, vieillard, à me
tromper par ces questions ? — que depuis longtemps je
suis retenu dans cette île, que je ne puis trouver aucun
moyen d'en sortir, et que cependant mon courage faiblit en ma poitrine. Mais toi, dis-moi — les dieux
savent tout — quel immortel m'arrête et me tient
enchaîné, et comment reviendrai-je, faisant route sur la
mer poissonneuse ? » Je parlai ainsi, et il me répondit
aussitôt : « Tu aurais dû sacrifier de belles victimes à
Zeus et aux autres dieux avant de t'embarquer, si tu
voulais arriver vite en ta patrie en traversant la mer
vineuse. Il ne t'est pas permis de revoir ceux que tu
aimes ni de rentrer dans ton manoir bien bâti et la terre
de tes pères, si tu n'es d'abord revenu aux eaux du
fleuve Égyptos [61] que les dieux nous envoient, et si tu
n'as sacrifié des hécatombes sacrées aux dieux immortels, habitants du vaste ciel. Alors les dieux t'accorderont
le retour que tu désires. » Il dit, et mon cœur fut brisé,
parce qu'il m'ordonnait d'aller de nouveau sur la mer
brumeuse jusqu'en Égypte, voyage long et pénible. Pourtant, je lui répondis par ces paroles : « Je ferai tout comme
tu l'ordonnes, vieillard. Mais dis-moi ceci, et réponds-
moi sur toutes choses la vérité : sont-ils revenus sans

dommage sur leurs vaisseaux, tous les Achéens que Nestor et moi nous laissâmes à notre départ de Troie, ou quelqu'un a-t-il péri d'une mort cruelle sur son vaisseau, ou dans les bras de ses amis, l'écheveau de la guerre une fois dévidé ? » Je parlai ainsi; il me repartit aussitôt : « Fils d'Atrée, pourquoi m'interroger ? Nul besoin que tu saches, que tu connaisses ce que j'ai en l'esprit. Tu ne seras pas longtemps, je l'affirme, sans verser de larmes, quand tu auras tout appris. Beaucoup sont restés, beaucoup ont été domptés. Seuls, deux chefs des Achéens au pavois de bronze ont péri pendant le retour; quant à ceux qui moururent dans la bataille, tu étais présent. Un seul [62], encore vivant, est retenu par la vaste mer. Ajax [63] a été dompté parmi ses vaisseaux aux longues rames. D'abord Poséidon l'avait poussé vers les hautes roches Gyrées et sauvé de la mer, et il eût échappé à la mort, malgré la haine d'Athéné, s'il n'avait lâché une parole insolente, en son grand aveuglement; il se vanta d'avoir échappé, en dépit des dieux, au profond abîme de la mer. Poséidon entendit ces paroles orgueilleuses. Aussitôt il saisit son trident de ses mains pesantes, et frappant la roche Gyrée, il la fendit. Une partie resta debout; l'autre fragment s'abîma dans la mer, celui où se tenait Ajax lorsqu'il fut ainsi égaré de délire, et qui l'entraîna sous les houles de la mer immense. Voilà comme il périt en ce lieu, après avoir bu l'eau salée. Quant à ton frère, il avait su échapper et se dérober aux Kères, sur ses vaisseaux creux. La puissante Héra l'avait sauvé. Mais lorsqu'il allait atteindre le haut promontoire du Malée, la tempête le saisit et l'emporta, poussant de profonds gémissements, sur la mer poissonneuse, jusqu'à l'extrémité du pays, où Thyeste avait autrefois sa demeure, où habitait alors son fils Egisthe. Pourtant lorsque de ce lieu même lui apparut un retour heureux, lorsque les dieux eurent tourné le vent qui redevint favorable, avec quelle joie il mit le pied sur le sol de sa patrie, en toucha et baisa la terre! De ses yeux les larmes tombaient tièdes et abondantes quand il eut le bonheur de revoir sa terre. Mais de la tour de guet, le veilleur l'aperçut : conduit et posté là par le perfide Egisthe, qui pour salaire lui promettait deux talents d'or, il montait la garde toute l'année, afin que l'arrivant ne pût lui échapper, et se souvenir de son impétueuse vaillance. Il courut au palais porter la nouvelle au pasteur de peuples. Aussitôt Egisthe conçut un perfide attentat. Il tria dans le peuple vingt hommes, les plus hardis, les mit en embuscade; et dans l'autre partie de la maison il ordonna de faire les apprêts d'un festin. Puis il s'en fut inviter Agamemnon pasteur de peuples, et sur son char traîné par des chevaux, il méditait son crime. Il amena dans la haute ville celui qui ne croyait pas aller à la mort, et l'ayant reçu à sa table, il le tua, comme l'on abat un bœuf à la crèche. Aucun des compagnons qui suivaient l'Atride ne survécut, non plus qu'aucun de la suite d'Egisthe; tous furent tués dans la grand-salle. »

Il dit, et mon cœur fut brisé; je pleurais assis sur le sable, je ne voulais plus vivre ni voir la lumière du soleil. Quand je fus lassé de pleurer en me roulant à terre, alors l'infaillible vieillard de la mer me dit : « Fils d'Atrée, ne verse pas plus longtemps ces larmes intarissables; nous n'y gagnerons rien, mais tente d'arriver au plus vite dans la terre de tes pères; tu y trouveras vivant le meurtrier, ou bien Oreste t'aura prévenu en le tuant, et tu pourras du moins prendre part au repas funèbre. » Il parla ainsi, et mon cœur et mon ardeur vaillante en furent réchauffés dans ma poitrine malgré ma grande affliction; élevant la voix, je lui adressai ces paroles ailées : « Je sais maintenant le sort de ceux-là, mais parle-moi du troisième héros, de celui qui encore vivant est retenu sur la vaste mer; ou bien est-il mort ? Quel que soit mon chagrin, je veux tout entendre. » Je dis, il me repartit tout aussitôt : « C'est le fils de Laërte, celui qui réside en Ithaque. Je l'ai vu dans une île, versant d'abondantes larmes, au manoir de la nymphe Calypso, qui le retient par force; il ne peut revenir dans la terre de ses pères; car il n'a ni vaisseaux à rames ni compagnons pour le ramener sur le large dos de la mer. Quant à toi, les dieux ne t'ont pas destiné, Ménélas nourrisson de Zeus, à mourir et achever ta destinée en Argos nourricier de chevaux; non, les Immortels t'enverront à la plaine élyséenne, à l'extrémité de la terre, où réside le blond Rhadamanthe, là où la vie pour l'homme est le plus facile : point de neige, jamais de rigoureux hiver ni de pluie; toujours les brises de Zéphyr au souffle clair, envoyées par l'Océan, y rafraîchissent les hommes. C'est que tu es l'époux d'Hélène et le gendre de Zeus. » Ayant ainsi parlé, il plongea sous la mer houleuse. Moi, j'allai vers les nefs avec mes braves compagnons, et, en marchant, j'agitais maintes pensées en mon cœur. Quand nous eûmes gagné le vaisseau et la mer, nous préparâmes le repas du soir, puis survint la nuit immortelle. Alors nous dormîmes au brisement de la mer. Et quand parut Aurore aux doigts de rose, qui naît de grand matin, on se mit d'abord à tirer les nefs dans la mer brillante; on dressa mâts et voilures dans les vaisseaux bien équilibrés; les équipages embarqués prirent place devant les tolets, et assis en rang, ils frappaient de leurs rames la mer grise. Revenu au fleuve Egyptos, dont les eaux sont tombées du ciel, j'arrêtai les vaisseaux et sacrifiai des hécatombes parfaites. Quand j'eus mis fin au courroux des dieux éternels, j'élevai un tombeau en l'honneur d'Agamemnon, afin que son souvenir ne s'éteignît point. Ces devoirs accomplis, je revins, et les Immortels m'accordant un vent favorable me ramenèrent vite en la terre de mes pères. « Allons, reste maintenant dans mon manoir, attends dix jours, onze jours; alors, je te ferai reconduire et t'offrirai des dons brillants, trois chevaux et un char bien poli. Je te donnerai encore une belle coupe, afin qu'il te souvienne de moi quand chaque jour tu feras des libations aux dieux immortels. »

Le prudent Télémaque lui répondit : « Fils d'Atrée, ne me retiens pas plus longtemps ici. Sans doute, je m'accommoderais de rester une année entière auprès de toi, sans éprouver le regret de ma maison et de mes parents; car je sens une joie extrême à entendre tes pensées, tes récits. Mais déjà mes compagnons s'impatientent dans la sainte Pylos; il y a longtemps que tu me gardes en ton manoir. Quant au présent que tu veux me donner, j'accepte la coupe; mais je ne pourrai emmener de chevaux à Ithaque; je te les laisserai pour toi-même, comme objets de luxe; car tu règnes sur une vaste plaine, où abondent le trèfle, le souchet, le froment, l'épeautre et la haute orge blanche. Mais, en Ithaque, il n'y a ni spacieux champs de course ni la moindre prairie; ce sont des pacages à chèvres, qui, pourtant, me plaisent mieux que vos prés à chevaux. Aucune des îles cernées par les flots n'a de carrière ni de prairie pour les chevaux, Ithaque encore moins que toute autre. »

Il dit, et Ménélas, hardi dans la mêlée, sourit, le flatta de la main, et, prenant la parole, lui dit : « Ton sang est généreux, cher enfant; tu le montres par ton langage. Aussi je changerai les cadeaux que je t'avais promis : je le puis. Parmi tous les présents, qui forment le trésor gardé dans ma maison, je te donnerai ce qu'il y a de plus beau et de plus précieux : oui, je t'offrirai un cratère forgé; il est tout en argent, mais les lèvres en sont un alliage d'argent et d'or. C'est l'œuvre d'Héphaistos. Il me fut offert par le héros Phædimos, roi de Sidon, quand sa maison m'abrita, lorsque j'allai là-bas; or, je veux qu'il devienne ta propriété. »

Tels étaient les propos qu'ils échangeaient. Les convives entrèrent dans la demeure du roi divin. Ils amenaient des moutons; ils apportaient le vin qui donne du cœur; et leurs épouses aux beaux voiles leur envoyaient le pain. Ils préparaient ainsi le repas dans le manoir.

Cependant, devant la grand-salle d'Ulysse les préten-dants jouaient à lancer disques et javelots sur le sol aplani, où ils avaient accoutumé d'exercer leur insolence. Antinoos était assis là et Eurymaque beau comme un dieu, les chefs des prétendants, qu'ils dépassaient tous de loin en valeur. Noémon, fils de Phronios, s'approcha, et, interpellant Antinoos, lui demanda : « Antinoos, savons-nous en notre esprit, ou ignorons-nous quand Télémaque reviendra de Pylos la Sablonneuse ? Il s'en est allé sur mon vaisseau, et j'en ai besoin pour faire la traversée vers la spacieuse Elide, où j'ai douze juments, et, à leurs mamelles des mulets durs au travail, mais encore indomp-tés. J'en voudrais ramener un pour le dresser. »

Il dit, et leur cœur fut saisi d'étonnement. Car ils ne pensaient pas que Télémaque fût parti pour la Pylos de Nélée; ils le croyaient quelque part aux champs, près des troupeaux ou du porcher. Aussi Antinoos, fils d'Eupithès, lui répliqua-t-il : « Dis-moi la vérité : quand est-il parti, avec quel équipage ? des jeunes gens choisis en Ithaque; ou bien des tâcherons et des valets à lui ? Il en aurait assez pour cela. Mais dis-moi encore, sans réticence, afin que je sache bien tout : a-t-il pris ton vaisseau noir contre ton gré, par force, ou le lui donnas-tu librement, parce qu'il t'en priait avec insis-tance ? »

Le fils de Phronios lui répondit : « C'est moi qui le lui prêtai de plein gré. Et que ferait tout autre lors-qu'un tel homme, ayant du chagrin au cœur, vient vous prier ? Il serait alors difficile de refuser le service. Ce sont les jeunes gens, les meilleurs qu'il y ait dans le pays après nous, qui l'ont suivi; avec eux, j'ai vu s'embar-quer comme chef Mentor, ou un dieu qui lui ressemblait en tout. Mais voici qui m'étonne : j'ai vu l'illustre Men-

tor, hier, au point du jour, et pourtant, il s'était embarqué pour Pylos. »

Ayant ainsi parlé, il s'en alla vers la maison de son
père. Mais tous deux s'irritaient en leur cœur orgueilleux.
Ils firent asseoir ensemble les prétendants, interrompant leurs jeux. Et parmi eux, Antinoos, fils d'Eupithès,
prit la parole tout irrité : son esprit était plein d'une
sombre colère, et ses yeux ressemblaient à un feu flam-
boyant : « Malheur! voilà un bel exploit d'effronterie
que vient d'accomplir Télémaque. Ce voyage, nous le
lui avions pourtant défendu! Malgré nous tous, tant que
nous sommes, ce jeune garçon est tout bonnement parti,
ayant tiré un vaisseau à la mer et choisi dans le pays un
équipage d'élite. Ce sera bientôt le commencement d'un
malheur. Mais puisse Zeus anéantir sa force, avant qu'il
atteigne l'âge d'homme! Allons, donnez-moi un vaisseau rapide avec un équipage de vingt hommes, que
j'aille m'embusquer pour l'attendre au passage [64] entre
Ithaque et la rocheuse Samos, et que le voyage entrepris
pour chercher son père ait une triste fin. » Il dit : tous
l'approuvaient, l'engageaient à partir. Puis, se levant, ils
rentrèrent dans la maison d'Ulysse.

Pénélope ne fut pas longtemps sans apprendre les
projets que les prétendants formaient au fond de leur
esprit. Le héraut Médon lui dit tout; il avait appris leurs
desseins, se trouvant hors de la cour, pendant qu'à l'intérieur ils ourdissaient leur plan. Il alla, traversant le
manoir, l'annoncer à Pénélope. Quand il eut franchi son
seuil, elle lui dit : « Héraut, pourquoi donc t'envoient
les nobles prétendants ? Est-ce pour dire aux servantes
du divin Ulysse de cesser leurs travaux et de leur préparer un festin ? Ah! qu'ils cessent de me courtiser et de
se réunir encore, qu'ils fassent aujourd'hui le dernier,
oui le dernier de leurs repas chez nous! Souvent réunis,
vous consumez tant de vivres, avoir du sage Télémaque!
N'entendiez-vous jamais vos pères, quand vous étiez
enfants, dire ce qu'était Ulysse parmi vos parents, ne
commettant d'abus contre personne, ne prononçant nulle
parole injuste dans l'assemblée du peuple, comme font
souvent les rois divins; ils haïssent celui-ci, aiment
celui-là. Mais lui, jamais ne fit aucun tort à personne
tandis que votre cœur à vous et vos actes odieux se
montrent au jour; désormais on oublie les services rendus. » Le sage Médon lui répondit : « Que n'est-ce là,
reine, le plus grand malheur! Les prétendants méditent

une autre chose bien plus grave et plus triste : puisse
le fils de Cronos ne l'accomplir point! Ils veulent tuer
Télémaque à la pointe du bronze, quand il reviendra dans
sa maison. Lui est parti s'informer de son père dans la
belle Pylos et la brillante Lacédémone. »

Il dit, et Pénélope sentit défaillir son cœur et ses
genoux; longtemps elle resta sans parole; ses yeux se
remplirent de larmes, et sa voix claire s'arrêta dans sa
gorge. Enfin elle put lui répondre ces mots : « Héraut,
pourquoi donc mon enfant est-il parti ? Il n'avait nul
besoin de monter sur ces vaisseaux rapides, ces chevaux
de la mer qui transportent les hommes sur l'étendue
des eaux. Veut-il ne laisser pas même un nom parmi les
hommes ? » Le sage Médon lui répondit alors : « Je ne
sais si un dieu l'a poussé, ou s'il a suivi l'élan de son
propre cœur pour aller à Pylos, et apprendre le retour
de son père, ou la mort dont il a péri. »

Ayant ainsi parlé, il s'en alla par le manoir d'Ulysse.
En elle se répandit l'angoisse qui ronge le cœur; elle n'eut
plus la force de se poser sur aucun des sièges nombreux
qui étaient là, elle s'assit sur le seuil de sa chambre bien
construite, en gémissant pitoyablement; autour d'elle se
lamentaient les servantes, toutes celles qui se trouvaient
dans la maison, jeunes et vieilles. Parmi elles, avec des
gémissements pressés, Pénélope parla : « Ecoutez, amies;
l'Olympien m'imposa plus de peines qu'à toutes les
femmes, qui sont nées et furent nourries de mon temps.
J'ai d'abord perdu un mari vaillant, un cœur de lion,
qui en toutes vertus excellait parmi les Danaens, un
preux dont le renom s'est au loin répandu dans l'Hellas
et jusqu'au fond d'Argos. Au tour maintenant de mon
fils chéri! Les rafales l'ont enlevé hors du manoir, obscu-
rément, et j'ignorais son départ! Cruelles! Aucune de vous
n'eut la pensée de me faire lever de ma couche, vous dont
le cœur n'ignorait rien, quand il partit s'embarquer au
creux d'un vaisseau noir! Si j'avais appris qu'il méditait
ce voyage, certes, il fût resté, malgré son désir du départ,
ou bien il m'eût laissée morte au manoir. Mais qu'on se
hâte d'appeler le vieux Dolios, le serviteur que mon père
me donna, quand je vins ici, et qui garde les nombreux
arbres de mon verger, afin qu'il aille au plus vite trouver
Laërte et lui raconter tout; peut-être celui-ci ourdira en
son esprit quelque plan, et sortant de sa retraite, saura
fléchir ces gens, qui veulent anéantir sa race et celle du
divin Ulysse ! »

La bonne nourrice Euryclée lui répondit : « Chère fille, tue-moi donc avec le bronze impitoyable ou laisse-moi au manoir ; mais je ne te cacherai point ma pensée. Moi, je savais tout : j'ai apporté tout ce qu'il ordonnait, le pain et le doux vin ; il m'avait fait prêter un grand serment de ne rien te dire avant le douzième jour, à moins que, désirant toi-même le voir, tu n'apprisses son départ ; il craignait qu'on ne te vît en pleurant altérer ta beauté. Mais baigne-toi, prends pour ton corps des vêtements propres ; monte à l'étage avec tes suivantes, et prie Athéné, fille de Zeus qui porte l'égide ; car c'est elle qui peut le sauver de la mort même. N'ajoute pas encore aux tourments du vieillard. Je ne crois pas que les dieux bienheureux aient nulle haine pour la race du fils d'Arcésios ; il vivra, celui qui doit posséder cette haute demeure et ces grands champs fertiles. »

Elle dit et endormit le chagrin de Pénélope, écarta les larmes de ses yeux. Celle-ci se baigna, prit pour son corps des vêtements propres, puis elle montait à l'étage avec ses suivantes ; ayant mis de l'orge dans une corbeille, elle priait Athéné : « Exauce-moi, fille de Zeus qui porte l'égide, indomptable. Si jamais Ulysse aux mille ruses brûla pour toi, dans son manoir, les cuisses grasses d'un bœuf ou d'une brebis, qu'il t'en souvienne à cette heure ; accorde-moi de sauver notre cher fils ; détourne de lui les coups des prétendants à la criminelle arrogance. »

Ayant ainsi parlé elle se lamenta selon le rite, et la déesse entendit sa prière. Les prétendants s'exclamèrent dans l'ombre de la grand-salle. Un de ces jeunes arrogants disait : « Voici sans doute que la reine si courtisée fait les apprêts de notre mariage ; elle ne se doute point que nous avons préparé le meurtre de son fils. » Ainsi parlaient plusieurs d'entre eux, mais ils ne savaient point la vérité des événements. Et parmi eux Antinoos prit la parole et dit : « Fous que vous êtes, gardez-vous de ces paroles outrecuidantes, que vous lancez tous pareillement ; craignez qu'on ne les rapporte là-dedans. Silence ! Levons-nous, pour exécuter le plan que nous avons tous approuvé en nos esprits. »

Ayant dit, il choisit une élite de vingt hommes résolus, et partit pour aller vers le vaisseau rapide et le rivage marin. Ils tirèrent d'abord la nef dans l'eau profonde ; ils dressèrent le mât et les voiles sur le vaisseau noir, passèrent les rames dans les courroies de cuir le long des bordages, mirent tout en place et déployèrent les voiles blanches; puis des serviteurs actifs leur apportèrent les agrès. Ils jetèrent l'ancre en un endroit profond et débarquèrent. Ayant pris leur repas sur le rivage, ils attendirent le soir pour partir.

Cependant, à son étage, la chaste Pénélope restait sans manger, sans toucher mets ni boisson, se demandant si son irréprochable fils éviterait la mort, ou serait dompté sous les coups des prétendants forcenés. Toutes les pensées qu'agite un lion en proie à la crainte, au milieu d'un groupe de chasseurs quand autour de lui s'est formé le cercle de la ruse, elle les remuait, jusqu'à l'heure où survint l'apaisant sommeil. Renversée alors en arrière, elle dormait, et tous ses membres étaient détendus.

Alors la déesse Athéné aux yeux brillants conçut un nouveau dessein. Elle suscita un fantôme, lui donna la forme d'une femme, Iphthimé, fille du magnanime Icarios, qu'avait pour épouse Eumélos habitant à Phères. Puis elle l'envoya vers la demeure du divin Ulysse, pendant que Pénélope était en lamentations et en pleurs, afin de mettre un terme à ses plaintes et ses gémissements mêlés de larmes. Et le fantôme entra dans la chambre le long de la courroie du verrou, s'arrêta au-dessus de la tête de Pénélope et lui adressa ces paroles : « Tu dors, Pénélope, le chagrin au cœur ? Les Dieux, pourtant, dont la vie est heureuse, ne permettent point que tu pleures et sois angoissée; car ton enfant peut encore revenir; il n'a pas commis de faute envers eux. »

Pénélope, la plus sage des femmes, lui répondit, plongée dans un très doux sommeil, à la porte des songes : « Pourquoi, ma sœur, être venue ici ? Ce n'était pas ton habitude, car ta maison est bien loin. Tu m'engages à cesser mes plaintes, à oublier toutes ces peines qui tourmentent mon esprit et mon cœur. J'avais déjà perdu un époux valeureux, un cœur de lion, qui par tant de vertus diverses excellait entre les Danaens, ce preux, dont la gloire se répand au loin en Hellas et jusqu'au fond d'Argos. Maintenant c'est mon enfant chéri qui s'en est allé sur une nef creuse, l'insensé, sans bien connaître ni les travaux ni les assemblées des hommes! Pour celui-ci, je gémis plus encore que pour l'autre; pour lui, je tremble, je crains qu'il ne lui arrive malheur, soit dans le peuple où il s'en est allé, soit sur la mer. Bien des méchants lui tendent des pièges, et ont envie de le tuer, avant qu'il revienne à la terre de ses pères. » Le fantôme

obscur lui répondit : « Courage! Ne te laisse donc pas
envahir ainsi par la crainte. Car une compagne marche
à ses côtés, dont les autres hommes souhaiteraient l'assistance; elle est puissante; c'est Pallas Athéné. Elle a
pitié de tes larmes, et c'est elle qui m'envoie vers toi,
pour te donner ces consolations. »

Pénélope, la plus sage des femmes, repartit : « Si tu es
vraiment une déesse, si tu entendis la voix d'un dieu,
allons, dis-moi encore les épreuves de l'autre; vit-il toujours en quelque lieu et voit-il la lumière du soleil,
ou est-il déjà trépassé et dans les demeures d'Hadès ? »
Le fantôme obscur lui répondit : « De cet autre, je ne
te parlerai point en détail; je ne te dirai pas s'il vit ou
s'il est mort; il est mal de jeter des paroles au vent. » Ayant
ainsi parlé, il se glissa le long du verrou engagé dans le
chambranle, pour s'aller perdre dans les souffles des
vents. La fille d'Icarios sortit de son sommeil; et son
cœur se sentait réchauffé, si clair était le songe, qui l'avait
visitée au cœur de la nuit.

Les prétendants, s'étant embarqués, voguaient sur les
chemins liquides, et contre Télémaque ils méditaient en
leur esprit un meurtre prompt. Au milieu de la mer, il
est une île rocheuse, à mi-chemin d'Ithaque et de Samos
aux falaises escarpées; c'est Astéris; elle n'est point
grande, mais elle a un port à double goulet, pour abriter
les vaisseaux; c'est là que les Achéens se cachèrent en
embuscade.

CHANT V

LA GROTTE DE CALYPSO – LE RADEAU D'ULYSSE

SOMMAIRE : Dans une nouvelle assemblée des Dieux, est décidé,
à la prière d'Athéné, le retour d'Ulysse (1-42). Hermès porte à
Calypso l'ordre de Zeus, lui enjoignant de laisser partir le captif
(43-147). La nymphe annonce à Ulysse qu'il doit se construire un
radeau, et l'engage en vain à rester près d'elle (148-227). En quatre
jours, Ulysse achève son radeau; il part le cinquième, et le dix-
huitième, arrive en vue de la terre des Phéaciens (228-281). Alors
Poséidon l'aperçoit et soulève une tempête, où le héros manque de
périr (282-332). La déesse Leucothée lui donne un talisman (333-
353). Son radeau détruit, il gagne à la nage, grâce au voile de
Leucothée et à la protection d'Athéné, l'île de Schérie (354-423).
A grand-peine, il aborde enfin à l'embouchure d'un fleuve, se cache
dans une forêt et s'endort épuisé (424-493).

Aurore s'élança de la couche, où elle reposait près du
glorieux Tithon, afin de porter la lumière aux Immortels et aux mortels. Et les dieux s'asseyaient pour tenir
conseil, et parmi eux Zeus qui tonne en haut, dont la
puissance est souveraine. Athéné leur disait les mille
chagrins d'Ulysse, toujours présents à sa mémoire; car
il ne lui plaisait pas qu'il fût chez la nymphe : « Zeus notre
père, et vous, bienheureux Eternels, que désormais aucun
roi porteur de sceptre ne soit enclin à la douceur et à la
bonté, que son esprit ignore la justice, qu'il soit toujours
cruel et pratique le crime, puisque nul ne se souvient du
divin Ulysse, parmi les peuples sur lesquels il régnait avec
la douceur d'un père. En récompense, il est enfermé dans
une île, en proie à de dures peines, au manoir de la
nymphe Calypso, qui le retient contre son gré; il ne peut

revenir dans la terre de ses pères; car il n'a point de
vaisseaux à rames ni de compagnons pour le conduire
sur le vaste dos de la mer; et maintenant, par surcroît,
voilà qu'on veut tuer au retour son fils chéri, qui est allé
s'informer de lui dans la sainte Pylos et la brillante Lacédémone. »

L'assembleur de nuées, Zeus, lui répliqua : « Mon
enfant, quelle parole a franchi la barrière de tes dents?
N'as-tu point conçu ton plan à toi, pour qu'à son arrivée Ulysse tire vengeance de ces gens? Quant à Télémaque, guide-le de ta sagesse; car tu peux faire qu'il
revienne indemne en sa patrie et que les prétendants
s'en retournent sur leur nef sans avoir réussi. »

Il dit et s'adressant à son cher fils Hermès : « Hermès,
puisque tu es le porteur de tous nos messages, va dire à
la nymphe aux belles boucles notre irrévocable décision;
nous voulons le retour de l'endurant Ulysse, et qu'il
revienne sans homme ou dieu qui l'accompagne; sur un
radeau à nombreux liens et non sans peines, il arrivera,
au bout de vingt jours, à Schérie [65] aux glèbes épaisses,
la terre des Phéaciens, proches des dieux par leur naissance, qui de tout cœur l'honoreront comme un dieu,
et le conduiront sur une nef au pays de ses pères, après
lui avoir donné bronze, or et vêtements, plus qu'il n'en
eût jamais emporté de Troie, s'il était revenu sans
encombre, ayant reçu du sort sa portion de butin. A
ce prix il lui est donné de revoir ceux qu'il aime et de
regagner sa haute maison et la terre de ses pères. »

Il parla ainsi, et le messager Argiphonte ne lui désobéit
point. Sans tarder, il lia sous ses pieds les belles sandales
immortelles, en or, qui le portaient sur l'élément liquide
ou sur la terre immense, aussi vite que les souffles du
vent. Il prit la baguette, dont il endort, s'il lui plaît, les
yeux des hommes, et en éveille d'autres de leur sommeil. Cette baguette aux mains, le fort Argiphonte prenait son vol. Ayant traversé la Piérie [66], il se laissa tomber de l'éther sur la mer; puis il s'élança au-dessus des
flots sous la forme d'un goéland, qui, dans les replis
dangereux de la mer inlassable, chasse les poissons, en
mouillant ses fortes ailes dans l'eau salée. Sous cet
aspect, Hermès se laissa porter par les vagues innombrables. Mais, quand il eut atteint l'île lointaine, il sortit
de la mer violette, et sur la terre, il allait, jusqu'à ce
qu'il eût gagné la grotte spacieuse, où habitait la nymphe
aux belles boucles. Il la trouva chez elle. Un grand feu

flambait sur le foyer ; au loin, se répandait l'odeur du
cèdre et du thuya facile à fendre, qui, en brûlant, embau-
maient l'île entière. A l'intérieur, la nymphe chantait de
sa belle voix, et tissait, faisant courir sur le métier sa
navette d'or [67]. Un bois luxuriant avait poussé tout
autour de la grotte : aune, peuplier noir, odorant cyprès ;
et sous les branches nichaient des oiseaux de large enver-
gure, chouettes, faucons, tapageuses corneilles marines
qui besognent sur la mer. Aux parois de la grotte, une
vigne déployait ses rameaux vivaces, d'où les grappes
pendaient en abondance. Quatre fontaines versaient une
eau claire ; elles étaient voisines et dirigées en sens divers.
Tout autour, de molles prairies de violettes et de persil
étaient en fleur. Un Immortel même, entrant là, se fût
émerveillé du spectacle et réjoui dans son esprit. Le messager Argiphonte s'arrêta pour admirer. Mais, quand son
cœur fut satisfait de tout contempler, il entra sans tarder
dans la grotte spacieuse. Quand elle le vit face à face,
Calypso, l'auguste déesse, ne manqua point de le reconnaître ; car les Immortels se connaissent entre eux, si
éloignée que soit leur demeure. Mais Hermès ne trouva
pas à l'intérieur de la grotte Ulysse au grand cœur. Assis
sur le rivage, et toujours au même point, il pleurait, son
cœur se brisait en larmes, gémissements et chagrins. Et
sur la mer inlassable il fixait ses regards en répandant
des pleurs.

Calypso, l'auguste déesse, interrogea Hermès, après
l'avoir fait asseoir sur un fauteuil brillant d'un vif éclat :
« Pourquoi donc es-tu venu chez moi, Hermès à la
baguette d'or, que je respecte et que j'aime ? Tu ne fré-
quentes guère ici. Dis ce que tu veux. Mon cœur m'engage à le faire, si toutefois j'en ai le pouvoir, et si ton
désir se peut réaliser. Mais suis-moi d'abord, que je te
serve les dons d'hospitalité. »

Ayant dit ces mots, la déesse approcha une table, qu'elle
avait chargée d'ambroisie, et mêla le rouge nectar. Le
messager Argiphonte buvait et mangeait. Puis, quand il
eut terminé son repas et réconforté son cœur, il lui
répondit par ces mots : « Déesse, tu m'interroges, moi,
un dieu : pourquoi suis-je venu ? Je vais te dire la vérité,
puisque tu m'en pries. C'est Zeus qui m'a ordonné de
venir ici, contre ma volonté. Qui, de son gré, parcourrait un
si grand espace d'eau salée, plus étendu qu'on ne saurait
dire ? Il n'y a près d'ici aucune cité de mortels, qui offrent
aux dieux des sacrifices et des hécatombes choisies. Mais

il n'est pour un autre dieu nul moyen d'éluder ou de
rendre vaine la volonté de Zeus qui porte l'égide. Or il
dit qu'un homme est ici, le plus malheureux de tous les
héros, qui luttaient autour de la ville de Priam, neuf
années durant, et qui la dixième, ayant mis à sac la cité,
s'en revinrent chez eux; mais, au retour, ils offensèrent
Athéné, qui souleva contre eux un mauvais vent et de
grandes houles. Alors, tous ses valeureux compagnons
périrent, et lui, le vent le porta jusqu'ici, et le flot l'approcha de cette île. Il t'ordonne de le laisser partir maintenant et au plus vite; car son destin n'est pas de périr ici
loin des siens; il lui est réservé de voir encore ses amis
et de revenir en sa maison au toit élevé, vers le pays
de ses pères. »

Il parla ainsi; Calypso, l'auguste déesse, frémit, puis
élevant la voix, lui adressa ces paroles ailées : « Dieux,
vous êtes cruels, et plus enclins que d'autres à la jalousie; vous qui n'acceptez pas de voir des déesses s'unir
à des hommes, sans se cacher, si quelqu'une ouvre sa
couche à celui qu'elle aime. Ainsi quand Aurore aux
doigts de rose choisit Orion [68], vous, dieux qui vivez
dans la joie, vous vous indigniez, et il fallut qu'en Ortygie [69] la chaste Artémis au trône d'or le fît mourir en
l'allant toucher de ses doux traits. Ainsi, quand Déméter
aux belles boucles, cédant à son cœur, s'unit d'amour à
Iasion [70] et se donna à lui dans un champ trois fois labouré,
Zeus ne tarda pas à l'apprendre, et le fit mourir, en le
frappant de sa foudre éclatante. Et c'est ainsi que maintenant, dieux, vous me jalousez, parce qu'un mortel est
près de moi. Je l'ai sauvé, quand il avait enfourché sa
quille, tout seul, après que Zeus, ayant frappé de la
foudre éclatante son vaisseau rapide, l'eut brisé au
milieu de la mer vineuse. Alors tous ses valeureux compagnons périrent, et lui, le vent le porta jusqu'ici, le flot
l'approcha de cette île. Je l'aimais et le nourrissais; je me
promettais de le rendre immortel et de le préserver de la
vieillesse pendant tous ses jours. Mais puisqu'il n'est
pour un autre dieu aucun moyen d'éluder ou de rendre
vaine la volonté de Zeus qui porte l'égide, qu'il s'en aille,
si Zeus l'y pousse et l'ordonne, sur la mer inlassable. Mais
le ramener, moi je ne puis; je n'ai point de vaisseaux à
rames ni de compagnons pour le conduire sur le vaste
dos de la mer. Je le conseillerai pourtant de bon cœur,
et ne lui cacherai rien, afin qu'il revienne sauf en sa
patrie. »

Le messager Argiphonte lui repartit : « Renvoie-le maintenant comme tu dis, et prends garde à la colère de Zeus ; ne va pas le courroucer et t'en faire à l'avenir un ennemi. » Ayant ainsi parlé, le fort Argiphonte se retira. Et l'auguste nymphe alla vers Ulysse au grand cœur, dès qu'elle eut entendu les ordres de Zeus. Elle trouva le héros assis sur le rivage ; ses yeux étaient toujours mouillés de larmes, et, pour lui la douce vie s'écoulait à pleurer son retour perdu ; car la nymphe ne le charmait plus. Les nuits, il lui fallait bien reposer auprès d'elle dans la grotte creuse ; mais ses désirs ne répondaient plus aux siens. Les jours, il allait s'asseoir sur les pierres de la plage et son cœur se brisait en larmes, gémissements et chagrins. Sur la mer inlassable il fixait ses regards en répandant des pleurs. S'approchant de lui, la déesse lui dit : « Malheureux, ne pleure plus ici, je t'en prie, et n'y consume pas tes jours ; je suis maintenant prête à te laisser partir. Allons, coupe avec le bronze de longues poutres et construis un large radeau ; fixe dessus des membrures, formant un pont élevé, pour qu'il te porte sur la mer brumeuse. De mon côté, j'y placerai du pain, de l'eau, du vin rouge, assez pour satisfaire ton appétit, pour écarter la faim ; je te donnerai aussi des vêtements ; je t'enverrai encore par l'arrière un vent favorable, afin que tu reviennes indemne en ta patrie, si du moins le permettent les dieux, qui habitent le vaste ciel et qui sont plus puissants que moi pour concevoir et exécuter. »

Ainsi parla-t-elle ; et l'illustre Ulysse, qui avait subi tant d'épreuves, frémit, puis, élevant la voix, lui adressa ces paroles ailées : « C'est sans doute autre chose et non pas mon retour que tu médites là, déesse, quand tu m'engages à traverser sur un radeau le vaste gouffre de la mer, si redoutable et difficile ; même des vaisseaux rapides et bien équilibrés ne le peuvent franchir, fussent-ils aidés du vent favorable de Zeus. Pour moi, je ne saurais monter sur un radeau contre ton gré, à moins que toi-même, déesse, tu ne veuilles me jurer un grand serment, de ne former aucun autre dessein pour mon malheur et ma perte. »

Ces paroles firent sourire Calypso, l'auguste déesse ; elle le flatta de la main, et rompant le silence, lui dit : « En vérité tu n'es qu'un scélérat, mais tu ne manques pas d'adresse, pour avoir eu l'idée de prononcer de telles paroles ! J'en prends maintenant à témoin la terre, le

vaste ciel au-dessus de nous, l'eau du Styx qui coule en
dessous — il n'est pas de serment plus grand et plus
terrible pour les Bienheureux — je ne formerai aucun
dessein pour ton malheur et ta perte. Ce que je pense et
veux te dire, c'est ce dont je m'aviserais pour moi-même,
si j'étais en si pressante nécessité. Mon esprit n'est point
perfide et je n'ai pas en la poitrine un cœur de fer, mais
de compassion. »

Ayant ainsi parlé, l'auguste déesse le guida rapidement,
et le héros suivait ses pas. Ils arrivèrent au creux de la
grotte, et Ulysse s'assit sur le siège d'où s'était levé Hermès ; la nymphe plaçait près de lui toute sorte de mets à
manger et à boire, tout ce dont se nourrissent les hommes
mortels. Elle-même s'assit en face du divin Ulysse, et
des servantes lui présentèrent ambroisie et nectar. Tous
deux tendirent les mains vers les mets disposés devant
eux. Puis, quand ils eurent pris plaisir à manger et à
boire, Calypso, l'auguste déesse, parla la première :
« Nourrisson de Zeus, fils de Laërte, Ulysse aux mille
expédients, il est donc vrai que tu veux, dès maintenant, regagner ta maison dans la terre aimée de tes
pères ? Quoi que tu résolves, bon succès! Mais si tu
savais en ton esprit de quelles peines le sort doit te
combler avant d'atteindre la terre de tes pères, tu res-
terais ici avec moi à garder cette demeure et tu serais
immortel, malgré ton désir de revoir ton épouse, pour
qui tu soupires sans cesse au long des jours. Pourtant, je
m'en vante, je ne suis pas moins bien faite, moins élancée ; car il ne sied même pas que des mortelles rivalisent
avec les Immortelles pour la stature et la beauté. »

Ulysse aux mille ruses lui répondit : « Puissante déesse,
n'en sois pas irritée contre moi. Je sais fort bien que la
sage Pénélope n'est, à la voir, ton égale ni pour la beauté,
ni pour la taille ; c'est une mortelle ; toi tu ne connaîtras
ni la mort ni la vieillesse. Malgré tout, je veux et souhaite
tous les jours revenir en ma maison et voir la journée du
retour. Si un dieu me fait naufrager sur la mer vineuse,
je m'y résignerai ; j'ai dans ma poitrine un cœur endurant : j'ai déjà tant souffert de maux, subi d'épreuves
sur les flots et à la guerre! Advienne encore ce surcroît. »
Il parlait ainsi ; le soleil cependant se coucha et les
ténèbres survinrent. Ils allèrent donc tous deux au fond
de la grotte creuse goûter l'amour, en demeurant l'un
près de l'autre.

Quand parut Aurore aux doigts de rose, qui naît de

grand matin, Ulysse revêtit tout aussitôt manteau et
tunique; et la nymphe se couvrit d'un grand châle blanc
comme argent, fin et gracieux; elle se passa autour de la
hanche une belle ceinture dorée et se jeta sur la tête un
voile tombant. Puis elle prépara le départ d'Ulysse au
grand cœur. Elle lui donna une grande cognée de bronze,
bien en main, affilée des deux côtés, et pourvue d'un très
beau manche d'olivier, bien ajusté. Elle lui donna ensuite
une doloire bien polie. Puis elle prit les devants vers
l'extrémité de l'île, où de grands arbres avaient poussé :
aune, peuplier, pin haut comme le ciel, bois depuis
longtemps sans sève, très secs, qui lui seraient de légers
flotteurs. Quand Calypso, l'auguste déesse, lui eut mon-
tré l'endroit où ces grands arbres avaient poussé, elle
s'en revint vers sa demeure. Lui, se mit à couper des
planches, et son travail fut vite terminé. Il abattit
vingt arbres en tout, les dégrossit avec le bronze, les
polit savamment et les dressa au cordeau. Cependant
Calypso, l'auguste déesse, lui avait apporté des tarières;
il fora donc tous ses bois, les ajusta ensemble et, à coups
de marteau, unit les pièces du bâtiment par chevilles et
moises. Aux dimensions qu'un bon expert en charpentes
donne à la coque d'un large vaisseau de charge, Ulysse
se bâtit son radeau. Il dressa le gaillard qu'il couvrit d'ais
serrés; et pour finir, il fit un revêtement de longues planches. Il planta un mât, auquel s'ajustait une vergue.
Il se fit en outre une rame de gouverne, pour se diriger.
Il munit tout le bâtiment d'un bastingage en claies d'osier,
rempart contre la vague, et répandit sur le plancher beaucoup de feuillage. Calypso, l'auguste déesse, apporta des
toiles, pour en faire la voilure, et Ulysse les disposa savamment comme le reste. Il attacha au radeau drisses, cor-
dages et boulines, et put alors le faire descendre sur des
rouleaux [71] dans la mer brillante.

C'était le quatrième jour, quand tout l'ouvrage fut
achevé. Donc, le cinquième, l'auguste Calypso laissa
Ulysse quitter l'île, après l'avoir baigné et couvert de
vêtements parfumés. La déesse plaça sur le radeau une
outre de vin noir, et une autre, plus grande, remplie
d'eau, et dans un sac de cuir, des vivres, des douceurs
de toute sorte; puis elle fit souffler un vent tiède et
propice au voyage. Plein de joie, l'illustre Ulysse déploya
ses voiles au vent favorable. Assis, il dirigeait avec art
le gouvernail, et le sommeil ne tombait pas sur ses paupières; il regardait les Pléiades, le Bouvier qui se couche

tard, et l'Ourse, qu'on appelle aussi le Chariot, qui tourne
sur place en guettant Orion et, seule des constellations,
ne se baigne point dans l'Océan. Calypso, l'auguste
déesse, lui avait bien recommandé de la garder à main
gauche en naviguant sur la mer. Dix-sept jours durant,
il ne cessa de voguer; le dix-huitième apparurent les
montagnes sombres de la terre des Phéaciens [72] : il en
était alors tout proche, et elle semblait un bouclier sur
la mer brumeuse.

Mais quittant les Ethiopiens, le puissant Ebranleur de
la Terre, du haut des monts Solymes [73], au loin l'aperçut. Ulysse s'offrit à ses yeux, comme il naviguait sur la
mer. Son courroux en fut accru dans son cœur, et, ayant
secoué la tête, il se dit à lui-même : « Malheur! les dieux
ont donc changé leur dessein sur Ulysse, tandis que j'étais
chez les Ethiopiens. Le voilà tout près de la terre des
Phéaciens, où sa destinée est d'échapper au grand lacet
de malheur qui l'enserre. Mais je vais encore, je l'affirme,
le harceler de peines, à bonne mesure! »

Il dit, assemble les nuées et bouleverse la mer du
trident qu'il avait pris en ses mains. Il excitait toutes
les tempêtes des divers vents; il obscurcit de nuages à
la fois la terre et la mer; la nuit était descendue du ciel.
Tous ensemble s'appesantirent, l'Euros, le Notus, le
Zéphyr aux souffles furieux et Borée qui naît au ciel
brillant, et fait rouler les grandes houles.

Alors Ulysse sentit défaillir son cœur et ses genoux.
Et gémissant il dit donc à son cœur magnanime : « Ah!
malheureux que je suis! Que va-t-il m'arriver enfin ? Je
crains que ne soit vrai tout ce qu'a prédit Calypso
quand elle m'annonçait que sur la mer, avant d'atteindre la terre de ma patrie, j'épuiserais toutes les souffrances. A présent tout va s'accomplir. De quels sombres
nuages Zeus enveloppe le vaste ciel! Il a bouleversé la
mer, et sur moi fondent les tempêtes de toutes sortes
de vents. Voici la brusque mort bien assurée pour moi.
O trois et quatre fois heureux les Danaens qui périrent
naguère dans la spacieuse Troade pour plaire aux Atrides! Et moi-même que ne suis-je mort et n'ai-je accompli
mon destin le jour où les Troyens en foule lançaient
contre moi leurs javelines de bronze, quand je combattais auprès du fils de Pélée mort! Alors, j'aurais obtenu
des honneurs funèbres, et les Achéens auraient célébré
ma gloire, tandis qu'il m'est aujourd'hui réservé d'être
pris par une mort misérable! »

Comme il venait de parler ainsi, une grande vague, à pic, se ruant terriblement sur lui, l'atteignit et retourna le radeau. Lui-même tomba loin de l'embarcation et laissa le gouvernail échapper de ses mains; le mât fut cassé en deux par la terrible violence des vents, qui le battaient tous ensemble et en semèrent au loin les débris; le gaillard s'effondra dans la mer. Ulysse fut englouti pendant un long temps; il ne put sortir aussitôt des flots, empêché par l'élan d'une grande vague. Il était alourdi par les vêtements que lui avait donnés l'auguste Calypso. Il émergea enfin, rejeta de sa bouche l'âcre eau salée, qui dégouttait en abondance et avec bruit de sa tête. Mais, malgré son accablement, il n'oublia pas son radeau; nageant parmi les vagues, il parvint à s'en saisir et s'assit au milieu, cherchant à éviter le terme de la mort. Les grandes lames le ballottaient en tous sens au gré du courant. Comme à l'automne Borée balaie à travers la plaine des chardons emmêlés en paquet serré, ainsi, par la mer, les vents l'entraînaient çà et là; tantôt le Notus le jetait à emporter à Borée, tantôt c'était l'Euros qui cédait la poursuite au Zéphyr.

La fille de Cadmus l'aperçut, Ino aux belles chevilles, qui d'abord était une mortelle à la voix humaine, et maintenant, sous le nom de Leucothée, avait dans les profondeurs de la mer reçu des dieux part aux divins honneurs. Elle prit en pitié Ulysse en proie à la souffrance et ballotté sur les flots. Sous la forme d'une mouette qui vole, elle sortit de l'onde; elle s'assit sur le radeau à nombreux liens et tint ce discours : « Malheureux, pourquoi donc Poséidon, l'Ebranleur de la Terre, s'est-il si fort irrité contre toi, qu'il te suscite tant de maux ? il ne pourra cependant te faire périr, si grande envie qu'il en ait. Mais suis bien mon conseil; car tu ne sembles point manquer de sens. Dépouille ces vêtements, laisse les vents emporter ton radeau; nage à pleines brassées et tâche d'obtenir ton retour, en abordant à la terre des Phéaciens, où c'est ton destin de trouver le salut. Tiens, tends ce voile immortel sur ta poitrine; avec lui, plus à craindre de souffrir ni de périr. Mais, dès que tu auras de tes mains touché le rivage, dénoue-le et dans la mer vineuse rejette-le loin de la côte; toi-même alors détourne-toi. »

Ayant ainsi parlé, la déesse lui donna son voile; puis elle replongea dans la mer houleuse, sous la forme d'une mouette, et le flot noir la recouvrit. Et l'illustre Ulysse

qui avait tant souffert, se mit à réfléchir, et, gémissant,
il dit à son cœur magnanime : « Hélas! pourvu qu'un
Immortel n'ourdisse pas contre moi une nouvelle ruse,
en m'ordonnant de quitter mon radeau! Je ne veux pas
encore lui obéir; car mes yeux n'ont vu que de trop
loin la terre, où, disait-il, est pour moi le salut. Voici
ce que je ferai : c'est le parti qui me semble meilleur.
Tant que ces planches resteront unies par leurs chevilles, je resterai sur ce radeau, et j'endurerai mes maux.
Mais, dès que le flot aura disjoint mon radeau, je nagerai,
puisque je n'ai rien de mieux à prévoir. »

Pendant qu'il agitait ces pensées en son esprit et son
cœur, Poséidon, l'Ebranleur de la Terre, souleva une
grande vague, terrible, effroyable, formant une voûte
au-dessus de sa tête, et qui s'écroula sur lui. Quand un
fort coup de vent disperse un tas de paille sèche, les
chaumes s'éparpillent en tous sens; ainsi la vague dis-
sémina les longues planches. Ulysse monta sur une, la
chevauchant comme un cheval de course, et dépouilla les
vêtements que lui avait donnés l'auguste Calypso. Aussitôt, il étendit le voile sur sa poitrine, et plongea tête
baissée dans la mer, ayant étendu les bras dans le dessein
de nager. Le puissant Ebranleur de la Terre le vit, et,
hochant la tête, il tint ce discours en son cœur : « Maintenant que tu as souffert tant de maux, erre sur les flots
à l'aventure jusqu'à ce que tu te mêles à des hommes,
nourrissons de Zeus. Mais même ainsi, tu ne croiras
pas, je pense, n'avoir pas eu ton compte de malheur. »

Ayant dit, il fouetta ses chevaux à la belle crinière,
et il atteignit Egée [74], où il a un palais fameux.

Cependant Athéné, la fille de Zeus, conçut un nouveau dessein. Elle entrava la marche des autres vents,
ordonnant à tous de faire trêve et de s'endormir, puis
elle fit lever un vif Borée et brisa les vagues sur le chemin, afin qu'Ulysse, rejeton de Zeus, pût se mêler aux
Phéaciens amis de la rame, après avoir évité la mort et
les Kères.

Alors, deux nuits et deux jours il dériva sur les puissantes houles, et maintes fois son cœur entrevit la mort.
Mais quand Aurore aux belles boucles amena le troisième jour, tout aussitôt le vent cessa, le calme survint
sans un souffle, et Ulysse aperçut la terre toute proche;
il y jetait des regards perçants du haut d'une grande
lame. Comme des enfants éprouvent grande joie à voir
revivre un père que la maladie retenait au lit en proie

aux âpres souffrances, dont il était depuis longtemps
consumé; un génie méchant s'était abattu sur lui : quel
ravissement quand les dieux l'ont délivré de son mal!
Aussi ravissantes semblaient à Ulysse la terre et la
forêt! Il se hâta de nager pour prendre pied sur le rivage.
Mais quand il n'en fut plus qu'à la distance où pouvait
porter son cri, il entendit le bruit des vagues contre les
rochers dominant la mer; de grandes lames mugissaient
contre le rivage aride avec un ronflement terrible; toutes
étaient recouvertes de l'écume marine. Il n'y avait pas
de port pour recevoir les nefs, point de rade où s'abriter; partout des falaises à pic, des récifs, des rochers
pointus. Alors, Ulysse sentit défaillir son cœur et ses
genoux, il gémit et dit à son cœur magnanime : « Hélas!
maintenant que Zeus m'a donné de voir la terre contre
toute espérance, et que j'ai fendu ces abîmes à la nage,
je n'aperçois aucune issue pour sortir de la mer grise.
Devant la côte rien que rochers aigus; tout autour les
vagues bondissent et mugissent; le roc s'élève à pic, tout
uni; alentour, la mer est profonde, nul moyen de poser
ses pieds et d'éviter la mort; je crains, si j'essaie de sortir, qu'une forte lame ne me saisisse et ne me jette contre
la roche dure. Mon élan sera vain. Si je nage encore plus
loin à la recherche d'un rivage en pente et d'anses de
mer, je crains que la tempête ne me saisisse encore, et
malgré tous mes gémissements ne m'emporte sur la mer
poissonneuse, ou qu'un dieu ne suscite de l'onde quelque
phoque énorme, comme en nourrit tant l'illustre Amphitrite. Je sais combien est courroucé contre moi le glorieux Ébranleur de la Terre. »
   Tandis qu'il agitait ces pensées en son esprit et son
cœur, une grande vague le jeta contre la roche de la
côte; il aurait eu la peau déchirée et les os brisés, si la
Déesse aux yeux brillants, Athéné, ne lui eût mis en
l'esprit de s'élancer et de saisir le roc des deux mains;
il l'agrippa en gémissant, jusqu'à ce que l'énorme vague
fût passée. Il l'évita; mais le violent ressac l'atteignit
et le rejeta loin dans la mer. Quand un poulpe est arraché
de son gîte, des cailloux restent en tas attachés à ses
suçoirs, ainsi des vaillantes mains d'Ulysse la peau fut
déchirée, et la grande vague le recouvrit. Alors le malheureux eût péri malgré son destin, si Athéné aux yeux
brillants ne lui eût inspiré cette précaution. Émergeant
des flots, qui mugissaient contre le rivage, il nagea le
long de la côte, regardant s'il ne découvrirait pas une

grève en pente et des anses de mer. Et quand il arriva
en nageant à l'embouchure d'une rivière aux belles eaux,
l'endroit lui sembla très bon, étant vide de rochers et
abrité du vent. Il reconnut un estuaire et en son cœur
pria le fleuve : « Exauce-moi, Seigneur, qui que tu sois ;
je viens vers toi, que mes prières ont tant appelé, fuyant
hors de la mer les menaces de Poséidon. Il est vénérable
aux immortels mêmes, l'homme errant qui s'approche,
comme aujourd'hui, je viens supplier ton cœur, et
embrasser tes genoux, après tant de souffrances ! Accorde-
moi pitié, Seigneur ; je me déclare ton suppliant. »

Ainsi parla-t-il et le fleuve aussitôt suspendit son cours,
abaissa sa barre, et faisant le calme devant lui, le sauva
en le recevant dans son estuaire. Ulysse laissa tomber
à terre ses deux genoux et ses fortes mains ; son cœur
était dompté par les vagues ; tout son corps était tuméfié ;
l'eau de mer ruisselait en abondance par sa bouche et
ses narines ; sans souffle et sans voix il gisait épuisé, une
lassitude terrible l'accablait. Mais, dès qu'il eut recouvré
son souffle et que son cœur se sentit revivre, il détacha
de sa poitrine le voile de la déesse ; il le lâcha dans le
fleuve qui se jetait à la mer, et une grande vague l'emporta
au fil du courant ; aussitôt, Ino le reçut en ses mains. Et
s'éloignant du fleuve, Ulysse se coucha dans les joncs,
après avoir baisé la terre qui donne le blé. Gémissant,
il dit à son cœur magnanime : « Malheureux ! que vais-je
souffrir ? Quel dernier coup va me frapper ? Si je passe
près du fleuve la nuit inclémente, je crains qu'ensemble
le givre funeste et l'humide rosée ne domptent à cause
de ma faiblesse mon cœur abattu ; une brise glaciale
souffle du fleuve aux approches de l'aurore. Si je monte
sur la colline vers la forêt touffue et vais dormir en l'épais-
seur des fourrés, quand la fatigue et le frisson me quittant, le doux sommeil m'envahira, ne deviendrai-je
pas la proie et la pâture des fauves ? »

Ainsi hésitait-il, en ses réflexions, sur le meilleur parti.
Il s'en alla vers la forêt, la trouva près de l'eau, visible
tout alentour ; il se glissa sous une double cépée issue
d'un même tronc, un olivier sauvage et un olivier cultivé ; ni la force humide des vents qui soufflent n'y péné-
trait, ni jamais le soleil brillant ne les transperçait de ses
rayons, ni la pluie ne les traversait de part en part, tant
ils étaient touffus et emmêlés. C'est sous leur abri
qu'Ulysse se cacha. Sans tarder, à pleins bras il s'amassa
un large lit. Car il y avait là une jonchée de feuilles assez

épaisse pour couvrir deux ou trois hommes en la saison
d'hiver, si rude qu'elle fût. Quand il la vit, l'illustre
Ulysse, qui avait tant souffert, ressentit de la joie. Il se
coucha donc au milieu et se fit une couverture de feuilles.
Comme on cache un tison sous la cendre grise aux confins
d'un champ où l'on n'a point de voisins, pour sauver
la semence du feu et n'avoir pas à l'aller allumer ailleurs,
ainsi Ulysse était caché sous les feuilles. Athéné lui versait le sommeil sous les yeux, afin qu'enveloppant ses
paupières il mît au plus vite fin à son épuisante fatigue.

CHANT VI

ARRIVÉE D'ULYSSE CHEZ LES PHÉACIENS

SOMMAIRE : Athéné apparaît en songe à Nausicaa, fille d'Alcinoos,
le roi des Phéaciens, et lui conseille d'aller au lavoir (1-47). La jeune
fille obtient de son père un attelage de mules et part avec ses suivantes (48-84). Le linge lavé, les jeunes filles, après s'être baignées,
jouent à la balle et réveillent Ulysse (85-126). Sa supplique à Nausicaa (127-197). Sur l'ordre de Nausicaa, il reçoit des suivantes
vêtement et nourriture (198-250). Il accompagne la jeune fille
jusqu'aux abords de la ville (251-315). Puis, il reste dans le bois
consacré à la déesse Athéné et lui adresse une prière (316-331).

Ainsi dormait là l'illustre Ulysse, qui avait tant souffert, dompté par le sommeil et la fatigue. Cependant
Athéné partit pour le pays et la cité des Phéaciens, qui
d'abord habitaient dans la spacieuse Hypérie [75], près des
Cyclopes altiers; mais ces voisins les molestaient, leur
étant supérieurs en force. Et Nausithoos à l'aspect
divin leur avait fait quitter ces lieux et les avait établis
à Schérie, à l'écart des hommes misérables; il avait mené
un mur autour de la cité, bâti des maisons, élevé des
temples aux dieux et partagé les terres. Mais déjà,
dompté par la Kère, il s'en était allé chez Hadès, et alors
régnait Alcinoos, dont les conseils étaient inspirés des
dieux. C'est à sa demeure que se rendit la déesse aux
yeux brillants, Athéné, méditant le retour du magnanime
Ulysse. Elle se mit donc en route pour la chambre aux
belles boiseries, où dormait la jeune fille semblable aux
Immortelles pour la taille et l'aspect, Nausicaa, fille du
magnanime Alcinoos. Auprès d'elle, de chaque côté des
montants, se trouvaient deux servantes, qui tenaient leur

beauté des Grâces; et la porte brillante était fermée. Comme le souffle du vent, elle s'élança vers la couche de la jeune fille, s'arrêta au-dessus de sa tête, et se mit à lui parler sous les traits d'une compagne de son âge et chère à son cœur, la fille de Dymas, fameux par ses vaisseaux. Ayant donc pris cette ressemblance, Athéné aux yeux brillants lui dit : « Nausicaa, comment se fait-il que ta mère ait une fille si négligente ? Tes vêtements moirés restent là sans soin, et ton mariage est proche [76] : il faut que tu sois parée de beaux atours et en fournisses à ceux qui te feront cortège. C'est ainsi que se répand parmi les hommes la bonne renommée dont se réjouissent le père et la vénérable mère. Allons donc laver dès qu'Aurore paraîtra. Je t'accompagnerai pour rivaliser au travail avec toi, afin que tu prépares tout cela au plus vite, car tu n'as plus longtemps à rester vierge. Déjà te courtisent les plus nobles de tous les Phéaciens dans ce pays, qui est celui de ta famille. Allons, engage, quand poindra l'Aurore, ton illustre père à faire apprêter mules et chariot, pour emporter les ceintures, châles et couvre-lits aux reflets brillants. Pour toi, d'ailleurs, il sied d'aller ainsi, plutôt qu'à pied; car les lavoirs sont très loin de la ville. »

Ayant ainsi parlé, Athéné aux yeux brillants s'en fut dans l'Olympe, où, dit-on, est la demeure toujours stable des dieux. Ni les vents ne l'ébranlent, ni la pluie ne la mouille, ni la neige n'y tombe, mais toujours s'y déploie une sérénité sans nuages et partout y règne une éclatante blancheur. C'est là que dans la joie les dieux bienheureux passent tous leurs jours, là que s'en vint la déesse aux yeux brillants, après avoir donné ses instructions à la jeune fille.

Aussitôt survint Aurore au beau trône, qui réveilla Nausicaa au fin voile. Tout de suite, étonnée de ce songe, elle alla par le manoir, afin de l'annoncer à ses parents, à son père et à sa mère. Elle les trouva, car ils étaient à la maison. Sa mère était assise près du foyer avec les servantes, enroulant à la quenouille les laines teintes du pourpre de mer. Et elle rencontra son père comme il allait vers la porte pour rejoindre les rois illustres au conseil où l'appelaient les nobles Phéaciens. Elle vint tout près de lui et lui dit : « Papa chéri, ne me ferais-tu pas préparer un chariot élevé, avec de bonnes roues, afin que je porte au fleuve, pour les y laver, les beaux vêtements qui restent là tout sales ? Il te sied à toi-même, quand tu sièges au conseil avec les princes, de

porter du linge propre. Et les cinq fils qui te sont nés
ici — deux qui sont mariés, trois encore garçons, et de
si belle mine — il leur faut toujours des vêtements frais
lavés pour aller où l'on danse; et c'est à moi qu'incombent
tous ces soins. »

Elle n'en dit pas plus; elle n'osait parler devant son
père d'un heureux mariage; mais, comprenant tout, il
lui répondit : « Je ne te refuse point les mules, enfant,
ni rien d'autre. Va, les serviteurs vont préparer un
chariot élevé, avec de bonnes roues, et muni d'un
coffre [77]. »

Ayant ainsi parlé, il donna l'ordre aux serviteurs, et
ceux-ci obéissaient. Ils préparaient donc à l'extérieur un
chariot à bonnes roues pour des mules, qu'ils amenèrent
sous le joug et attelèrent à la voiture. La jeune fille apportait de l'appartement les vêtements chatoyants. Pendant qu'elle les posait sur le chariot bien poli, sa mère
plaçait dans un panier des vivres, des douceurs de toute
sorte, et versait du vin dans une outre en peau de chèvre.
La jeune fille monta sur le chariot; sa mère lui donna
encore dans une fiole d'or de l'huile fluide, pour se frotter après le bain avec ses suivantes. Nausicaa prit le fouet
et les rênes luisantes, et, d'un coup, enleva les mules;
on entendait le bruit de leurs sabots; elles allongeaient
le pas sans ralentir, emportant les vêtements et la jeune
fille, qui n'était pas seule; ses femmes l'accompagnaient.

Quand elles furent arrivées au beau cours du fleuve [78],
elles trouvèrent les lavoirs, pleins toute l'année, où montait une belle eau assez abondante pour nettoyer le linge
le plus sale. Dételant les mules du chariot, elles les poussèrent le long du fleuve agité de remous pour brouter
le chiendent doux comme miel. Elles ôtèrent à brassées
le linge du chariot, le portèrent dans l'eau sombre et,
se hâtant à l'envi, le foulèrent dans les trous. Quand elles
l'eurent lavé, faisant disparaître toutes les taches, elles
l'étendirent sur une ligne le long du rivage de la mer,
là où le flot, battant la grève, nettoyait le mieux les
galets. Et puis, après s'être baignées et frottées d'huile
fluide, elles prirent leur repas près des berges du fleuve,
attendant que le soleil séchât les vêtements de ses rayons.
Quand suivantes et maîtresse se furent rassasiées à
manger, elles jouèrent à la balle, ayant rejeté leurs voiles.
C'est Nausicaa aux bras blancs qui marquait la mesure
du chant et de la danse. Telle Artémis la sagittaire va
par les monts, ou le haut Taygète ou l'Erymanthe,

joyeuse de chasser sangliers et biches légères; avec elle
des nymphes agrestes, filles de Zeus qui porte l'égide,
suivent la chasse en se jouant, et Léto se réjouit en son
cœur; car sa fille les dépasse toutes de la tête et du front
et on la distingue aisément, bien que toutes soient belles.
Ainsi brillait entre ses suivantes la vierge indomptée par
l'homme.

Quand elle dut regagner la maison, après avoir attelé
les mules et plié le beau linge, la déesse aux yeux brillants, Athéné, conçut un autre dessein, pour qu'Ulysse
s'éveillât, vît la vierge aux beaux yeux, qui le conduirait
à la cité des Phéaciens. La fille du roi lança une balle
à une de ses femmes, mais elle la manqua, et jeta la
balle dans un remous profond. Toutes poussèrent un
grand cri, et Ulysse s'éveilla. S'étant assis, il agitait
ces pensées en son esprit et son cœur : « Malheur de moi!
Au pays de quels hommes suis-je arrivé ? sont-ils violents, sauvages et injustes, ou bien accueillants aux étrangers, et leur esprit a-t-il la crainte des dieux ? Ce sont,
dirait-on, des jeunes filles, dont la voix claire a frappé
mes oreilles, des nymphes, habitant les hauts sommets des
monts, les sources des fleuves et les prairies herbeuses.
Sans doute, je suis près d'habitants au langage humain.
Eh bien! je vais l'apprendre et voir par moi-même! »

Ayant ainsi parlé, l'illustre Ulysse sortit du buisson;
dans l'épaisse forêt il cassa de sa forte main une branche
avec ses feuilles, pour s'en couvrir le corps et cacher son
sexe. Il s'avança, comme un lion nourri dans les montagnes et confiant en sa force, qui va, battu de la pluie
et du vent, les yeux étincelants : il poursuit bœufs,
brebis et cerfs sauvages; la faim le pousse à l'attaque
des moutons, en franchissant les palissades serrées du
parc. Tel Ulysse allait se mêler aux vierges aux belles
boucles, tout nu qu'il était; mais la nécessité le pressait.
Effroyable, il leur apparut, tout souillé par l'eau salée;
elles s'enfuirent chacune de son côté, dispersées sur les
berges. Seule, la fille d'Alcinoos demeura; car Athéné
avait mis la hardiesse en son esprit, ôté la peur de ses
membres. Elle resta donc face à face avec lui. Ulysse
délibérait, s'il supplierait la jeune fille aux beaux yeux,
en embrassant ses genoux, ou seulement à distance lui
demanderait par mielleuses paroles de lui montrer la
ville et donner des vêtements. A la réflexion le meilleur
parti lui sembla de la supplier à distance par insinuantes
paroles; il craignait d'effaroucher l'esprit de la vierge en

lui prenant les genoux. Aussitôt il lui tint ce discours habile et enjôleur : « Je te supplie, ô reine. Es-tu déesse, ou mortelle ? Si tu es une des déesses, qui possèdent le vaste ciel, tu ressembles fort, ce me semble, à la fille du grand Zeus, Artémis, pour l'aspect, la taille et l'allure. Si tu es des mortels, qui habitent sur la terre, trois fois heureux ton père et ta vénérable mère, trois fois heureux tes frères ; toujours leur cœur est tout chaud de joie à cause de toi, quand ils voient un si beau brin de fille entrer dans le chœur de danse. Et plus que tout autre, heureux en son cœur, celui-là qui méritera par ses riches présents de t'emmener en sa maison. Car mes yeux n'ont encore vu personne, homme ni femme, semblable à toi. Un respect me saisit quand je te regarde. A Délos, un jour, près de l'autel d'Apollon, je vis un jeune surgeon de palmier, qui poussait avec cette beauté. J'étais allé là, suivi d'un peuple nombreux dans ce voyage où je devais trouver tant de cruels soucis. Et comme, en le voyant, je fus longtemps étonné en mon cœur, car jamais branche aussi belle ne s'était élancée de terre ; ainsi, femme, je t'admire, et suis étonné ; et j'ai crainte d'embrasser tes genoux. Une peine cruelle me poursuit. Hier, c'était le vingtième jour, je pus échapper à la mer vineuse. Pendant tout ce temps me ballottaient les flots et les rafales impétueuses depuis l'île Ogygie. Et maintenant un dieu m'a jeté ici, pour y souffrir encore ; car je ne crois pas que mon malheur cesse. Les dieux auparavant m'imposeront encore maintes peines. Mais, reine, aie pitié de moi. Après tant d'épreuves, c'est toi la première que j'invoque. Je ne connais aucun des hommes qui possèdent cette cité et cette terre. Montre-moi la ville, et me donne un haillon à jeter sur moi, si tu avais en venant ici quelque étoffe pour couvrir le linge. Et veuillent les dieux t'accorder tout ce que ton cœur désire, un mari, une maison, et faire régner en ton ménage la concorde, ce bien précieux ! Il n'y a rien de meilleur ni de plus beau qu'un homme et une femme gouvernant leur maison en parfait accord de pensées : quel sujet de peine pour les ennemis, de joie pour les amis ! et surtout de joie ressentie par eux-mêmes ! »

Nausicaa aux bras blancs lui répondit : « Etranger, tu ne sembles ni un méchant ni un insensé. Seul, Zeus l'Olympien partage le bonheur à chacun des hommes, bons et méchants, selon sa volonté. Sans doute il voulut te donner ces épreuves ; il faut t'y résigner ! Mais à pré-

sent, puisque tu viens dans notre cité et notre pays, tu
ne manqueras ni de vêtements ni des autres secours que
doit obtenir le malheureux qui vient à nous. Je vais te
montrer la ville, et te dirai le nom de ce peuple. C'est aux
Phéaciens qu'appartiennent la cité et la terre. Et moi, je
suis la fille du magnanime Alcinoos, qui sur les Phéaciens possède force et puissance. »

Elle dit et donna ses ordres à ses suivantes aux belles
boucles : « Arrêtez, je vous prie, suivantes! Où fuyez-
vous à la vue d'un homme ? Croyez-vous donc que ce soit
un ennemi ? Il n'y a, il n'y aura jamais un vivant, un
mortel qui vienne apporter la mort au pays des Phéaciens, tant ils sont chers aux dieux. Nous habitons à
l'écart, au milieu de la mer qui roule des vagues sans
nombre [79], aux confins du monde, et nul mortel ne vient
se mêler à nous. Celui-ci est un infortuné que ses courses
errantes ont poussé jusqu'ici; il faut maintenant lui
donner nos soins. C'est de Zeus que viennent tous les
étrangers et mendiants, et si minime que soit notre
offrande, elle leur est chère. Donnez donc, suivantes, à
l'étranger nourriture et boisson; faites-le baigner dans
le fleuve, en un lieu abrité du vent. »

Elle dit, les suivantes s'arrêtèrent, s'encouragèrent
entre elles, et installèrent Ulysse à l'abri, comme avait
ordonné Nausicaa, la fille du magnanime Alcinoos. Elles
placèrent près de lui des vêtements, manteau et tunique,
lui donnèrent dans une fiole d'or de l'huile fluide, et
l'invitèrent à se baigner dans le courant du fleuve. Alors
l'illustre Ulysse leur dit : « Suivantes, tenez-vous à cette
distance, que je sois seul pour me baigner, ôter de mes
épaules l'eau de mer et me frotter d'huile; car il y a longtemps que mon corps n'en a pas reçu. En face de vous
je ne saurais me baigner; j'ai honte d'être nu parmi des
jeunes filles aux belles boucles. »

Il dit; elles allèrent à l'écart et rapportèrent ses paroles
à la jeune fille. Alors dans l'eau courante du fleuve l'illustre
Ulysse se purifia de l'eau de mer qui couvrait de sel
son dos et ses larges épaules; il ôta de sa tête l'écume de
la mer inlassable. Quand il se fut baigné, puis frotté
d'huile, qu'il eut revêtu les habits donnés, la vierge
indomptée, Athéné, fille de Zeus, le rendit plus beau à
voir et mieux musclé, et de sa tête elle fit descendre ses
cheveux en boucles, pareils à la fleur de jacinthe. Comme
un expert artisan entoure l'argent d'une enveloppe d'or,
exécutant dans les arts variés que lui enseignèrent Héphais-

tos et Pallas Athéné, de gracieux ouvrages, ainsi lui
versa-t-elle la grâce sur la tête et les épaules. Puis il
alla s'asseoir à l'écart sur le rivage de la mer, resplendis-
sant de beauté et de charmes, et la jeune fille le contemplait. Alors elle dit à ses suivantes aux belles boucles :
« Écoutez-moi, suivantes aux bras blancs, que je vous
dise. Ce n'est pas contre le gré de tous les dieux, qui
habitent l'Olympe, que cet homme se vient mêler aux
divins Phéaciens. Il avait tantôt, me semblait-il, pauvre
apparence; maintenant il ressemble aux dieux, qui
demeurent dans le vaste ciel. Je souhaite qu'un tel
homme soit appelé mon époux, en habitant ici, et qu'il
lui plaise d'y demeurer. Mais, suivantes, donnez à l'étranger nourriture et boisson. »

Elle dit, et les suivantes l'entendirent et lui obéirent.
Elles placèrent devant Ulysse de quoi manger et boire.
Et l'illustre Ulysse, qui tant avait souffert, buvait et
mangeait avec avidité; car depuis longtemps il était privé
de nourriture.

Mais Nausicaa aux bras blancs conçut un autre dessein.
Ayant plié les vêtements, elle les plaçait sur le beau
chariot; elle attela les mules aux solides sabots, et monta
seule. Puis elle invita Ulysse, en prenant la parole et
tenant ce discours : « Lève-toi maintenant, étranger, pour
venir à la ville, que je te conduise à la demeure de mon
sage père, où, je t'assure, tu verras tous les nobles Phéaciens. Mais voici ce qu'il te faut faire, et, ce me semble, tu
ne manques pas de sens : tant que nous irons par les
champs et les terres cultivées, marche bon pas avec les
suivantes, les mules et le chariot; moi, je vous montrerai
le chemin. Quand nous entrerons dans la ville, qu'entoure
une muraille flanquée de hautes tours, tu verras des deux
côtés de beaux ports à l'entrée étroite; les vaisseaux en
croissant sont tirés à sec le long du chemin; chacun a son
abri. C'est là qu'est l'agora, autour d'un beau temple
de Poséidon; elle est dallée de pierres de carrière bien
enfoncées dans le sol. On y travaille aux agrès des noirs
vaisseaux, câbles et voiles, et on y polit les rames. Car
les Phéaciens ne se soucient point d'arcs ni de carquois,
mais de mâts et de rames, et de vaisseaux bien équilibrés,
sur lesquels ils ont joie à franchir la mer grise [80]. Voilà
les gens dont j'évite les méchants propos, crainte qu'on
ne me raille par-derrière; on a tant d'insolence dans le
peuple! Il suffirait qu'un vilain nous rencontrât pour
dire : « Quel est ce bel et grand étranger qui suit Nau-

sicaa ? Où l'a-t-elle trouvé ? Ce sera sans doute un mari.
C'est un errant, qu'elle aura ramené de son vaisseau, un
homme de loin, car nous n'avons pas de voisins. Ou bien
elle a fait un vœu et à ses ardentes prières un dieu est
venu, descendu du ciel : elle l'aura pour elle seule toute
sa vie. Tant mieux, puisqu'elle était elle-même allée
chercher un mari et l'a enfin trouvé! Car ceux de chez
nous, les Phéaciens, elle les dédaigne. Elle a pourtant
bien des prétendants et des nobles! » Voilà ce qu'on
dira, et les reproches qu'on m'adressera. Moi-même, je
serais la première à blâmer celle qui se conduirait ainsi,
qui malgré ceux qui l'aiment, un père et une mère vivants,
fréquente les hommes, avant le mariage. Etranger, comprends vite ce que je vais dire, pour obtenir au plus tôt
de mon père conduite et retour. Tu trouveras près du
chemin le bois sacré d'Athéné, un beau bois de peupliers : une fontaine l'arrose; une prairie l'entoure; c'est
là que mon père a son clos, un florissant vignoble, à une
portée de voix de la ville. Assieds-toi là, attends le temps
qu'il nous faut pour traverser la ville et arriver à la
maison de mon père. Puis, quand tu compteras que nous
avons atteint le manoir, entre alors dans la ville des
Phéaciens et demande la demeure de mon père, le magnanime Alcinoos. Elle est facile à reconnaître; même un
petit enfant t'y conduirait; les maisons phéaciennes ne
sont pas aussi bien bâties que le palais du héros Alcinoos.
La cour franchie, quand tu seras à l'intérieur du logis,
traverse vite la grand-salle, pour arriver à ma mère.
Elle est assise près du foyer, à la lumière de la flamme,
et sur la quenouille elle enroule les laines si belles à
voir, teintes du pourpre de la mer; elle est adossée
à une colonne; et des servantes sont assises derrière elle.
Et là est aussi appuyé tout près le trône où mon père
s'assied pour boire le vin, comme un immortel. Passe
devant lui, embrasse les genoux de notre mère, afin de
voir joyeux le jour du retour, vite, si loin que tu sois de
ton pays. Si son cœur se prend d'amitié pour toi, tu
peux espérer revoir ceux que tu aimes, et regagner ta
maison bien bâtie et la terre de ta patrie. »
    Ayant ainsi parlé, elle enleva ses mules de son fouet
brillant. Elles eurent bientôt quitté le cours du fleuve;
c'étaient de bonnes trotteuses, qui tricotaient bien des
pieds. La jeune fille tenait les guides serrées, pour qu'on
la pût suivre à pied, les suivantes et Ulysse, elle donnait
du fouet avec discrétion. Le soleil se couchait, quand la

troupe atteignit le bois fameux d'Athéné, où s'assit l'illustre Ulysse. Sans tarder, il adressait sa prière à la fille du grand Zeus : « Exauce-moi, fille de Zeus qui porte l'égide, Indomptable. Maintenant du moins, entends-moi, toi qui ne m'as jamais entendu quand j'étais brisé sous les coups du dieu illustre, Ebranleur de la terre. Accorde-moi que les Phéaciens m'accueillent en ami et me prennent en pitié. »

Ainsi parlait-il en priant, et Pallas Athéné l'entendit. Mais elle n'apparut pas encore à ses yeux, par respect pour le frère de son père ; car il gardait contre le divin Ulysse un courroux furieux qui ne cesserait point avant son arrivée dans la terre paternelle.

CHANT VII

ENTRÉE D'ULYSSE CHEZ ALCINOOS

SOMMAIRE : Après que Nausicaa est entrée au manoir, Ulysse
arrive aussi à la ville accompagné d'Athéné et enveloppé d'un
nuage protecteur; il admire la situation de la ville, surtout le palais
et les jardins d'Alcinoos (1-132). Il trouve assemblés au manoir
les princes des Phéaciens, qui éprouvent à sa vue un muet étonnement. Sur l'invitation du vieil Échénéos, Alcinoos lui adresse la
bienvenue et lui promet de le reconduire en son pays (133-232).
Les hôtes partis, la reine Arété demande à l'étranger comment il
se fait qu'il porte les habits dont il est revêtu. Il en donne les raisons
et narre ses épreuves depuis son départ d'Ogygie; après ce récit
Alcinoos assure de nouveau que les Phéaciens ramèneront Ulysse
dans son pays (233-347).

Ainsi priait en ce lieu l'illustre Ulysse, qui avait tant
souffert, cependant que les deux mules vigoureuses
emportaient la jeune fille vers la ville. Dès qu'elle fut
arrivée au glorieux palais de son père, elle les arrêta
devant la porte cochère, et ses frères, pareils aux Immortels, s'assemblèrent à ses côtés; ils dételèrent les mules
du chariot et transportèrent les vêtements à l'intérieur.
La jeune fille allait dans son appartement; un feu y
était allumé pour elle par la chambrière Eurymédousa,
une vieille servante d'Apeiré [81] que jadis des vaisseaux
en croissant avaient amenée de ce pays; on l'avait par
privilège réservée à Alcinoos, parce qu'il était le roi
de tous les Phéaciens et que son peuple lui obéissait
comme à un dieu. C'est elle qui dans le palais avait nourri
Nausicaa aux bras blancs. Elle allumait du feu pour la
jeune fille et lui préparait dans sa chambre le repas du
soir.

A ce moment même Ulysse se leva pour aller à la ville.
Autour de sa personne Athéné répandit un nuage épais ;
par bienveillance et dans la crainte qu'un des fiers
Phéaciens, le rencontrant, ne lui adressât des paroles
blessantes et ne lui demandât son nom. Quand donc il
allait entrer dans l'aimable ville, la déesse aux yeux
brillants, Athéné, vint à sa rencontre sous les traits d'une
petite fille portant une cruche. Elle s'arrêta devant lui,
et l'illustre Ulysse lui demanda : « Mon enfant, ne me
conduirais-tu pas à la demeure du héros Alcinoos, qui
règne parmi ces hommes ? Je suis un étranger et j'ai subi
des épreuves ; j'arrive de loin, d'une terre de là-bas ;
aussi je ne connais aucun des hommes, qui possèdent
cette ville et ce pays. »

La déesse aux yeux brillants, Athéné, lui répliqua :
« Je te montrerai donc, père étranger, la demeure que
tu me demandes ; elle est voisine de la maison de mon
irréprochable père. Va tout droit sans parler ; moi, je te
montrerai le chemin ; ne regarde et n'interroge personne ;
ici, l'on ne supporte guère les étrangers ; on ne fait
pas aimable accueil à qui vient du dehors, car les gens se
fient à la vitesse de leurs vaisseaux légers pour franchir
le grand abîme : l'Ebranleur de la terre le leur a permis.
Leurs nefs sont aussi promptes que l'aile ou la pensée. »

Ayant ainsi parlé, Pallas Athéné le guida rapidement ;
il suivait la déesse, marchant dans ses pas. Les illustres
armateurs phéaciens ne s'aperçurent pas qu'il allait
par la ville au milieu d'eux ; Athéné aux belles boucles,
la terrible déesse, ne le permettait pas ; elle avait répandu
autour de lui une brume merveilleuse, tant elle avait pour
lui d'affection au cœur ! Ulysse admirait les ports, les
vaisseaux bien équilibrés, les places où se réunissaient
les héros, les longs murs, élevés, renforcés de palissades,
une merveille à voir. Quand ils furent arrivés à la fameuse
demeure du roi, la déesse aux yeux brillants, Athéné,
prit la parole : « Voici, père étranger, la demeure que
tu me demandes de t'indiquer ; tu trouveras les rois,
nourrissons de Zeus, prenant leur repas ; entre ; n'aie
crainte en ton cœur ; un homme hardi réussit mieux en
toute entreprise, même s'il vient de quelque pays étranger. Va trouver d'abord la maîtresse dans la grand-salle ;
c'est Arété qu'on la nomme, elle est née des mêmes
parents qui engendrèrent le roi Alcinoos [82]. D'abord
Nausithoos naquit de Poséidon, l'Ebranleur de la terre,
et de Péribée, la plus belle des femmes, la plus jeune

fille du magnanime Eurymédon, qui était jadis roi des insolents Géants [83]; mais il causa la perte de son peuple impie, et se perdit lui-même. Poséidon s'unit à elle et en eut un fils, le magnanime Nausithoos, qui régnait parmi les Phéaciens. Nausithoos fut père de Rhéxénor et d'Alcinoos. Le premier n'avait pas encore de fils, quand Apollon à l'arc d'argent le frappa jeune marié; il ne laissait en son manoir qu'une fille, Arété; Alcinoos en fit sa femme, et il l'honora, comme aucune autre n'est honorée sur terre, parmi toutes les femmes qui tiennent une maison sous la loi des hommes. Ainsi fut-elle toujours vénérée de tout cœur par ses chers enfants, par Alcinoos lui-même, et par les peuples, qui, la voyant telle une déesse, la saluent de leurs paroles, quand elle va par la ville. C'est qu'elle-même est pourvue de sagesse, et par sa bienveillance apaise les querelles des hommes. Si elle sent en son cœur amitié pour toi, tu peux espérer revoir ceux que tu aimes et revenir sous le haut toit de ta maison et dans la terre de ta patrie. »

Ayant ainsi parlé, la déesse aux yeux brillants, Athéné, s'en alla sur la mer inlassable, et quitta l'aimable Schérie; elle gagna Marathon, Athènes aux larges rues [84], et pénétra dans la solide maison d'Erechthée. Ulysse allait cependant vers le palais fameux d'Alcinoos; que de pensées agitaient son cœur, quand il s'arrêtait avant d'arriver au seuil de bronze! Il y avait comme un éclat de soleil ou de lune sur la haute maison du magnanime Alcinoos. De bronze étaient les murs qui s'élevaient à droite et à gauche, du seuil au fond, et qu'entourait une corniche d'émail bleu. D'or étaient les portes qui enfermaient la solide maison, et des montants d'argent étaient fixés dans un seuil de bronze. D'argent était le linteau et d'or l'anneau. D'or et d'argent étaient de chaque côté les chiens, qu'Héphaistos avait sculptés avec une savante adresse pour garder la maison du magnanime Alcinoos, immortels et toujours à l'abri de la vieillesse. A l'intérieur de la grand-salle des sièges étaient adossés au mur à droite et à gauche du seuil jusqu'au fond, et sur eux avaient été jetées de légères housses en fin tissu, ouvrages des femmes. C'est là que s'asseyaient les chefs des Phéaciens, buvant et mangeant; car ils pouvaient le faire tout le long de l'année. De jeunes garçons en or se dressaient sur des piédestaux bien construits, et tenaient en leurs mains des flambeaux allumés, pour éclairer la nuit les convives dans la salle.

Des cinquante servantes qu'Alcinoos a dans son manoir,
les unes écrasent en des moulins le fruit blond, les autres
tissent des toiles, et enroulent les fils aux fuseaux; elles
sont assises, aussi promptes que les feuilles du haut
peuplier. Des tissus serrés coule l'huile fluide. Et comme
les Phéaciens sont de tous les hommes les plus experts
à pousser sur la mer un vaisseau rapide, ainsi leurs
femmes sont de toutes les plus adroites au tissage :
Athéné leur a donné plus qu'à d'autres l'habileté dans
les beaux ouvrages et la bonté du cœur. Hors de la cour
et près de la porte est un grand verger de quatre arpents;
une enceinte l'enclôt en long et en large. Là poussent de
grands arbres florissants, poiriers, grenadiers, pommiers
aux fruits éclatants, figuiers domestiques et luxuriants
oliviers. Jamais leurs fruits ne meurent ni ne manquent,
hiver ni été; ils donnent toute l'année. Toujours le
souffle du Zéphyr fait pousser les uns, mûrir les autres;
sans répit mûrissent la poire après la poire, la pomme
après la pomme, le raisin après le raisin, la figue après
la figue. Plus loin est planté le fertile vignoble; dans
une pièce chaude, en terrain plat, le raisin sèche au soleil;
dans l'autre, des vendangeurs cueillent le raisin et d'autres
le foulent. En avant, des ceps dont les uns perdent leurs
fleurs, tandis que sur les autres les grappes commencent
à rougir. Plus loin, contre leur dernier rang, des plates-
bandes portent des légumes variés, verts toute l'année.
Dans le potager coulent deux sources : l'une s'épand
dans tout le jardin; l'autre envoie ses eaux sous le seuil
de la cour vers la haute maison; c'est là que les gens de
la ville viennent chercher l'eau. Tels étaient les dons
magnifiques des dieux dans le manoir d'Alcinoos.

L'illustre Ulysse qui avait tant souffert, restait là
debout et contemplait. Puis, quand il se fut en son cœur
émerveillé à tout regarder, il franchit vite le seuil et
entra dans le palais. Il trouva les chefs et conseillers des
Phéaciens offrant avec leurs coupes des libations au bon
guetteur Argiphonte; c'est à lui qu'ils dédiaient la dernière, quand ils pensaient à s'en aller dormir. L'illustre
Ulysse qui avait tant souffert, traversa la grand-salle,
entouré de l'épaisse nuée dont l'avait couvert Athéné,
jusqu'à ce qu'il fût devant Arété et le roi Alcinoos.
Dans l'instant qu'Ulysse embrassait les genoux d'Arété,
la nuée divine se dissipa. Les assistants demeurèrent
sans voix, en apercevant le héros dans la salle et sa vue
excitait leur admiration. Déjà Ulysse priait : « Arété,

fille de Rhéxénor égal aux dieux, je viens, après tant d'épreuves, à ton mari, à tes genoux, à vos convives. Veuillent les dieux accorder à tous prospérité dans la vie; puisse chacun en son manoir laisser à ses enfants ses biens et les honneurs qu'il a reçus du peuple. Mais hâtez-vous de me ramener dans ma patrie, sans retard : depuis si longtemps loin des miens je souffre tant de maux ! »

Ayant ainsi parlé, il s'assit près du foyer, dans la cendre, devant le feu, et tous restèrent cois et silencieux. Après un long temps, le vieux héros Échénéos prit la parole. C'était le plus âgé des Phéaciens; il excellait aux discours et savait beaucoup de choses d'autrefois. Inspiré par la bienveillance, il prit la parole dans leur assemblée et leur dit : « Alcinoos, il n'est pas bien, il ne convient pas qu'un hôte reste assis à terre, près du foyer, dans la cendre. Ceux-ci se taisent, attendant que tu parles. Allons ! fais lever et asseoir l'étranger sur un siège aux clous d'argent; ordonne aux hérauts de mêler le vin, pour que nous fassions aussi des libations à Zeus qui lance la foudre; il nous amène et nous invite à respecter les suppliants. Que l'intendante tire des provisions un souper pour notre hôte. »

Quand le vaillant et fort Alcinoos eut entendu ces paroles, prenant par la main Ulysse prudent et rusé, il le fit lever du foyer et asseoir sur un siège brillant, lui donnant la place de son fils, le vaillant Laodamas, qui était assis près de lui et qu'il aimait entre tous. Une servante, apportant l'eau pour les mains dans une belle aiguière d'or, la versait au-dessus d'un bassin d'argent, et déployait devant Ulysse une table polie. L'intendante respectable apportait et servait le pain et, en outre, des mets en abondance, pris sans compter sur les provisions. Alors se mit à boire et manger l'illustre Ulysse, qui avait tant souffert.

Le fort Alcinoos dit ensuite au héraut : « Pontonoos, mêle le vin dans le cratère et distribue-le à tous dans la grand-salle, pour que nous fassions aussi les libations à Zeus qui lance la foudre; il nous amène et nous invite à respecter les suppliants. » Il dit, et Pontonoos mêlait le vin au parfum de miel, puis il distribua dans les coupes de tous les convives les gouttes de libation. Quand ils eurent fait la libation et bu autant que désirait leur cœur, Alcinoos, s'adressant à l'assemblée, leur dit : « Ecoutez, guides et conseillers des Phéaciens; je

veux vous dire ce qu'en ma poitrine m'ordonne mon
cœur. Maintenant que vous avez fini de banqueter, allez
dormir chacun chez vous. Mais, dès l'aurore, ayant réuni
un plus grand nombre d'Anciens, traitons notre hôte
dans nos grand-salles, offrons aux dieux de belles victimes, pensons à reconduire l'étranger, afin que, délivré
de peine et de chagrin, il arrive, accompagné par nous,
dans la terre de ses pères, qu'il ait vite cette joie, si
lointain que soit son pays, que durant le voyage il
n'éprouve aucun mal, aucune traverse, avant de mettre
le pied sur son sol. Une fois là, il souffrira ce que le destin et les Filandières terribles ont mis à son fuseau lors
de sa naissance, quand sa mère lui donna le jour. Mais
c'est un Immortel peut-être qui nous vient du ciel et
les dieux forment pour l'avenir quelque dessein nouveau. Toujours, ils se manifestent clairement à nos yeux
quand nous leur sacrifions de glorieuses hécatombes,
ils viennent festoyer en notre compagnie, assis aux
mêmes places que nous. Si l'un de nous, voyageur soli-
taire, en rencontre un, ils ne font nul mystère, car nous
sommes tout proches d'eux, comme les Cyclopes et les
sauvages tribus des Géants. »
    Ulysse aux mille expédients lui dit en réponse : « Alci-
noos, aie d'autres pensées ; je ne ressemble pas aux Immortels, habitants du vaste ciel ; je n'ai ni leur stature ni
leur taille, mais celle des simples mortels. Et ceux que
vous savez les plus chargés d'épreuves, ceux-là pour
le malheur peuvent m'être égalés. Je pourrais même
raconter des maux plus nombreux encore, tous ceux
que j'endurai par la volonté des dieux. Mais permettez
que je soupe, malgré ma tristesse [85] ; rien n'est plus
cynique que ce maudit ventre, qui nous oblige à penser
à lui, fût-on consumé du chagrin que l'on a au cœur ;
ainsi moi, j'ai grande tristesse, et toujours cependant il
m'ordonne de manger et de boire ; il me fait oublier
les maux que j'ai soufferts en me presse de la rassasier.
Mais vous, dès que poindra l'Aurore, hâtez-vous pour
me permettre, à moi malheureux, de fouler ma terre
paternelle après tant d'épreuves subies. La vie peut
me quitter, pourvu que je revoie seulement mes biens,
mes esclaves et le haut toit de ma grande maison ! »
    Il dit, et tous approuvaient l'hôte et demandaient son
retour ; car il avait sagement parlé. Quand ils eurent
fait les libations et bu autant que désirait leur cœur,
chacun, souhaitant dormir, s'en fut dans sa maison.

Mais dans la grand-salle restait l'illustre Ulysse, et près de lui, Arété et Alcinoos, à l'aspect divin, étaient assis. Des servantes rangeaient les couverts du festin. La première, Arété aux bras blancs prit la parole. En voyant son manteau et sa tunique, elle avait reconnu les beaux vêtements qu'elle avait faits elle-même avec ses suivantes. Elle lui adressa donc ces paroles ailées : « Hôte, voici la question que je te poserai d'abord. Quel est ton nom ? Quel est ton pays ? Qui t'a donné ces vêtements ? Ne dis-tu pas que tu es arrivé ici en errant sur la mer ? »

Ulysse aux mille expédients lui dit en réponse : « Il est difficile, reine, de te conter tout au long mes chagrins, car les habitants du ciel m'en donnèrent un grand nombre. Mais je vais répondre à ta question et te dire ce que tu veux savoir. Il est une île, Ogygie, située loin dans la mer. C'est là qu'habite la fille d'Atlas, l'insidieuse [86] Calypso aux belles boucles, terrible déesse! Aucun des dieux ni des hommes n'a de rapports avec elle. Mais moi, malheureux, une divinité m'a conduit à son foyer, moi seul, car Zeus, frappant mon rapide vaisseau d'un éclair de sa foudre, le fracassa au milieu de la mer vineuse. Alors, tous mes braves compagnons périrent; moi, embrassant la quille de mon vaisseau en forme de croissant, je fus ainsi ballotté neuf jours; et, la dixième nuit noire, les dieux me firent aborder à l'île d'Ogygie, où habite Calypso aux belles boucles, terrible déesse! Elle me recueillit avec sollicitude; elle s'éprenait de moi, me nourrissait, promettait de me rendre immortel et de me mettre pour toujours à l'abri de la vieillesse. Mais elle ne persuadait point mon cœur dans ma poitrine. Je restai là sept ans, sans pouvoir partir, et toujours je versais des larmes sur les vêtements immortels que m'avait donnés Calypso. Mais quand le cycle du temps amena la huitième année, elle me fit lever et m'ordonna de partir, soit qu'elle eût reçu un message de Zeus, soit que son esprit à elle eût changé. Elle m'embarqua sur un radeau aux nombreux liens, me donna force provisions pain et doux vin, me couvrit de vêtements immortels, et m'envoya un vent tiède, qui ne me causa nulle peine. Dix-sept jours je voguai au large; le dix-huitième, m'apparurent les montagnes ombreuses de votre terre, et mon cœur se réjouit, ignorant de mon malheur; car je devais éprouver encore une grande détresse, que m'envoya Poséidon, l'Ebranleur de la terre; il souleva les vents, me ferma le chemin, me fit une mer indicible. Au milieu de mes plaintes, les vagues m'enlevèrent de mon radeau et la tempête le dispersa. Cependant, je parcourus cet abîme à la nage, et j'approchai enfin de votre terre, porté par le vent et l'eau. Mais si j'abordais là, le flot brutal m'eût jeté contre la côte, sur de grands rochers, en un lieu sans joie. Je reculai donc à la nage, tant que j'arrivai à un fleuve, où la place me parut la meilleure, dégarnie de rochers et abritée du vent. C'est là que je tombai et repris mes sens, et la nuit immortelle arriva. Je sortis du fleuve, dont les eaux sont envoyées par Zeus, je m'en allai dormir sous les buissons et me couvris d'un tas de feuilles. Un dieu versa sur moi un infini sommeil. Je dormis là, le chagrin au cœur toute la nuit, jusqu'à l'aurore, jusqu'au milieu du jour. Le soleil baissait, quand le doux sommeil me quitta. Et j'aperçus jouant sur le rivage les suivantes de ta fille; elle au milieu semblait une déesse. Je lui adressai ma prière, elle ne manqua ni de sens ni de bonté; on ne pouvait s'attendre que, vous rencontrant, une si jeune fille agît aussi bien; car toujours la jeunesse est inconsidérée. Elle m'offrit en abondance du pain et du vin couleur de feu, elle me fit baigner dans le fleuve et me donna les vêtements que voici. Malgré mon chagrin, je t'ai dit toute la vérité. »

Alcinoos prit la parole et lui répondit : « Mon hôte, il est un devoir dont ma fille ne s'est pas avisée : elle devait te conduire avec ses suivantes dans notre maison; elle était pourtant la première à qui ta prière se fût adressée! » Ulysse aux mille expédients lui repartit : « Héros, ne blâme pas ton irréprochable fille. Elle m'invitait à suivre ses femmes; mais je ne l'ai pas voulu par respect et crainte que ton cœur ne s'irritât à cette vue; car nous sommes enclins à l'envie, nous tous hommes qui vivons sur la terre. »

Alcinoos prit la parole et répliqua : « Hôte, je n'ai pas dans la poitrine un cœur si prompt à s'emporter sans raison; la mesure vaut mieux en toute occurrence. Oui, j'en atteste Zeus notre père, Athéné, Apollon, je souhaite qu'avec ton mérite, et tes sentiments si pareils aux miens, ma fille t'ait pour mari, que tu sois appelé mon gendre, en restant ici; oui, je te donnerais une maison, et des biens, si tu consentais à rester; mais, si ce n'est pas ta volonté, aucun Phéacien ne te retiendra; que cela ne plaise à Zeus notre père! Nous te reconduirons, et, pour que tu en aies l'assurance, je fixe ton départ à demain. Pendant que, dompté par le sommeil, tu seras couché, nos gens te mèneront à la rame, sur la mer calmée, jusqu'à ce que tu parviennes à ta patrie et ta maison, et dans quelque endroit que tu veuilles, quand ce serait bien au-delà de l'Eubée, si éloignée, disent nos gens qui la virent, quand ils menaient le blond Rhadamanthe visiter Tityos, fils de Géa. Même ils allèrent là-bas et achevèrent le voyage sans fatigue; ils étaient revenus chez eux le même jour. Tu sauras toi-même en ton esprit combien mes nefs sont les meilleures et comme mes jeunes gens excellent à soulever la mer du plat de leurs rames. »

Il dit, et l'illustre Ulysse, qui avait tant souffert, se réjouit. Elevant la voix, il fit donc cette prière : « Zeus père, puissent s'accomplir toutes les promesses d'Alcinoos. Sa gloire ne s'éteindrait point sur la terre qui donne le froment, et moi, j'arriverais dans ma patrie. »

Tels étaient les propos qu'ils échangeaient. Arété aux bras blancs dit à ses servantes de dresser un lit sous le portique, d'y mettre de belles couvertures de pourpre, d'étendre par-dessus des couvre-lits, et de placer sur le tout des manteaux de laine bien épais. Celles-ci sortirent de la salle, un flambeau à la main. Quand elles se furent empressées d'étendre et garnir un lit solide, elles vinrent inviter Ulysse par ces paroles : « Hôte, viens te coucher, ton lit est fait. » Ainsi dirent-elles; et il lui parut doux de s'étendre. Il dormait donc là l'illustre Ulysse, qui avait tant souffert, sur un lit de sangles, dans le portique à l'écho sonore. Et Alcinoos s'en fut reposer au fond de la haute maison : il avait près de lui la maîtresse du logis qui avait préparé le lit et la couche.

CHANT VIII

RÉCEPTION D'ULYSSE PAR LES PHÉACIENS

SOMMAIRE : Dans l'assemblée, tenue le lendemain matin, Alcinoos
donne ses instructions pour faire reconduire son hôte (1-45). Pendant qu'on prépare le vaisseau, un festin est servi au palais. L'aède
Démodocos chante des épisodes de la guerre de Troie et Ulysse en
est profondément ému. Le roi s'en aperçoit et invite les assistants
à retourner à l'agora, pour assister à des jeux (46-103). Après
quelques engagements, une raillerie d'Euryale décide Ulysse à y
prendre part. Il est vainqueur au disque et défie les Phéaciens en
toute sorte d'épreuves. Alcinoos apaise les colères et fait appeler
l'aède (104-265). Démodocos chante l'amour d'Arès et d'Aphrodite (266-366). Les danses excitent l'admiration d'Ulysse. Alcinoos
engage les princes à faire des présents à son hôte, avec lequel il
réconcilie Euryale. Le soir approchant, on revient au palais. Pendant la route, Nausicaa vient saluer une dernière fois Ulysse (367-
469). Après le festin, Démodocos chante le cheval de bois. Comme
l'hôte se cache le visage et pleure, Alcinoos lui demande son nom
et la cause de ses larmes (470-586).

Dès que, née au matin, parut Aurore aux doigts de rose,
le fort et vaillant Alcinoos sauta de sa couche, et de
même se leva le descendant de Zeus, Ulysse pilleur de
villes. Et le vaillant et fort Alcinoos le guidait vers
l'agora des Phéaciens, bâtie près de leurs vaisseaux.
Arrivés là, ils s'assirent l'un à côté de l'autre sur les
pierres polies. Cependant allait par la ville Pallas Athéné,
sous les traits d'un héraut du prudent Alcinoos; elle
méditait le retour du magnanime Ulysse, s'approchait de
chaque Ancien et lui disait : « Par ici, guides et conseillers
des Phéaciens, allez à l'agora; vous entendrez parler de
l'hôte arrivé hier dans la maison du prudent Alcinoos,

après avoir erré sur la mer : il ressemble d'aspect aux Immortels. »

Par ces paroles, elle excitait le désir et la curiosité de chacun. Bientôt places et sièges furent pleins d'hommes qui s'assemblaient. Beaucoup contemplèrent avec admiration le prudent fils de Laërte. Athéné avait versé une grâce ineffable sur sa tête et ses épaules; elle lui avait donné un aspect plus grand et plus robuste, pour qu'il conquît l'amitié de tous les Phéaciens, qu'il inspirât crainte et respect, et remportât beaucoup de victoires, quand les Phéaciens le mettraient à l'épreuve. Quand ils furent réunis et au complet, Alcinoos prit la parole dans l'assemblée et dit : « Ecoutez, guides et conseillers des Phéaciens : je veux vous dire ce que mon cœur m'inspire en ma poitrine. Voici un étranger, dont j'ignore le nom; qu'il soit venu du levant ou du couchant, ses courses sur la mer l'ont conduit dans ma demeure. Il demande qu'on le reconduise; il prie qu'on l'en assure. Nous, comme nous l'avons fait toujours, hâtons-nous de le ramener. Jamais aucun homme, venu en ma maison, n'y reste longtemps à se lamenter pour qu'on l'accompagne. Allons! Tirons dans la mer divine un vaisseau noir, voguant pour la première fois, et que dans le peuple on choisisse cinquante-deux jeunes gens, ceux qui se sont montrés les meilleurs. Fixez tous avec soin les rames aux tolets; puis débarquez, et bien vite revenez chez moi préparer le festin; je le ferai servir plantureux pour tous. Voilà pour les jeunes gens. Quant à vous autres, rois, porteurs de sceptre, venez dans mon palais, pour traiter en amis notre hôte dans la grand-salle. Et que nul ne refuse. Faites appeler aussi le divin aède, Démodocos, qui plus que tout autre a reçu d'un dieu le don de charmer par ses chants, quel que soit le sujet où son cœur l'invite. »

Ayant ainsi parlé, il ouvrit la marche, et les porteurs de sceptre le suivaient. Un héraut vint chercher l'aède divin. Les cinquante-deux jeunes gens choisis comme équipage allèrent, comme il l'avait ordonné, vers le rivage de la mer inlassable. Quand ils furent descendus à la nef et à la mer, ils tirèrent le vaisseau noir vers l'abîme salé, ils y mirent en place le mât et les voiles, fixèrent les rames aux échaumes par des liens de cuir, le tout en bon ordre, et déployèrent les voiles blanches. Ils ancrèrent le vaisseau au large dans la rade, puis se rendirent dans la grande maison du sage Alcinoos. Portiques, cours et salles étaient remplis déjà des hommes assemblés; ils étaient là en foule, jeunes et vieux. Pour eux, Alcinoos avait fait immoler douze brebis, huit cochons aux dents blanches, deux bœufs à la marche traînante. On les écorchait et on les parait, apprêtant ainsi l'aimable festin.

Le héraut revint, amenant le fidèle aède, entre tous aimé de la Muse, qui lui avait donné tout ensemble le bien et le mal. Car elle l'avait privé de la vue, en lui accordant la douceur du chant. Pour lui Pontonoos plaça un fauteuil aux clous d'argent, au milieu des convives, l'adossant à une haute colonne. Il suspendit la lyre sonore à un crochet au-dessus de sa tête, et lui montra comment la prendre en main; puis il plaça devant lui sur une belle table une corbeille de pain et une coupe de vin, pour boire, quand l'y pousserait son cœur. Les convives tendaient les mains vers les mets disposés devant eux. Quand ils eurent satisfait leur soif et leur faim, la Muse excita l'aède à chanter les gestes fameuses des héros, dans le cycle dont la gloire montait alors jusqu'au vaste ciel, la querelle d'Ulysse et d'Achille, fils de Pélée, comment une fois ils s'étaient disputés dans un opulent festin des dieux, en terribles paroles, et comment le chef de l'armée, Agamemnon, se réjouissait en son esprit de voir se quereller ainsi les plus braves des Achéens; telle était la prédiction que lui avait rendue par un oracle Phébus Apollon dans la sainte Pytho, quand il avait franchi le seuil de pierre, afin de le consulter, au temps où les conseils du grand Zeus allaient entraîner dans les maux Troyens et Danaens. C'est là ce que chantait l'aède illustre. Alors Ulysse prit de ses mains puissantes un pan de son manteau de pourpre, le tira sur sa tête et en couvrit son beau visage : il avait honte devant les Phéaciens des larmes qui coulaient sous ses sourcils; mais, à chaque pause dans le chant du divin aède, il essuyait ses larmes, rejetait le manteau qui couvrait sa tête, et, saisissant sa coupe à deux anses, il faisait libation aux dieux; puis, quand l'aède reprenait, pressé de chanter par les princes phéaciens que charmait son récit, Ulysse se couvrait de nouveau le visage et sanglotait.

Alors aucun des assistants ne s'aperçut des larmes qu'il versait; seul Alcinoos les remarqua et y prit garde, étant assis auprès de lui; il entendit aussi ses profonds gémissements; aussitôt, il dit aux Phéaciens amis de la rame : « Ecoutez, chefs et conseillers des Phéaciens ; déjà notre cœur est rassasié du festin, où chacun eut sa juste part, et de la lyre qui accompagne tout festin opulent. Maintenant, sortons et essayons de tous les autres jeux, afin que notre hôte puisse dire à ses amis, une fois de retour en sa maison, combien nous l'emportons sur tous au pugilat, à la lutte, au saut et à la course à pied. »

Ayant ainsi parlé, il prit les devants, et les autres suivaient. Le héraut suspendit au crochet la lyre sonore, prit la main de Démodocos et le conduisit hors de la grand-salle, le guidant par le même chemin qu'avaient suivi les autres, les princes des Phéaciens, dans leur désir de voir les jeux. Ils se rendirent à l'agora ; une foule suivait, qu'on ne pouvait compter ; les jeunes gens accouraient nombreux et braves. Ainsi s'étaient levés Acronéos, Ocyalos, Elatreus, Nauteus [87], Prymneus, Anchialos, Eretmeus, Ponteus, Proreus, Thoon, Anabésinéos, Amphialos, fils de Polynéos, fils de Tecton. Debout aussi était Euryale, égal au tueur d'hommes Arès, le fils de Naubolos, le meilleur en beauté et stature de tous les Phéaciens, après l'irréprochable Laodamas. Et s'étaient levés encore les trois fils de l'irréprochable Alcinoos, Laodamas, Halios et Clytonéos pareil à un dieu.

Ils disputèrent d'abord l'épreuve de la course à pied. La piste qu'ils avaient à parcourir se déployait depuis la barre de départ. Tous à la fois volaient à toute vitesse dans la plaine en soulevant un nuage de poussière. Le meilleur coureur était de beaucoup l'irréprochable Clytonéos. Aussi long est le parcours d'une couple de mules dans une jachère, d'autant il dépassa au but ses concurrents, laissés en arrière. On fit ensuite l'épreuve de la pénible lutte, et là ce fut Euryale qui l'emporta sur tous les meilleurs. Pour le saut, Amphialos était supérieur à tous. Pour le disque, le meilleur de tous les lanceurs était sans conteste Elatreus. Mais au pugilat, c'était Laodamas, le vaillant fils d'Alcinoos. Ensuite, quand toute l'assistance se fut réjoui le cœur par les jeux, Laodamas, fils d'Alcinoos, prit la parole : « Or çà, mes amis, demandons à notre hôte s'il connaît un jeu et s'y est entraîné. Un vilain n'a certes pas cette taille, ces cuisses, ces mollets, des bras comme ceux-là, une nuque si musclée, une force si grande. Il a toute la vigueur de la jeunesse ; mais il a été brisé par maintes épreuves. Il n'y a rien, je l'affirme, de pire que la mer pour abattre un homme, si fort qu'il soit. »

Euryale, à son tour, prit la parole pour répondre :
« Laodamas, tu as très bien parlé : maintenant va l'inviter toi-même et lui dire ton idée. » Dès qu'il eut entendu ces paroles, l'excellent fils d'Alcinoos vint au milieu de l'assemblée et s'adressa en ces termes à Ulysse : « A ton tour, maintenant, père étranger, de t'essayer aux jeux, si tu en as appris quelqu'un. Tu dois en connaître. Car il n'est pas de plus grande gloire pour un homme au cours de sa vie que de remporter quelque victoire avec ses pieds et ses mains. Allons, essaie, et chasse les soucis de ton cœur. Ton départ ne tardera plus guère; pour toi déjà le navire est à flot et l'équipage prêt. »

Le prudent Ulysse lui répondit : « Laodamas, pourquoi m'invitez-vous par dérision ? J'ai au cœur d'autres soucis que des jeux. Jusqu'à ce jour, j'ai tant subi d'épreuves, tant enduré de fatigues; maintenant encore, dans votre assemblée, où je suis assis, je sens le besoin du retour, et j'implore votre roi et tout votre peuple. » Alors Euryale lui répondit, le raillant face à face : « Vraiment non, étranger, tu ne me sembles pas expert aux jeux de toute sorte où s'exercent les hommes; tu me parais celui qui, allant et venant sur un bateau aux nombreuses échaumes, commande à des matelots trafiquants, tient mémoire de la cargaison, surveille le chargement et les marchandises volées. Tu n'as rien d'un athlète! »

Le prudent Ulysse, le regardant par-dessous les sourcils, lui repartit : « Mon hôte, ce que tu as dit est mal; tu m'as l'air d'un fou. Les dieux n'accordent pas mêmes faveurs à tous les hommes, la taille, le sens, l'éloquence. L'un a moins belle apparence, mais le dieu met une couronne de beauté sur ses paroles, et tous le regardent charmés; il parle sans faillir, avec une douce modestie; il se distingue parmi les hommes assemblés, et, quand il va par la ville, on le regarde comme on fait d'un dieu. Un autre est en beauté comparable aux Immortels, mais la grâce ne couronne pas ses paroles. Ainsi de toi : ta beauté, certes, est très remarquable, et un dieu même n'aurait pas mieux fait; mais pour l'esprit, tu es vide. Tu as soulevé mon cœur dans ma poitrine par tes paroles inconsidérées. Je ne suis pas inhabile aux jeux comme tu le prétends, je crois y avoir été des premiers, tant que je me pus fier à ma jeunesse et à mes bras. Maintenant je suis en proie au malheur et aux souffrances; combien ai-je enduré, en traversant les batailles contre les hommes et les flots cruels! Mais, malgré tous les maux que j'ai soufferts, j'essaierai des jeux; tes paroles m'ont mordu au cœur, et ton discours m'a provoqué. »

Il dit, et, s'élançant sans quitter son manteau, il saisit un disque plus grand que les autres, massif, plus lourd, et de beaucoup, que celui avec lequel les Phéaciens s'étaient mesurés ensemble. Après l'avoir fait tourner, il le lâcha de sa main puissante; la pierre siffla, et les Phéaciens aux longues rames, fameux pour leurs vaisseaux, baissèrent la tête vers le sol, sous le vol du disque. Il passa par-dessus les marques de tous les jouteurs, tant la main du lanceur lui avait imprimé d'élan. Athéné, qui avait pris l'aspect d'un homme, posa la marque, puis, élevant la voix, lui adressa ces mots : « Un aveugle même, étranger, distinguerait ta marque à tâtons, car elle ne se confond guère avec toutes les autres; elle est beaucoup plus avant. Prends courage après ce coup. Aucun des Phéaciens n'atteindra ce point, loin de le dépasser. »

Ainsi parla-t-elle, et le divin Ulysse qui avait tant souffert, se réjouit; il avait plaisir à se voir dans l'assemblée un compagnon favorable; dès lors, c'est d'un cœur plus léger qu'il prit la parole parmi les Phéaciens : « Maintenant, arrivez à ce point, jeunes gens; bientôt j'enverrai un autre disque, aussi loin, je pense, ou encore au-delà. Aux autres jeux maintenant, si le cœur et l'ambition y poussent quelqu'un, qu'il vienne s'essayer; car vous m'avez par trop irrité; au pugilat, à la lutte, à la course à pied, je ne refuse rien, et avec tous les Phéaciens, à l'exception du seul Laodamas; car celui-là est mon hôte, et qui voudrait combattre un ami ? Il faudrait être un insensé, un homme de rien, pour défier aux jeux l'hôte qui vous accueille, en pays étranger; ce serait se retrancher toutes ses chances. Mais des autres, je ne refuse, je ne dédaigne aucun; je veux faire connaissance avec tout champion, l'éprouver en face. Dans tous les jeux en faveur parmi les hommes, je ne suis point mauvais. C'est l'arc bien poli que je sais manier. Je suis le premier à toucher un homme de ma flèche au milieu d'une foule d'ennemis, même quand de nombreux compagnons se tiennent à mes côtés et tirent contre les hommes. Seul Philoctète [88] me surpassait à l'arc, au pays des Troyens, quand nous Achéens, nous lancions des flèches. Mais j'affirme être de beaucoup supérieur à tous les autres mortels qui sont sur terre, y mangeant le pain. Il y a des héros qui me surpassent et que je me refuserais à défier, Héraclès et Eurytos d'Œchalie, qui rivalisaient à l'arc même avec les Immortels. C'est ce qui causa la mort si prompte du grand Eurytos et pour quoi la vieillesse ne l'atteignit pas dans son manoir : Apollon le tua dans son courroux, parce qu'il osait le provoquer au tir à l'arc. Pour la lance, je l'envoie plus loin que tout autre sa flèche. Il n'y a que la course à pied où je craigne d'être dépassé par quelques Phéaciens; j'ai eu trop à souffrir de tous les coups de mer qui m'ont dompté; car sur mon vaisseau, il n'y avait pas tous les jours de quoi manger; aussi mes membres sont-ils brisés »

Il dit, et tous demeurèrent cois et silencieux. Seul, Alcinoos lui dit en réponse : « Mon hôte, nous ne saurions nous fâcher des paroles que tu prononces parmi nous; tu veux montrer la valeur qui demeure en toi, irrité que cet homme soit venu dans notre assemblée déprécier ton mérite comme ne le ferait pas quelqu'un qui saurait dire des paroles sensées. Eh bien! comprends à présent mes paroles, pour que tu puisses dire à un autre héros, lorsque dans ta grand-salle tu offriras un repas près de ta femme et de tes enfants, et qu'il te souviendra de notre vertu, quelles sortes de prouesses Zeus nous a faits aussi capables d'accomplir, depuis le temps de nos pères jusqu'à ce jour. Nous ne sommes pas irréprochables pour le pugilat ni la lutte; mais nous sommes de rapides coureurs et d'excellents marins; toujours nous avons aimé le festin, la cithare, et les chœurs, les vêtements que l'on change sans cesse, les bains chauds, et le lit. Allons! Tous les meilleurs danseurs de Phéacie, commencez le jeu, afin que notre hôte puisse conter à ses amis, une fois de retour en sa demeure, combien nous l'emportons sur tous les autres pour la navigation et la course, pour la danse et le chant. Qu'on aille vite chercher et qu'on apporte à Démodocos la lyre sonore, restée, je crois, dans notre maison. »

Ainsi parlait Alcinoos semblable à un dieu; un héraut s'élança pour aller chercher la cithare creuse dans la maison du roi. Des arbitres, choisis au nombre de neuf parmi les habitants du pays, se levèrent; ils étaient experts à tout régler dans les jeux; ils aplanirent une place pour la danse, ménagèrent une belle et large arène. Le héraut revint bientôt avec la lyre sonore pour Démodocos; et l'aède alors s'avança au milieu de l'assemblée; autour de lui se plaçaient des adolescents dans la première fleur de la jeunesse, habiles à la danse; ils se mirent à frapper de leurs pieds le sol consacré. Ulysse contemplait le chatoiement de leur danse et l'admirait en son cœur.

Cependant sur sa lyre l'aède préludait avec art à son chant [89] : celui des amours d'Arès et d'Aphrodite au beau diadème, comme pour la première fois ils s'unirent en secret dans la demeure d'Héphaistos; il l'avait séduite par maints présents, et c'est ainsi qu'il déshonora la couche du puissant Héphaistos. Mais bientôt Hélios vint tout lui révéler; car il les avait vus s'unir d'amour. Lors donc qu'Héphaistos eut entendu ce récit qui lui poignait le cœur, il s'en alla dans sa forge, roulant en lui-même sa vengeance. Il plaça sur sa base sa grande enclume, et il fabriquait du marteau des liens infrangibles, inextricables, afin d'y retenir fixés les amants. Puis quand il eut, dans sa colère contre Arès, fabriqué ce piège, il se rendit à la chambre, où sa couche était dressée; autour de tous les montants du lit, il déploya son réseau; une grande partie pendait d'en haut, du plafond; c'était comme une fine toile d'araignée, que personne ne pouvait apercevoir, pas même l'un des dieux bienheureux, tant le piège était bien fabriqué. Quand il eut entouré de ce piège toute sa couche, il feignit de partir pour Lemnos à l'acropole bien construite, la terre qu'il préfère de beaucoup à toutes les autres. Et Arès aux rênes d'or avait l'œil bien ouvert pour le guetter; car il vit s'éloigner Héphaistos, le glorieux artisan. Il partit donc pour la demeure du très noble Héphaistos, avec l'impatient désir de s'unir à Cythérée au beau diadème. Elle, qui venait de quitter son père, le fils de Cronos à la force invincible, s'était assise en arrivant. Entré dans la maison, l'amant la caressa de la main, prit la parole et la salua de ces mots : « Viens ici, chérie, dans cette couche; allons y goûter la volupté; Héphaistos n'est plus dans l'Olympe; il vient, je crois, de partir pour Lemnos, chez les Sintiens [90] au parler sauvage. »

Ainsi disait-il, et la déesse sentit le désir de se coucher avec lui. Tous deux allèrent donc au lit et dormirent : et autour d'eux était déployé le réseau, artificieux ouvrage de l'ingénieux Héphaistos. Ils ne pouvaient plus remuer ni soulever leurs membres. Ils connurent alors qu'il ne leur restait plus nul moyen d'échapper. Et près d'eux arriva l'illustre ambidextre; il était revenu sur ses pas avant d'arriver à l'île de Lemnos; car Hélios faisait le guet et lui avait tout raconté. Il revint donc à sa demeure, le cœur affligé. Il s'arrêta au seuil de la chambre, et une sauvage colère le saisissait. Il poussa un cri terrible et appela tous les dieux : « Zeus notre Père et vous autres, dieux bienheureux et éternels, venez ici voir une chose risible et monstrueuse : parce que je suis boiteux, la fille de Zeus, Aphrodite, me couvre toujours de ridicule ; elle aime Arès, le destructeur, parce qu'il est beau, qu'il a les jambes droites, tandis que, moi, je suis infirme. Mais la faute en est à mes seuls parents, qui auraient mieux fait de ne pas me donner naissance. Venez voir comment ces deux-là sont allés dormir et s'aimer dans mon propre lit, et ce spectacle m'afflige. Mais je ne crois pas qu'ils souhaitent rester ainsi couchés, même peu de temps, si ardent que soit leur amour. Bientôt, ils ne voudront plus dormir ensemble ; mais mon piège, mon réseau les tiendra prisonniers, jusqu'à ce que son père à elle m'ait exactement rendu tous les présents que je lui ai donnés pour sa fille effrontée ; car elle peut être belle, elle n'a pas de pudeur ! »

Il dit, et les dieux s'assemblaient sur le seuil de bronze. Alors vint Poséidon porteur de la terre, et le très utile Hermès [91], et le puissant Apollon, qui écarte le malheur. Les déesses restaient chacune chez soi, par décence. Les dieux, dispensateurs des biens, s'arrêtèrent dans l'anti-chambre, et un rire inextinguible s'éleva parmi les Bien-heureux, à la vue du piège de l'artificieux Héphaistos. Ils se disaient entre eux, chacun regardant son voisin : « Non ! Les mauvaises actions ne profitent pas ! Le plus lent attrape le plus prompt ; voici qu'aujourd'hui Héphaistos, avec sa lenteur, a pris le plus rapide des dieux qui possèdent l'Olympe, lui, le boiteux, grâce à ses artifices ; aussi le coupable doit-il payer le prix de l'adultère. »

Ainsi parlaient-ils entre eux. Le puissant Apollon, fils de Zeus, dit à Hermès : « Fils de Zeus, messager, dis-pensateur de biens, ne voudrais-tu pas, dusses-tu être pris au piège par de forts liens, dormir dans un même lit à côté d'Aphrodite aux joyaux d'or ? » Le messager Argi-phonte lui repartit : « Puissé-je avoir ce bonheur, puis-sant Apollon dont les traits portent au loin. Que des liens triples, sans fin, m'enserrent, et que vous me voyiez ainsi prisonnier, vous, tous les dieux et toutes les déesses, mais que je dorme auprès d'Aphrodite aux joyaux d'or ! »

Ainsi disait-il ; un éclat de rire s'éleva parmi les dieux immortels. Mais Poséidon ne riait pas et ne cessait de prier Héphaistos, l'illustre artisan, de délivrer Arès. Elevant la voix, il lui adressait ces paroles ailées : « Déli-

vre-le; je te garantis qu'il paiera, comme tu l'ordonnes,
tout ce qui t'est dû, devant les dieux immortels. » Le
très illustre ambidextre lui répondit : « C'est trop me
demander, Poséidon porteur de la terre. Méchante caution la caution d'un méchant! comment pourrais-je te
mettre à toi-même des liens parmi les dieux immortels,
si Arès s'échappait, quitte de sa dette et de mon réseau ? »
Poséidon, l'Ebranleur de la terre, lui repartit : « Héphaistos,
si Arès élude sa dette et s'échappe, c'est moi qui te
paierai ton dû. » Alors, le très illustre ambidextre lui
répondit : « Il n'est ni possible ni honnête de mettre en
doute ta parole. »

Ayant ainsi parlé, le fort Héphaistos relâchait le
réseau. Quand les complices furent délivrés de ces liens
si étroitement serrés, tous deux s'élancèrent sur-le-
champ; l'un partit pour la Thrace; l'autre, Aphrodite
à l'aimable sourire, allait à Chypre, vers Paphos; là se
trouvent son sanctuaire et son autel chargé d'encens; et
là les Grâces, après l'avoir baignée, l'oignirent d'une
huile immortelle, comme celle qui brille sur les dieux
toujours vivants. Puis elles la revêtirent de ses gracieux
vêtements, merveilleux à voir!

Ainsi chantait l'illustre aède. Cependant Ulysse goûtait en son esprit plaisir à l'entendre, ainsi que les
autres, les Phéaciens aux longues rames, fameux pour
leurs vaisseaux.

Alcinoos invita Halios et Laodamas à danser seuls; car
personne ne pouvait rivaliser avec eux. Quand ils eurent
pris en leurs mains le beau ballon de pourpre, que pour
eux avait fait l'habile Polybe, l'un renversé en arrière le
lançait vers les sombres nuages, l'autre, sautant loin du
sol, le recevait aisément, avant de retomber les pieds à
terre. Puis, quand ils eurent éprouvé leur adresse à
lancer haut la balle, tous deux se mirent à danser, frappant des pieds chacun à son tour la terre bonne nourricière; les autres jeunes gens leur battaient la mesure,
debout sur le terrain, et de tout cela s'élevait un grand
bruit. Alors, l'illustre Ulysse dit à Alcinoos : « Puissant
Alcinoos, le plus fameux de tout ce peuple, tu t'étais
vanté que vos danseurs étaient les meilleurs; la preuve
en est faite, et je suis ravi de les voir. »

Il dit, et la joie emplit le fort et vaillant Alcinoos. Il
parlait aussitôt parmi les Phéaciens amis de la rame :
« Ecoutez-moi, guides et conseillers des Phéaciens. Notre
hôte me semble être un homme de grand sens. Allons,

donnons-lui un présent d'hospitalité, comme il sied. Il
y a dans le pays douze rois fameux, qui agissent en
souverains et je suis, moi, le treizième. Apportez chacun
un manteau bien lavé, une tunique et un talent d'or
précieux; apportons sans tarder ces présents et mettons-
les ensemble, afin que notre hôte, les ayant en main,
aille souper, la joie au cœur. Et qu'Euryale lui fasse
réparation par ses paroles et un présent, car il a tenu
envers lui des propos malsonnants. » Ainsi parlait-il;
tous l'approuvaient et donnaient des ordres. Ils envoyèrent chacun un héraut chercher les présents. Euryale,
prenant la parole, répondit : « Puissant Alcinoos, le
plus fameux de tout ce peuple, je ferai donc réparation
à l'étranger comme tu le demandes. Je lui donnerai
cette épée, qui est tout en bronze et dont la poignée est
ornée d'argent; un fourreau d'ivoire récemment scié
l'entoure; ce sera pour lui un don d'un grand prix. »
Ayant ainsi parlé, il lui mettait entre les mains l'épée
aux clous d'argent, et, s'adressant à lui, il lui disait ces
paroles ailées : « Salut, père étranger; si j'ai prononcé
quelque mot blessant, que bien vite les vents le sai-
sissent et l'emportent. Et que les dieux t'accordent de
revoir ton épouse et d'arriver en ta patrie, puisque
depuis longtemps tu souffres des maux loin des tiens. »
Ulysse l'avisé lui dit en réponse : « A toi aussi, ami, salut
de tout cœur; que les dieux t'accordent la prospérité!
Et puisses-tu n'avoir aucun regret de cette épée, que tu
m'as donnée en réparation de tes paroles! »

Il dit et se passa sur les épaules l'épée aux clous
d'argent. Le soleil se coucha, et les glorieux présents
étaient là pour lui. Les nobles hérauts les portaient en
la demeure d'Alcinoos. Les ayant donc reçus, les fils de
l'irréprochable Alcinoos placèrent ces dons magnifiques
devant leur vénérable mère. Alcinoos, fort et vaillant,
les guidait. Arrivés près d'elle, ils s'asseyaient sur les
hauts fauteuils. Alcinoos le vaillant dit à Arété : « Femme,
apporte ici un coffre convenable, le meilleur que nous
ayons; de ton côté place dedans un manteau frais lavé
et une tunique; puis mettez pour l'hôte un chaudron de
bronze sur le feu et faites chauffer l'eau, afin qu'après
s'être baigné et avoir vu bien rangés tous les présents
que les irréprochables Phéaciens lui ont apportés ici,
il goûte le plaisir du festin et des chants. Moi, je veux
pour ma part lui faire présent de cette belle coupe d'or,
pour que tous les jours il lui souvienne de moi en faisant

dans sa grand-salle ses libations à Zeus et aux autres dieux. »

Ainsi parlait-il; Arété donna aux servantes l'ordre de placer sur le feu un grand trépied, au plus vite. Elles posèrent sur le feu flambant un trépied avec le bassin pour l'eau du bain; puis elles y versaient l'eau, et, prenant des bûches, les mettaient dessous pour entretenir le feu. Les flammes enveloppaient les flancs du chaudron et l'eau chauffait. Cependant Arété apportait de la chambre un très beau coffre pour l'hôte et y disposait les beaux présents, vêtements et or, que lui avaient donnés les Phéaciens; elle y plaça de sa part un manteau et une belle tunique, et, élevant la voix, lui adressa ces paroles ailées : « Maintenant, veille toi-même au couvercle; hâte-toi de l'entourer de cordes, de peur qu'on ne te vole en chemin, quand, de nouveau, tu dormiras d'un doux sommeil, une fois monté sur le vaisseau noir. »

Quand le divin Ulysse, qui avait tant souffert, eut entendu ces mots, il ajusta sans tarder le couvercle, et l'entoura de liens, qu'il fixa par un nœud savant, dont l'auguste Circé lui avait appris autrefois le secret. Sur-le-champ l'intendante l'invitait à se rendre au bain et il eut joie au cœur à voir le bain chaud; car il n'avait guère eu le temps de prendre ces soins, depuis qu'il avait quitté la demeure de Calypso aux belles boucles; tant qu'il était auprès d'elle, on prenait soin de lui sans cesse comme d'un dieu. Quand les servantes l'eurent baigné et frotté d'huile, elles lui passèrent un beau manteau après la tunique. Puis, sorti de la baignoire, il alla se mêler aux hommes qui buvaient le vin.

Nausicaa, qui tenait sa beauté des dieux, vint se placer près du montant de la chambre solidement construite, et elle admirait Ulysse, qu'elle voyait les yeux dans les yeux; puis, élevant la voix, elle lui adressait ces paroles ailées : « Je te salue, étranger, pour qu'une fois en ta patrie, il te souvienne de moi; car c'est à moi, la première, que tu dois le prix de ton salut. » Ulysse, fécond en ruses, lui repartit : « Nausicaa, fille du magnanime Alcinoos, si Zeus au bruyant tonnerre, époux d'Héra, m'accorde de revenir en mon manoir et de voir le jour du retour, alors, là-bas, je t'adresserai ma prière comme à une déesse, tous les jours, car c'est à toi que je dois la vie, jeune fille. »

Il dit et alla s'asseoir dans un fauteuil près du roi Alcinoos. Déjà l'on coupait les parts et l'on mêlait le vin. Le héraut s'approcha, conduisant le fidèle aède, Démodocos, honoré des peuples ; il le fit asse >ir au milieu des convives, adossé à une haute colonne. *<*lors Ulysse fécond en ruses dit au héraut, après avoir t1 anché dans l'échine, mais en laissant la plus grande part, un morceau d'un porc aux dents blanches, tout garni d'une graisse abondante : « Héraut, tiens ça, porte cette viande à Démodocos, pour qu'il la mange ; je veux lè saluer, tout affligé que je suis. Pour tous les hommes qui sont sur terre les aèdes sont dignes d'honneur et de respect, parce que la Muse leur a enseigné leurs chants et qu'elle aime la tribu des chanteurs. » Ainsi parlait-il ; le héraut porta la part de viande et la mit aux mains du divin Démodocos, qui la reçut et se réjouit en son cœur. Les convives portaient les mains aux mets servis devant eux. Quand ils se furent rassasiés du boire et du manger, alors Ulysse fécond en ruses adressa ces paroles à Démodocos : « Démodocos, je t'estime bien au-dessus de tous les mortels : ou c'est la Muse, fille de Zeus, qui t'enseigna tes chants, ou c'est Apollon ; car tu chantes avec une trop belle ordonnance le malheur des Achéens, tout ce qu'ils ont accompli, tout ce qu'ils ont souffert, tous leurs travaux ; on dirait que tu étais présent en personne, ou bien tu as entendu le récit d'un témoin. Allons, change de sujet, chante l'arrangement du cheval de bois, qu'Epéios construisit avec l'aide d'Athéné, et que par ruse l'illustre Ulysse introduisit dans l'acropole, après l'avoir rempli d'hommes, qui mirent Ilios à sac. Si tu me contes cette aventure dans un détail exact, je proclamerai aussitôt devant tous les hommes, que la faveur d'un dieu t'a octroyé ton chant divin. »

Ainsi parlait-il ; et l'aède inspiré par un dieu commençait et déroulait son chant ; il avait pris au moment où, montés sur leurs vaisseaux aux solides bordages, les Argiens s'en allaient, après avoir mis le feu à leurs tentes ; déjà les autres, enfermés dans le cheval auprès du très fameux Ulysse, étaient sur l'agora des Troyens, car les Troyens eux-mêmes l'avaient tiré dans leur acropole. Le cheval se dressait là, et les Troyens tenaient d'infinis discours, sans rien résoudre, arrêtés autour de lui. Trois partis se partageaient leur faveur : ou bien percer le bois creux avec le bronze impitoyable, ou le précipiter des rochers en le tirant au sommet, ou le respecter comme une offrande propitiatoire aux dieux ; c'est ce dernier conseil qui devait enfin prévaloir ; la ruine était fatale depuis que

la cité enfermait dans ses murs le grand cheval de bois,
où étaient embusqués tous les Argiens les plus vaillants,
apportant le meurtre et la mort. L'aède chantait aussi
comment la ville fut mise à sac par les fils des Achéens,
répandus hors du cheval, après avoir quitté leur embuscade creuse. Il chantait comment chaque guerrier rava-
gea pour sa part la ville haute; puis comment Ulysse
était allé, tel Arès, droit à la demeure de Déiphobe,
avec Ménélas égal à un dieu. C'est là qu'il avait soutenu
le plus terrible combat et fini par vaincre, grâce à la
magnanime Athéné.

Tels étaient les exploits que chantait l'illustre aède.
Cependant le cœur d'Ulysse se fondait, et des larmes,
coulant de ses paupières, mouillaient ses joues. Comme
une femme pleure, prostrée sur le corps de son époux,
tombé devant la cité et son peuple, en combattant pour
écarter de sa ville et de ses enfants l'impitoyable jour :
le voyant mourant et palpitant encore, elle se jette sur
lui en poussant des gémissements aigus; et, derrière
elle, les ennemis, lui frappant de leurs lances le dos et
les épaules, l'emmènent en esclavage, pour souffrir
peines et misères : la plus pitoyable angoisse flétrit ses
joues. Ainsi Ulysse répandait sous ses sourcils des larmes
émouvantes. Nul ne s'apercevait alors qu'il en versait;
seul Alcinoos les surprit et les vit; il était assis près de
lui, et avait entendu ses profonds gémissements. Aussitôt il dit parmi les Phéaciens amis de la rame : « Ecoutez,
guides et conseillers des Phéaciens, que Démodocos
cesse maintenant de faire entendre sa lyre sonore; car il
s'en faut que tous prennent plaisir à son chant. Depuis
que nous festoyons et que s'est levé le divin aède, notre
hôte ne cesse pas de gémir tristement; une grande souffrance a, je crois, rempli son cœur. Que l'aède s'arrête
donc, pour que nous goûtions tous égal plaisir, notre
hôte et nous qui le recevons; ce sera beaucoup mieux
ainsi. Tout a été préparé pour notre hôte respectable,
la suite qui doit l'accompagner, les cadeaux que lui
offre notre amitié. L'hôte et le suppliant valent un frère,
pour qui n'est pas né sans entrailles. Aussi, maintenant,
à ton tour, ne cache rien par astucieuses pensées, de ce
que je vais te demander. Il est mieux pour toi de parler
sans feinte. Dis ton nom; comment t'appelaient là-bas ta
mère, ton père, et tous les autres, qui habitent dans la ville
et les environs ? Car, noble ou misérable, tout homme
porte un nom depuis sa naissance; à tous les parents

en donnent un, après les avoir mis au monde. Dis-moi
donc ta terre, ton peuple, ta cité, afin que s'y dirigent
pour te ramener nos vaisseaux doués d'intelligence; ils
n'ont point de pilote ni de gouvernail, comme en ont
tous les autres; mais ils savent eux-mêmes les pensées
et les sentiments des hommes; de tous ils connaissent
les villes et les grasses campagnes; très vite ils traversent
le gouffre de la mer, bien qu'ils soient couverts de brume
et de nuées, et jamais ils n'ont à craindre d'être endom-
magés ni de périr. Mais voici le conseil que je reçus
autrefois de la bouche de mon père Nausithoos; il
disait que Poséidon nous porterait envie, d'être pour tous
d'éprouvés passeurs; et qu'un jour, quand un solide
vaisseau des Phéaciens reviendrait de conduire quelque
étranger, Poséidon le briserait sur la mer brumeuse et
enfermerait notre cité dans le cercle d'une haute montagne. Ainsi parlait le vieillard; il se peut que le dieu
accomplisse cette prédiction ou la laisse sans suite, selon
son bon plaisir. Mais allons, dis-moi tout au long et
sans feinte jusqu'où tu as erré, quels pays tu as vus, de
quels hommes tu as connu les mœurs et les villes bien
peuplées; tous ceux qui sont cruels, sauvages et injustes;
ceux qui accueillent l'étranger et respectent les dieux.
Dis pourquoi tu pleures et gémis dans le secret de ton
cœur quand tu entends chanter les malheurs des
Danaens d'Argos, et d'Ilion. C'est l'œuvre des dieux; ce
sont eux qui filèrent la mort pour ces hommes, afin que
la postérité y trouvât matière à des chants. As-tu perdu
devant Ilion quelque parent valeureux, gendre ou beau-
père ? c'est la parenté la plus proche après les liens du
sang et de la race. Ou bien était-ce un compagnon brave
et qui t'aimait ? car il ne vaut pas moins qu'un frère, le
compagnon qui possède la sagesse. »

CHANT IX

RÉCITS D'ULYSSE
CICONES – LOTOPHAGES – CYCLOPES

SOMMAIRE : Après avoir loué le chant de l'aède, Ulysse se nomme et commence le récit de ses épreuves, depuis le départ de la Troade (1-38). Cette relation comprendra quatre chants (de IX à XII), qui forment la partie centrale du poème et se distinguent par la place qu'y tient le merveilleux marin. Il aborde sur la côte de Thrace, pille la ville d'Ismaros, est forcé par un retour offensif des Cicones à se rembarquer; repoussé par les vents contraires, quand il allait doubler le cap Malée, il est porté après neuf jours de mer chez les Lotophages, ou mangeurs du Lotos, qui fait perdre à ceux qui en goûtent le désir du retour (39-104). Il se hâte donc de quitter ce pays d'oubli et arrive à une île, située en face de la terre des Cyclopes (105-169). Il y laisse onze de ses vaisseaux; avec son seul navire et ses douze compagnons, il aborde au repaire du géant Polyphème, qui dévore les étrangers et, en deux jours, se repaît de six des arrivants. Mais le second soir, Ulysse réussit à l'enivrer et à lui crever son œil unique (170-436). Le lendemain matin il s'enfuit vers son vaisseau avec les survivants. De la mer, il raille l'aveugle, qui cherche en vain à écraser la nef avec des blocs de rocher (437-566).

Alors, en réponse, Ulysse fécond en ruses lui dit : « Puissant Alcinoos, le plus renommé de tous les hommes, c'est une belle chose en vérité que d'entendre un aède pareil à celui-ci que son chant égale aux dieux. Pour moi, je l'assure, on ne peut rien souhaiter de plus agréable que de voir la joie posséder un peuple entier, et des convives réunis dans la salle d'un manoir prêter l'oreille à un aède, satisfaits d'être assis chacun selon son rang, devant des tables pleines de pain et de viandes, quand

l'échanson, puisant le vin au cratère, le porte et le verse
dans les coupes. C'est le plus beau spectacle que mon
esprit puisse imaginer. Pour toi, ton cœur a senti le
désir de m'interroger sur les chagrins qui me font sou-
pirer, afin que je pleure et gémisse encore davantage.
Par où donc commencer, par où finir ce récit, puisque
les dieux habitants du ciel m'ont donné tant de peines ?
Maintenant, je dirai d'abord mon nom, afin que vous
aussi, vous le sachiez, et que, si je parviens à éviter le
jour impitoyable, je reste votre hôte, si lointaine que soit
ma demeure.

Je suis Ulysse, fils de Laërte; par mes ruses j'intéresse
tous les hommes, et ma gloire atteint le ciel. J'habite
Ithaque, qui s'aperçoit de loin; un mont s'y dresse, le
Nériton, dont le vent agite les feuillages et dont la cime
se découvre au large; tout autour sont situées des îles
très proches entre elles, Doulichion [92], Samé, Zacynthe
couverte de forêts. Elle-même est basse et la plus reculée dans la mer vers les ténèbres du couchant; les autres
sont à l'écart du côté de l'aurore et du soleil. L'île est
rocheuse, mais c'est une bonne nourrice de jeunes
hommes. Non, je ne puis trouver rien de plus doux à voir
que cette terre. Calypso, l'illustre déesse, cherchait à me
retenir auprès d'elle dans sa grotte creuse, car elle avait
désir de m'avoir pour époux. Et Circé de même me gardait prisonnier dans son manoir, la magicienne habi-
tante d'Aiaié, car elle avait désir de m'avoir pour époux;
mais jamais elle ne persuadait mon cœur au fond de ma
poitrine; tant il est vrai que rien n'est plus doux que la
patrie et les parents, même si l'on habite un riche domaine
loin d'eux en terre étrangère. Allons! je vais te raconter
le retour aux mille traverses, que Zeus m'impose depuis
mon départ de Troade.

En m'emportant d'Ilion, le vent m'approcha des
Cicones, d'Ismaros [93]. Là, je mis à sac la cité, j'en mas-
sacrai les hommes, et puis on prit dans la ville les femmes,
les richesses de toute sorte, et on fit le partage, afin que
nul ne pût me reprocher de s'en aller frustré de sa juste
part. Alors, je conseillai de nous enfuir d'un pied rapide;
mais les autres, ces fous, ne m'écoutèrent pas. On buvait
force vin, et le long du rivage on égorgeait en quantité
moutons et bœufs luisants à la marche traînante. Cependant les Cicones étaient allés clamer leur malheur à
d'autres Cicones, leurs voisins, plus nombreux ceux-là et
plus vaillants, qui habitaient l'intérieur des terres, et

savaient combattre leurs ennemis sur un char et, si besoin était, à pied. Ils arrivèrent donc un matin au crépuscule, nombreux comme les feuilles et les fleurs dans la saison. Alors, Zeus nous infligea le malheur d'une terrible destinée, pour nous faire éprouver maintes souffrances. Les Cicones engagèrent le combat en bon ordre sur le flanc de nos vaisseaux rapides; on se lançait mutuellement des javelots de bronze. Pendant l'aurore et la montée du jour sacré, nous leur résistions et tenions ferme contre les ennemis plus nombreux; mais quand le soleil s'inclina vers l'heure de dételer les bœufs, alors ils firent fléchir et domptèrent les Achéens. Sur chaque vaisseau, six de mes compagnons aux bonnes jambières périrent; nous autres, nous fuyions loin de la mort et du destin.

Dès lors, nous voguions de l'avant, le cœur affligé par la perte de nos compagnons, heureux pourtant d'avoir évité la mort. Mais je ne laissai pas mes nefs en forme de croissant aller plus loin sans appeler d'abord et par trois fois chacun de nos malheureux compagnons, qui avaient péri sur la plage, tués par les Cicones. Puis Zeus, assembleur de nuées, lança contre nos vaisseaux un Borée qui soufflait en indicible ouragan, et il couvrit de nuages à la fois la terre et la mer; du ciel s'était précipitée la nuit. Les nefs étaient emportées, la proue inclinée et les voiles se déchirèrent en trois et quatre lambeaux par la violence du vent. On les amène aux vaisseaux par crainte de périr, et l'on fait force de rames pour gagner la terre. Alors deux nuits et deux jours, sans trêve nous restâmes prostrés, rongeant le cœur tout ensemble de fatigue et de chagrin. Mais, quand Aurore aux belles boucles eut fait naître le troisième jour, ayant dressé les mâts et déployé les voiles blanches, nous prenions nos places, et le vent et les pilotes dirigeaient les nefs. Et peut-être serais-je arrivé sans dommage à la terre paternelle; mais les flots, le courant et Borée me détournèrent, comme je doublais le Malée, et m'égarèrent au-delà de Cythère.

Dès lors, neuf jours durant, je fus emporté par des vents funestes sur la mer poissonneuse; puis, le dixième, on mit le pied sur la terre des Lotophages[94], qui pour nourriture ont des fleurs. Là, nous marchâmes sur le continent; on puisa de l'eau, et, bien vite, mes compagnons prirent leur repas sur les vaisseaux rapides. Mais, quand nous eûmes mangé notre pain et bu notre boisson, alors je les envoyai reconnaître quels mangeurs de pain

habitaient cette terre; j'avais choisi deux hommes, et
leur avais donné pour troisième un héraut. Et partant
aussitôt, ils allèrent se mêler aux Lotophages. Ceux-ci
ne voulaient point leur mort; mais ils leur donnèrent du
lotos à manger; or, quiconque en avait mangé le fruit
doux comme le miel, ne voulait plus rapporter les nouvelles ni s'en revenir, mais rester là parmi les Lotophages, à se repaître du lotos dans l'oubli du retour. Et
je dus, moi, les ramener de force tout en larmes à leurs
vaisseaux; je les tirai et les attachai à fond de cale sous
les bancs, et cependant je pressais les autres compagnons,
qui m'étaient restés fidèles, de monter en hâte sur leurs
nefs rapides, de peur qu'aucun d'eux goûtant au lotos
n'oubliât le retour. Ils s'embarquaient aussitôt et s'asseyaient près des tolets; puis, assis en bon ordre, ils
frappaient de leurs rames la mer grise d'écume.

De là, nous poursuivions notre route, le cœur affligé.
Nous arrivâmes à la terre des Cyclopes [95], ces géants
sans lois, qui se fient aux dieux immortels et ne font de
leurs bras aucune plantation, aucun labourage; chez eux
tout naît sans que la terre ait reçu ni semence ni labour :
le froment, l'orge, et les vignes qui donnent le vin des
lourdes grappes, gonflées pour eux par la pluie de Zeus.
Ils n'ont ni assemblées délibérantes ni lois; ils habitent
les faîtes de hautes montagnes dans des antres creux, et
chacun fait la loi à ses enfants et à ses femmes, sans
souci l'un de l'autre.

Or, une île couverte de broussailles [96] s'étend tout du
long devant le port, ni proche ni éloignée de la terre des
Cyclopes; elle est boisée et les chèvres sauvages y vivent
innombrables; aucun pas d'homme ne les effarouche; on
ne rencontre aucune trace de chasseurs, qui peinent dans
la forêt, en cherchant à atteindre les sommets des monts.
Aussi, n'est-elle coupée ni par des pacages ni par des
champs cultivés, mais sans semences ni labours, elle
est veuve d'hommes et ne nourrit que chèvres bêlantes.
Car les Cyclopes n'ont point de nefs aux joues vermil-
lonnées, ni d'artisans capables de fabriquer ces vaisseaux
bien pontés, qui propres à tous les voyages s'en vont
vers les villes peuplées, comme il en est tant qui portent
sur la mer les hommes voguant les uns chez les autres.
Ces gens-là auraient mis en valeur une île si bien située.
Car elle n'est point stérile; elle pourrait porter tous les
produits en leur saison. Il y a là, tout au long des rivages
de la mer grise, d'humides prairies à la terre meuble, où

des vignes seraient d'une fécondité inépuisable; elle
contient pour des champs un sol uni; on y pourrait, au
retour des saisons, récolter de hautes moissons; car l'élément nourricier pénètre profondément le sol. Il y a là
aussi un port au sûr mouillage, où il n'est nul besoin
d'amarre; pas de pierres à jeter de la proue, de câbles
à lier à la poupe; a-t-on abordé, on y peut rester en
attendant que l'humeur des matelots les invite au départ
et que soufflent les bons vents. Au fond du havre coule
une eau claire, une source jaillissant d'une caverne, et
tout autour ont poussé des peupliers. C'est là que nous
débarquions; un dieu nous guidait dans la nuit noire;
on n'y voyait goutte; un brouillard épais enveloppait
les vaisseaux; la lune ne brillait pas au ciel; car des
nuages la cachaient. Nos yeux ne distinguèrent pas l'île,
et nous n'aperçûmes pas les grandes vagues roulant
contre la grève; auparavant, nous échouâmes les nefs aux
solides bordages. Et, cela fait, on amena toute la voilure;
et puis on débarqua au brisement de la mer, et là nous
nous endormîmes, en attendant la brillante Aurore.

Dès que, née au matin, parut Aurore aux doigts de
rose, nous fîmes un tour dans l'île en l'admirant. Des
nymphes, filles de Zeus qui porte l'égide, firent lever de
leur gîte des chèvres montagnardes, bon repas pour mes
compagnons. Aussitôt, nous allâmes chercher dans les
vaisseaux les arcs recourbés et des javelots à longue
douille, et, groupés en trois bandes, nous lancions nos
traits; sur-le-champ un dieu nous accorda une chasse
qui comblait nos désirs. Douze vaisseaux me suivaient;
or, neuf chèvres échurent à chacun, et pour moi seul
on en préleva dix. Dès lors, pendant tout le jour jusqu'au coucher du soleil, nous restions à festoyer, mangeant force viandes et buvant le doux vin; car le vin
rouge de nos vaisseaux n'était pas encore épuisé; il y
en avait de reste, tant chacun en avait mis dans les
amphores, après la prise de la forte citadelle des Cicones.
Nous apercevions la terre des Cyclopes, qui étaient
proches; nous voyions de la fumée, entendions leurs voix,
le bêlement de leurs brebis et de leurs chèvres. Lorsque
le soleil fut couché et la nuit venue, on s'endormit au
brisement de la mer.

Mais, dès que, née au matin, parut Aurore aux doigts
de rose, j'assemblai mes gens et dis au milieu d'eux
tous : « Restez ici pour le moment, vous autres, mes
fidèles compagnons, pendant que moi, avec mon vais-

seau et mes camarades, je tâcherai de savoir quels sont
ces hommes, s'ils sont violents, sauvages, et sans justice
ou bien s'ils accueillent l'étranger et respectent les dieux. »
Ayant ainsi parlé, je montai à bord et ordonnai à mes
gens d'y monter eux-mêmes et de détacher les câbles
de la poupe. Ils s'embarquaient aussitôt et s'asseyaient
près des tolets, puis rangés en bon ordre, ils frappaient
de leurs rames la mer grise. Arrivés à cette contrée qui
était proche, nous vîmes à la pointe extrême, près de la
mer, une haute caverne couverte de lauriers. Là, par-
quait un nombreux bétail, brebis et chèvres; tout autour,
un haut mur d'enceinte avait été construit avec des pierres
fichées en terre, des pins élancés et des chênes à la haute
chevelure. Et là gîtait un homme gigantesque, qui pais-
sait ses brebis seul, loin des autres; car il ne les fréquen-
tait pas et restait à l'écart, ne connaissant aucune loi.
C'était un monstrueux géant; il ne ressemblait même
pas à un homme mangeur de pain, mais à un pic boisé,
qui apparaît isolé parmi les hautes montagnes.

J'ordonnai alors à mes fidèles compagnons de rester
près du vaisseau pour le garder; et moi, avec douze des
meilleurs que je choisis, j'allai. Mais j'avais une outre
de chèvre pleine de vin noir, si doux, que m'avait donné
Maron, fils d'Evanthès, le prêtre d'Apollon, qui protège
Ismaros, parce que nous l'avions épargné, lui, son enfant
et sa femme, par respect; car il habitait au milieu des
arbres d'un bois consacré à Phébus Apollon; aussi
m'avait-il fait des dons brillants, sept talents d'or bien
travaillé, un cratère tout en argent, et en outre un total
de douze amphores qu'il avait remplies d'un doux vin
pur, breuvage divin; personne des serviteurs ni des servantes de la maison ne savait où il le cachait; il n'y avait
dans le secret que lui, sa femme et une seule intendante.
Quand ils voulaient boire du vin rouge, doux comme le
miel, il en remplissait une seule coupe, qu'il versait
dans vingt mesures d'eau, et pourtant il fleurait du cratère un bouquet divin; on n'eût pas souhaité alors s'en
abstenir. J'en emportais une grande outre que j'avais
remplie; j'en avais aussi dans un sac de cuir, qui ne me
quittait pas; car tout de suite mon grand cœur avait
pressenti qu'un homme surviendrait revêtu d'une grande
force, un être sauvage, et mal instruit de la justice et
des lois.

Nous arrivâmes à l'antre en diligence; mais il n'y était
point : il faisait paître au pacage ses grasses brebis.

Entrés dans cet antre, nous y admirions tout; des claies
ployaient sous le poids de fromages, et des étables regor-
geaient d'agneaux et de chevreaux; chaque âge était
enclos par des cloisons; d'un côté, les plus vieux; d'un
autre, les moyens; de l'autre, enfin, les jeunes; les vases
débordaient de petit lait, tous, jattes et terrines, étaient
bien faits pour la traite. Alors mes compagnons me
disaient, me priaient de les laisser prendre tout d'abord
des fromages avant de nous en retourner; puis de regagner vite le vaisseau rapide, après avoir fait sortir des
étables chevreaux et agneaux, et de naviguer sur l'onde
salée; mais je ne me laissai pas convaincre, ce qui, pourtant, eût bien mieux valu; je voulais le voir et j'espérais
qu'il me ferait des présents d'hospitalité. Mais son apparition ne devait pas faire le bonheur de mes compagnons.

Alors, on alluma du feu, on fit le sacrifice, et, nous,
ayant pris des fromages, nous en mangions et l'attendions, assis à l'intérieur, jusqu'au moment où il arriva,
conduisant son troupeau. Il portait un lourd faix de bois
sec, pour préparer son repas du soir; et il le jeta à l'intérieur de l'antre, en faisant grand bruit; pour nous, la
peur nous chassa au fond de la caverne. Cependant il
poussait sous la large voûte les grasses brebis, toutes celles
qu'il trayait, et laissait les mâles, béliers et boucs, à la
porte, à l'intérieur du haut enclos. Puis il souleva et mit
en place un gros bloc de pierre qu'il avait levé en l'air,
malgré son poids; vingt-deux chevaux attelés à de bons
chariots à quatre roues ne pourraient le déplacer du sol;
c'est ce bloc abrupt qu'il plaça devant l'entrée; ensuite,
il s'assit pour traire brebis et chèvres bêlantes, faisant
tout avec ordre, et il plaçait un petit sous chaque femelle.
Ayant tout de suite fait cailler la moitié du lait blanc, il
le recueillit dans des corbeilles tressées, qu'il disposa
sur les claies; il en mit l'autre moitié dans des vases,
afin de n'avoir qu'à le prendre pour le boire et en faire
son repas du soir. Quand il eut achevé tout son travail,
en diligence il alluma le feu, nous vit et nous interrogea :
« Etrangers, qui êtes-vous ? D'où venez-vous, sur les
chemins humides ? Faites-vous quelque commerce, ou
bien avez-vous erré à l'aventure, comme les pirates qui
vont risquer leur vie sur la mer et portent le malheur aux
gens d'autres pays » ?

Ainsi parlait-il; et nous, nous avions le cœur brisé
d'épouvante par sa voix rauque et sa taille monstrueuse.

Pourtant je lui répondis en ces termes : « Nous sommes
des Achéens qui venons de Troade et que toutes sortes
de vents ont égarés sur le grand abîme de la mer; nous
voulions nous en retourner chez nous; mais nous sommes
venus ici par une autre route, d'autres chemins. C'est
sans doute que Zeus avait un autre dessein. Nous nous
vantons d'être des gens d'Agamemnon, fils d'Atrée,
dont la gloire est grande à présent sous le ciel, si puissante était la ville qu'il a mise à sac et si nombreux les
peuples qu'il a détruits. Nous, nous sommes arrivés ici,
et nous touchons tes genoux, espérant que tu héber-
geras tes hôtes, et leur feras en outre un présent, ce
qui est la loi de l'hospitalité. Très puissant, respecte
les dieux; nous venons à toi, en suppliants; Zeus est
le vengeur des suppliants et des hôtes; c'est le dieu
de l'hospitalité; il accompagne les étrangers qui le
révèrent. »

Ainsi parlais-je; il me repartit sur-le-champ d'un
cœur impitoyable : « Tu n'es qu'un niais, étranger, ou
tu arrives de loin, pour me conseiller de craindre ou
d'éviter les dieux! Les Cyclopes ne se soucient pas de
Zeus qui tient l'égide, ni des dieux bienheureux, car
nous leur sommes, certes, bien supérieurs. Moi-même,
je ne saurais, pour éviter la haine de Zeus, t'épargner
ni toi, ni tes compagnons, à moins que mon cœur ne
m'y pousse. Mais, dis-moi, où as-tu, en arrivant, amarré
ta nef solide ? Est-ce au bout de l'île, ou près d'ici ? Je
voudrais le savoir! »

Il parlait ainsi pour m'éprouver; mais je m'en aperçus et j'en savais long; je lui répondis par d'astucieuses
paroles : « Poséidon, l'Ébranleur de la terre, a brisé mon
vaisseau, qu'il a jeté contre des roches au bout de votre
terre, en l'approchant d'un cap; le vent l'avait porté là
de la haute mer; mais moi et ceux-ci, nous avons échappé
à la brusque mort. »

Je dis; et lui, d'un cœur impitoyable, ne me répondait
rien; mais, s'étant élancé, il porta les mains sur mes compagnons; il en saisit deux ensemble et les frappa contre
terre comme de petits chiens; leur cervelle coulait sur
le sol et arrosait la terre; puis, ayant découpé leurs
membres, il prépara son souper. Il les mangeait comme
un lion nourri sur les monts; il n'en laissa pas entrailles,
chairs, os pleins de moelle. Nous, en pleurant, élevions
nos mains vers Zeus, témoins de ces actes monstrueux,
et notre cœur ne savait rien résoudre. Ensuite, quand

le Cyclope eut rempli son large ventre en mangeant cette chair humaine et buvant par-dessus du lait pur, il se coucha au fond de l'antre tout de son long au milieu de ses brebis. Alors je méditai en mon cœur magnanime de m'approcher, de tirer du long de ma cuisse mon épée aiguë, de la lui plonger dans la poitrine, là où le diaphragme enveloppe le foie, après avoir tâté l'endroit de la main. Mais une autre idée me retint. Restant là, nous aussi nous périssions d'une brusque mort; car nos bras n'auraient pu écarter de la porte élevée la lourde pierre, qu'il avait placée contre. Alors donc, tout gémissants, nous attendions la brillante Aurore.

Dès que, née au matin, parut Aurore aux doigts de rose, il allumait du feu et trayait ses brebis superbes toutes à leur tour, et plaçait le petit sous chacune. Quand il eut fait en diligence tout son travail, il saisit ensemble encore deux de mes gens, et prépara son déjeuner. Son repas achevé, il fit sortir de l'antre ses grasses brebis, ayant sans effort retiré la grosse pierre qui fermait la porte; il la replaça ensuite comme il eût mis le couvercle à un carquois. A grands coups de sifflet, il guidait ses grasses brebis vers la montagne, le Cyclope. Et moi, je restais là, méditant mon malheur au fond de ma poitrine, et je cherchais un moyen de nous venger, souhaitant qu'Athéné m'accordât cette gloire. Voici le dessein qui me parut en moi-même le meilleur. Le Cyclope avait laissé contre un parc sa grande massue : c'était un bois d'olivier encore vert, qu'il avait cassé pour le porter une fois sec. Nous, en la voyant, nous l'avions comparée au mât d'un noir vaisseau de transport, à vingt bancs de rames, qui franchit l'immensité des mers, tant elle était longue, tant elle était grosse à voir. Je m'approche, j'en coupe la longueur d'une brasse, je la passe à mes compagnons et leur ordonne d'en ôter l'écorce. Ils la polirent, et moi, je la taillai au bout, et tout aussitôt je la durcis au feu flambant. Puis je la déposai avec soin en la cachant sous le fumier, répandu dans l'antre en une large et épaisse couche. Ensuite, je pressai mes compagnons de tirer au sort lesquels devraient se risquer avec moi à lever le pieu et le tourner dans son œil, quand l'aurait gagné le doux sommeil. Le sort désigna ceux que j'aurais moi-même préféré choisir, quatre, ce qui faisait cinq avec moi. Au soir, il revint ramenant son troupeau à la belle toison. Aussitôt il poussa dans la spacieuse caverne les grasses brebis, toutes au complet, et il n'en

laissa aucune à l'intérieur de la profonde cour, soit qu'il
eût quelque idée en tête, soit qu'un dieu en eût ainsi
ordonné. Ensuite, il plaça contre la porte la grosse pierre,
qu'il avait soulevée. Puis, accroupi, il trayait les brebis
et les chèvres bêlantes, toutes à leur tour, et plaçait le
petit sous chacune. Quand il eut fait en diligence tout
son travail, il saisit encore deux de mes gens ensemble,
et prépara son souper.

Alors, moi, m'approchant, je m'adressai au Cyclope,
tenant en main une jatte de vin noir : « Cyclope, tiens,
bois ce vin, après la chair humaine que tu as mangée,
pour savoir quelle bonne boisson cachait là notre vaisseau. Je t'apportais cette libation dans l'espoir que tu
me prendrais en pitié et me laisserais partir pour mon
logis. Mais ta démence n'est même plus supportable.
Cruel ! Comment aucun autre des hommes, si nombreux
qu'ils soient, t'approcherait-il jamais quand tu agis au
mépris de toute loi ? »

Ainsi parlai-je ; il prit la jatte et la vida. Et à boire
le doux breuvage il sentit une joie formidable : il m'en
demandait une seconde fois : « Aie la gentillesse de m'en
donner encore, et dis-moi tout de suite ton nom ; je veux
te faire un présent d'hospitalité qui te réjouisse. Sans
doute, pour les Cyclopes la terre qui donne le blé produit le vin des lourdes grappes, que gonfle la pluie de
Zeus. Mais celui-ci est pur jus d'ambroisie et de nectar. »

Il parlait ainsi ; je lui versai donc une nouvelle rasade
de vin aux reflets de feu. Je lui en apportai et donnai
trois fois, et trois fois il but, l'imprudent ! Puis, quand
le vin eut enveloppé les esprits du Cyclope, alors je lui
adressai ces paroles mielleuses : « Cyclope, tu me demandes
quel est mon nom fameux ; je vais donc te le dire. Toi,
fais-moi un présent d'hospitalité, comme tu l'as promis.
Personne, voilà mon nom. C'est Personne que m'appellent ma mère, mon père, et tous mes compagnons. » Ainsi
je dis ; il me repartit aussitôt d'un cœur impitoyable :
« Personne, je te mangerai le dernier de tes compagnons ;
oui, tous les autres avant toi ; ce sera mon présent d'hospitalité. »

Ce disant, il se renversa et tomba le ventre en l'air.
Il était couché, son col épais ployé, et le sommeil le
prenait, irrésistible dompteur. De sa gorge jaillissaient du
vin et de la pitance humaine ; il rotait dans son ivresse.
Alors moi, je poussai le pieu sous la cendre épaisse, jus-

qu'à ce qu'il fût chaud. J'encourageai de mes paroles tous mes compagnons, crainte que la peur ne fît se dérober l'un d'eux. Dès que l'épieu d'olivier, encore vert pourtant, fut près de flamber, répandant une terrible lueur, alors je le tirai du feu et l'approchai, et mes compagnons se tenaient autour de moi; un dieu leur avait inspiré grande hardiesse. Ayant saisi l'épieu d'olivier, ils en appuyèrent la pointe sur le globe de l'œil; moi, pesant dessus de tout mon poids, je le faisais tourner sur lui-même : quand on fore le bois d'un navire avec une tarière, on enroule au pied de l'instrument une courroie sur laquelle on tire des deux côtés pour la mouvoir, et elle vire toujours en la même place; ainsi, tenant l'épieu aiguisé au feu, nous le faisions virevolter dans l'œil, et le sang jaillissait autour de la pointe brûlante, et partout sur les paupières et les sourcils la prunelle grillée sifflait, et les racines grésillaient sous la flamme. Quand un forgeron trempe une grande hache ou une cognée dans l'eau froide pour la durcir, le métal siffle fortement; mais ensuite grande est la résistance du fer. Ainsi sifflait l'œil du monstre autour de l'épieu d'olivier.

Terrible fut le grand gémissement qu'il poussa; la roche le répercuta tout alentour. Et nous épouvantés, nous nous enfuîmes. Il retira de son œil l'épieu souillé de sang. En délire, il le rejette loin de lui. Puis il appelle à grands cris les Cyclopes, qui habitent les cavernes environnantes entre les pics battus des vents. Ceux-ci, entendant son cri, accouraient de tous côtés, et, réunis autour de l'antre, ils demandaient la cause de sa peine. « Quelle douleur t'accable, Polyphème, et pourquoi dans la nuit immortelle as-tu poussé ces cris, qui nous ont réveillés ? Est-ce qu'un mortel entraîne malgré toi tes troupeaux, ou cherche-t-on à te tuer par ruse ou violence ? » Et du fond de l'antre, le fort Polyphème leur répondit : « Qui me tue, amis ? Personne, par ruse; nulle violence. » Ils lui adressèrent en réponse ces paroles ailées : « Si Personne ne te fait violence et si tu es seul, c'est sans doute une maladie que t'envoie le grand Zeus et que tu ne peux éviter; invoque donc notre père, le puissant Poséidon! »

Ainsi parlèrent-ils en s'en allant; moi, je me mis à rire en mon cœur, en pensant comme mon nom et mon habile tour les avaient abusés. Le Cyclope, gémissant et éprouvant ses souffrances, avait, en étendant les mains à tâtons, retiré la pierre de la porte, puis s'asseyait en

travers de la porte les deux bras étendus, pour essayer
de prendre qui tenterait de sortir avec les brebis. Il
comptait en son esprit que je serais niais à ce point!
Mais moi, je délibérais, espérant trouver le plus sûr
moyen pour mes compagnons et moi-même d'échapper
à la mort; je tissais toutes sortes de ruses et de calculs;
car il y allait de la vie, et le grand malheur était proche.
Voici le dessein qui en mon cœur me parut le plus sûr.
Ses béliers bien nourris, avaient une épaisse toison; ils
étaient beaux et grands, leur laine était frisée comme un
nuage. Sans bruit, je les assemblai et les liai trois par
trois avec des osiers bien tressés sur lesquels dormait le
Cyclope, ce monstre ignorant de toute loi. Le bélier du
milieu portait son homme, les deux autres, marchant à
ses côtés, sauvaient mes gens. Trois béliers faisaient
passer un homme. Pour moi, comme il y avait un bélier
beaucoup plus grand que tout le bétail, je le pris par les
reins et, blotti sous son ventre velu, je m'y suspendis, et,
les mains enroulées à sa merveilleuse toison, je m'y tins
obstinément, sans que faiblît mon cœur.

Nous attendîmes donc, tout gémissants, la brillante
Aurore. Dès que, née au matin, parut Aurore aux doigts
de rose, le monstre fit sortir ses béliers pour les mener
paître; les femelles, qu'il n'avait pas traites, bêlaient
dans les parcs; leurs pis étaient trop pleins. Leur maître,
accablé par ses violentes douleurs, tâtait l'échine de
toutes ses bêtes, qui se tenaient bien droites. L'insensé
ne s'aperçut pas de notre ruse, il ne vit pas ceux qui
s'étaient attachés sous les toisons des moutons. Le dernier du troupeau, mon bélier s'avançait pour sortir,
alourdi par sa laine et par moi, l'homme astucieux. Après
avoir tâté, le fort Polyphème lui dit : « Doux bélier,
pourquoi sortir ainsi de la caverne, le dernier du troupeau ? D'habitude, tu ne restes pas ainsi en arrière des
autres ? Toujours le premier, pour aller à grands pas
brouter les tendres fleurs des prés; le premier pour arriver à l'eau des rivières; le premier tu désires rentrer à
l'étable, le soir; aujourd'hui, te voilà le dernier de tous!
Regrettes-tu l'œil de ton maître, cet œil qu'un scélérat
a crevé, avec ses maudits compagnons, ayant noyé mes
esprits dans le vin, ce Personne qui n'a pas encore, je
t'assure, échappé à la mort. Que n'as-tu mes sentiments
et la parole, pour me dire où il fuit ma fureur! Je lui
éparpillerais la cervelle partout dans mon antre, en lui
frappant la tête sur le sol, et mon cœur trouverait un

soulagement aux maux que m'apporte ce vaurien de Personne! »

Ce disant, il poussait devant lui le bélier au-dehors. Arrivés à faible distance de l'antre et de la cour, le premier je me déliai du bélier, et je déliai mes compagnons. Sans tarder nous poussons les moutons aux jambes minces, lourds de graisse, par longs détours, jusqu'à notre arrivée au vaisseau. Quelle joie pour nos chers compagnons à revoir ceux qui avaient échappé à la mort, quels cris et quels pleurs sur les autres! Mais je défends, par un froncement de sourcil à chacun, que l'on pleure, et j'ordonne de jeter vite à bord nombre de moutons à la belle toison et de voguer sur l'eau salée. Mes hommes embarquaient aussitôt et s'asseyaient devant les tolets. Assis à leur rang, ils frappaient de leurs rames la mer écumante.

Quand je ne fus pas trop loin pour faire entendre ma voix, j'adressai au Cyclope ces railleries : « Cyclope, ce n'était donc pas d'un homme sans vaillance que tu devais, au creux de ton antre, dévorer les compagnons avec ta sauvage violence! De méchantes représailles devaient t'atteindre, cruel, qui ne craignais pas de manger des hôtes en ta maison. Aussi Zeus et les autres dieux se sont-ils vengés! »

Ainsi parlais-je; sa colère en fut accrue en son cœur; il arracha le faîte d'une grande montagne et nous le jeta; le roc ne tomba qu'à une faible distance du vaisseau à la proue sombre, et peu s'en fallut qu'il n'atteignît le sommet de l'étambot. Sa chute produisit un remous dans la mer; le flot revint en arrière jusqu'au rivage, flux parti du large, qui nous jeta presque à la côte. Mais moi, saisissant à deux mains une très longue gaffe, j'en écartai notre vaisseau, puis, excitant mes gens, je leur ordonnai de se jeter sur les rames, si nous voulions éviter un malheur, leur marquant la cadence de la tête. Eux, ramaient, penchés en avant. Lorsque nous sommes en mer deux fois plus loin, je veux héler le Cyclope; autour de moi, on cherche à me retenir par d'apaisantes paroles : « Malheureux! pourquoi veux-tu exaspérer ce sauvage ? En jetant ce projectile dans la mer, il vient de ramener notre vaisseau à la côte, et nous avons cru y périr. S'il entendait l'un de nous élever la voix et parler, il aurait tôt fait de briser nos têtes et les ais de notre nef, d'un âpre bloc; car il peut encore nous atteindre. » Ainsi parlaient-ils; mais ils ne persuadaient pas mon cœur audacieux, et, de nouveau, je lui crie, cédant à la colère qui m'anime :

« Cyclope, si jamais homme mortel te demande qui
t'infligea la honte de te crever l'œil, dis-lui que c'est
Ulysse, le saccageur de villes, le fils de Laërte [97], qui a
sa demeure en Ithaque. »

Je dis; et lui me répondit avec un gémissement :
« Ah! malheur! Voilà donc accomplis pour moi les anciens
oracles! Il y avait ici un devin, noble et grand, Télémos,
fils d'Eurymos; il excellait à prédire et jusqu'à sa vieillesse
il rendit des oracles aux Cyclopes. Il m'avait annoncé
que tout ce qui m'arrive s'accomplirait un jour, que je
serais privé de la vue par les mains d'Ulysse. Mais j'attendais toujours la venue d'un être grand et beau, revêtu
d'une force puissante; et maintenant c'est un nabot, un
vaurien, un infirme, qui m'a crevé l'œil après m'avoir
dompté par le vin. Mais viens ici, Ulysse, que je t'offre
tes présents d'hospitalité, que je presse [98] l'illustre Ebranleur de la terre de t'accorder une conduite! Car je suis
son fils; il s'honore d'être mon père. Lui seul, s'il le
veut bien, me guérira, mais aucun autre ne le pourra,
ni des dieux bienheureux ni des hommes mortels. »

Il dit, et moi, je lui repartis : « Puissé-je t'ôter le
souffle et la vie et t'envoyer dans la demeure d'Hadès!
En vérité, ton œil ne sera pas guéri, même par l'Ebranleur de la terre. »

Je dis, et aussitôt il pria le puissant Poséidon, élevant
les mains vers le ciel constellé : « Exauce-moi, Poséidon,
qui portes la terre, dieu à la chevelure sombre. Si je suis
vraiment ton fils et si tu prétends être mon père, accorde-
moi que jamais il ne revienne en sa maison, cet Ulysse,
le saccageur de villes, le fils de Laërte, qui a sa demeure
en Ithaque; et, si sa destinée est de revoir les siens et de
rentrer dans sa maison au toit élevé, dans la terre de ses
pères, que ce soit au bout d'un long temps, après maintes
épreuves et la perte de tous ses compagnons, sur un
vaisseau étranger, et qu'il trouve le malheur chez lui. »

Telle était sa prière, et le dieu à la chevelure sombre
l'entendit. Pour lui, il souleva de nouveau une pierre
beaucoup plus grosse, et, après l'avoir fait tournoyer, il la
lança, en y mettant une force extraordinaire. Elle ne
tomba qu'à une faible distance à l'arrière du vaisseau à
la proue sombre, et peu s'en fallut qu'elle n'atteignît le
support du gouvernail. La chute de la pierre produisit
un remous dans la mer; le flot revint en avant et nous
jeta presque à la côte.

Dès que nous fûmes arrivés à l'île où étaient assemblées les nefs aux solides bordages, autour desquelles nos compagnons étaient assis en pleurs, toujours à nous attendre, on échoua la nef sur le sable et on débarqua au brisement de la mer. Ayant pris au fond de la cale les moutons du Cyclope, nous en fîmes le partage, afin que nul ne pût reprocher de s'en aller frustré de sa juste part. Mes compagnons aux bonnes jambières me donnèrent le bélier, et c'était dans le partage des moutons la part de beaucoup la plus belle. Sur la grève, je le sacrifiai au dieu des sombres nuées, Zeus, fils de Cronos, qui commande à tous les êtres, et j'en brûlai les cuisses. Mais il dédaignait l'offrande, et méditait comment il ferait périr tous les vaisseaux aux solides bordages, et mes fidèles compagnons.

Et alors tout au long du jour jusqu'au coucher du soleil nous restions assis à festoyer, mangeant force viandes et buvant le doux vin pur. Quand disparut le soleil et que survinrent les ténèbres, nous nous couchâmes au brisement de la mer. Et dès que, née au matin, parut Aurore aux doigts de rose, je fis lever mes gens, je leur ordonnai de s'embarquer et de détacher les amarres de la poupe. Ils s'embarquaient aussitôt et allaient s'asseoir près des tolets ; puis, assis en bon ordre, ils frappaient de leurs rames la mer grise d'écume.

De là, nous voguions de l'avant, contents, certes, d'avoir échappé à la mort, mais le cœur serré par la perte de nos chers compagnons.

CHANT X

EOLE – LES LESTRYGONS – CIRCÉ

SOMMAIRE : Arrivés chez Éole, Ulysse et son équipage sont bien
accueillis par le Gardien des Vents, et remis sur le chemin du
retour; mais la curiosité de l'équipage, qui ouvre l'outre des vents
contraires, déchaîne une tempête, et les vaisseaux sont ramenés
chez Éole, qui refuse désormais toute assistance (1-76). On parvient
ensuite chez les Lestrygons, peuple anthropophage, et là onze vaisseaux sont anéantis corps et biens (77-132). Puis la nef d'Ulysse
aborde à l'île Aiaié, demeure de Circé. Le matin du quatrième jour,
le héros envoie aux nouvelles une partie de ses gens sous la conduite
d'Eurylochos; le philtre que leur fait prendre la magicienne les
métamorphose en pourceaux, à l'exception d'Eurylochos, qui
revient tout conter à Ulysse (133-273). Celui-ci, grâce au secours
d'Hermès, qui rend vains les sortilèges de Circé, obtient que ses
compagnons reprennent leur forme première, et même gagne
l'amour de l'enchanteresse (274-405). Après avoir été hébergé
une année durant, l'équipage réclame le retour; mais la magicienne
informe Ulysse qu'il doit auparavant se rendre à la bouche des
Enfers pour consulter le devin Tirésias, et elle lui indique les
moyens d'évoquer les morts (406-540). Dans la nuit qui précède
le départ, Ulysse perd son pilote Elpénor, qui se tue en tombant
de la terrasse du manoir (541-574).

Nous arrivons à l'île d'Eole, où vivait le fils d'Hippotès,
Eole, cher aux dieux immortels. C'est une île flottante [99],
tout entière enclose d'un mur de bronze, indestructible,
et où se dresse un rocher lisse. Eole a douze enfants nés
en son manoir, six filles et six fils à l'âge d'homme; il
a donné ses filles pour épouses à ses fils. Toujours auprès
de leur père chéri et de leur vénérable mère, ils festoient,
et les mets exquis leur sont offerts en abondance. Le
fumet des graisses emplit la demeure, et pendant le
jour les éclats dont elle retentit résonnent dans la cour;

pendant les nuits, tous dorment auprès de leurs chastes épouses sur les tapis et les lits ajourés.

Nous voici donc venus dans leur cité et leur beau manoir. Tout un mois Eole me choyait, m'interrogeant sur tout, sur Ilion et les nefs des Argiens et le retour des Achéens ; et moi, je lui contai tout en détail. Quand je lui demandai de partir et le priai de me mettre en route, il ne refusa point et prépara mon retour. Il me donna une outre faite du cuir d'un bœuf de neuf ans, qu'il avait écorché ; il y avait enchaîné les cours des vents mugissants ; car le fils de Cronos lui en a confié la garde et lui permet d'apaiser ou d'exciter celui qu'il veut. Dans la cale de ma nef il attacha le sac avec un brillant câble d'argent, afin qu'aucun vent contraire ne pût souffler, si peu que ce fût. En ma faveur, il envoya le souffle de Zéphyr, pour porter nos nefs et nous-mêmes. Pourtant son dessein ne devait pas s'accomplir ; car nos propres folies allaient nous perdre. Durant neuf jours, neuf nuits, nous voguons sans arrêt. Le dixième, se découvraient déjà les champs paternels ; nous voyions les feux des bergers, tant nous approchions. Alors le doux sommeil me saisit, dans ma fatigue ; car je tenais toujours la bouline, que je n'avais laissée à aucun de mes gens, afin d'arriver plus vite à la terre de mes pères.

Mes compagnons parlaient entre eux, prétendant que je portais chez moi de l'or et de l'argent, présents du fils d'Hippotès, le magnanime Eole. Et l'un d'eux, en regardant son voisin, disait : « Ah ! comme celui-là est aimé et estimé des hommes, en quelque ville et terre qu'il arrive ! De Troade, il emporte pour lui quantité de belles parts de butin ; et nous, qui avons fait un aussi long chemin, nous revenons chez nous les mains vides. Voici encore que par grâce d'amitié, Eole lui a donné ces cadeaux. Voyons donc vite ce qu'il y a là-dedans, combien l'outre contient d'or et d'argent. » Ainsi parlaient-ils, et le mauvais dessein l'emporta. Ils ouvrirent l'outre, et tous les vents s'échappèrent. La tempête aussitôt les saisit et les emportait en pleurs vers la haute mer, loin de la patrie. Et moi je m'éveillai et délibérai en mon cœur sans reproche : me jetterais-je du vaisseau pour périr dans la mer, ou souffrirais-je en silence, demeurant encore parmi les vivants ? Je tins bon et je restai là ; me couvrant, je me couchai dans la cale. Les nefs étaient de nouveau emportées par la maudite tempête vers l'île d'Eole, et mes compagnons gémissaient.

Là, nous débarquons sur le rivage et puisons de l'eau
sans tarder; mes gens prennent leur repas près des vaisseaux rapides. Quand nous eûmes mangé et bu, moi,
j'emmène un héraut et un compagnon et je m'en vais
vers l'illustre demeure d'Eole; je le trouvai au festin près
de sa femme et de ses enfants. Entrés dans la maison,
nous nous asseyons sur le seuil, près des montants de la
porte. Et les convives s'étonnent en leur cœur et m'interrogent : « Comment es-tu venu, Ulysse ? Quelle
divinité méchante t'assaillait ? Pourtant, nous t'avions
laissé partir, y mettant tous nos soins, pour te permettre
de gagner ta patrie, ta maison, tout ce que tu désires. »

Ils disaient ainsi, et moi, je pris la parole, le cœur
affligé : « Mes compagnons malavisés ont causé ma perte
et, avec eux, le sommeil maudit. Mais vous, amis, por-
tez-y remède, car vous en avez le pouvoir. »

Je disais ainsi, cherchant à les gagner par de douces
paroles. Mais ils restèrent muets, et leur père me répondit
par ces mots : « Va-t'en de l'île, et plus vite que cela,
rebut des vivants! Je n'ai pas le droit de secourir et de
ramener chez lui l'homme que haïssent les dieux bienheureux. Va-t'en, puisque tu viens ici haï des Immortels!»
Ayant ainsi parlé, il me chassait de sa maison et je poussais
de profonds gémissements.

De là, nous voguions plus avant, l'âme navrée. L'ardeur des hommes était brisée par la fatigue de la rame;
c'était bien notre faute; et nul secours n'apparaissait
plus. Six jours et six nuits, nous naviguons sans arrêt;
le septième, nous arrivons au bourg élevé de Lamos, à
Télépyle, dans le pays Lestrygon [100], où le berger, en
rentrant son troupeau, salue le berger; un autre, en faisant sortir le sien, répond au salut. Là, un homme qui
se passerait de sommeil, gagnerait double salaire, l'un
en paissant les bœufs, l'autre en menant les blancs
moutons; car les chemins du jour et ceux de la nuit
sont tout proches. Nous arrivons dans le port fameux que
flanque de chaque côté une roche à pic et continue;
deux côtes roides, se faisant face, s'avancent dans la
bouche et ne laissent qu'une étroite entrée. A l'intérieur
de ce mouillage tous arrêtaient leurs vaisseaux en forme
de croissant. Les nefs étaient amarrées à l'intérieur du
port encaissé, les unes à côté des autres; car jamais les
flots ne s'y enflaient ni peu ni prou; et tout autour régnait
la paix sereine sur les flots. Moi seul, je retenais au-dehors
mon vaisseau noir, à l'extrémité du port, ayant attaché

des câbles à une roche. Je grimpai et me tins sur une
hauteur rocheuse. Et je ne découvrais travaux de bœufs
ni d'hommes ; nous ne voyions qu'une fumée montant
du sol.

Alors, j'envoie des compagnons chercher quels sont
les gens qui mangent le pain sur cette terre ; j'avais
choisi deux hommes et leur avais adjoint pour troisième
un héraut. Ils descendent et suivent un chemin battu,
par où les chariots menaient à la ville le bois des hautes
montagnes ; ils rencontrèrent en avant de la ville une
géante qui puisait de l'eau : c'était la fille du Lestrygon
Antiphatès. Elle était donc descendue au beau courant
de la fontaine de l'Ours ; car c'est de là qu'on portait
l'eau à la ville. S'approchant d'elle, mes gens lui adressaient la parole et la questionnaient : qui était le roi de
ce pays et sur quels hommes régnait-il ? Elle, tout aussitôt, leur indiqua le toit élevé de la maison de son père.
Quand ils furent entrés dans l'illustre demeure, ils trouvèrent sa femme, aussi haute que le sommet d'une montagne, et sa vue les frappa d'effroi. Vite, elle appelait de
l'agora le fameux Antiphatès, son époux, qui, tout
aussitôt, médita pour mes gens une mort douloureuse.
Sur-le-champ il en saisit un et en prépara son repas. Les
deux autres, s'étant élancés et enfuis, arrivèrent aux
vaisseaux. Mais, lui, fit jeter le cri de guerre par la
ville. En l'entendant, les vaillants Lestrygons accouraient
chacun de son côté, innombrables ; ils ne ressemblaient
pas à des hommes, mais aux Géants. Des falaises, ils
lançaient des rocs, qui eussent fait la charge d'un homme.
A l'instant, un tumulte affreux montait du côté des nefs :
cris de mourants avec le fracas de vaisseaux. Harponnant
les hommes comme des poissons, ils emportaient leur
ignoble repas. Pendant qu'ils tuaient mes gens à l'intérieur du port encaissé, moi, je tirai du long de ma cuisse,
mon épée affilée, et j'en tranchai les câbles de mon
vaisseau à la proue sombre. Sans tarder, j'encourageai
mes compagnons et leur ordonnai de saisir les rames,
pour qu'il nous fût donné d'échapper au malheur. Tous
ensemble ils soulevèrent l'écume, par crainte de périr.
J'eus la joie de voir mon vaisseau fuir dans la haute mer
loin des roches en surplomb ; mais tous les autres furent
détruits en ce lieu.

De là nous voguions plus avant, le cœur navré, heureux
d'avoir échappé à la mort, mais ayant perdu nos chers
compagnons. Nous arrivâmes à l'île d'Aiaié [101] ; là vivait

Circé aux belles boucles, la terrible déesse à la voix humaine, sœur d'Aiétès aux cruelles pensées ; tous deux étaient nés d'Hélios, qui donne la lumière aux mortels, et avaient pour mère Persé, qu'Océanos avait eue comme enfant. Là, nous fûmes amenés au rivage par notre nef, en silence, dans un port hospitalier aux vaisseaux, et un dieu nous guidait. Puis, débarqués, nous restons couchés là deux jours et deux nuits, recrus de fatigue et nous rongeant le cœur de chagrin.

Mais quand Aurore aux belles boucles eut fait naître le troisième jour, alors, ayant pris ma javeline et mon épée aiguë, je sortis vite de la nef pour gagner quelque observatoire : verrais-je des travaux de mortels, entendrais-je une voix ? Je montai et me tins sur un sommet rocheux ; j'aperçus une fumée qui s'élevait de la terre aux larges chemins, dans le manoir de Circé, à travers une épaisse chênaie et un bois. J'hésitai alors dans mon esprit et mon cœur : devais-je aller et m'enquérir, après avoir vu la fumée du feu ? A la réflexion, il me parut plus profitable de gagner d'abord ma nef rapide et le rivage de la mer, pour donner leur repas à mes gens, et puis de les envoyer en reconnaissance. Mais, quand j'arrivai près du vaisseau en forme de croissant, alors un dieu prit en pitié mon abandon, et droit dans mon chemin mit un grand cerf à la haute ramure. Des pâturages de la forêt il descendait au fleuve pour y boire ; car déjà il sentait l'ardeur du soleil. Et comme il sortait, je le frappai à l'épine, au milieu du dos. Ma javeline de bronze le perça de part en part ; il tomba dans la poussière, en bramant, et son âme s'envola. Moi, je mis le pied sur lui et retirai ma javeline de bronze de sa blessure. Je la posai là et la laissai sur le sol. Puis, j'arrachai des ramilles et des osiers, j'en fis une tresse double, longue d'une brasse, et j'en attachai les pieds du terrible monstre ; ensuite, le portant sur le cou, j'allai vers le noir vaisseau, en m'appuyant sur ma javeline ; car je n'aurais pu le porter sur l'épaule, en le tenant de l'autre main : c'était une très grosse bête.

Je la jetai devant la nef et réconfortai mes gens par de douces paroles, venant près de chacun : « Amis, nous ne descendrons pas encore, si navrés que nous soyons, dans les demeures d'Hadès, avant que survienne le jour fatal. Allons, tant qu'il y aura dans le vaisseau à manger et à boire, pensons à notre nourriture ; ne nous laissons pas épuiser par la faim. » Ainsi parlai-je, et vite ils obéirent

à mes paroles. Ils découvrirent [102] leur visage et le long
du rivage de la mer inlassable, ils allèrent admirer le
cerf; car c'était une très grosse bête. Quand ils se furent
réjouis à le contempler de leurs yeux, après avoir lavé
leurs mains, ils préparaient un copieux festin. Alors, tout
le jour, jusqu'au coucher du soleil, nous restions assis
à nous partager force viandes et vin doux. Quand le soleil
fut tombé et les ténèbres venues, nous nous reposâmes
au brisement de la mer. Et quand, née au matin, parut
Aurore aux doigts de rose, je tins une assemblée et je
dis devant tous : « Compagnons, écoutez mes paroles,
bien que nous subissiez tant d'épreuves; amis, puisque
nous ne savons où est le couchant ni où l'aurore, où le
soleil, qui éclaire les mortels, s'en va sous terre, ni où
il se lève, hâtons-nous de délibérer : quelle résolution
pourra encore être prise ? Pour moi, je ne crois pas qu'il
y en ait aucune. J'ai vu, étant monté sur un sommet
rocheux, l'île autour de laquelle forme une couronne la
mer infinie. Elle est plate. Au milieu, j'ai, de mes yeux,
vu une fumée, à travers une épaisse chênaie et un bois. »
    Ainsi parlai-je; leur cœur fut brisé au souvenir des
actes du Lestrygon Antiphatès, et de la violence du
Cyclope au grand cœur, mangeur d'hommes. Ils pleuraient bruyamment, versant de grosses larmes. Mais
rien ne résultait de leurs gémissements. Alors, je comptai
tous mes compagnons aux bonnes jambières; j'en fis
deux bandes et donnai à chacune un chef : pour l'une
ce fut moi, pour l'autre Eurylochos semblable à un
dieu. Vite, nous agitions les sorts dans un casque de
bronze; celui du magnanime Eurylochos sortit. Il se mit
en route, avec vingt-deux compagnons, qui pleuraient.
Ils nous laissaient derrière eux dans les larmes.
    Ils trouvèrent la maison de Circé, bâtie de pierres
polies, dans un val, en un lieu découvert : il y avait
autour des loups montagnards et des lions, qu'elle avait
ensorcelés, après leur avoir donné de mauvaises drogues.
Ils ne sautèrent pas sur les hommes, mais se tinrent
autour d'eux, en les flattant de leurs longues queues.
Comme les chiens entourent leur maître, qui revient du
festin, et le flattent, car il leur apporte toujours des douceurs; ainsi les loups aux fortes griffes et les lions flat-
taient mes gens; ceux-ci furent saisis de crainte, à la vue
de ces terribles monstres. Ils s'arrêtèrent dans le vestibule de la déesse aux belles boucles, et ils entendaient
Circé, qui à l'intérieur chantait de sa belle voix, en

tissant au métier une grande toile immortelle, comme sont les fins, gracieux, brillants ouvrages des déesses. Le premier qui parla fut Politès, le meneur de guerriers, le plus sensé de mes compagnons et le plus cher à mon cœur : « Amis, il y a là-dedans quelqu'un qui tisse à un grand métier et fait entendre un beau chant, dont tout le sol résonne ; est-ce une déesse ou une femme ? Crions, sans tarder. »

Il dit, et les autres de crier en appelant. Elle sortit aussitôt, ouvrit la porte brillante, les invita. Et tous suivirent, dans leur folie. Mais Eurylochos resta ; il avait deviné une ruse. Elle les fit entrer et asseoir sur des chaises et des fauteuils ; puis elle battait le fromage, la farine d'orge et le miel vert dans le vin de Pramnos, et dans leur coupe [103] elle mêlait de funestes drogues, pour leur faire perdre tout souvenir de la terre paternelle. Quand elle leur eut donné le breuvage et qu'ils eurent tout bu, elle les frappe de sa baguette et va les enfermer aux stalles de ses porcs. Des porcs, ils avaient la tête, la voix, les soies, le corps ; mais leur esprit était resté le même qu'auparavant. Ainsi, ils pleuraient enfermés, et Circé leur jetait à manger farines, glands, cornouilles, la pâture ordinaire des cochons qui couchent sur le sol.

Eurylochos revint vite au noir vaisseau rapide apporter des nouvelles de ses compagnons et de leur triste sort. Il ne pouvait prononcer aucune parole, malgré son envie, tel était le chagrin qui étreignait son cœur. Ses yeux étaient remplis de larmes et son cœur ne savait que gémir. Mais comme tous étonnés, nous l'interrogions, il nous raconta la perte de ses compagnons : « Nous allions à travers la chênaie, comme tu l'avais ordonné, illustre Ulysse ; nous trouvons, au fond du val, une belle maison en pierres lisses, dans un lieu découvert ; là, tissant à un grand métier, quelqu'un, déesse ou femme, chantait d'une voix harmonieuse : mes compagnons crièrent pour l'appeler ; elle sortit aussitôt, ouvrit la porte brillante et nous pressa d'entrer. Et tous alors suivirent dans leur folie. Mais moi, je restai, ayant deviné une ruse. Toute la troupe disparut : aucun d'eux ne revint. Et cependant, je me tins fort longtemps aux aguets. »

Il parlait ainsi, et, moi, je jetai sur mes épaules ma grande épée de bronze aux clous d'argent, avec mon arc. Et je l'engageai à refaire le même chemin, pour me guider. Mais lui, me prenant les genoux de ses deux bras, m'implorait et gémissant m'adressait ces paroles ailées : « Ne me conduis pas là malgré moi, nourrisson de Zeus ; laisse-moi ici. Je suis sûr que tu ne reviendras pas et ne ramèneras aucun de tes compagnons. Hâtons-nous plutôt de fuir avec ceux-ci ; peut-être pourrions-nous encore éviter le jour funeste. » Il parlait ainsi, et moi je lui répliquai : « Eurylochos, reste donc ici, à cette place, à manger et boire, près du noir vaisseau creux ; mais moi, j'irai ; la pressante nécessité m'y pousse.

Ayant dit, je m'éloignai du vaisseau et de la mer. J'étais sur le point d'atteindre dans ma marche à travers les vallons sacrés la grande demeure de Circé aux mille drogues, quand, sur le chemin de la maison, Hermès à la baguette d'or vint vers moi, sous les traits d'un jeune homme, qui a son premier duvet et la grâce charmante de cet âge. Il me toucha la main, prit la parole et s'exprima ainsi : « Où vas-tu donc, malheureux, seul, à travers ces collines, sans connaître les lieux ? Tes compagnons, qui sont allés chez Circé, sont maintenant enfermés comme des porcs en des étables bien closes ; vas-tu pour les délivrer ? Je te prédis que tu ne reviendras pas ; tu resteras, toi aussi, où sont les autres. Mais, je te préserverai de ces maux et te sauverai. Tiens, prends, avant d'aller dans la demeure de Circé, cette bonne herbe, qui éloignera de ta tête le jour funeste. Je te dirai toutes les ruses maléfiques de Circé. Elle te préparera une mixture ; elle jettera une drogue dans ta coupe ; mais, même ainsi, elle ne pourra t'ensorceler ; car la bonne herbe, que je vais te donner, en empêchera l'effet. Je te dirai tout en détail : quand Circé te touchera de sa grande baguette, alors tire du long de ta cuisse ton épée aiguë, et saute sur elle, comme si tu voulais la tuer. Elle, par crainte, te pressera de partager sa couche ; ce n'est plus le moment de refuser le lit d'une déesse, si tu veux qu'elle délivre tes compagnons et assure ton retour ; mais fais-lui prêter le grand serment des bienheureux, qu'elle ne méditera contre toi aucun mauvais dessein, qu'elle ne profitera pas de ta nudité pour te priver de ta force et de ta virilité. »

Ayant ainsi parlé, l'Argiphonte me donna l'herbe, qu'il avait arrachée du sol et m'en expliqua la vertu. Sa racine était noire, sa fleur blanche comme le lait. Les dieux l'appellent moly ; elle est difficile à arracher pour les hommes mortels ; mais les dieux peuvent tout.

Hermès s'en alla ensuite vers le grand Olympe, à travers l'île boisée ; et moi, je me dirigeai vers la demeure

de Circé, et tout en marchant, j'agitais mille pensées en
mon cœur. Je m'arrêtai sous le porche de la déesse aux
belles boucles. Debout là, je criai, et la déesse entendit
ma voix. Elle sortit aussitôt, ouvrit la porte brillante et
m'invita. Moi, je la suivis, le cœur navré. Elle m'introduisit et me fit asseoir sur un fauteuil aux clous d'argent, beau et bien incrusté; sous mes pieds était un
tabouret. Elle me prépara un mélange dans une coupe
d'or, m'invitant à boire, et y jeta une drogue, méditant
en elle-même mon malheur. Mais, quand elle me l'eut
donnée, et que je l'eus toute vidée, sans en ressentir
l'effet, alors, elle me frappa de sa baguette, et, prenant
la parole, elle me dit : « Viens maintenant à l'étable à
porcs, et couche-toi avec tes compagnons. »
   Ainsi parlait-elle, et moi, je tirai du long de ma cuisse
mon épée aiguë et m'élançai sur Circé, comme ayant
envie de la tuer. Elle pousse un grand cri, se jette à mes
genoux, les prend, et, gémissante, m'adresse ces paroles
ailées : « Qui es-tu ? De quel pays viens-tu ? Où sont ta
cité, tes parents ? L'étonnement me saisit; car cette
drogue, que tu as bue, ne t'a pas ensorcelé; et jamais
homme qui en but, n'a résisté à ce breuvage, dès qu'il eut
franchi la barrière de ses dents. Tu as en la poitrine un
esprit rebelle aux sortilèges. Tu es donc Ulysse aux mille
expédients, dont Argiphonte à la baguette d'or me prédisait toujours l'arrivée, quand il reviendrait de Troie
sur son rapide vaisseau noir. Allons! Remets ton épée
au fourreau, et ensuite allons dans mon lit, afin de nous
unir d'amour et d'avoir désormais une mutuelle
confiance. »
   Elle parlait ainsi; mais moi, je lui répliquai : « Circé,
comment peux-tu m'engager à être aimable pour toi, qui
m'as changé dans ton manoir mes compagnons en porcs,
et qui, me tenant ici, médites un dessein perfide en
m'invitant à entrer dans ta chambre, à monter dans ta
couche; tu veux que je sois nu pour m'ôter la force et la
virilité; mais moi, je ne saurais consentir à monter dans
ton lit, si tu n'acceptes, déesse, de t'engager par un
grand serment à ne point me tendre un nouveau piège. »
Je dis, et aussitôt elle jura de s'en abstenir, comme je le
demandais. Quand elle eut juré et achevé son serment,
alors je montai sur le lit splendide de Circé.
   Les servantes, cependant, travaillaient dans le manoir.
Elles sont quatre qui font le service de la demeure :
elles sont nées des sources, des bois, des fleuves sacrés,

qui s'en vont à la mer. L'une jetait sur les fauteuils de
belles étoffes de pourpre, par-dessus; car, dessous, elle
avait étendu un tissu de lin. L'autre, devant les fauteuils,
déployait des tables d'argent et plaçait dessus des corbeilles d'or. La troisième mêlait dans un cratère d'argent
du doux vin au fumet de miel et disposait des coupes
d'or. La quatrième apportait l'eau et allumait un feu
abondant sous un grand trépied, et l'eau commençait
à chauffer. Puis, quand l'eau eut bouilli dans le bronze
luisant, elle me fit entrer dans la baignoire, et après
avoir doucement attiédi l'eau du grand trépied, elle
m'en lavait la tête et les épaules, pour chasser de mon
corps la fatigue qui ronge le cœur. Et puis, m'ayant lavé
et frotté d'huile fluide, elle me revêtit d'un beau manteau par-dessus une tunique, et me conduisit dans la
grand-salle, où elle me fit asseoir sur un beau fauteuil
à clous d'argent, bien ciselé, et sous mes pieds était
un tabouret. Une suivante apportait et versait d'une
belle aiguière d'or de l'eau pour les mains au-dessus
d'un plat d'argent; puis elle déployait devant moi une
table polie. Une intendante vénérable apporta et servit
le pain, y ajouta bien d'autres mets, m'offrant ses réserves. Elle m'invitait à manger; mais cela ne plaisait pas
à mon cœur, je restais là pensant à autre chose, et mon
esprit prévoyait des malheurs.

  Quand Circé me vit ainsi immobile, sans tendre les
mains vers le pain, et en proie à une violente douleur,
elle vint près de moi et m'adressa ces paroles ailées :
« Pourquoi, Ulysse, rester assis, comme un muet, à te
ronger le cœur, sans toucher mets ni boisson ? Crains-tu
quelque nouveau sortilège ? Tu dois avoir entière
confiance. Car je me suis engagée envers toi par un serment imposant. » Ainsi parlait-elle; et moi, je lui repartis : « Circé, quel homme pourvu de sens oserait toucher
aux mets, à la boisson, avant d'avoir délivré ses compagnons et de les voir de ses yeux ? Si tu m'invites
sérieusement à boire et manger, délivre, pour que je les
voie de mes yeux, mes fidèles compagnons. »

  Je dis, et Circé traversait la grand-salle, sa baguette
à la main; elle ouvrit les portes de l'étable; elle en fit
sortir des êtres que leur graisse rendait pareils à des porcs
de neuf ans. Quand ils furent debout, face à elle, elle
passa dans leurs rangs et frotta chacun d'une nouvelle
drogue. De leurs membres tombaient les soies, dont les
avait d'abord couverts la drogue funeste offerte par la

puissante Circé. Ils redevinrent des hommes, plus jeunes qu'ils n'étaient auparavant, beaucoup plus beaux et plus grands d'aspect. Ils me reconnurent et chacun me serrait les mains. Et tous éprouvaient le désir des sanglots : ce fut, dans la maison, une terrible clameur. La déesse même en avait pitié. Et s'approchant de moi, elle me dit, la déesse illustre : « Nourrisson de Zeus, fils de Laërte, Ulysse aux mille expédients, va maintenant vers ton vaisseau rapide et le rivage de la mer. Tirez tout d'abord le vaisseau à sec; mettez vos biens et tous les agrès dans des grottes; et toi, reviens ici et amène tes fidèles compagnons. »

Ainsi parlait-elle, et mon cœur viril lui obéit. Je m'en allai vers le vaisseau rapide et le rivage de la mer. Et je trouvai près de la nef rapide mes fidèles compagnons, gémissant pitoyablement et versant des larmes abondantes. Comme, dans un parc, de jeunes veaux entourent le troupeau des vaches, qui reviennent à l'étable, après s'être gavées d'herbe; tous bondissent à leur rencontre; les clôtures ne les retiennent plus, et, avec des meuglements pressés, ils courent autour des mères; ainsi, quand ils me virent devant leurs yeux, ils se répandirent autour de moi en pleurant; ils sentaient en leur cœur la même émotion que s'ils arrivaient dans leur patrie, dans la cité même de la rude Ithaque, où ils avaient été nourris, où ils étaient nés. Avec des gémissements ils m'adressaient ces paroles ailées : « Ton retour, nourrisson de Zeus, nous cause autant de joie que si nous arrivions en Ithaque, notre patrie. Allons, conte-nous la fin de nos autres compagnons. »

Ils parlaient ainsi, et moi, je leur adressais de douces paroles : « Tirons tout d'abord la nef sur le rivage; mettons les biens et tous les agrès dans des grottes, et hâtez-vous tous de me suivre, pour voir, dans la demeure sacrée de Circé, nos compagnons buvant et mangeant; ils ont tout à foison. »

Je dis, et ils obéirent vite à mes paroles; seul, Eurylochos cherchait à les retenir tous et leur adressait, élevant la voix, ces paroles ailées : « Malheureux, où voulez-vous aller ? Quel désir avez-vous de ces maux ? Pourquoi descendre au manoir de Circé, qui vous changera tous ou en porcs, ou en loups, ou en lions, pour que vous gardiez sa grande demeure, et cela malgré vous; elle vous traitera comme fit le Cyclope, lorsqu'en sa bergerie vinrent nos compagnons, suivis de l'entreprenant Ulysse, dont la folie les a perdus. »

Ainsi parlait-il, et moi, je délibérais en mon esprit si, tirant ma grande épée du long de ma cuisse musclée, je lui en frapperais la tête et l'enverrais à terre, bien qu'il fût pour moi un parent, et très proche. Mais mes compagnons me retenaient, chacun de sa part, par d'apaisantes paroles : « Nourrisson de Zeus, laissons-le, si tu le veux bien, rester ici près du vaisseau et le garder. Nous, conduis-nous à la demeure sacrée de Circé. » Ayant ainsi parlé, ils montaient du vaisseau et de la mer, et Eurylochos lui-même ne fut pas laissé près du vaisseau ponté; il nous suivait : car ma furieuse sortie l'avait rempli de crainte.

Cependant, en son logis, Circé traitait mes autres compagnons avec sollicitude; elle les avait fait baigner et frotter d'huile fluide, et vêtir de manteaux de laine, par-dessus des tuniques. Nous les trouvons tous festoyant dans la grand-salle. Quand ils se virent et se retrouvèrent face à face, ils gémirent et pleurèrent, et la demeure était pleine de leurs lamentations. S'étant approchée de moi, l'illustre déesse me dit : « Nourrisson de Zeus, fils de Laërte, Ulysse aux mille expédients, cessez maintenant de pousser tant de gémissements; je sais, moi aussi, tous les maux que vous avez soufferts sur la mer poissonneuse, et tous ceux que vous causèrent des hommes injustes sur le continent. Mais, allons, mangez des mets et buvez du vin, jusqu'à ce que vous ayez repris en vos poitrines le même courage qui vous fit aux premiers temps quitter votre patrie, la rocheuse Ithaque. Vous êtes aujourd'hui sans vigueur, sans ressort; il vous souvient toujours des dures courses errantes, et jamais votre cœur n'est en joie, tant vous avez souffert. »

Elle dit et notre cœur viril fut réconforté. Alors, tous les jours pendant une année entière, nous restions à banqueter là; nous avions force viandes et doux vin. Mais, quand cet an fut achevé, que les mois s'étant succédé, les saisons eurent fini leurs cours, que le temps des longs jours fut venu, mes fidèles compagnons, me prenant à part, me dirent : « Malheureux, il est temps maintenant que tu penses à ta patrie, si le destin permet ton salut et ton retour sous le toit élevé de ta maison et dans la terre de tes pères. »

Ainsi disaient-ils, et mon cœur viril fut persuadé. Alors, toute une journée, jusqu'au coucher du soleil, nous restions à banqueter de force viandes et de doux

vin. Mais quand le soleil fut couché et les ténèbres
venues, eux s'endormirent dans le manoir plein d'ombre;
et moi, monté sur le lit splendide de Circé, je l'implorai,
embrassant ses genoux, et la déesse entendit mes paroles; ayant élevé la voix, je lui adressai ces mots ailés :
« Circé, tiens la promesse que tu m'as faite, de me laisser
retourner en ma maison; mon âme maintenant le souhaite,
et celle de mes compagnons, qui brisent mon courage à
m'assiéger de leurs plaintes, chaque fois que tu es à
l'écart. »

Je dis, et l'illustre déesse me repartit aussitôt : « Nourrisson de Zeus, fils de Laërte, Ulysse aux mille expédients, ne restez plus malgré vous dans mon logis. Mais
il faut d'abord accomplir un autre voyage et parvenir
aux demeures d'Hadès et de la terrible Perséphone, pour
interroger l'âme du Thébain Tirésias, le devin aveugle,
dont l'esprit demeure toujours le même. Il est le seul
qu'après sa mort Perséphone ait doué de la clairvoyance;
les autres sont des ombres qui volent. » Ainsi parla-
t-elle, et mon souffle en fut brisé. Je restai sur le lit à
pleurer; découragé, je ne voulais plus vivre et voir la
lumière du soleil. Mais quand à force de pleurer, de me
rouler sur le lit, je fus enfin rassasié de larmes, je lui
répondis en ces termes : « Circé, qui me guidera dans ce
voyage ? jamais personne n'est encore arrivé chez Hadès
sur un vaisseau noir. »

Je dis, et l'illustre déesse me repartit aussitôt : « Nourrisson de Zeus, fils de Laërte, Ulysse aux mille expédients, n'aie aucun désir ni souci d'un pilote sur ton
vaisseau; plante le mât, déploie les blanches voiles et
reste à ton banc; le souffle de Borée portera ta nef. Quand
ton vaisseau arrivera au bout de l'Océan, tu trouveras un
rivage plat et les bois sacrés de Perséphone : hauts peupliers noirs et saules qui perdent leurs fruits. Echoue là
ta nef, près de l'Océan aux profonds remous; toi, entre
dans l'humide demeure d'Hadès. C'est la région où se
jettent dans l'Achéron le Pyriphlégéthon et le Cocyte,
dont les eaux viennent du Styx. Il y a une roche, d'où
tombent avec fracas les deux fleuves après leur jonction.
Approche-toi de ce lieu, héros, comme je te l'ordonne,
creuse une fosse d'une coudée de profondeur en tout sens,
et verse dedans une libation pour tous les morts, d'abord
de lait mêlé à du miel, ensuite de doux vin, en troisième
lieu d'eau; par-dessus répands la blanche farine d'orge.
Supplie instamment les têtes vaines des morts; pro-

mets-leur, à ton retour en Ithaque, de leur sacrifier dans
ta grand-salle une génisse stérile, la plus belle de ton
troupeau, et de remplir le bûcher d'offrandes. Au seul
Tirésias en particulier promets d'immoler un bélier
tout noir, qui se distingue entre toutes les têtes de votre
bétail. Puis, quand tu auras invoqué dans tes vœux les
tribus illustres des morts, offre-leur un agneau et une
brebis noire, que tu tourneras vers l'Erèbe; mais toi,
détourne-toi et regarde le cours du fleuve. Alors viendront en foule les âmes des défunts. Ensuite, recommande
et ordonne à tes compagnons d'écorcher et de rôtir le
bétail, gisant égorgé par l'impitoyable bronze, et d'en
faire hommage aux dieux, le puissant Hadès et la terrible
Perséphone. Toi, tire du long de ta cuisse ton épée
aiguë, reste là, et ne laisse pas les têtes vaines des morts
approcher du sang, avant d'avoir interrogé Tirésias. Aussitôt, à ton appel, viendra le devin, chef de peuples, qui te
dira ta route, la longueur du chemin, et comment tu
accompliras ton retour sur la mer poissonneuse. »
　　Elle dit, et aussitôt arriva Aurore au trône d'or. Elle
me vêtit [104] d'un manteau et d'une tunique. Elle-même,
la nymphe, s'enveloppa d'un long voile éclatant de blancheur, fin et gracieux, se passa autour des hanches une
belle ceinture d'or et se mit sur la tête un voile tombant.
Moi, j'allai par la maison éveillant mes compagnons avec
de douces paroles, en me plaçant près de chacun :
« Ne dormez pas davantage! Ne goûtez plus la douceur
du sommeil; en route! C'est le conseil de l'auguste
Circé. » Je dis, et leur cœur viril m'obéissait.
　　Mais alors même, je n'emmenai pas mes compagnons
sans qu'ils eussent du chagrin. Elpénor était un tout
jeune homme. Il n'était pas vaillant dans la bataille et
n'avait pas l'esprit bien ferme. Loin de ses compagnons,
dans la demeure sacrée de Circé, il cherchait la fraîcheur, et s'était couché alourdi par le vin. Entendant
l'agitation de ses compagnons, les voix et les pas, il se
leva en sursaut et oublia où il était. Ayant reculé pour
descendre vers le grand escalier, il tomba du toit la tête
la première, se brisa les vertèbres du cou, et son âme
descendit chez Hadès.
　　A mes compagnons qui partaient j'adressai ces paroles :
« Vous croyiez bien retourner au logis dans notre terre
paternelle. Mais Circé nous a fixé un autre chemin, vers
les demeures d'Hadès et de la terrible Perséphone, pour
consulter l'âme du Thébain Tirésias. » Ainsi parlais-je,

et leur cœur fut brisé. Ils restaient là, gémissaient et s'arrachaient les cheveux. Mais leurs lamentations ne servaient à rien.

Comme nous allions vers le vaisseau rapide et le rivage de la mer, navrés et versant des larmes abondantes, Circé était venue près du vaisseau noir et y avait attaché un agneau et une brebis noire. Elle nous avait aisément dépassés. Qui pourrait de ses yeux voir un dieu aller et venir, si celui-ci ne le veut pas ?

CHANT XI

ÉVOCATION DES MORTS

SOMMAIRE : Parvenu au pays des Cimmériens, à l'entrée du monde
souterrain, Ulysse égorge les victimes et en recueille le sang dans la
fosse qu'il a creusée (1-50). Arrive d'abord l'âme d'Elpénor, qui
réclame une sépulture (51-83). Écartant sa mère (83-89), le héros
entend Tirésias lui annoncer quelles épreuves l'attendent (90-149),
puis sa mère, qui lui donne des nouvelles d'Ithaque (150-224).
Après elle défilent des héroïnes (225-332). Dialogue d'Ulysse avec
Arété, Echénéos et Alcinoos, qui le décident à retarder son départ
et reprendre son récit (333-384). Il raconte donc ses entretiens avec
Agamemnon (385-464), avec Achille (465-540), et le silence d'Ajax,
qui lui garde rancune (541-567). Vient ensuite une description
des Enfers, de Minos, Orion, Tityos, Tantale, Sisyphe, Héraclès
(568-626). Enfin Ulysse, effrayé par l'affluence des morts, retourne
à son vaisseau et descend le fleuve Océan (627-640).

Puis, quand nous fûmes descendus au vaisseau et à la
mer, nous tirâmes tout d'abord la nef dans la mer brillante; et nous dressions mât et voilure dans le vaisseau
noir; on prit les bêtes, et on les embarqua, et nous-mêmes
nous montions à bord, affligés et versant des larmes
abondantes. Alors, pour nous aider, soufflant de l'arrière
du vaisseau à la proue sombre, un vent favorable emplissait nos voiles, bon compagnon envoyé par Circé aux
belles boucles, la terrible déesse au langage humain.
Nous, après avoir disposé les agrès sur le vaisseau, nous
demeurions assis : le vent et le pilote nous menaient
droit au but. Tout le jour furent tendues les voiles du
vaisseau qui courait sur la mer; puis le soleil se coucha
et l'ombre couvrait tous les chemins.
  Le vaisseau arrivait au bout de la terre, au cours pro-

fond de l'Océan. Là sont le pays et la ville des Cimmériens [105], couverts de brumes et de nuées; jamais le soleil, pendant qu'il brille, ne les visite de ses rayons, ni quand il s'avance vers le ciel constellé, ni quand il retourne du ciel vers la terre; une nuit maudite est étendue sur ces misérables mortels. Arrivés là, nous échouons le vaisseau, nous débarquons les bêtes; et, suivant le cours de l'Océan, nous arrivons nous-mêmes au lieu que m'avait dit Circé.

Là Périmède et Eurylochos maintinrent les victimes; moi cependant, ayant tiré du long de ma cuisse mon coutelas aigu, je creusai une fosse d'une coudée en long et en large; tout autour je versai des libations pour tous les morts : une première de lait mêlé de miel; une seconde de doux vin; une troisième d'eau; par-dessus, je répandis la blanche farine d'orge. J'adressai une ardente prière aux têtes vaines des morts; à mon retour en Ithaque, je leur sacrifierais en ma demeure une génisse stérile, ma plus belle, et je remplirais d'offrandes le bûcher. Pour Tirésias seul, j'immolerais à part un bouc tout noir, le plus fort du troupeau. Quand j'eus imploré par vœux et prières ces tribus de morts, je saisis les bêtes et leur coupai la gorge au-dessus de la fosse, et le sang noir y coulait.

Les âmes des morts se rassemblaient du fond de l'Erèbe : jeunes épousées, jeunes hommes, vieillards éprouvés par la vie, tendres vierges dont le cœur novice n'avait pas connu d'autre douleur, et combien de guerriers blessés par les javelines armées de bronze, victimes d'Arès, avec leurs armes ensanglantées! Ils venaient en foule de toute part autour de la fosse, élevant une prodigieuse clameur, et moi, la crainte blême me saisissait. Alors, je pressai mes compagnons d'écorcher les bêtes, qui gisaient, égorgées par le bronze impitoyable, de les rôtir, et de prier les dieux, le puissant Hadès et l'effroyable Perséphone. Moi, ayant tiré du long de ma cuisse mon épée aiguë, je restais là et j'empêchais les morts, têtes débiles, d'approcher du sang, avant que j'eusse interrogé Tirésias.

La première âme qui vint fut celle de mon compagnon Elpénor. Il n'avait pas encore reçu de sépulture sous la terre aux larges chemins; nous avions laissé son corps au manoir de Circé, sans le pleurer ni l'ensevelir; car une autre tâche nous pressait. A sa vue mes larmes jaillirent et mon cœur fut pris de pitié. Elevant la voix, je

lui adressai ces paroles ailées : « Elpénor, comment es-tu
venu sous cette brume ténébreuse ? Tu y es arrivé à pied
plus vite que moi avec mon vaisseau noir. »

Ainsi parlais-je; il me répondit en gémissant : « Descendant de Zeus, fils de Laërte, Ulysse aux mille expédients, ce qui m'a perdu c'est le mauvais lot fait par la
divinité, et aussi le vin bu sans mesure. Couché sur le toit
de la grand-salle de Circé, je ne pensai plus, pour en descendre, à prendre la haute échelle, et, du côté opposé,
je tombai du toit; je me brisai les vertèbres du cou, et
mon âme descendit chez Hadès. Maintenant, je te supplie, par ceux qui sont restés derrière toi et ne sont pas
ici, par ta femme et ton père, qui t'élevait tout enfant, par
Télémaque, le seul fils que tu laissais dans ton manoir,
puisqu'en partant d'ici, de la demeure d'Hadès, tu feras,
je le sais, accoster à l'île d'Aiaié ton vaisseau bien construit, là, seigneur, je te presse de penser à moi. Ne me
laisse pas derrière toi sans pleurs ni sépulture, au moment
de ton départ; crains que je ne soulève contre toi la rancune des dieux. Brûle mes restes avec les armes qui
m'appartiennent; élève-moi un monument sur le rivage
de la mer grise, afin que les hommes à venir se souviennent
du malheureux. Accomplis ces rites pour moi et plante
sur mon tertre la rame, dont vivant je ramais parmi mes
compagnons. » Ainsi parlait-il, et moi, je lui dis en
réponse : « Tout ce que tu demandes, malheureux, je le
ferai; j'accomplirai les rites. » Et tous deux, échangeant
ces mots tristes, nous restions sans bouger : moi, à distance, je tenais mon épée au-dessus du sang, et, de
l'autre côté, le fantôme de mon compagnon me parlait
longuement.

Alors survint l'âme de ma défunte mère, Anticlée, fille
du magnanime Autolycos, que j'avais laissée vivante à
mon départ pour la sainte Ilion. A sa vue mes larmes
jaillirent et mon cœur fut pris de pitié. Mais, quelque
affligé que je fusse, je ne la laissai pas s'approcher du
sang la première, voulant interroger d'abord Tirésias.

Alors survint l'âme du Thébain Tirésias, le sceptre
d'or en main. Il me reconnut et me dit : « Descendant
de Zeus, fils de Laërte, Ulysse aux mille expédients,
pourquoi donc, malheureux, quittant la lumière du soleil,
es-tu venu voir les morts et la région sans joie ? Mais
éloigne-toi de la fosse, écarte la pointe de ton épée, que
je boive du sang et te dise la vérité. » Il parlait ainsi;
moi, je m'éloignai et remis au fourreau mon épée aux

clous d'argent. Quand il eut bu le sang noir, l'irréprochable devin m'adressa ces paroles : « C'est le retour
doux comme le miel que tu cherches, glorieux Ulysse;
mais un dieu te le rendra pénible; car l'Ebranleur de la
terre ne te laissera point passer, je pense; il a conçu en
son cœur de la rancune contre toi; il t'en veut d'avoir ôté
la vue à son cher fils. Mais, malgré sa colère, vous pourriez encore, au prix d'épreuves, arriver chez vous, si tu
veux contenir ton cœur et celui de tes compagnons, dès
l'instant où tu approcheras ton vaisseau bien charpenté
de l'île du Trident[106], après avoir échappé à la mer violette, quand vous y trouverez au pacage les vaches et les
robustes moutons d'Hélios, qui voit tout et entend tout.
Si tu ne leur fais aucun mal, si tu penses à votre retour,
vous pourrez encore, non sans souffrir, atteindre Ithaque;
mais si tu les endommages, alors je te prédis la perte de
ton vaisseau et de tes compagnons; et toi, si tu échappes
au trépas, tu rentreras tard, en triste état, après avoir
perdu tous tes compagnons, sur un vaisseau étranger;
tu trouveras en ta maison de quoi te peiner; des hommes
arrogants, qui dévorent ton bien, en prétendant à ta
noble femme et lui offrant des présents de noces. Tu leur
feras, d'ailleurs, une fois arrivé, expier leurs violences.
Mais, quand tu auras tué les prétendants en ta grand-
salle, par ruse ou à découvert à la pointe du bronze, alors
prends une rame bien faite et va, jusqu'à ce que tu arrives
chez des hommes qui ignorent la mer et mangent leur
pitance sans sel; ils ne connaissent donc point les vaisseaux aux flancs rouges, ni les rames bien faites, qui sont
les ailes des vaisseaux. Je vais t'en dire une preuve bien
convaincante, qui ne t'échappera pas. Quand, te rencontrant, un autre voyageur dira que tu portes un battoir
à vanner sur ta robuste épaule, alors, plante en terre ta
rame bien faite, offre un beau sacrifice au roi Poséidon,
un bélier, un taureau, un porc en état de saillir les truies;
puis reviens à ta maison sacrifier des hécatombes sacrées
aux dieux immortels qui habitent le ciel immense, à
tous, sans en omettre aucun. Pour toi, la mort te viendra
hors de la mer, très douce : elle te prendra quand tu seras
affaibli par une vieillesse opulente; autour de toi, tes
peuples seront prospères. Voilà ce que je te prédis en
toute vérité. »
    Ainsi parlait-il, et moi, je lui dis en réponse : « Tirésias, les dieux ont filé ce destin comme ils l'ont voulu.
Mais dis-moi ceci, et réponds sans me rien cacher. Je

vois ici l'âme de ma défunte mère. Elle se tient silencieuse
près du sang, elle n'a pas osé regarder son fils en face
ni lui adresser la parole. Dis-moi, seigneur, comment
pourra-t-elle connaître que je suis son fils ? » Ainsi parlais-je; il me répondit aussitôt : « Je vais te dire une
chose bien simple et la mettre dans ton esprit : celui des
trépassés que tu laisseras approcher du sang te tiendra
des discours véridiques; ceux à qui tu le refuseras s'en
retourneront. »

Ayant ainsi parlé, l'âme du seigneur Tirésias s'en fut
dans la demeure d'Hadès, après m'avoir révélé ces arrêts
des dieux. Moi, je restai là sans bouger, jusqu'au moment
où ma mère vint et but le sang noir. Aussitôt elle me
reconnut, et, gémissant, m'adressa ces paroles ailées :
« Mon enfant, comment es-tu venu vivant sous cette
brume ténébreuse ? Il est difficile à des mortels de contempler ce monde. Ils en sont séparés par de grands fleuves et
d'effroyables torrents; d'abord l'Océan, que l'on ne saurait franchir à pied; il faut avoir un vaisseau bien construit. Es-tu venu ici, errant depuis Troie, pendant un
long temps avec ton vaisseau et tes compagnons ? N'as-
tu pas encore gagné Ithaque, et vu ta femme en ton
manoir ? »

Ainsi parlait-elle; et moi, je lui dis en réponse : « Ma
mère, il me fallait descendre chez Hadès, pour interroger
l'âme du Thébain Tirésias. Non! Je n'ai pas encore
approché de l'Achaïe ni mis le pied sur notre terre; j'ai
toujours erré en proie au chagrin, depuis le jour où j'ai
suivi l'illustre Agamemnon vers Ilion aux beaux poulains, pour combattre les Troyens. Mais dis-moi et
réponds sans feinte. Quelle Kère de la mort cruelle t'a
domptée ? Fut-ce une lente maladie ? Ou la Sagittaire
Artémis est-elle venue te frapper de ses douces flèches ?
Parle-moi de mon père, du fils que j'ai laissé : jouissent-
ils encore de ma puissance, ou un autre s'en est-il
emparé déjà ? Assure-t-on que je ne viendrai plus ?
Dis-moi l'intention et la pensée de ma femme légitime; reste-t-elle près de notre fils et tient-elle tout en
bon état, ou bien a-t-elle épousé déjà quelque noble
Achéen ? »

Ainsi parlais-je; aussitôt ma vénérable mère me répondit : « Oui bien! Elle reste d'un cœur constant dans ton
manoir. Toutes ses nuits se passent à gémir, tous ses jours
à verser des larmes. Et ta royale puissance, nul encore
ne s'en est emparé; sans être inquiété, Télémaque gère

le domaine et offre des festins selon le rang de chacun,
comme doit y veiller un prince justicier; car il est invité
par tous. Ton père reste dans l'île, à la campagne; il ne
descend même plus à la ville. Il ne se sert plus, pour se coucher, de lit, de couverture, ni de coussins moirés; même
l'hiver, il dort en la maison, avec les domestiques, dans
la poussière, près du feu; il n'a sur la peau que de mauvais vêtements. Mais, viennent l'été et le riche automne,
sur l'aire inclinée du vignoble, les feuilles tombées à
terre lui servent de lit. C'est là qu'il se couche en proie au
chagrin; il nourrit en son esprit sa grande douleur, espérant ton retour; et cependant arrive la pénible vieillesse.
C'est ainsi que moi, je mourus et achevai ma destinée;
l'adroite Sagittaire ne m'a pas touchée de ses doux traits
et tuée au manoir; je n'ai pas été non plus atteinte d'une
maladie, qui ôte la vie en consumant affreusement tout
le corps; non, ce sont mes regrets, mes soucis, noble
Ulysse, c'est ma tendresse pour toi qui m'ont privée de la
vie douce comme le miel. »

Ainsi disait-elle; et moi, je méditais en mon esprit et
j'avais le désir d'étreindre l'âme de ma mère défunte.
Trois fois je m'élançai, et mon cœur me pressait de la
saisir; trois fois elle me glissa des mains, pareille à une
ombre et un songe. Une vive souffrance croissait dans
mon cœur. Aussi, élevant la voix, lui adressai-je ces
paroles ailées : « Ma mère, pourquoi te dérober à l'étreinte,
dont j'ai si grand désir, pour que, même chez Hadès,
nous puissions nous embrasser, nous rassasier de douloureuses lamentations ? L'auguste Perséphone n'a-t-elle
suscité qu'un fantôme pour me faire encore plus gémir
et pleurer ? »

Je parlais ainsi, et ma vénérable mère me répondit
aussitôt : « Hélas! mon enfant, le plus infortuné de tous
les hommes, Perséphone, la fille de Zeus, ne te trompe
aucunement; mais c'est la loi des mortels, quand ils suc-
combent; il n'y a plus de nerfs qui maintiennent les
chairs et les os; la puissante ardeur du feu brûlant les
détruit, dès que la vie a quitté les os blancs et que l'âme
s'est envolée comme un songe. Mais hâte-toi au plus vite
vers la lumière; retiens bien toutes ces choses, afin de
pouvoir les dire ensuite à ta femme. »

Tels étaient les propos que nous échangions. Vinrent
alors les femmes envoyées par l'auguste Perséphone,
toutes celles qui étaient épouses et filles de princes. Elles
se pressaient en foule autour du sang noir; et moi je déli-

bérais comment je pourrais interroger chacune d'elles.
Voici le parti qui parut le plus sage à mon esprit. Tirant
du long de ma cuisse musclée mon épée acérée, je les
empêchais de boire toutes ensemble le sang noir. Ainsi,
elles approchaient l'une après l'autre; chacune me disait
son origine, et je les questionnais toutes.

Alors, la première que je vis était Tyro de noble naissance; elle dit qu'elle était fille de l'irréprochable Salmo-
née et femme de Créthée [107], fils d'Eole. Elle s'éprit d'un
fleuve, le divin Enipée [108], le plus beau sans conteste des
fleuves qui coulent sur la terre; aussi venait-elle souvent
près de ses belles eaux. Le dieu qui porte et ébranle la
Terre prit la figure d'Enipée et se coucha près d'elle à
l'embouchure du fleuve tourbillonnant. Ses flots bouil-
lonnants s'élevèrent en voûte autour d'eux à la hauteur
d'une montagne et cachèrent le dieu et la mortelle. Il
dénoua la ceinture de la vierge et versa sur elle le sommeil.
Puis, quand le dieu eut achevé l'acte d'amour, il lui
prit la main et lui adressa ces paroles : « Réjouis-toi,
femme, de notre union; au cours de l'année, tu donneras
le jour à de brillants enfants; car jamais la couche des
Immortels n'est inféconde; prends soin d'eux et nourris-
les de ton lait. Maintenant, rentre chez toi, garde le
secret et ne me nomme pas. Je suis Poséidon, l'Ebranleur
de la terre. » Ayant ainsi parlé, il plongea au fond de la
mer dont les flots furent soulevés. Elle, devenue grosse,
enfanta Pélias et Nélée [109], qui devinrent tous deux de
puissants serviteurs de Zeus. Pélias habitait la vaste
Iolcos riche en moutons, et son frère, Pylos la sablonneuse. Cette reine donna d'autres enfants à Créthée :
Eson, Phérès, Amythaon qui combat sur un char.

Après elle, je vis Antiope [110], fille d'Asopos, qui se
vantait d'avoir aussi dormi dans les bras de Zeus et
enfanta deux fils, Amphion et Zéthos, les premiers qui
fondèrent Thèbes aux sept portes et la ceignirent de
tours; car, sans cette enceinte ils n'auraient pu, avec
toute leur puissance, habiter la spacieuse Thèbes.

Après elle, je vis Alcmène, femme d'Amphitryon, qui
conçut l'impavide Héraclès au cœur de lion dans les
bras du grand Zeus, et Mégaré, la fille du superbe
Créon [111] et l'épouse du fils d'Amphitryon au courage
indomptable.

Et je vis la mère d'Œdipe, la belle Epicaste [112] qui,
dans l'ignorance de son esprit, commit un acte affreux;
elle épousa son propre fils. Celui-ci, après avoir tué son

père, devint le mari de sa mère. Mais bientôt les dieux révélèrent ces choses parmi les hommes. Lui, dans l'aimable Thèbes, régnait sur les Cadméens, mais frappé de maux cruels par la volonté des dieux. Quant à la reine, elle descendit chez le puissant Hadès aux portes solidement closes, car elle avait, en proie à la douleur, attaché un lacet au plafond élevé de son palais. A son fils elle laissa en héritage les tourments sans nombre que déchaînent les Erinyes d'une mère.

Je vis aussi Chloris, belle entre toutes, que Nélée autrefois épousa pour sa beauté, après lui avoir apporté des présents infinis; c'était la plus jeune fille d'Amphion [113], fils d'Iasos, jadis puissant seigneur de l'Orchomène [114] minyenne; elle devint ainsi reine à Pylos et eut d'illustres enfants, Nestor, Chromios et Périclymène, vaillant guerrier. Après eux, elle enfanta la noble Péro, merveille pour les mortels, que tous les princes voisins recherchaient en mariage; mais Nélée ne voulait la donner qu'à celui qui ramènerait de Phylacé, conquête difficile, des bœufs à la robe luisante, au large front, ceux du fort Iphiclès. Seul l'irréprochable devin promit de les ravir. Mais un dieu ennemi entrava son effort, et les bouviers des champs l'enchaînèrent de liens solides. Quand, l'année révolue, le cycle des mois et des jours achevé, les saisons revinrent, alors le fort Iphiclès délivra le captif, qui avait prédit tous les arrêts divins [115] : ainsi s'accomplissait la volonté de Zeus.

Je vis aussi Léda, épouse de Tyndare, qui conçut dans ses bras deux fils au cœur audacieux [116], Castor, dompteur de chevaux, et Pollux, vaillant pugiliste : tous deux sont recouverts vivants par la Terre féconde; même dans son sein, grâce au privilège accordé par Zeus, ils sont à tour de rôle vivants et morts de deux jours l'un, et sont honorés à l'égal des dieux.

Après elle, je contemplai Iphimédie, épouse d'Aloée, qui prétendait s'être unie à Poséidon; elle enfanta deux fils, dont la vie fut brève, Otos égal à un dieu, et Ephialte fameux au loin. La terre qui donne le blé fit d'eux les plus grands de beaucoup et les plus beaux après l'illustre Orion [117]. Car, dès neuf ans, ils avaient jusqu'à neuf coudées de large et neuf orgyes de haut [118]. Aussi menacèrent-ils les Immortels de porter dans l'Olympe le tumulte de la guerre fougueuse; ils voulaient entasser l'Ossa sur l'Olympe et sur l'Ossa [119] le Pélion aux feuillages agités, afin de monter à l'assaut du ciel. Et ils auraient réussi, s'ils avaient atteint l'âge d'homme. Mais le fils de Zeus, qu'avait enfanté Léto aux beaux cheveux, les fit mourir tous deux, avant que la barbe eût fleuri sous leurs tempes et d'un duvet naissant eût couvert leurs joues.

Je vis Phèdre, Procris et la belle Ariane, fille du pernicieux Minos, autrefois enlevée de Crète par Thésée qui l'emmena vers la colline de la sainte Athènes; mais il ne jouit point de son rapt; dénoncée auparavant par Dionysos, elle périt frappée par Artémis, dans l'île de Dia [120] cernée des flots.

Je vis Mæra, Clymène et l'odieuse Eriphyle [121], qui vendit son mari à prix d'or. Mais je ne puis dépeindre ni nommer même toutes les épouses et filles de héros que je vis; la nuit immortelle s'achèverait auparavant. C'est l'heure de dormir, que je retourne au rapide vaisseau vers mes compagnons ou que je demeure ici. Mon retour sera l'affaire des dieux et la vôtre. »

Ainsi parlait-il; tous restèrent calmes et silencieux, tant ils étaient charmés, dans l'ombre de la grand-salle. Parmi eux Arété aux bras blancs fut la première à parler : « Phéaciens, que vous semble de ce héros, de sa grâce, et de sa stature, du sage équilibre de son esprit ? C'est de plus mon hôte, et chacun de vous a part à cet honneur. Aussi ne vous hâtez point de le reconduire; ne lui refusez pas les présents dont il a tant besoin. Car ils sont grands les biens que, par la faveur des dieux, renferment vos palais. » Parmi eux prit aussi la parole le vieux héros Echénéos qui était le plus âgé des Phéaciens : « Amis, ce que dit notre sage reine s'accorde avec nos desseins et nos sentiments; obéissez-lui. Il dépend d'Alcinoos ici présent que s'accomplissent ses paroles. » Alors Alcinoos éleva la voix pour lui répondre : « La parole de la reine s'accomplira, si je reste vivant et roi des Phéaciens amis de la rame. Mais que l'hôte, malgré son désir du retour, patiente jusqu'à demain, et me laisse compléter mon présent. Le soin de son départ nous regardera tous, moi surtout; car je suis le roi de ce pays. »

Ulysse aux mille ruses lui dit en réponse : « Puissant Alcinoos, le plus glorieux de tous les hommes, quand même vous me demanderiez de rester ici une année, en me promettant de me reconduire et en m'offrant de brillants présents, j'y consentirais, car il y aurait pour moi bien plus d'avantages à rentrer dans ma chère patrie les mains plus remplies. Je trouverais plus de respect et d'affection chez tous les hommes qui me verraient revenir en Ithaque. »

Alcinoos prenant la parole lui répondit : « Ulysse, en te regardant, nous ne croyons pas voir un de ces imposteurs, de ces fourbes, que la terre noire nourrit partout en si grand nombre, artisans de mensonges où nul ne voit clair. Mais chez toi, si la grâce est dans tes discours, il y a par-dessous de loyales pensées. C'est avec l'art d'un savant aède que tu nous as conté les douloureuses épreuves endurées par tous les Argiens et toi-même. Allons! Dis-nous encore, sans nous rien cacher, tous ceux que tu as vus, parmi les divins compagnons qui te suivirent sous Ilion et achevèrent là leur destinée. Nous avons devant nous une nuit très longue, infinie; il n'est pas encore temps de dormir au manoir; dis-moi donc, je t'en prie, ces gestes divines. Je t'écouterais jusqu'à la brillante Aurore, quand tu veux bien raconter en ma grand-salle les épreuves par toi subies. »

Ulysse aux mille ruses lui dit en réponse : « Puissant Alcinoos, le plus glorieux de tous les hommes, il y a un temps pour les longs discours, un temps pour le sommeil. Si vraiment tu désires m'entendre, je ne saurais te refuser d'autres récits, encore plus pitoyables, les épreuves de mes compagnons, qui périrent après avoir échappé aux affreux cris de guerre des Troyens, et moururent au retour par la volonté d'une femme criminelle.

Quand les ombres des femmes eurent été dispersées par la sainte Perséphone, alors vint celle de l'Atride Agamemnon, en proie au chagrin; autour de lui, d'autres étaient assemblées, âmes de ceux qui moururent avec lui et achevèrent leur destinée au manoir d'Egisthe. Il me reconnut sans hésiter, dès qu'il eut bu le sang noir. Il poussa des gémissements aigus, versant d'abondantes larmes, tendant les mains vers moi, avec le désir de m'étreindre. Mais il n'avait plus la solide vigueur et la force qui résidait auparavant dans ses membres souples. En le voyant, je fondis en larmes et mon cœur fut pris de pitié. Elevant la voix, je lui adressai ces paroles ailées : « Très glorieux Atride, Agamemnon prince des guerriers, quelle Kère de la mort cruelle eut raison de toi ? Est-ce Poséidon qui te dompta sur tes vaisseaux, en soulevant le souffle immense de vents terribles ? Ou des hommes intraitables t'ont-ils anéanti sur un rivage lorsque tu enlevais leurs bœufs, les beaux troupeaux de leurs brebis, ou bien lorsque tu combattais pour une ville et des femmes ? » Ainsi parlais-je; il répliqua sur-le-champ par ces mots : « Rejeton de Zeus, fils de Laërte, Ulysse aux mille expédients, ni Poséidon ne m'a dompté sur mes vaisseaux en soulevant le souffle immense de vents terribles, ni des hommes intraitables ne m'ont anéanti sur un rivage; mais Egisthe, qui avait médité contre moi la mort et le meurtre, m'a tué, avec l'aide de ma maudite femme : il m'avait invité en son manoir, reçu dans un festin, et il m'abattit comme on fait d'un bœuf à la crèche. Je mourus ainsi, d'une mort pitoyable; autour de moi, mes compagnons étaient tués jusqu'au dernier, comme des porcs aux dents blanches, qui, chez un homme riche et puissant, sont tués pour des noces, un pique-nique, un banquet de fête. Tu as déjà vu bien des massacres d'hommes, tués en combats singuliers ou dans la mêlée violente; mais combien ton cœur eût gémi si tu avais été témoin d'un tel spectacle : nous gisions dans la grand-salle autour du cratère et des tables chargées, et sur tout le sol le sang coulait à flots. J'entendis la voix pitoyable de la fille de Priam, Cassandre, que la rusée Clytemnestre avait tuée comme elle s'attachait à moi; je cherchai à lever les mains et les laissai retomber à terre, mourant percé du glaive; et la chienne s'éloigna, sans avoir le cœur, quand je m'en allai chez Hadès, de me fermer les yeux de ses mains et de me clore les lèvres. Il n'y a rien de plus terrible ni de plus éhonté qu'une femme qui a dans son esprit conçu de tels forfaits, qui a comme celle-ci prémédité un crime indigne, machinant le meurtre de son légitime époux. Je me promettais pourtant un bon accueil de mes enfants et de mes serviteurs, à mon retour dans ma maison. Mais elle, savante en forfaits, a répandu l'infamie sur elle-même et toutes les femmes à venir, même les plus honnêtes. »

Ainsi parlait-il; et moi, je lui dis en réponse : « Ah! c'est que Zeus dont la voix porte au loin poursuivit toujours d'une terrible haine la race d'Atrée, employant contre elle des ruses de femmes; à cause d'Hélène nous avons péri en grand nombre; contre toi, pendant ton absence, Clytemnestre préparait son guet-apens. »

Ainsi disais-je; il me répliqua vivement : « Toi donc, ne sois jamais doux, même envers ta femme; ne lui confie point le projet qu'aura conçu ton esprit; fais-lui part des uns; cache-lui les autres. Pourtant, Ulysse, si tu es tué, ce ne sera certes point par ta femme; elle est trop raisonnable, elle a dans l'esprit de trop justes pensées, la fille d'Icarios, la sage Pénélope. C'était une jeune épousée, quand nous la quittions, à notre départ pour la guerre ; elle avait au sein un enfant tout petit, qui maintenant, je pense, siège dans l'assemblée des hommes. Qu'il est heureux ! Son père de retour au pays le verra, et lui, comme il convient, embrassera son père. Mon épouse à moi ne m'a pas laissé jouir de la vue de mon fils ; elle osa me tuer auparavant. Je veux te donner encore un autre avis ; mets-le bien dans ton esprit : fais aborder en secret et non pas ouvertement ton vaisseau à la terre de tes pères ; car il n'y a plus à se fier aux femmes. Mais dis-moi et réponds sans me rien cacher à toutes mes questions : avez-vous entendu dire que mon fils soit encore vivant, à Orchomène, à Pylos la Sablonneuse, ou encore chez Ménélas dans la spacieuse Sparte ? car il n'est pas mort, il est encore sur terre, l'illustre Oreste. »

Ainsi parlait-il ; et moi je lui dis en réponse : « Atride, pourquoi me poses-tu ces questions ? je ne puis savoir s'il vit ou s'il est mort ; rien ne sert de prononcer des paroles qu'emporte le vent. »

Ainsi nous nous tenions l'un en face de l'autre, échangeant de tristes paroles et versant d'abondantes larmes. Alors survinrent les âmes d'Achille, fils de Pélée, de Patrocle, de l'irréprochable Antiloque, et d'Ajax, qui, pour la beauté comme pour la taille, était le premier des Danaens après l'incomparable fils de Pélée. L'âme du petit-fils d'Eaque aux pieds rapides me reconnut et, gémissante, m'adressa ces paroles ailées : « Rejeton de Zeus, fils de Laërte, Ulysse aux mille expédients, téméraire, quelle entreprise plus hardie pourras-tu jamais projeter en ton esprit ? Comment osas-tu descendre chez Hadès, où habitent les morts insensibles, fantômes des humains qui ont tant peiné ? »

Il parlait ainsi ; et moi je lui dis en réponse : « Achille, fils de Pélée, le plus vaillant des Achéens, je suis venu consulter Tirésias, lui demander un conseil, pour parvenir dans ma rocheuse Ithaque ; car je n'ai pu encore approcher de l'Achaïe, et je n'ai pas mis le pied sur ma terre ; toujours je subis des épreuves. Mais, Achille, nul homme auparavant ne fut, nul ne sera dans l'avenir plus heureux que toi. Jadis, quand tu vivais, nous les Argiens, nous t'honorions à l'égal des dieux, et maintenant que tu es ici, tu règnes sans conteste chez les morts ; aussi ne t'afflige pas d'être défunt, Achille. »

Ainsi disais-je ; il me repartit avec vivacité : « Ne me

console donc pas de la mort, illustre Ulysse; j'aimerais
mieux, serf attaché à la glèbe, être aux gages d'autrui,
d'un homme sans patrimoine, n'ayant guère de moyens,
que de régner sur des morts, qui ne sont plus rien! Mais
parle-moi de mon illustre fils; est-il venu à la guerre,
pour y tenir le premier rang, ou s'est-il abstenu? Et
parle-moi de l'irréprochable Pélée, si tu en as quelque
nouvelle : est-il toujours en possession de ses honneurs
parmi les nombreux Myrmidons, ou lui manque-t-on
d'égards dans l'Hellas et la Phthie, parce que la vieillesse
paralyse ses mains et ses pieds? Ah! si, pour le secourir,
j'étais encore sous les rayons du soleil, tel que j'étais dans
la vaste Troade, quand je tuais les plus vaillants guerriers
pour la défense des Argiens, oui, si je revenais tel, fût-ce
très peu de temps, dans la maison de mon père, comme
je ferais haïr ma force et mes mains invincibles à ceux
qui lui font violence et l'écartent de ses honneurs! »

Il dit, et je lui répliquai : « Non, je n'ai point de nouvelles de l'irréprochable Pélée; mais sur ton cher fils Néoptolème, je te dirai toute la vérité, comme tu me le demandes. C'est moi-même qui, sur un vaisseau creux et
bien équilibré, l'amenai de Scyros rejoindre les Achéens
aux bonnes jambières. Certes, quand autour de la ville de
Troie nous tenions conseil, il était toujours le premier
à parler, et jamais son avis n'était en défaut. Seuls, le divin
Nestor et moi le surpassions. Et quand dans la plaine
troyenne nous combattions, le bronze en main, jamais
dans la foule et la poussée des hommes il ne restait en
arrière; avant tous il courait au premier rang; pour la
fougue il ne le cédait à personne et frappait maints
guerriers à mort dans l'effroyable mêlée; je ne saurais
dénombrer et nommer tous ceux qu'il tua en défendant
les Argiens. Mais quel guerrier était le fils de Télèphe,
le héros Eurypyle, qu'il tua par le bronze! et nombre de
ses compagnons cétéens [122] tombèrent autour de lui, à
cause de présents faits à une femme; je n'ai connu aucun
autre homme plus beau après l'illustre Memnon [123]. Et
lorsque nous, les meilleurs des Argiens, nous descendions
dans le cheval qu'avait construit Épéios (c'est moi qu'on
avait chargé de veiller à tout, d'ouvrir et de fermer la
solide porte), alors les autres chefs et conseillers danaens
essuyaient des larmes et tremblaient de tous leurs
membres; mais lui, jamais je ne vis une seule fois pâlir
son teint magnifique; jamais il n'essuya de larme sur ses
joues; au contraire, il me suppliait instamment de le

laisser sortir du cheval ; il serrait la poignée de son épée
et sa javeline lourde de bronze ; il méditait des malheurs
pour les Troyens. Et quand on eut mis à sac l'acropole
escarpée de Priam, lui avec sa part de butin, glorieuse
récompense, il s'embarqua sans blessure, sans avoir été
touché par le bronze aigu ni atteint dans le corps à corps,
comme il arrive souvent dans la bataille, quand Arès
furieux frappe en aveugle. » Ainsi parlais-je ; et l'âme du
petit-fils d'Eaque aux pieds légers s'en allait, traversant
à grands pas la prairie d'asphodèles, joyeuse de m'entendre dire que son fils se distinguait entre tous.

   Les autres âmes des défunts se tenaient affligées et
m'interrogeaient chacune sur l'objet de son souci. Seule
l'âme d'Ajax, fils de Télamon, restait à l'écart ; elle me
gardait rancune de la victoire que j'avais remportée sur
elle dans le jugement rendu près des vaisseaux pour les
armes d'Achille, comme l'avait voulu sa vénérable mère.
Les fils des Troyens et Pallas Athéné rendirent la sentence. Combien j'aurais dû ne pas vaincre dans cette lutte !
Car c'est à cause de ces armes que la terre recouvrit une
si vaillante tête, cet Ajax, qui par la beauté, par les
exploits l'emportait sur les autres Danaens après l'irréprochable de Pélée. Je lui adressai ces paroles conci-
liantes : « Ajax, fils de l'irréprochable Télamon, tu ne
devais donc pas, même mort, oublier ta rancune contre
moi à cause de ces maudites armes ? Les dieux en ont
fait une cause de souffrance pour les Argiens, qui en toi
ont perdu un si solide rempart ! Nous, Achéens, nous
sommes toujours affligés de ta mort, autant que pour la
tête d'Achille, fils de Pélée. La faute en est tout entière
à Zeus, à sa haine singulière contre l'armée des Danaens
pourvus de lances : il fit tomber sur toi la destinée. Allons !
Viens ici, prince, pour entendre mes paroles et mon récit ;
dompte ton ressentiment et la superbe de ton cœur. »
Ainsi parlais-je ; mais il ne me répondit rien ; il s'en alla
dans l'Erèbe rejoindre les autres âmes des défunts. Malgré sa rancune il aurait pu cependant me parler ou m'entendre ; mais dans ma poitrine mon cœur désirait voir les
âmes des autres morts.

   Lors donc je vis Minos, l'illustre fils de Zeus, qui, un
sceptre d'or à la main, rendait la justice aux morts, assis
sur un trône ; eux, autour du prince, demandaient leur
jugement, assis et debout, dans la demeure d'Hadès aux
larges portes.

   Après lui, j'aperçus le gigantesque Orion, qui chassait

dans la prairie de l'asphodèle les fauves qu'il avait tués lui-même dans les monts solitaires : il avait en main la massue de bronze massif, qui jamais ne se brisa.

Je vis aussi Tityos, fils de la très glorieuse Terre; il gisait sur le sol et couvrait neuf arpents; deux vautours posés à ses flancs lui déchiraient le foie, plongeant le bec en ses entrailles, et il ne cherchait point à les écarter de ses mains; car il avait fait violence à Léto, la glorieuse épouse de Zeus, comme elle allait à Pytho, à travers Panopée [124], la ville des beaux chœurs.

J'aperçus aussi Tantale, qui subissait un cruel supplice, debout dans un lac; il avait de l'eau jusqu'au menton; avide de boire, il ne pouvait atteindre l'eau; chaque fois que le vieillard se penchait, désirant apaiser sa soif, l'eau s'échappait, absorbée dans le sol; autour de ses pieds paraissait une terre noire que desséchait un dieu. Des arbres au feuillage haut et touffu laissaient pendre leurs fruits au-dessus de sa tête, poiriers, grenadiers et pommiers aux fruits éclatants, doux figuiers et oliviers fleurissants; quand le vieillard étendait les bras pour les prendre en ses mains, le vent les rejetait vers les sombres nuées.

Et je vis encore Sisyphe, qui souffrait de violentes douleurs : il poussait de ses deux bras une énorme pierre. S'arc-boutant des mains et des pieds, il poussait la pierre vers le sommet d'une colline; mais, quand il allait en dépasser le faîte, la masse l'entraînait en arrière; de nouveau l'impudente pierre roulait vers la plaine. Les forces tendues, il recommençait à la pousser, la sueur ruisselait de ses membres et la poussière s'élevait en nimbe de sa tête.

Après lui, je vis Héraclès ou, pour mieux dire, son ombre, car pour lui, en la compagnie des dieux immortels, il se réjouit aux banquets et possède Hébé aux belles chevilles, la fille du grand Zeus et d'Héra aux sandales d'or. Autour de lui, les morts faisaient vacarme comme des oiseaux, en fuyant effrayés de tous côtés. Pareil à la nuit sombre, il tenait son arc nu, un trait sur la corde, jetant partout des regards menaçants, faisant sans cesse mine de tirer. Terrible, le baudrier pendait sur sa poitrine; son ceinturon était en or; de merveilleuses images y étaient figurées, ours, sangliers sauvages, lions aux yeux étincelants, mêlées, batailles, meurtres, massacres. Il ne saurait plus produire un tel chef-d'œuvre, l'artiste dont le talent exécuta ce baudrier. Héraclès me reconnut, quand ses yeux me virent, et, avec un gémissement, il m'adressa ces paroles ailées : « Rejeton de Zeus, fils de Laërte, Ulysse aux mille expédients, ah! malheureux, traînes-tu donc, toi aussi, le triste destin que, moi, je ne cessai de porter sous les rayons du soleil ? Zeus fils de Cronos était mon père, et pourtant mon malheur était sans bornes; j'étais asservi à un homme, qui était loin de me valoir et m'imposait de pénibles travaux. Une fois même, il m'envoya ici pour en ramener le chien; il n'y avait point, dans sa pensée, de plus terrible épreuve; pourtant, je le traînai en haut et l'emmenai de chez Hadès : j'avais pour guides Hermès et Athéné aux yeux brillants. » Ayant dit ces mots, il s'en retourna dans la demeure d'Hadès.

Moi, je restais là, fiché au sol, attendant qu'arrivât quelqu'un des héros qui étaient morts précédemment. Peut-être aurais-je vu ceux que j'aurais voulu, les hommes des âges précédents, Thésée, Pirithoos, illustres enfants des dieux. Mais sans m'en laisser le temps, s'assemblèrent innombrables des tribus de morts avec un cri effrayant; et la peur blême me saisissait : la vénérable Perséphone n'allait-elle pas m'envoyer de chez Hadès la tête de Gorgo, le terrible monstre ? Sans tarder, m'en retournant au vaisseau, j'ordonnai à mes compagnons de s'embarquer et de dénouer les amarres. Ils s'embarquèrent aussitôt et s'assirent devant les tolets. Le courant nous portait sur le fleuve Océan; nous allions d'abord à la rame; ensuite une brise excellente nous poussait.

CHANT XII

SIRÈNES – SCYLLA – CHARYBDE – BŒUFS D'HÉLIOS

SOMMAIRE : De retour à l'île d'Aiaié, Ulysse rend les honneurs
funèbres à Elpénor, et Circé lui apprend quels dangers il doit
encore affronter pendant son retour (1-141). La navigation est
d'abord heureuse. Arrivé à la région des Sirènes, il entend impunément leurs chants perfides, s'étant fait attacher au mât de sa nef,
après avoir bouché les oreilles de ses compagnons (142-200). Arrivé
à la passe entre les deux écueils, il se tient, sur le conseil de Circé,
près de Scylla, pour éviter Charybde. Il sort indemne, mais Scylla
lui a pris six compagnons (201-259). On atteint l'île du Soleil; se
rappelant les avertissements de Tirésias, Ulysse ne s'arrête que sur
les instances d'Eurylochos (260-302). Des vents contraires bloquent
le vaisseau pendant un mois dans le port creux de Messine; les
vivres s'épuisent. Alors, pendant un sommeil d'Ulysse, ses gens
tuent et mangent des bœufs d'Hélios (303-373). En représailles,
Zeus déchaîne la tempête et foudroie la nef; Ulysse échappe seul
au naufrage, revient à Charybde et Scylla, franchit la passe, dérive
pendant neuf jours, est porté par le vent de Sud vers Ogygie, où
l'accueille Calypso (374-453).

Quand la nef eut quitté le cours du fleuve Océan et
atteint les houles de la mer aux larges voies, puis l'île
d'Aiaié, où séjourne avec ses chœurs Aurore, qui naît de
grand matin, où se lève Hélios, on échoua dès l'arrivée
le vaisseau sur les sables, on prit pied au brisement de
la mer. Puis, nous nous endormîmes en attendant la brillante Aurore.

Dès que parut Aurore aux doigts de rose, qui naît de
grand matin, j'envoyai mes compagnons au manoir de
Circé, pour emporter le corps sans vie d'Elpénor. Ayant
coupé des bûches, à l'endroit le plus haut du cap, nous

le brûlons, navrés et versant de grosses larmes. Quand
le cadavre fut consumé avec les armes du mort, on lui
élève un tertre, on lui dresse une stèle et au sommet du
tombeau nous plantons une rame bien maniable [125]. Nous
accomplissions donc tous les rites; mais Circé n'ignora
point notre retour de chez Hadès et, bien vite, elle
accourut toute parée; avec elle étaient des suivantes, qui
portaient du pain, force viandes et vin rouge aux reflets de
feu. Se plaçant au milieu de nous, l'illustre déesse nous
dit : « Malheureux, qui êtes entrés vivants dans la
demeure d'Hadès, et qui mourrez deux fois, quand tous
les autres hommes ne trépassent qu'une seule, allons,
mangez de ces vivres, buvez du vin, ici, tout le jour.
Dès que poindra Aurore, vous reprendrez la mer. Je vous
montrerai votre route et vous renseignerai sur tout, pour
que nul artifice funeste, ou sur mer, ou sur terre, ne
vous suscite encore d'autres souffrances. »

Elle dit, et notre cœur viril lui obéit. Ainsi tout le
jour, jusqu'au coucher du Soleil, nous restions, nous par-
tageant viandes à foison et doux vin. Le Soleil couché
et les ténèbres venues, mes gens allèrent dormir au long
des amarres; mais Circé, me prenant par la main, me fit
asseoir loin d'eux, se coucha près de moi et m'interrogea
sur chaque point. Je lui contai tout, comme il convenait.
Et l'auguste Circé alors m'adressa ces paroles : « Voilà
donc cette épreuve subie jusqu'au bout. Toi, écoute tout
ce que je vais te dire; d'ailleurs, un dieu même t'en fera
souvenir. Tu arriveras d'abord chez les Sirènes, dont la
voix charme tout homme qui vient vers elles. Si quelqu'un les approche sans être averti et les entend, jamais
sa femme et ses petits enfants ne se réunissent près de
lui et ne fêtent son retour; le chant harmonieux des
Sirènes le captive. Elles résident dans une prairie, et
tout alentour le rivage est rempli des ossements de corps
qui se décomposent; sur les os la peau se dessèche. Passe
sans t'arrêter; pétris de la cire douce comme le miel et
bouche les oreilles de tes compagnons, pour qu'aucun
d'eux ne puisse entendre. Toi-même, écoute, si tu veux;
mais que sur ton vaisseau rapide on te lie les mains et
les pieds, debout au pied du mât, que l'on t'y attache
par des cordes, afin que tu goûtes le plaisir d'entendre
la voix des Sirènes. Et, si tu pries et presses tes gens de
te délier, qu'ils te serrent de liens encore plus nombreux.
Puis, quand ils auront dépassé les Sirènes, je ne te dirai
plus avec précision laquelle des deux routes il te faudra

suivre; c'est à toi d'en délibérer en ton cœur; je vais te décrire les deux directions. D'un côté sont les roches en surplomb, et contre elles se brisent en grondant les grandes houles d'Amphitrite aux yeux sombres. Les dieux bienheureux les nomment les Planctes. L'une ne peut être frôlée par aucun volatile, pas même les timides colombes, qui portent l'ambroisie à Zeus, le Père; mais, à chaque vol, la roche lisse en prend une, et le Père doit en renvoyer une autre pour faire le compte. L'autre jamais ne fut franchie par nulle nef à l'équipage humain, venue dans ses parages; les ais des vaisseaux et les corps des marins sont emportés par les vagues de la mer et les tourbillons du feu dévorant. Seule une nef au long cours put la franchir, l'Argo à l'envi chantée par tous les poètes, quand elle revint du pays d'Alétès; et même les flots eussent tôt fait de la briser contre les grandes roches, si Héra ne l'eût fait passer, par amitié pour Jason. De ces deux rochers l'un atteint le vaste ciel de son faîte aigu; une sombre nuée l'entoure, qui jamais ne se dissipe; et jamais l'azur ne baigne la cime, ni en été, ni en automne; aucun mortel ne saurait l'escalader ni se tenir au sommet, eût-il vingt mains et vingt pieds; car la roche est lisse et on la dirait rabotée. A mi-hauteur de l'écueil s'ouvre une caverne à la profondeur bleuâtre, tournée du côté de l'ouest vers l'Erèbe; c'est de ce côté que vous devez diriger votre vaisseau ponté, illustre Ulysse. Aucun homme, si vigoureux fût-il, ne pourrait, du creux de sa nef, atteindre d'une flèche le fond de la caverne. C'est là-dedans que gîte Scylla aux aboiements terribles. Sa voix n'est pas plus forte que celle d'une chienne nouveau-née; c'est pourtant un monstre affreux : personne n'aurait joie à la voir, même si c'était un dieu qui la rencontrât. Elle a douze pieds, tous difformes; et six cous, d'une longueur singulière, et sur chacun une tête effroyable, à trois rangées de dents, serrées, multiples, pleines des ténèbres de la mort. Elle s'enfonce jusqu'à mi-corps dans le creux de la caverne; elle tend ses têtes hors du gouffre terrible, et de là elle pêche, explorant la roche tout entière, dauphins et chiens de mer, et, à l'aventure, elle prend quelque monstre plus gros, comme en nourrit par milliers Amphitrite aux forts mugissements. Jamais encore matelots ne se peuvent vanter d'avoir passé par là sans y périr avec leur nef; Scylla emporte avec chacune de ses têtes un homme saisi dans le vaisseau à la proue sombre. Tu verras, Ulysse,

que l'autre écueil est moins élevé. Ils sont tous deux
l'un près de l'autre. Une de tes flèches franchirait l'inter-
valle. Sur celui-ci est un grand figuier sauvage à la
frondaison luxuriante. Au pied du roc, la fameuse Charybde engloutit l'eau noire. Trois fois par jour elle la
rejette et trois fois elle l'engloutit avec un bruit effroyable.
Ne te trouve pas là, quand elle commence à l'engouffrer ;
car l'Ebranleur de la terre lui-même ne pourrait te
sauver du malheur. Aussi fais vite passer ton vaisseau
près de l'écueil de Scylla ; car il est sans doute bien préférable d'avoir à regretter six hommes de ton équipage
que de les perdre tous ensemble. »
    Ainsi parlait-elle, et moi, je lui repartis : « Dis-moi
donc ceci, déesse, sans feinte aucune. Si je parvenais à
éviter la funeste Charybde, ne pourrais-je attaquer
l'autre, quand elle se jetterait sur mes gens ? » Je dis ; et
l'illustre déesse me répondit sur-le-champ : « Malheureux ! Tu ne rêves donc qu'actions guerrières et bataille ?
Tu ne reculerais même pas devant les dieux. Scylla
n'est pas une mortelle : c'est un fléau immortel, un
monstre épouvantable, furieux, inattaquable. On ne peut
s'en défendre ; le mieux est de le fuir. Si au long de sa
roche tu perds du temps à t'armer, je crains qu'elle ne
t'atteigne en lançant derechef ses têtes, et ne te prenne
encore autant d'hommes. Passe plutôt très vite ; appelle
à ton secours Crataïs, la mère de Scylla ; c'est elle qui
enfanta ce fléau pour les hommes et c'est elle qui pré-
viendra une nouvelle attaque. Tu arriveras ensuite à
l'île de Thrinacie. Là paissent en grand nombre les
bœufs d'Hélios et ses grasses brebis, sept troupeaux de
vaches, autant de beaux troupeaux de brebis, chacun de
cinquante têtes. Ces bêtes ne procréent pas et jamais elles
ne meurent. Des déesses sont leurs bergères, nymphes aux
belles boucles, Phæthouse et Lampétie, qu'enfanta pour
Hélios Hypérion la brillante Néère. Les ayant donc
nourries après leur avoir donné le jour, l'auguste mère
les établit au loin dans l'île de Thrinacie pour y habiter
et garder les brebis et les vaches luisantes de leur père.
Si tu ne leur fais aucun mal, si tu penses à votre retour,
vous pourrez encore, non sans souffrir, atteindre Ithaque,
mais si tu les maltraites, alors je prévois la perte de ton
vaisseau et de tes gens ; si toi-même tu échappes à la
mort, tu rentreras tard et en triste état, après avoir
perdu tous tes compagnons. »
    Elle dit, et aussitôt parut Aurore au trône d'or. La

déesse illustre alors s'en alla vers l'intérieur de l'île; et moi, gagnant ma nef, j'encourageais mes gens à s'embarquer et à détacher les amarres de poupe. Ils montaient à bord sans tarder, s'asseyaient devant les tolets et, placés en ordre, ils soulevaient de leurs rames l'écume de la mer. A l'arrière de notre vaisseau à la proue sombre, un vent favorable emplissait nos voiles, bon compagnon, envoyé par Circé aux belles boucles, la terrible déesse au langage humain. Et dès lors ayant disposé chaque agrès, nous restions assis sur la nef : le vent et le pilote nous menaient droit au but. Et je dis à mes compagnons, le cœur angoissé : « Amis, il ne faut pas qu'un ou deux seuls connaissent les oracles que m'a révélés Circé, illustre entre les déesses; je vais donc vous les dire, afin que nous sachions ce qui peut nous perdre, ce qui peut nous préserver de la Kère fatale. Elle nous invite d'abord à nous garder des Sirènes charmeuses, de leur voix et de leur pré fleuri; à moi seul elle conseille de les entendre. Mais attachez-moi par des liens serrés, pour que je reste immobile sur place, debout au pied du mât, et que des cordes m'y fixent. Si je vous prie et vous ordonne de me détacher, vous alors, serrez-moi davantage. »

Ainsi, expliquant tout en détail à mes compagnons, je les mis au courant. Cependant, la nef solide atteignit vite l'île des Sirènes; car un vent favorable, qui nous épargnait toute peine, hâtait sa marche. Alors le vent tomba aussitôt; le calme régna sans un souffle; une divinité endormit les flots. Mes gens s'étant levés roulèrent les voiles du vaisseau et les jetèrent au fond de la cale; puis, s'asseyant devant les rames, ils faisaient blanchir l'eau avec leur sapin poli. Moi, avec le bronze aiguisé de mon épée je taillai un grand gâteau de cire et j'en pétrissais les morceaux de mes mains vigoureuses. Aussitôt la cire s'amollissait, sous la force puissante et l'éclat d'Hélios, le souverain fils d'Hypérion. A tous mes compagnons tour à tour, je bouchai les oreilles. Eux, sur la nef, me lièrent tout ensemble mains et pieds; j'étais debout au pied du mât auquel ils attachèrent les cordes. Assis, ils frappaient de leurs rames la mer grise d'écume. Quand nous ne fûmes plus qu'à une portée de voix, ils redoublèrent de vitesse, mais la nef qui bondissait sur les flots ne resta pas inaperçue des Sirènes; car elle passait tout près, et elles entonnèrent un chant harmonieux. « Allons, viens ici, Ulysse, tant vanté, gloire illustre des Achéens; arrête ton vaisseau, pour écouter notre voix.

Jamais nul encore ne vint par ici sur un vaisseau noir, sans avoir entendu la voix aux doux sons qui sort de nos lèvres ; on s'en va charmé et plus savant ; car nous savons tout ce que dans la vaste Troade souffrirent Argiens et Troyens par la volonté des dieux, et nous savons aussi tout ce qui arrive sur la terre nourricière. » Elles chantèrent ainsi, en lançant leur belle voix. Et moi, j'aspirais à les entendre, et j'ordonnais à mes compagnons de me délier, par un mouvement des sourcils ; mais, penchés sur les avirons, ils ramaient ; tandis que, se levant aussitôt, Périmède et Eurylochos m'attachaient de liens plus nombreux, et les serraient davantage. Puis, dès qu'ils eurent passé les Sirènes et que nous n'entendions plus leur voix ni leur chant, mes fidèles compagnons retirèrent la cire, dont j'avais bouché leurs oreilles, et me délivrèrent de mes liens.

Comme nous quittions l'île, je vis tout aussitôt la vapeur de grandes houles et j'en entendis le fracas. Mes gens prirent peur ; les rames s'envolèrent de leurs mains et claquèrent en tombant toutes au fil de l'eau. La nef s'arrêta sur place ; car leurs mains ne manœuvraient plus les rames effilées. Et moi, allant d'un bout à l'autre du vaisseau, j'encourageais mes compagnons par de douces paroles, en me plaçant près de chacun. « Amis, nous ne sommes plus sans expérience des épreuves. Ce malheur qui nous menace n'est certes pas plus grand qu'au temps où le Cyclope, de toute la violence de sa force, nous tenait enfermés au creux de sa caverne. Mais, même de là nous nous sommes échappés, grâce à ma vaillance, mes conseils et mon esprit, et vous vous en souviendrez, je pense. Maintenant, courage, obéissez tous à ce que je vais dire : vous, restant assis près des tolets, frappez la mer de vos rames, en les enfonçant profondément ; voyons si d'aventure Zeus nous accordera d'échapper à ce danger et d'esquiver la mort. A toi, pilote, voici mes ordres : mets-les bien dans ton esprit, puisque tu tiens le gouvernail de la nef creuse. Dirige-la en dehors de cette vapeur et de cette houle ; longe bien l'autre écueil, de peur qu'à ton insu elle ne sorte de sa ligne, ne se jette là-bas, et que tu ne nous précipites dans le malheur. »

Je disais, et bien vite ils obéirent à mes ordres. Je ne parlais plus de Scylla, l'inévitable fléau ; car peut-être mes gens, pris de peur, cesseraient de ramer pour se blottir en tas à fond de cale. Et voilà que j'oubliais la pénible recommandation de Circé ; elle m'avait défendu de prendre aucune de mes armes ; mais, moi, ayant revêtu mon armure glorieuse et pris en mains deux longues javelines, j'allai me poster sur le gaillard de proue ; de là, je croyais découvrir dès son apparition cette Scylla du rocher, s'élançant pour la perte des miens. Mais je ne l'apercevais nulle part, et mes yeux se fatiguèrent à explorer en tout sens la roche embrumée.

Nous naviguions droit dans la passe, en nous lamentant. D'un côté se trouve Scylla ; et de l'autre, la fameuse Charybde engloutit avec un bruit terrible l'eau salée. Quand elle la vomit, toute la mer s'agite, bouillonne, comme l'eau d'un chaudron sur un grand feu ; l'écume jaillit jusqu'en haut des Écueils et retombe sur tous les deux. Puis, quand elle engloutit à nouveau l'eau salée, on la voit bouillonner tout entière en sa profondeur ; le rocher qui l'entoure mugit terriblement ; et par-dessous paraît un fond de sable noirâtre. Mes compagnons, pris de terreur, devenaient blêmes.

Nous regardions Charybde, dans notre crainte de la mort ; à ce moment Scylla dans le creux du vaisseau emporta six de mes hommes, les meilleurs par la force de leurs bras. Comme je tournais les yeux vers mon vaisseau rapide et mes compagnons, je n'aperçus plus que leurs pieds et leurs mains enlevés en l'air : ils criaient, m'appelant par mon nom, pour la dernière fois, dans l'angoisse de leur cœur. Quand sur la saillie d'un roc, un pêcheur jette au bout de sa longue gaule l'appât trompeur aux petits poissons et lance dans la mer la corne d'un bœuf des champs [126], on le voit verser sur le sol sa prise palpitante ; eux palpitaient ainsi, enlevés contre les pierres, et Scylla, à la porte de son antre, les dévorait tout criants, tendant les bras vers moi, dans leur effroyable détresse. C'est bien le spectacle le plus pitoyable qu'aient vu mes yeux, pendant ma pénible recherche des passes de la mer.

Puis, quand nous eûmes échappé aux Écueils, à la terrible Charybde, à Scylla, nous parvînmes aussitôt à l'île admirable du dieu. Là se trouvaient les beaux bœufs au large front, les nombreuses et grasses brebis d'Hélios Hypérion. Et moi, j'étais encore en haute mer, sur mon vaisseau noir, quand déjà j'entendis mugir les bœufs parqués et bêler les brebis. A mon esprit revint la parole du devin aveugle, Tirésias de Thèbes, et celle de Circé d'Aiaié qui m'avaient tant recommandé d'éviter l'île d'Hélios, le charmeur des mortels. Alors, je dis à mes

compagnons, le cœur angoissé : « Ecoutez mes paroles,
compagnons, malgré vos souffrances ; que je vous dise
les prophéties de Tirésias et de Circé d'Aiaié, qui me
recommandaient instamment d'éviter l'île d'Hélios, le
charmeur des mortels. Car ils me prédisaient que là
nous éprouverions un malheur effroyable. Poussez donc
le vaisseau noir à l'écart de l'île. »

Ainsi parlais-je, et leur cœur fut brisé. Aussitôt
Eurylochos me fit cette terrible réponse : « Tu es cruel,
Ulysse, ta force te reste, et tes membres ne sont point
las ; en vérité, toute ta charpente est de fer. Tu ne permets
pas à tes compagnons, qui tombent de fatigue et de
sommeil, de mettre pied à terre, là où nous pourrions,
dans cette île cernée des flots, apprêter un souper suc-
culent ; tu nous ordonnes d'aller ainsi à travers la nuit
qui tombe vite, errant loin de l'île sur la mer brumeuse ;
c'est des nuits que naissent les vents violents, destruc-
teurs de vaisseaux ; et comment échapper à une brusque
mort, s'il survient soudain une tempête, ou de Notos ou
de Zéphyr, au souffle furieux, ces vents qui ont vite
fait de briser un vaisseau en dépit des dieux souverains.
Allons, cédons à la nuit noire et préparons le souper, en
restant près du vaisseau rapide ; à l'aube, nous embarque-
rons et pousserons la nef au large. »

Ainsi parla Eurylochos, mes autres compagnons l'approuvaient. Et dès lors, je connaissais les maux que
méditait un dieu. Aussi élevant la voix, je lui adressai ces
paroles ailées : « Eurylochos, vous me faites grande
violence, à moi, seul contre tous. Mais jurez-moi tous un
inviolable serment : si nous trouvons un troupeau de
bœufs ou une harde de brebis, que personne, par une folie
funeste, ne tue bœuf ou mouton ; contentez-vous de
manger les vivres dont nous a pourvus l'immortelle
Circé. »

Je disais, et mes gens aussitôt jurèrent de s'abstenir,
comme je l'ordonnais, du bétail divin. Puis, quand ils
eurent juré et jusqu'au bout prononcé le serment, nous
mouillâmes la nef bien construite dans le port encaissé,
près d'une eau douce ; mes compagnons débarquèrent,
et savamment ils apprêtèrent le souper. Quand fut
apaisé le désir du boire et du manger, ils se rappelèrent
alors et pleurèrent leurs compagnons, dévorés par
Scylla, qui les avait pris au creux du vaisseau. Et pendant
qu'ils pleuraient, le doux sommeil survint.

On était aux deux tiers de la nuit et les astres avaient

commencé leur déclin, quand Zeus, assembleur de nuées, souleva un ouragan, un tourbillon indicible, et couvrit de nuages à la fois la terre et la mer ; la nuit était tombée du ciel.

Et quand parut Aurore aux doigts de rose, qui naît de grand matin, nous ancrâmes le vaisseau après l'avoir tiré au creux d'une grotte où les nymphes formaient leurs beaux chœurs et venaient s'asseoir. Alors j'assemblai mes gens et je dis ces paroles : « Amis, il y a dans notre vaisseau rapide vivres et boisson ; ne touchons pas aux bœufs, crainte d'un malheur. Car terrible est le dieu qui possède ces bœufs et ces grasses brebis, Hélios qui voit tout et entend tout. »

Ainsi parlais-je ; et le cœur viril de mes gens fut persuadé. Tout le mois, Notos souffla sans cesse, et aucun vent ne se levait, autre qu'Euros et Notos. Tant que mes compagnons eurent vivres et vin rouge, ils s'abstinrent des bœufs ; car ils désiraient sauver leur vie [127]. Mais, quand les provisions du bord furent toutes épuisées, ils s'en allèrent, contraints par la nécessité, chasser de-ci de-là, prenant poissons, oiseaux, tout ce qui leur tombait sous la main, avec des hameçons crochus : la faim leur torturait l'estomac. Alors, moi, je partis vers l'intérieur de l'île, afin de prier les dieux, espérant que l'un d'eux m'indiquerait le chemin du retour. Et lorsque, allant à travers l'île, je fus loin de mes compagnons, après m'être lavé les mains, je priai, dans un lieu abrité du vent, tous les dieux, qui possèdent l'Olympe. Or ceux-ci répandirent un doux sommeil sur mes paupières. Et Eurylochos cependant commençait de donner à ses compagnons ce conseil funeste : « Ecoutez mes paroles, compagnons, malgré vos souffrances ; tous les genres de mort sont odieux aux misérables mortels ; mais le plus pitoyable est de périr de faim et d'accomplir ainsi sa destinée. Allons ! poussons devant nous les plus beaux bœufs d'Hélios, et sacrifions-les aux Immortels, qui possèdent le vaste Olympe. Et si nous arrivons en Ithaque, terre de nos pères, nous bâtirons aussitôt pour Hélios Hypérion un riche sanctuaire ; et là nous dresserons beaucoup de belles statues. Et si, nous gardant rancune pour ses vaches aux cornes droites, il veut détruire notre nef, si les autres dieux y consentent, je préfère perdre d'un coup la vie, en ouvrant la bouche aux flots, plutôt que de languir longtemps dans une île déserte. »

Ainsi parla Eurylochos, et les autres compagnons

l'approuvaient. Aussitôt ils poussèrent devant eux les plus beaux bœufs d'Hélios, qui étaient tout proches ; car ils ne paissaient pas loin du vaisseau à la proue sombre, les beaux bœufs à la robe luisante, au large front. Et les ayant cernés, ils adressaient leurs vœux aux dieux, après avoir cueilli les tendres feuillages d'un chêne à la haute chevelure. Car ils n'avaient plus d'orge blanche à bord de la nef aux solides bordages. Quand ils eurent fait leur vœu, égorgé et écorché les bœufs, ils détachèrent les cuisses, et sur les deux côtés les recouvrirent de graisse, puis ils placèrent dessus des morceaux saignants. Ils n'avaient pas de vin pur à verser sur les offrandes brûlantes, mais, faisant la libation avec de l'eau, ils grillaient tous les viscères. Lorsque les cuisses furent rôties et qu'ils eurent mangé les entrailles, ils découpèrent le reste en morceaux et les enfilèrent sur des broches.

C'est alors que le doux sommeil s'envola de mes paupières. J'allai au vaisseau rapide et au rivage de la mer. Quand j'arrivai près de la nef en forme de croissant, alors le chaud fumet de la graisse m'enveloppa. Ayant poussé un profond gémissement, je priai à grands cris les dieux immortels : « Zeus père, et vous autres dieux bienheureux et éternels, c'est pour mon malheur que vous m'avez endormi d'un impitoyable sommeil. Mes compagnons ont, en mon absence, médité un monstrueux forfait. »

Rapide [128], Lampétie au long voile vint annoncer à Hélios Hypérion que nous lui avions tué ses bœufs. Aussitôt, le cœur courroucé, il dit dans l'assemblée des Immortels : « Zeus père, et vous autres, dieux bienheureux et éternels, faites payer aux compagnons d'Ulysse, fils de Laërte, le meurtre de mes bœufs. Ils ont tué dans leur insolence ces bêtes qui faisaient ma joie quand j'allais vers le ciel constellé, ou quand, à mon déclin, je me tournais du ciel vers la terre. S'ils ne sont pas frappés d'un juste châtiment pour la mort de mes bœufs, je descendrai chez Hadès et brillerai pour les morts. » Zeus, assembleur de nuées, lui dit en réponse : « Hélios, continue à briller parmi les Immortels, et pour les mortels sur la terre qui donne le blé. Quant à ces gens, je frapperai bientôt leur vaisseau rapide de ma foudre éclatante et le ferai voler en éclats au milieu de la mer vineuse. »

Voilà ce que j'appris plus tard de la bouche de Calypso à la belle chevelure. Elle disait que le messager Hermès lui avait à elle-même rapporté ces paroles.

Quand je fus descendu au vaisseau rapide et à la mer,

j'allai trouver l'un après l'autre mes gens et les querellai. Mais nous ne pouvions inventer de remède, les bœufs étaient déjà morts. Et les dieux aussitôt firent paraître à leurs yeux des prodiges : les cuirs des bêtes marchaient; les viandes meuglaient autour des broches, viandes cuites aussi bien que crues; on eût dit la voix des bœufs mêmes. Ensuite, six jours durant, mes fidèles compagnons festoyèrent; car ils avaient pris à Hélios ses meilleurs bœufs. Mais quand Zeus, fils de Cronos, fit paraître le septième jour, alors le vent cessa de souffler en tempête; nous montâmes à bord, et poussâmes la nef sur la vaste mer, après avoir planté le mât et hissé les voiles blanches.

Nous venions de quitter l'île, et nulle autre terre n'apparaissait, mais seulement le ciel et la mer, quand le fils de Cronos plaça une nuée noirâtre au-dessus de la nef creuse; et la mer en fut obscurcie. Le vaisseau ne courut pas longtemps; aussitôt vint en sifflant Zéphyr, qui tourbillonnait en tempête; la violence du vent brisa les étais du mât, l'un et l'autre; le mât tomba en arrière, et tous les agrès furent précipités dans la sentine. Le mât, en tombant sur la poupe, fendit le crâne du pilote, lui fracassa tous les os de la tête, et lui, pareil à un plongeur, tomba du gaillard, et son âme vaillante quitta ses ossements. En même temps, Zeus tonna et lança sa foudre sur la nef. Frappée par la foudre de Zeus, elle tournoya tout entière sur elle-même, s'emplit d'une fumée de soufre, et mes gens tombèrent du vaisseau. Semblables à des corneilles, ils étaient emportés par les flots autour de la nef noire, et le dieu les priva du retour. Moi, j'allais et venais d'un bout à l'autre du vaisseau, quand un tourbillon de mer disloqua les bordages de la quille; le flot l'emportait sans agrès; il projeta le mât et le brisa contre la quille. Mais au mât était attachée une courroie d'antenne. Je m'en servis pour lier ensemble mât et quille. Et m'asseyant sur eux, j'étais emporté par les vents funestes.

Alors Zéphyr cessa de souffler en tempête; mais aussitôt survint Notos, cause de nouvelles inquiétudes pour mon cœur; une fois encore j'aurais à passer la mortelle Charybde. Toute la nuit, je fus emporté et, au lever du soleil, j'arrivai à l'écueil de Scylla et à la terrible Charybde. Celle-ci engloutit l'eau salée de la mer, et moi, m'élançant vers le haut figuier, je m'y tenais suspendu comme une chauve-souris. Mais je n'avais nul moyen de poser solidement le pied ou de grimper. Car les racines étaient loin au-dessous de moi et les branches s'élevaient, larges et grandes, hors de ma prise, et ombrageaient Charybde. Je m'agrippai, jusqu'à ce que le gouffre vomît mât et quille. A ma joie ils revinrent enfin. C'est à l'heure où le juge qui règle maintes querelles entre plaideurs se lève et pour souper rentre de l'agora, que je vis ces bois surgir hors de Charybde. Je lâchai pieds et mains et je tombai bruyamment au milieu de la passe près des longues poutres. M'asseyant dessus je ramai de mes mains. Le Père des hommes et des dieux ne permit pas que Scylla m'aperçût ; car je n'aurais pas échappé à la brusque mort.

De là, pendant neuf jours, les flots m'emportaient ; la dixième nuit, les dieux m'approchèrent de l'île Ogygie, où habite Calypso aux belles boucles, la terrible déesse au langage humain, qui me donnait son amitié et ses soins. Mais pourquoi reprendre ce récit ? Je te l'ai déjà fait hier en ton manoir, à toi et ta noble épouse. Je n'aime pas à redire des aventures, déjà longuement contées. »

CHANT XIII

ULYSSE QUITTE L'ÎLE DES PHÉACIENS
SON ARRIVÉE A ITHAQUE

SOMMAIRE : L'auditoire est émerveillé par le récit d'Ulysse; aussi
Alcinoos invite-t-il les princes à lui faire de nouveaux présents
d'hospitalité. Le lendemain soir, Ulysse prend congé et, la nuit, il
est pendant son sommeil transporté à Ithaque (1-92). Arrivé à l'île,
l'équipage accoste dans le port de Phorcys et dépose le voyageur
sur le rivage, avec tous ses présents. Au retour, non loin du port,
Poséidon, irrité du secours prêté par les Phéaciens à leur hôte,
métamorphose leur vaisseau en rocher (93-184). Ulysse à son réveil
ne reconnaît pas son pays et se croit dupé : à dessein, Athéné l'a
enveloppé d'un brouillard. Elle lui apparaît sous la forme d'un
jeune pâtre, et, de son côté, Ulysse, par défiance, tente de se faire
passer pour un Crétois fugitif (185-286). La déesse, reprenant son
véritable aspect, se fait reconnaître, déchire le nuage, et Ulysse
salue sa patrie (287-360). Athéné l'engage à se rendre d'abord chez
le porcher Eumée, qui lui est resté fidèle, et lui prête l'apparence
d'un mendiant (361-438). Puis elle part pour Lacédémone, afin
d'en ramener Télémaque (439-440).

Ainsi parla-t-il, et tous demeurèrent immobiles en
silence; ils étaient sous le charme dans la grand-salle
pleine d'ombre. Mais Alcinoos, élevant la voix, dit en
réponse : « Ulysse, puisque tu es venu dans ma demeure
au seuil de bronze, au toit élevé, je ne crois pas que tu
recommences pour t'en retourner tes courses errantes,
bien que tu aies connu tant d'épreuves. Et vous, qui
dans ma grand-salle, buvez en chaque occasion le vin
d'honneur aux reflets de feu, en écoutant chanter l'aède,
voici ce que je veux à chacun vous demander : on a
placé pour notre hôte, dans un coffre bien poli, les vête-

ments, l'or ciselé, et tous les autres dons que les conseillers des Phéaciens ont apportés ici. Allons! donnons-lui par tête un grand trépied et un chaudron, et, en retour, nous nous en ferons payer le prix par le peuple; car il serait dur qu'un seul fît une faveur gratuite. »

Ainsi parlait Alcinoos, et son discours plut aux auditeurs. Puis, souhaitant dormir, ils s'en allèrent chacun chez soi. Et quand parut Aurore aux doigts de rose, qui naît de grand matin, ils se hâtaient vers le vaisseau et y portaient le bronze solide. Alcinoos vaillant et fort allait lui-même à travers la nef, sous les bancs disposait tous les dons en bon ordre de manière à ne gêner aucun mouvement des compagnons, quand ils feraient force de rames.

Puis ils revinrent au manoir d'Alcinoos et y préparaient le festin. Pour eux, le vaillant et fort Alcinoos immola un bœuf en l'honneur du fils de Cronos, Zeus, dieu des sombres nuées, qui règne sur tout. Quand ils eurent rôti les morceaux de cuisses, ils prenaient part au glorieux festin et s'en délectaient. Parmi eux chantait le divin aède Démodocos, honoré des peuples. Cependant Ulysse tournait souvent la tête vers le soleil éclatant, et souhaitait son déclin; car il aspirait au départ. Comme un homme est impatient de souper, lorsque tout le jour, au long du champ, ses deux bœufs aux yeux lie de vin ont tiré la charrue solide; il voit alors avec joie se coucher la lumière du soleil et venir l'heure du souper, et tandis qu'il marche ses genoux s'engourdissent — ainsi Ulysse avec joie vit se coucher la lumière du soleil. Aussitôt il parlait aux Phéaciens amis de la rame, et, s'adressant surtout à Alcinoos, il prononça ces mots : « Puissant Alcinoos, très illustre parmi tous les peuples, faites une libation et reconduisez-moi sain et sauf; je vous fais mes adieux. Voici que s'accomplit tout ce que souhaitait mon cœur, ce convoi, ces présents : veuillent les dieux du ciel me les rendre prospères. Et puissé-je au retour trouver sains et saufs au logis ma femme vertueuse et ceux qui me sont chers. Vous, qui restez ici, puissiez-vous rendre heureux vos épouses, vos enfants; et que les dieux vous donnent toute prospérité, que nul malheur ne frappe votre peuple. »

Il disait et tous l'approuvant demandaient qu'on reconduisît l'hôte, car ses paroles étaient justes. Alors Alcinoos vaillant et fort s'adressa au héraut : « Pontonoos, fais le mélange dans le cratère et distribue à tous le vin dans la grand-salle, afin qu'après avoir prié Zeus le Père nous reconduisions notre hôte dans sa terre paternelle. »

Ainsi parlait-il, et Pontonoos mêlait le doux vin, qu'à tous il distribua en venant auprès de chacun. Les assistants firent la libation aux dieux bienheureux, qui habitent le vaste ciel, ils restaient sur leurs sièges ; mais l'illustre Ulysse debout mettait dans la main d'Arété la coupe à deux anses, puis, élevant la voix, lui adressait ces paroles ailées : « Sois heureuse, reine, à jamais, jusqu'à l'heure où viendront la vieillesse et la mort, puisque c'est la loi pour les hommes. Moi, je pars ; toi, dans cette maison, trouve ta joie dans tes enfants, tes peuples et dans le roi Alcinoos. »

Ayant ainsi parlé, l'illustre Ulysse franchit le seuil. Avec lui, le vaillant et fort Alcinoos dépêchait un héraut pour le guider vers le vaisseau rapide et le rivage de la mer. Et Arété aussi envoyait pour lui des servantes, l'une tenant un manteau de lin bien lavé et une tunique ; l'autre chargée d'un coffre solide ; une autre encore portait le pain et le vin rouge.

Quand ils furent descendus au vaisseau et à la mer, les nobles passeurs reçurent et sans tarder mirent au fond du vaisseau les vivres et la boisson. Et pour Ulysse ils étendirent un matelas et un drap de lin sur le gaillard de poupe de la nef creuse, afin qu'il pût dormir tranquille. Alors le héros s'embarqua et se coucha en silence. Eux s'assirent en bon ordre devant les tolets et détachèrent l'amarre de la pierre creusée [129]. Dès que, penchés en arrière, ils soulevaient la mer, du plat des rames, un délicieux sommeil tombait sur les paupières d'Ulysse, sans sursaut, et plein de douceur, tout semblable à la mort [130]. Comme dans une plaine quatre étalons sous les coups du fouet s'élancent à la fois et, le pied haut, parcourent le chemin à toute vitesse, la nef ainsi dressait la poupe, et à l'arrière se soulevait bouillonnant avec force le flot de la mer aux mille bruits. Elle courait d'un mouvement continu et sûr ; l'épervier même n'aurait pu la suivre, lui, le plus rapide des oiseaux. Courant donc, à toute vitesse, elle fendait les vagues de la mer, portant le héros égal aux dieux par la sagesse, et jusqu'alors frappé de tant de maux en son cœur, parmi les batailles des hommes et les flots épuisants. Et maintenant, sans un sursaut, il dormait, oubliant toutes ses souffrances.

A l'heure où se leva la brillante étoile qui vient pour annoncer la lumière d'Aurore née au matin, le vaisseau rapide approchait de l'île.

Dans la terre d'Ithaque, il est un port de Phorcys [131],
le vieillard de la mer; deux promontoires escarpés s'in-
clinent vers le havre et l'abritent de la grande houle que
soulève la violence des vents; à l'intérieur les vaisseaux
aux solides bordages y peuvent rester sans amarre, quand
ils ont atteint le point où se jette l'ancre. A l'entrée du
port, un olivier déploie son feuillage et tout près s'ouvre
une grotte aimable et sombre, consacrée aux nymphes,
qu'on appelle Naïades. On y voit des cratères, des
amphores à deux anses, en pierre, où les abeilles font leur
miel, et de longs métiers de pierre, où les nymphes tissent,
merveille pour les yeux, des étoffes, teintes à la pourpre
de mer; on y voit encore des sources jamais taries; et
cet antre a deux portes : par l'une, du côté de Borée,
peuvent descendre les hommes; l'autre, du côté de Notos,
est réservée aux dieux; les hommes ne passent point par
là, c'est le chemin des Immortels.

Dans ce port entrent les Phéaciens, qui déjà le connais-
saient. La nef s'échoua sur la grève, hors de l'eau jusqu'à
moitié, tel était l'élan dont se hâtaient de la pousser les
bras des rameurs. Eux, débarquant du vaisseau à la coque
bien charpentée, déposèrent d'abord sur le rivage
Ulysse, qu'ils avaient soulevé hors de la nef creuse avec le
drap de lin et la couverture moirée; ils le placèrent sur le
sable, encore dompté par le sommeil, puis débarquèrent
les richesses, dont l'avaient pourvu les nobles Phéaciens,
pour son retour en son logis, grâce à la magnanime
Athéné. Ils les mirent en tas au pied de l'olivier, hors du
chemin, de peur qu'un passant ne vînt les détruire, avant
le réveil d'Ulysse. Et eux, s'en retournaient en leurs
maisons.

Mais l'Ebranleur de la terre n'avait pas oublié les
menaces, autrefois par lui lancées contre le divin Ulysse,
et il alla prendre conseil de Zeus. « Zeus, mon père,
je ne serai plus en honneur parmi les dieux immortels,
puisque des mortels n'ont de moi aucun respect, les
Phéaciens, qui pourtant sont issus de ma descendance.
Je me disais bien que maintenant même, Ulysse, après
avoir souffert tant de maux, rentrerait au logis; je ne
l'ai jamais privé du retour, au moins tout à fait, puisqu'une fois, tu lui en as fait la promesse appuyée d'un
signe de ta tête. Mais ceux-ci, l'ayant conduit dans un
rapide vaisseau sur la mer, l'ont déposé endormi en
Ithaque, et lui ont fait des présents innombrables, bronze,
or par monceaux, vêtements tissés, bien plus qu'Ulysse

n'en eût jamais emporté de Troie, s'il en était revenu sans encombre, après avoir obtenu du sort sa part du butin. »

Zeus, assembleur des nues, lui dit en réponse : « Ah! vraiment! Qu'as-tu dit, toi, l'Ebranleur de la terre, dont la force se fait sentir au loin ? Les dieux ne te manquent point de respect. Il ferait beau voir qu'on outrageât le plus ancien, le plus vaillant. Et si, parmi les hommes, quelqu'un écoutant trop sa force et son audace oublie de te respecter, l'avenir t'offre toujours des moyens de te venger. Fais donc comme tu veux et comme le désir t'en vint au cœur. »

Poséidon, Ebranleur de la terre, lui repartit sur-le-champ : « J'aurais fait sans tarder comme tu dis, dieu des sombres nuées, mais je redoute toujours ta colère, et cherche à l'éviter. Et maintenant, ce beau vaisseau des Phéaciens, je veux, pendant qu'il revient de convoyer Ulysse, le fracasser dans la mer brumeuse, pour qu'ils se contiennent désormais et cessent ce métier de passeurs d'hommes; et je vais cacher leur cité derrière une grande montagne. »

Zeus, assembleur des nuées, lui dit en réponse : « Mon cher, voici ce qui paraît préférable à mon cœur : quand tous les gens apercevront de la ville cette nef qui s'avance, je la changerais en un roc voisin de la terre et tout pareil à un vaisseau rapide, afin que chacun soit étonné du prodige, et je cacherais leur cité derrière une grande montagne. »

Dès que Poséidon, Ebranleur de la terre, eut entendu ces mots, il partit pour Schérie, où vivent les Phéaciens. Et là il attendait : le vaisseau, arrivant du large, vint tout près : il était en pleine vitesse. L'Ebranleur de la terre, s'en approchant, le changea en un roc dont il enfonça les racines par un geste de sa paume abaissée. Puis il s'en retourna vite.

Alors, les Phéaciens aux longues rames, les navigateurs fameux échangeaient des paroles ailées. On se disait, en regardant son voisin : « Malheur! Qui donc a fixé dans la mer le vaisseau rapide, qui rentrait au port ? On le voyait déjà tout entier. »

Voilà ce qu'on se disait. Mais on ne savait pas comment s'était accompli ce prodige. Alcinoos prit la parole et leur dit : « Malheur! Voilà que m'atteignent les anciens oracles de mon père : il prédisait que Poséidon s'irriterait contre nous, parce que nous convoyons, sans dommage

pour eux, toutes sortes de gens. Il disait qu'un jour un
très beau vaisseau phéacien, au retour d'un convoi,
ferait naufrage dans la mer brumeuse, et que notre cité
serait cachée derrière une grande montagne. Ainsi parlait le vieillard, et maintenant voici que tout s'accomplit.
Allons, obéissons tous à ce que je vais dire. Cessez de
transporter les mortels, quand l'un d'eux viendra vers
notre ville. Immolons à Poséidon douze taureaux de
choix, afin qu'il s'apaise et ne cache pas notre cité derrière une longue montagne. »

Ainsi parlait-il; la crainte les saisit, et ils apprêtèrent
les taureaux. Ils priaient donc Poséidon souverain, les
guides et conseillers du peuple phéacien, debout autour
de l'autel; et cependant se réveilla l'illustre Ulysse. Il
dormait sur la terre de ses pères; mais il ne la reconnut
pas, après sa longue absence. Car une divinité avait
répandu un brouillard autour de lui, Pallas Athéné,
fille de Zeus, qui voulait le rendre méconnaissable et
l'instruire elle-même de tout; sa femme, son peuple, ses
amis ne devaient pas le connaître, avant qu'à tous les
prétendants il eût fait expier leurs violences. Voilà pourquoi aux yeux du maître tout s'offrait sous un autre
aspect, longs sentiers, baies aux sûrs mouillages, rocs
escarpés, arbres touffus. Levé d'un bond, il contempla
sa terre paternelle; et puis il poussa un profond soupir,
et se frappant les cuisses de ses paumes, il dit en gémissant : « Malheur! Au pays de quels mortels suis-je venu ?
Sont-ils violents, sauvages, et sans justice, ou sont-ils
accueillants pour l'étranger et leur esprit respecte-t-il
les dieux ? Où donc porter toutes ces richesses ? Et moi-
même, où vais-je aller ? Que ne suis-je resté chez les
Phéaciens, là-bas ? Je serais arrivé en suppliant chez un
autre roi puissant, qui m'aurait pris en amitié et recon-
duit chez moi! Maintenant, je ne sais où déposer ces
biens et je ne peux pas, certes, les laisser là, de peur
qu'ils ne deviennent la proie d'autrui. Malheur! Ils
n'étaient donc pas en tout justes et sages, les guides et
conseillers des Phéaciens, qui m'ont emmené vers une
autre terre. Ils m'avaient dit pourtant qu'ils me condui-
raient en Ithaque visible de toutes parts, et ils ne l'ont
pas fait! Zeus les en punisse, le protecteur des suppliants,
qui surveille tous les hommes et fait payer à chacun ses
fautes. Allons! Que je compte mes biens, et voie s'ils ne
m'en ont pas, en partant, emporté dans la cale de leur
vaisseau. » Ayant ainsi parlé, il comptait les trépieds si

beaux, les chaudrons, l'or et les riches tissus des vêtements. Il n'avait rien à regretter. Mais il pleurait sa
patrie, se traînant le long du rivage de la mer aux mille
bruits.

Et près de lui vint Athéné, sous l'aspect d'un adoles-
cent, un pastoureau, tout gentil comme sont les fils de
princes ; elle avait sur les épaules une double et fine cape ;
sous ses pieds luisants des sandales, et à la main une
houlette.

Ulysse à sa vue sentit de la joie et vint à sa rencontre :
puis, élevant la voix, il lui adressait ces paroles ailées :
« Ami, puisque tu es le premier que je rencontre en ce
pays, salut ! Ne viens pas à moi avec malveillance ; sauve
ces biens, sauve ma personne ; je t'en prie comme un dieu,
et j'embrasse tes genoux. Dis-moi au vrai ceci, afin que
je le sache bien : quelle est cette terre, quel est ce peuple ?
Et de quelle race ? Est-ce ici une île visible de toutes
parts ? Ou est-ce, penché sur la mer, le cap d'un continent aux glèbes épaisses ? »

La déesse aux yeux brillants, Athéné, lui répondit :
« Tu es fou, étranger, ou tu viens de loin, si vraiment tu
demandes quelle est cette terre. Le nom pourtant n'en
est pas à ce point ignoré. Bien des gens la connaissent,
parmi ceux qui habitent vers l'Aurore, ou vers le Soleil,
ou loin par-derrière vers les brumes ténébreuses. Sans
doute elle est rocheuse et impropre aux courses de
chevaux ; mais elle n'est pas trop pauvre, si elle n'est pas
bien grande. Elle a du blé plus qu'on ne saurait dire ;
elle produit aussi du vin. La pluie n'y manque jamais, ni
la rosée abondante ; elle est bonne nourrice de chèvres
et de bœufs [132]. On y trouve des arbres d'essences diverses,
et des abreuvoirs remplis toute l'année. Aussi, étranger,
le nom d'Ithaque est-il allé jusqu'en Troade, que l'on
dit pourtant loin de l'Achaïe. »

Elle dit, et ce fut une joie pour l'illustre Ulysse, qui
avait tant souffert : il aimait sa terre paternelle dont lui
parlait Pallas Athéné, fille de Zeus qui porte l'égide. Puis,
élevant la voix, il lui adressait des paroles ailées, mais
sans dire la vérité ; car il retenait derrière ses dents son
vrai langage et toujours méditait en son cœur quelque
dessein profitable. « Oui, j'entendais parler d'Ithaque,
même dans la vaste Crète, loin au-delà des mers. Et maintenant, je suis venu ici seul avec ces richesses. J'en ai
laissé autant pour mes enfants, au pays d'où je me suis
exilé ; car j'ai tué le fils d'Idoménée, Orsiloque aux pieds

légers, qui, dans la vaste Crète, surpassait tous les mortels
infortunés par la vitesse de sa course. Il voulait me priver de tout mon butin de Troade, pour lequel j'avais
souffert bien des maux en mon cœur, parmi les batailles
des hommes et les flots épuisants ; car j'avais déplu à son
père en refusant de le servir au pays des Troyens, et
j'y commandais d'autres gens. Comme il revenait des
champs, je le frappai du bronze de ma javeline, m'étant
mis près du chemin en embuscade avec un compagnon.
Une nuit noire couvrait le ciel ; personne ne nous avait
vus, et l'on ignorait que je lui avais ôté la vie. Puis, aussitôt que je l'eus tué à la pointe du bronze, j'allai sans
tarder vers un vaisseau, j'implorai de nobles Phéniciens
et je leur donnai une part de mon butin pour satisfaire
leur envie. Je les priai d'aller me débarquer et m'établir
à Pylos, ou encore dans la brillante Elide, où dominent
les Épéens. Mais la force du vent les en détourna, bien
malgré eux, car ils ne voulaient point me duper. Après
avoir erré loin de là, nous sommes arrivés ici de nuit.
Nous avons avec peine ramé vers le port, et nous ne
pensions même pas au souper, bien que nous en eussions
grande envie, et, tous débarqués sans avoir mangé, nous
nous sommes couchés. Là, un doux sommeil me prit,
tant j'étais recru de fatigue ! L'équipage a débarqué mes
richesses du vaisseau creux, et les a déposés là où j'étais
moi-même couché sur le sable. Eux se sont rembarqués
et sont partis vers Sidon bien peuplée, et ils m'ont laissé
là, le cœur plein d'angoisse. »

Il disait ; et la déesse aux yeux brillants, Athéné,
sourit et le flatta de la main ; elle avait pris la stature
d'une femme belle et grande et experte en brillants
ouvrages. Elevant la voix, elle lui adressa ces paroles
ailées : « Il serait bien astucieux et fripon, celui qui te
dépasserait en toutes sortes de ruses, fût-ce un dieu qui
l'essayât. Incorrigible inventeur de mille tours, insatiable d'artifices, tu ne devais donc pas, même en ta
patrie, mettre un terme à tes tromperies, aux récits
mensongers, qui te sont chers profondément ? Allons !
laissons ces feintes, nous deux qui sommes experts aux
ruses profitables ; car de tous les mortels tu es de beaucoup le meilleur en conseil et paroles, et moi, entre tous
les dieux, je suis réputée pour ma finesse et mes bonnes
inventions. Et tu n'as même pas reconnu Pallas Athéné,
la fille de Zeus, qui t'assiste et te sauve en toutes les
épreuves, qui fit de toi l'ami de tous les Phéaciens ! A

présent, je suis venue ici pour tramer avec toi un projet et cacher toutes ces richesses que les nobles Phéaciens t'ont données en présents, suivant mon dessein et mon conseil, quand tu partais pour ton logis. Je veux aussi te dire tous les soucis que le destin te réserve d'endurer encore dans ta maison bien bâtie. Toi, supporte tout par nécessité, et ne dis à personne, ni homme ni femme, surtout, que c'est toi qui es revenu après tant d'aventures; souffre en silence tous les maux, résigné aux violences des hommes. »

Ulysse aux mille ruses lui dit en réponse : « Il est difficile, déesse, de te reconnaître, quand tu t'approches d'un mortel, si expert qu'il soit. Car tu te rends semblable à n'importe qui. Et moi, je sais bien qu'auparavant tu m'étais propice, quand nous, les fils des Achéens, nous faisions la guerre en Troade. Mais, quand nous eûmes ravagé la haute ville de Priam, et qu'embarqués sur leurs vaisseaux, les Achéens furent dispersés par un dieu, alors je ne te vis plus, fille de Zeus, et ne te sentis pas montée sur ma nef, pour écarter de moi l'épreuve. Le cœur déchiré sans cesse, j'errais, jusqu'au jour où les dieux me tirèrent du malheur, avant qu'au gras pays des Phéaciens tu fusses venue me réconforter de tes paroles et me conduire toi-même à leur ville. Maintenant, je t'en supplie par ton Père : je ne crois pas être arrivé à Ithaque visible de toutes parts; je me trouve dans quelque autre terre et j'imagine que tu me parles ainsi par raillerie, pour fourvoyer mon esprit. Dis-moi si je suis vraiment arrivé dans ma terre paternelle. »

Alors, la déesse aux yeux brillants, Athéné, lui répondit : « Tu as toujours le même esprit dans ta poitrine. Aussi ne puis-je t'abandonner à ton infortune, parce que tu es sensé, avisé et prudent. Un autre homme aimerait, au retour de ses aventures, voir en sa grand-salle ses enfants et sa femme; mais toi, tu ne veux pas savoir, interroger, avant d'avoir encore éprouvé ta femme, qui, toujours reste la même en ton manoir, et dont toutes les nuits, tous les jours se consument dans la tristesse à verser des larmes. Pour moi, jamais je ne doutais; je savais en mon cœur que tu reviendrais, après avoir perdu tous tes compagnons. Certes, je n'ai pas voulu entrer en lutte contre Poséidon, le frère de mon père, qui, courroucé, avait contre toi conçu du ressentiment, parce que tu as aveuglé son cher fils. Mais, tiens, je veux te montrer le site d'Ithaque, afin que tu sois convaincu. Ici est le port

de Phorcys, le vieillard de la mer; voici à l'entrée de la
baie, l'olivier qui déploie son feuillage, et tout près, la
grotte aimable et sombre, sanctuaire des Nymphes qu'on
appelle Naïades. Ceci est la caverne voûtée, où tu faisais aux nymphes tant d'hécatombes parfaites. Et voici
le Nérite, le mont couvert d'une forêt. »

Ce disant, la déesse dissipa la nuée, et la terre apparut.
Quelle joie alors pour l'illustre Ulysse, qui avait tant
souffert! Heureux de revoir sa terre, il baisa le sol qui
donne le blé. Et aussitôt, il pria les Nymphes, en élevant
les mains : « Nymphes Naïades, filles de Zeus, je n'aurais
jamais cru vous revoir; maintenon je vous salue d'une
douce prière. Nous vous ferons des offrandes comme
jadis, si, en sa bienveillance, la fille de Zeus, la faiseuse
de butin, m'accorde à moi de vivre, à mon fils de gran-
dir. »

La déesse aux yeux brillants, Athéné, lui répondit :
« Courage! N'aie point ces soucis en ton cœur. Plaçons
les richesses au fond de l'antre divin, pour qu'elles te
soient conservées. Et nous, délibérons, afin que tout
réussisse au mieux. »

Ayant ainsi parlé, la déesse pénétra dans la grotte
sombre, pour y chercher des cachettes. Cependant Ulysse
apportait tout, l'or, le bronze inusable, les fins vêtements,
que lui avaient donnés les Phéaciens. Pallas Athéné,
fille de Zeus qui porte l'égide, les déposa en ordre et
plaça une pierre devant la porte. Puis tous deux, assis
au pied de l'olivier sacré, consultaient sur la mort des
prétendants pleins d'arrogance.

La première, la déesse aux yeux brillants, Athéné, prit
la parole : « Fils de Laërte, issu de Zeus, Ulysse aux
mille ruses, réfléchis aux moyens d'abattre tes mains sur
les prétendants éhontés, qui, depuis ces trois ans, règnent
dans ta grand-salle, courtisent ta noble femme et lui
apportent leurs présents. Elle, toujours pleurant, attend
en son cœur ton retour; elle donne à tous de l'espoir, des
promesses, envoie des messages à chacun; mais son
esprit médite d'autres pensées. »

Ulysse l'avisé lui dit en réponse : « Malheur! Je devais
donc mourir, subir en ma grand-salle le triste sort
d'Agamemnon fils d'Atrée, si tu ne m'avais pas, déesse,
prédit tout le détail. Allons! Trame un plan, un moyen
de me venger d'eux, et reste auprès de moi, pour verser
en mon cœur la même valeur audacieuse qu'au temps
où nous arrachions les splendides créneaux de Troie. Oui,

déesse aux yeux brillants, mets à m'assister le même zèle, et je lutterai contre trois cents guerriers avec toi, déesse souveraine, si tu consens à me soutenir. »

Alors, la déesse aux yeux brillants, Athéné, lui répondit : « Certes, je serai près de toi, et ne te perdrai pas de vue, quand nous peinerons à cette entreprise. Je vois déjà, éclaboussant le sol spacieux, le sang et la cervelle de ces prétendants qui te dévorent ta subsistance. Allons ! Je te rendrai méconnaissable à tous les mortels. Je riderai ta belle peau sur tes membres souples ; je ferai tomber de ta tête tes cheveux blonds ; je te vêtirai de haillons, dont la vue saisira d'horreur qui te verra ; je ternirai tes yeux, si beaux auparavant, afin que tu paraisses laid à tous les prétendants, à ta femme et à ton fils, que tu as laissés en ton manoir. Va tout d'abord chez le porcher, qui t'a gardé tes bêtes ; il a toujours même amitié pour toi, il chérit ton fils et la sage Pénélope. Tu le trouveras près de ses porcs. Ils paissent près de la roche du Corbeau [133], au bord de la fontaine Aréthuse, où ils mangent le gland qui calme leur appétit et boivent l'eau noire : c'est ce qui nourrit la graisse abondante des porcs. Reste là et, assis près du porcher, interroge-le sur toutes choses, tandis que j'irai, Ulysse, vers Sparte aux belles femmes rappeler Télémaque, ton fils, qui s'en est allé dans la spacieuse Lacédémone, chez Ménélas, chercher de tes nouvelles et savoir si tu étais encore vivant en quelque lieu. »

Ulysse aux mille ruses lui dit en réponse : « Pourquoi donc ne lui as-tu rien dit, puisqu'en ton esprit tu sais tout ? veux-tu que, lui aussi, soit éprouvé, en errant sur la mer inlassable, et que les autres lui dévorent sa subsistance ? »

La déesse aux yeux brillants, Athéné, lui repartit : « Ne t'inquiète pas trop de lui ; c'est moi qui l'ai conduit, pour qu'il conquît bonne gloire, en allant là-bas. Il n'a aucune peine ; il demeure bien tranquille au manoir du fils d'Atrée, et il vit dans une merveilleuse abondance. Certes, de jeunes hommes l'attendent en embuscade avec un noir vaisseau, dans le dessein de le tuer, avant qu'il revienne en sa patrie. Mais avant cela, je crois, la terre en recouvrira plus d'un, de ces prétendants, qui te dévorent ta subsistance. »

Ayant ainsi parlé, Athéné le toucha de sa baguette. Elle rida sa belle peau sur ses membres souples ; elle fit tomber de sa tête ses cheveux blonds ; elle mit sur tous ses membres la peau d'un très vieil homme, et ternit ses yeux si beaux auparavant; elle jeta sur lui à la place de son vêtement un haillon sordide et une mauvaise tunique, loqueteux et sales, souillés d'épaisse fumée. Elle le vêtit de la grande peau d'un cerf rapide. Puis elle lui donna un bâton et une vilaine besace, pleine de trous, avec une corde en guise de bretelle.

Et tous deux s'étant ainsi concertés se séparèrent. Puis la déesse s'en fut à la brillante Lacédémone chercher le fils d'Ulysse.

CHANT XIV

ENTRETIEN D'ULYSSE AVEC EUMÉE

SOMMAIRE : La cabane d'Eumée et l'arrivée d'Ulysse (1-47). Le porcher sert un repas à l'arrivant, se plaint des prétendants et regrette le maître, qui n'est pas revenu (48-108). L'hôte affirme qu'Ulysse reviendra bientôt (109-161). Mais le vieillard se refuse à croire ce que lui dit l'étranger, même sous serment (162-190). Ulysse fait alors un récit, moitié fiction, moitié vérité, des aventures, au cours desquelles il prétend avoir été renseigné sur l'absent (191-359). Eumée affirme à nouveau son incrédulité, et l'hôte sa confiance (360-408). Les pâtres rentrent des champs; Eumée immole un porc pour le repas du soir et agit en vrai père de famille (409-456). Comme la saison est froide, Ulysse invente un récit pour suggérer au vieux porcher de lui offrir un vêtement chaud pour la nuit (457-533).

Quittant le port [134], Ulysse gagne, par un sentier rocailleux sur les hauteurs, à travers le paysage boisé, le lieu où Athéné lui avait indiqué la demeure de l'excellent porcher, qui, sur le bien du maître, veillait mieux que tout autre parmi les serviteurs acquis par l'illustre Ulysse. Il le trouva assis devant l'entrée de la cabane, là où il s'était construit une cour entourée d'un haut mur, en un lieu découvert, grand et beau, en forme de cercle. Lui-même l'avait bâtie pour ses porcs, après le départ du roi, sans consulter sa maîtresse ni le vieux Laërte; il avait apporté les pierres et par-dessus disposé des épines. A l'extérieur il avait fait courir de bout en bout une palissade de gros pieux serrés, en bois de chêne dont il avait ôté l'écorce noire. Et à l'intérieur de la cour, il avait bâti douze étables, l'une à côté de l'autre, pour servir de litière aux truies; dans chacune étaient enfermées cin-

quante truies qui couchaient à même le sol; ces femelles
avaient mis bas; les mâles dormaient dehors; ils étaient
beaucoup moins nombreux. Les divins prétendants, en
les mangeant, en diminuaient le nombre; car le porcher
leur envoyait toujours le meilleur de tous les porcs à
l'engrais. Il n'y en avait plus que trois cent soixante. Et
sur eux veillaient toujours, pareils à des fauves, quatre
chiens, élevés par le chef des porchers.

Eumée ajustait à ses pieds des sandales, qu'il taillait
dans le cuir d'un bœuf de bonne couleur. Les pâtres
étaient partis chacun de son côté, trois avec le troupeau
des porcs; Eumée avait envoyé le quatrième à la ville,
car il fallait conduire aux orgueilleux prétendants un
verrat qu'ils immoleraient pour rassasier de viandes leur
appétit.

Soudain, les chiens hurleurs aperçurent Ulysse. Ils
coururent à lui en aboyant; mais il eut la présence
d'esprit de s'asseoir et de laisser tomber son bâton de sa
main. Là, près de sa porcherie, il eût subi un indigne
traitement; mais le porcher, accourant vite de ses pieds
rapides, s'élança à travers le vestibule, et le cuir lui
tomba de la main. Il rappela les chiens par ses cris et les
chassa de côté et d'autre, sous une grêle de pierres; puis
il adressa la parole à son maître : « Vieillard, les chiens
ont failli te déchirer, tant leur attaque a été soudaine,
et tu aurais versé le blâme sur moi. Les dieux m'ont
donné assez d'autres peines et de quoi gémir. Je suis
toujours à pleurer et regretter un maître divin; j'engraisse
les porcs pour que d'autres les mangent; et lui, manquant
de nourriture, erre quelque part dans le pays et la ville
d'hommes au langage étranger, si toutefois il vit encore
et voit la lumière du soleil. Mais, suis-moi, allons dans
la cabane, vieillard, pour que toi-même, rassasié en ton
cœur de mets et de vin, tu me dises d'où tu es et quelles
épreuves tu as subies. »

Ayant ainsi parlé, l'excellent porcher lui montra le
chemin de la cabane, et, l'ayant introduit, le fit asseoir,
après avoir étalé un lit épais de brindilles et étendu par-
dessus la peau d'un bouquetin à longue barbe; lui-même
couchait sur un tel lit, large et épais. Ulysse se réjouit de
cet accueil, éleva la voix et dit : « Que Zeus et les autres
dieux immortels t'accordent, mon hôte, ce que tu désires
le plus, car tu m'as accueilli de bon cœur. »

Et tu lui dis en réponse, porcher Eumée : « Étranger,
je n'ai pas le droit, quand même viendrait quelqu'un de

plus miséreux que toi, de manquer de respect envers un
hôte. Ils sont tous envoyés par Zeus, étrangers et mendiants. Et notre aumône leur fait plaisir, si petite soit-
elle. C'est ce que peuvent faire des serviteurs : ils crai-
gnent toujours, quand commandent des maîtres jeunes.
Ah! celui dont les dieux ont empêché le retour, celui-là
m'aurait aimé avec sollicitude; il m'aurait donné un
avoir, maison, domaine, femme séduisante, comme un
maître de bon cœur fait à son serviteur, qui a beaucoup
peiné pour lui, et dont un dieu accroît la besogne, comme
pour moi augmente ici le travail auquel je suis attaché.
Aussi le maître m'eût-il comblé, si la vieillesse l'avait
atteint ici. Mais, je l'ai perdu. La race d'Hélène aurait
bien dû périr tout entière; elle a brisé les jarrets de tant
d'hommes! Car c'est pour l'honneur d'Agamemnon que
le maître est parti vers Ilion aux beaux poulains, pour
lutter contre les Troyens. »
    Ayant ainsi parlé, il se hâta de serrer sa tunique avec
sa ceinture, et il partit pour les étables, où étaient enfermés des peuples de gorets. Il en prit deux, qu'il rapporta,
et les immola l'un et l'autre; après les avoir flambés, il
les coupa en petites tranches et les mit à la broche. Ayant
fait rôtir le tout, il l'apporta et servit bien chaude à
Ulysse la viande encore fixée aux broches. Il la saupoudra
de farine blanche, mêla dans une jatte du vin doux comme
le miel, puis il s'assit en face de l'étranger et lui adressa
ces paroles d'encouragement : « Mange maintenant,
étranger; c'est un repas de serviteurs, des cochons de
lait; les porcs engraissés, ce sont les prétendants qui les
mangent; ils ne songent pas en leur esprit à la vengeance
divine; ils n'ont nulle pitié! Non, les dieux bienheureux
n'aiment pas les violences, ils honorent la justice et les
bonnes actions. Des brigands, des ennemis, quand ils
envahissent la terre d'autrui et que Zeus leur accorde
d'enlever du butin, peuvent bien s'en aller et retourner
chez eux, leurs vaisseaux pleins : la crainte invincible leur
tombe dans le cœur. Mais ceux-ci doivent savoir quelque
chose, sans doute; ils ont entendu la voix d'un dieu
annoncer la mort lamentable de l'absent; car ils ne
veulent pas faire une cour décente et s'en retourner chez
eux; ils dévorent à leur aise le bien d'autrui, et leur insolence n'épargne rien. Toutes les nuits, tous les jours que
fait Zeus, ils immolent des victimes, et pas une ou deux...
Ils épuisent le vin, à force d'en tirer sans retenue. Certes,
le maître avait des ressources innombrables; aucun héros

n'en avait autant, ni sur le continent [135] sombre ni en
Ithaque même. Fussent-ils vingt ensemble, ils n'auraient
pas autant de cheptel. Je vais te les compter. Douze troupeaux [136] de bœufs sur le continent; autant de moutons,
autant de porcs, autant de hardes de chèvres que paissent
pour lui des étrangers et ses propres pâtres. Ici, il y a en
tout onze grandes hardes de chèvres qui broutent à
l'extrémité de l'île; des hommes de confiance les gardent.
Chacun mène par jour une bête aux prétendants, la
bête qui leur paraît la meilleure parmi les chèvres bien
nourries. Moi, je garde et soigne ces truies, et je leur
envoie le meilleur des verrats, que je choisis avec soin. »

   Ainsi parlait-il; l'autre s'empressait à manger les
viandes et boire le vin, avidement, sans mot dire, et en
lui-même il méditait de porter aux prétendants le coup
funeste. Puis, quand il eut achevé son repas et rassasié
son cœur de nourriture, alors Eumée emplit de vin et
lui tendit la jatte, la même où il buvait d'ordinaire,
toute pleine de vin. Ulysse la reçut et se réjouit en son
cœur, puis prenant la parole, il lui adressait ces paroles
ailées : « Ami, qui donc t'a acheté de son avoir, cet homme
si opulent et si puissant, à ce que tu assures ? Tu disais
donc qu'il a péri pour l'honneur d'Agamemnon. Conte-
moi cela; il se peut que je connaisse cet homme. Car
Zeus, je pense, sait, ainsi que les autres dieux immortels, si
je l'ai vu et puis t'en donner des nouvelles; j'ai erré en
tant de lieux! » Le chef des porchers lui répondit alors :
« Vieillard, nul homme, après avoir erré, ne saurait en
donnant de ses nouvelles persuader sa femme et son fils.
Rien de vrai en tout cela; pour être bien traités, des vagabonds viennent nous mentir effrontément et n'ont garde
de nous dire la vérité. Quiconque, ayant couru les mers,
arrive au pays d'Ithaque, va trouver ma maîtresse, et
lui débite ses tromperies. Elle, de lui faire bonne chère,
de le choyer, de le questionner sur tout, et puis elle
gémit et laisse tomber des larmes de ses paupières, ce
qui est bien permis à une femme dont l'époux a péri
ailleurs. Toi aussi, vieux, tu aurais tôt fait de forger un
conte, pour qu'on te donne des vêtements, un manteau,
une tunique. Mais lui, voilà longtemps que les chiens
rapides et les oiseaux doivent lui avoir arraché la peau
des os et que son âme les a quittés. Ou bien les poissons
l'ont mangé dans la mer et ses ossements gisent sur une
grève roulés dans une épaisse couche de sable. Ainsi est-
il mort là-bas, préparant un avenir de chagrins pour tous

ses amis, mais surtout pour moi; car jamais plus je ne trouverai un autre maître aussi doux, où que j'aille, pas même si je revenais au logis de mon père et de ma mère, où j'ai vu le jour, où ils m'ont nourri eux-mêmes. Je ne les pleure pas tant, quel que soit mon désir de les voir devant mes yeux, de retour en la terre paternelle. Mais le regret d'Ulysse disparu me ronge. Celui-là, étranger, malgré son absence, j'hésite à prononcer son nom; il avait souci de moi en son cœur, il m'aimait entre tous; et je l'appelle mon grand ami, bien qu'il soit loin de moi ! »

L'illustre Ulysse, qui tant avait souffert, lui repartit : « Ami, puisque tu nies tout et prétends qu'il ne reviendra plus, c'est que ton cœur est incrédule, pour toujours. Eh bien! moi, je te dirai, non pas à la légère mais sous serment, qu'Ulysse reviendra. Que ce bon message me soit bien payé dès qu'il reviendra et arrivera en son manoir : que l'on me mette alors sur le dos de beaux vêtements, un manteau, une tunique. Auparavant, quelque besoin que j'en aie, je ne saurais rien recevoir. Celui-là m'est odieux autant que les portes d'Hadès, qui, cédant à la pauvreté, débite des tromperies. J'en prends maintenant à témoin Zeus, avant tous les dieux, cette table d'hospitalité, le foyer de l'irréprochable Ulysse, où je suis arrivé, oui, tout s'accomplira, ainsi que je le dis. Au cours de cette année, Ulysse reviendra; au déclin de ce mois, ou au commencement de l'autre, il rentrera dans sa maison, et se vengera des outrages que l'on inflige ici à sa femme et à son illustre fils. »

Tu lui dis en réponse, porcher Eumée : « Vieux, je n'aurai donc pas à te payer ce bon message, et Ulysse ne reviendra plus en sa maison; mais bois en paix; oublions le reste; ne me rappelle plus ce passé; car mon cœur, en ma poitrine, est étreint d'angoisse, quand on me parle de mon bon maître. Laissons ce serment, et puisse Ulysse revenir, comme moi je le souhaite, ainsi que Pénélope, le vieux Laërte et le divin Télémaque. Maintenant, par surcroît, je pleure à tout instant sur le fils engendré par Ulysse, Télémaque. Les dieux l'ont nourri comme une jeune plante et je pensais que, parmi les hommes, il ne le céderait en rien à son père, qu'il serait admirable de taille et d'aspect. Mais un immortel, sans doute, ou un homme, est venu troubler l'esprit sage qui était dans sa poitrine. Il est parti chercher des nouvelles de son père dans la sainte Pylos, et les fiers prétendants sont en embuscade sur son chemin de retour, pour faire disparaître d'Ithaque la race et le nom d'Arcisios, égal à un dieu. Mais ne parlons plus de lui : peut-être a-t-il été pris, peut-être a-t-il échappé et le fils de Cronos a-t-il étendu sur lui sa main. Et toi, vieux, dis-moi tes soucis à toi, conte-moi cela en vérité, que je le sache bien. Qui es-tu ? D'où viens-tu ? Où sont ta cité, tes parents ? Sur quel vaisseau es-tu venu ? Comment des matelots t'ont-ils conduit en Ithaque ? Et qui prétendaient-ils être ? Car je ne pense pas que tu sois arrivé ici sur tes pieds. »

L'ingénieux Ulysse lui dit en réponse : « Je te ferai donc ce récit [137] en toute exactitude. Que n'avons-nous, tous deux, du temps, le manger et le boire, du doux vin pur, pour festiner à l'aise dans cette cabane, tandis que d'autres poursuivraient leur tâche! Alors, j'en aurais facilement pour toute une année, avant d'achever de dire tous les soucis de mon cœur, tous les maux que j'endurai par la volonté des dieux. Je me vante de tirer mon origine de la vaste Crète, et d'être l'enfant d'un homme opulent; il en avait beaucoup d'autres nés et nourris dans le manoir, des fils légitimes, qu'il eut de son épouse; moi, c'est une mère achetée, une concubine, qui m'avait donné le jour; et pourtant, il me mettait au même rang que les purs descendants de sa race, Castor, fils d'Hylax, celui dont je suis fier d'être né, et qui alors, chez les Crétois, était honoré par le peuple comme un dieu, pour son opulence, sa richesse, ses fils glorieux. Mais vinrent les Kères de la mort, qui l'emportèrent dans les demeures d'Hadès. Ses enfants orgueilleux se partagèrent les biens et les tirèrent au sort; à moi, ils attribuèrent une maison et ce fut à peu près tout.

« J'avais épousé une femme de riche famille, grâce à mon mérite; car je n'étais pas méprisable à l'ouvrage et je ne fuyais pas la bataille. Maintenant tout cela m'a quitté; mais, à voir le chaume, on connaît, je pense, l'épi; car, vraiment le malheur m'a poursuivi sans fin. Certes, Arès et Athéné m'avaient accordé l'audace, la force qui brise les rangs de guerriers : quand je triais pour une embuscade les hommes les plus vaillants, que je méditais la perte de l'ennemi, jamais mon cœur valeureux ne pensait à la mort; je m'élançais le premier de tous, et cueillais de ma javeline l'ennemi dont la course était moins prompte que la mienne. Tel étais-je dans la bataille. Mais le travail des champs ne me plaisait pas, ni le soin de la maison, qui nourrit les beaux enfants;

ce que j'aimais d'un constant amour, c'étaient les vaisseaux avec leurs rames, les batailles, les javelots bien polis, les flèches, instruments de deuil, qui font frissonner les autres, mais où je trouvais ma joie, et qu'un dieu sans doute m'avait mis en tête. Car chaque homme, toujours, a ses préférences. Avant que les fils des Achéens eussent mis le pied en Troade, neuf fois déjà j'avais commandé à des guerriers et des vaisseaux rapides que je menais chez des hommes d'autres pays, et j'avais fait un grand butin. Car je prélevais le lot de mon choix, et ensuite j'obtenais encore au sort une large part. Et ma maison bien vite s'enrichissait; j'étais devenu parmi les Crétois objet de crainte et de respect. Mais dès que Zeus, dont la voix porte au loin, eut prémédité cette odieuse expédition, qui brisa les genoux de tant d'hommes, alors c'est moi qui fus avec le fameux Idoménée chargé de conduire les nefs vers Ilion; aucun moyen de s'y refuser; le peuple m'eût trop sévèrement blâmé. Là-bas, neuf années durant, nous, les fils des Achéens, nous faisions la guerre; enfin, la dixième, après avoir mis à sac l'acropole de Priam, nous nous en retournions chez nous avec nos vaisseaux; mais un dieu dispersa les Achéens. A moi, infortuné, quels maux me réservait la sagesse de Zeus! Je ne restai qu'un mois à jouir de mes enfants, de mon épouse légitime et de mes biens. Ensuite mon cœur me poussait à voguer vers l'Egypte, après avoir bien équipé des vaisseaux, avec des compagnons égaux à des dieux. Je gréai neuf vaisseaux, et, bien vite, tout un peuple y courut. Pendant six jours, mes fidèles compagnons festoyaient et je leur fournissais beaucoup de victimes pour sacrifier aux dieux et se préparer leur festin. Le septième, nous nous embarquâmes et poussés par un beau vent de Borée, qui soufflait fort, nous voguions au large de la vaste Crète, facilement, comme au courant d'un fleuve. Aucun de mes vaisseaux n'eut d'avarie; sans accident, sans maladie, nous restions assis, et le vent, avec les pilotes, dirigeait les nefs. Le cinquième jour nous atteignîmes l'Egyptos [138] au beau cours. Je mouillai dans ce fleuve mes vaisseaux en forme de croissant. Alors, je ne manquai pas de recommander à mes fidèles compagnons de rester là près des vaisseaux et de les garder, et j'ordonnai aux vigies d'aller sur les guettes. Mais eux, cédant à leur esprit de démesure et suivant leur envie, de ravager aussitôt les si beaux champs des Egyptiens, d'enlever femmes et enfants dépourvus de raison, et de tuer les hommes. L'appel de guerre parvint vite à la ville. Les habitants, entendant ce cri, accoururent comme le jour paraissait. Toute la plaine se remplit de fantassins et de cavaliers, ainsi que des éclairs du bronze. Zeus, qui lance la foudre, jeta en mes compagnons la funeste panique, et nul n'eut le courage de rester et d'opposer la force. Le malheur les investissait de toutes parts. Alors, ils tuèrent beaucoup des nôtres à la pointe du bronze; ils emmenèrent les survivants afin de les obliger à travailler pour eux, par contrainte. Mais, pour moi, Zeus lui-même fit naître cette pensée en mon esprit. (Ah! j'aurais bien dû mourir et accomplir ma destinée là même, en Egypte. Que de malheurs, en effet, m'attendaient encore!) Aussitôt, j'ôtai de ma tête mon casque bien fait, et de mes épaules mon bouclier; je rejetai ma javeline loin de ma main. J'allai droit aux chevaux du roi, je me jetai à ses genoux et les embrassai. Il me protégea et eut pitié de moi. Il me fit asseoir sur son char et m'emmena tout en pleurs à son logis. Beaucoup, à la vérité, s'élançaient contre moi avec leurs lances de frêne, n'ayant qu'un désir, me tuer. Leur ressentiment était à son comble. Mais lui les écartait, il pensait à la rancune de Zeus protecteur des hôtes, qui toujours garde le ressentiment des mauvaises actions. Je restai là sept ans; je rassemblai beaucoup d'argent parmi les hommes d'Egypte; car tous me donnaient. Quand commença le cours de la huitième année, alors vint un Phénicien, savant en tromperies, un rapace qui avait déjà fait bien du mal aux gens; il réussit à me duper par son astuce, et m'emmena; nous devions aller en Phénicie, où il avait sa maison et ses biens. Là, je demeurai chez lui le reste de l'année. Mais, comme les mois et les jours étaient achevés, l'année recommençant son cours, et le printemps revenu, il m'embarqua sur son vaisseau vers la haute mer, et en route par la Libye! Il avait ourdi des mensonges; il voulait me faire emmener ma cargaison avec lui, me vendre là-bas et tirer du tout un prix incalculable. Je le suivis sur son vaisseau, nonobstant mes soupçons, il le fallait bien! La nef courait, poussée par un bon vent de Borée, qui soufflait fort, au milieu de la mer, au-dessus de la Crète. Mais Zeus préméditait la perte de l'équipage. Quand nous laissions la Crète derrière nous et qu'on ne voyait plus aucune autre terre, mais seulement le ciel et l'eau, à ce moment le fils de Cronos arrêta au-dessus du vaisseau creux une

sombre nuée, qui obscurcit la mer. Zeus tonna et en
même temps lança sa foudre sur le vaisseau. Celui-ci,
frappé par la foudre de Zeus, tournoya complètement
sur lui-même, se remplit de soufre, et tous les hommes
churent du bord. Tels des cormorans, ils étaient, tout
autour de la nef noire, emportés par la houle, et le dieu
leur refusait le retour. Mais moi, Zeus lui-même, voyant
les angoisses qui m'étreignaient le cœur, me met entre
les bras l'énorme mât de la nef à la proue sombre pour
m'arracher encore une fois au trépas. Je l'embrassai
donc et me laissai emporter par les vents funestes.
Neuf jours de dérive! Le dixième, par une nuit noire,
le grand flot qui me roulait m'approcha de la terre des
Thesprotes. Là, leur roi, le héros Phidon, m'accueillit
sans rançon; car son fils, me trouvant engourdi par le
froid et la fatigue, me conduisit en son logis, après
m'avoir fait lever et pris par la main, jusqu'à son arrivée
au manoir paternel. Il avait jeté autour de moi des vêtements, un manteau, une tunique. C'est là que j'entendis
parler d'Ulysse. Le roi m'affirma l'avoir eu pour hôte
et lui avoir fait bonne chère à son retour en la terre
paternelle, et il me montra toutes les richesses qu'avait
amassées Ulysse, bronze, or, fer bien battu; il y avait
là de quoi se nourrir, et un autre encore, jusqu'à la
dixième génération. Tous ces biens étaient en tas dans
la grand-salle du prince. Il m'assura qu'Ulysse était
parti pour Dodone, pour entendre signifier par la haute
chevelure du divin chêne le conseil de Zeus : comment
retourner au gras pays d'Ithaque, après une si longue
absence, au grand jour ou en secret ? Il me fit serment à
moi-même, en répandant sa libation dans sa grand-salle,
de tirer un vaisseau à la mer, ajoutant que l'équipage
était tout prêt pour accompagner Ulysse en sa patrie.
Mais c'est moi qu'il fit partir d'abord : il se trouva qu'un
vaisseau monté par des Thesprotes partait pour Doulichion où abonde le froment. Le prince, alors, ordonna
à ces gens de me conduire au roi Acastos, en prenant
soin de moi. Mais un mauvais dessein plut à leur esprit
à mon sujet; ils voulaient que je fusse encore plongé
dans un abîme de misères. Dès que le vaisseau au long
cours fut à grande distance de la terre, sans tarder, ils
préparaient pour moi le jour de l'esclavage. Ils me
dépouillèrent de mes vêtements, manteau, tunique, et
jetèrent autour de moi une mauvaise loque et une tunique
tout en morceaux, les haillons que tu as devant les

yeux. Le soir, ils arrivèrent aux belles cultures d'Ithaque
visible de tous côtés. Alors, ils m'attachèrent serré d'un
câble bien tressé dans le vaisseau aux solides bordages.
Quant à eux, ils débarquèrent et se hâtèrent d'aller
prendre leur souper le long du rivage de la mer. Mais
moi, des dieux en personne dénouèrent mes liens : tout
leur est facile. De ma loque, je me couvre la tête; je
me laissai glisser le long du gouvernail poli, et plongeai
ma poitrine dans la mer; puis je ramai des deux mains
en nageant; je fus bien vite hors de l'eau, à l'écart de
ces gens. Etant monté sur le rivage, là même où il y
avait un buisson de la forêt toute fleurie, je m'y laissai
tomber et m'y blottis; eux poussaient de grands cris,
allaient et venaient. Mais, comme il leur paraissait qu'ils
n'avaient rien à gagner en poussant plus loin leurs recherches, ils s'en retournèrent vers leur nef creuse et, moi,
les dieux eux-mêmes me cachèrent, ce qui leur était facile,
et en guidant mes pas, ils m'emmenèrent chez toi, à
la porcherie d'un brave homme! Car ma destinée était
de vivre encore! »

Tu lui dis en réponse, porcher Eumée : « Ah! le plus
malheureux des hôtes, comme, en vérité, tu m'as ému
le cœur par tout le détail de ce récit : tant de souffrances
et tant de courses errantes! Mais il y a un point où, je
pense, tu n'as pas dit ce qu'il fallait et tu ne me convain-
cras pas : c'est quand tu as parlé d'Ulysse. Pourquoi
faut-il qu'un homme, dans la situation où tu es, forge de
vains mensonges ? Du retour de mon maître je sais bien
par moi-même ce qu'il faut penser : tous les dieux
avaient contre lui une haine implacable; ils ne l'ont pas
dompté parmi les Troyens ou dans les bras de ses amis,
l'écheveau de la guerre dévidé. Les Panachéens lui
auraient élevé un tombeau, et il eût amassé pour son
fils grand héritage de gloire. Mais non! il a été enlevé
sans honneur par les Harpyes. Moi, près de mes porcs,
je vis retiré, je ne vais même pas à la ville, à moins que
Pénélope, la plus sage des femmes, ne me fasse venir,
quand lui est arrivée quelque nouvelle. Les voilà tous
assis autour du messager à le questionner sur chaque
détail, les uns dans le chagrin de la longue absence du
maître, les autres dans la joie de dévorer son bien, sans
crainte de représailles. Moi, je n'ai plus goût à m'enquérir, à interroger, depuis qu'un Etolien m'a dupé avec
ses racontars : il avait tué son homme; il arrivait chez
moi après maintes courses par le monde: il était entré

dans ma porcherie; et moi je lui fis bon accueil; il me dit qu'en Crète, chez Idoménée, il avait vu Ulysse radoubant ses vaisseaux, que lui avaient brisés les tempêtes; il prétendait qu'il reviendrait ou pour l'été ou pour l'automne, rapportant beaucoup de richesses, avec ses compagnons égaux aux dieux. Et toi, vieillard tant éprouvé, puisqu'une divinité t'a conduit sous mon toit, ne m'en conte pas pour me consoler, ne cherche pas à me charmer. Ce n'est pas pour cela que je te respecterai et t'aimerai; mais j'ai craint Zeus protecteur des hôtes, et, toi-même, je te prenais en pitié. »

Ulysse l'avisé lui fit cette réponse : « En vérité réside dans ta poitrine un cœur bien incrédule. Même un serment ne peut t'ébranler, et je n'arrive pas à te convaincre. Voyons! faisons un pari : mais il faut que là-haut nous soient témoins les dieux qui règnent sur l'Olympe. Si le seigneur, ton maître, revient en cette maison, tu me revêts d'un manteau, d'une tunique, et tu me fais conduire à Doulichion où mon cœur avait tant envie d'aller; et si ton maître ne vient pas, comme je prétends, tu exciteras tes serviteurs à me jeter du haut de la grand-roche, pour qu'aucun autre mendiant ne s'avise plus de te tromper par ses flatteurs artifices. »

En réponse, l'excellent porcher lui disait : « Hôte, ce serait le vrai moyen de m'assurer parmi les hommes une bonne réputation et un renom de mérite, à la fois pour le présent et pour l'avenir. Quoi! je t'aurais conduit dans ma cabane et t'aurais fait les présents d'hospitalité, pour te tuer ensuite, t'enlever le doux souffle de la vie! Je pourrais, après ce forfait, implorer Zeus, fils de Cronos! Mais, c'est maintenant l'heure du souper. Je voudrais que mes compagnons fussent au plus tôt à l'intérieur, pour préparer dans la cabane un délectable repas. »

Cependant qu'ils échangeaient de tels propos, voici que tout près arrivèrent porcs et porchers. Ceux-ci enfermèrent les bêtes dans les parcs, où elles séjournent la nuit; et une clameur immense s'éleva des étables remplies. Puis l'excellent porcher donna un ordre à ses compagnons : « Amenez le meilleur des porcs, que je l'immole pour l'hôte venu de si lointain pays. Nous aussi, nous en profiterons; depuis trop longtemps nous avons toute la peine à soigner nos porcs aux dents blanches, tandis que d'autres vivent impunément du fruit de nos travaux. »

Ayant ainsi parlé, il fendit du bois avec l'impitoyable

bronze. Les autres amenèrent un porc bien gras, de
cinq ans; ils le mirent ensuite près du foyer. Et le porcher n'oublia point les immortels; son esprit était pieux;
ayant prélevé comme prémices des poils sur la tête du
porc aux dents blanches, il les jeta dans le feu, et, dans
ses prières, il implorait tous les dieux, pour que le
sensé Ulysse revînt en sa demeure. Puis, le bras levé, il
assomma le porc d'une bûche de chêne, laissée là quand
il fendait du bois, et la vie le quitta. Aussitôt les compagnons lui ouvrirent la gorge, le firent griller, et, sans
tarder, le dépecèrent. Le porcher d'abord plaçait sur
l'autel des morceaux crus prélevés sur tous les membres,
et les recouvrait de graisse. Il jetait dans le feu ces
viandes saupoudrées de farine d'orge. Les assistants
découpèrent le reste, qu'ils enfilèrent sur des broches,
rôtirent le tout avec soin, le retirèrent du feu et le déposèrent en tas sur les tables. Le porcher se leva pour
faire les parts. Son esprit savait ce qui convenait. Il
divisa les viandes en sept portions : l'une réservée aux
Nymphes et à Hermès, fils de Maia, qu'il invoquait; à
chacun il donna un des autres morceaux; pour honorer
Ulysse, il lui offrit de la longue échine du porc aux dents
blanches, et il réjouit le cœur de son maître. Ayant pris
la parole, Ulysse l'avisé lui dit : « Puisses-tu, Eumée,
être cher à Zeus le père, autant qu'à moi-même, puisque,
dans mon infortune, tu me fais cet honneur. »

Tu lui dis en réponse, porcher Eumée : « Mange, hôte
vénéré, régale-toi des bons mets qui te sont servis : un
dieu donnera ceci, refusera cela, selon la volonté de son
cœur; car il est tout-puissant. » Il dit et consacra aux
dieux éternels les prémices du porc, et, quand il eut
répandu une libation de vin couleur de feu, il mit la
coupe dans la main d'Ulysse, saccageur de villes; puis
il s'assit devant sa propre part. Le pain leur fut distribué
par Mésaulios; c'était un serviteur que le porcher avait
de sa seule initiative acquis en l'absence de son maître,
sans prendre l'avis de sa maîtresse et du vieux Laërte :
il l'avait acheté à des Taphiens de ses deniers. Les
convives portaient les mains vers les mets servis devant
eux. Quand ils eurent satisfait le désir du boire et du
manger, Mésaulios ôta le pain, et tous se levèrent pour
aller se coucher, rassasiés de pain et de viandes.

Là-dessus, commença une mauvaise nuit, sans lune;
Zeus fit tomber de la pluie, sans répit; il souffla un violent Zéphyr, vent qui toujours amène de l'eau. Ulysse

parla devant tous, pour éprouver le porcher, voir s'il
quitterait son vêtement pour le donner, ou s'il demanderait le sien à l'un de ses compagnons, en songeant trop
à soi. « Ecoute-moi, maintenant, Eumée, et vous tous,
ses compagnons, écoutez-moi. J'ai un souhait au cœur
et veux vous dire quelques mots. Ce qui m'y pousse,
c'est le vin qui trouble la raison; c'est lui qui engage,
même le plus sage, à chanter, à rire d'un air caressant,
fait lever pour la danse, fait jaillir des paroles, qu'il
serait meilleur de ne pas proférer. Mais, puisque j'ai
commencé ce propos, je ne cacherai rien. Ah! si j'étais
en pleine jeunesse, si ma force était solide, comme ce
jour où nous avions préparé et menions cette embuscade sous Ilion! Les chefs de l'expédition étaient Ulysse
et l'Atride Ménélas; le troisième, c'était moi, car ils
m'avaient désigné. Quand nous eûmes atteint la ville et
le mur élevé, nous, autour de la ville, nous restions dans
des buissons touffus, parmi les roseaux et dans le marais,
blottis sous nos armes; la nuit vint et un mauvais Borée
se leva, glacial; la neige tombait sur nous, adhérente
comme le givre, froide, et les glaçons couvraient nos
boucliers. Alors, tous avaient des manteaux et des tuniques; ils dormaient bien tranquilles, les épaules engagées
sous leurs boucliers. Moi, j'étais venu sans mon manteau
laissé aux compagnons; c'était une imprudence; je ne
pensais pas le moins du monde qu'il gèlerait, et j'avais
suivi avec mon seul bouclier et ma brillante ceinture.
Mais, quand on fut au dernier tiers de la nuit et que les
astres furent sur leur déclin, alors je dis à Ulysse, auprès
de qui j'étais, après l'avoir poussé du coude, et qui tout
aussitôt me prêta l'oreille : « Nourrisson de Zeus, fils
de Laërte, Ulysse aux mille ruses, bientôt je ne serai
plus au nombre des vivants; le froid me dompte; car je
n'ai pas de manteau; une divinité insidieuse m'a poussé
à ne prendre qu'une tunique; et, maintenant, je ne vois
plus le moyen d'échapper à la mort. » Ainsi parlai-je;
lui, aussitôt, conçut cette ruse en son cœur; car, c'était
un homme extraordinaire au conseil et au combat.
M'ayant parlé à voix basse, il me dit : « Silence, maintenant, qu'aucun Achéen ne puisse t'entendre. » Alors,
la tête appuyée sur le coude, il tint ce discours : « Ecoutez,
les amis; un songe divin m'est venu pendant mon sommeil. Nous sommes trop loin des nefs; il faut que quelqu'un aille dire à l'Atride Agamemnon, pasteur des
peuples, qu'il devrait bien des vaisseaux nous envoyer

plus de monde. » Ainsi parla-t-il; alors, se leva vivement
Thoas, fils d'Andrémon; il jeta son manteau teint de
pourpre, puis partit à la course vers les nefs. Moi,
cependant, j'étais couché dans son vêtement, avec volupté,
et c'est ainsi que je vis paraître Aurore au trône d'or.
Ah! si j'étais maintenant en pleine jeunesse, si ma force
était solide, un des porchers de la ferme me donnerait
un manteau à la fois par sympathie, et par égard pour
un vaillant; mais, au lieu de cela, on me méprise, parce
que j'ai sur la peau de mauvaises frusques. »

En réponse, tu lui dis, porcher Eumée : « Vieillard!
il n'y a qu'à louer, dans ce que tu as conté. Pas un mot
inutile ou qui aille contre le but; aussi, ne manqueras-tu
pas de vêtements, ni de quoi que ce soit que l'on doive
accorder à un pauvre suppliant. Cela pour le moment.
Mais à l'aube, tu nettoieras ces frusques; car nous n'avons
pas ici beaucoup de vêtements de rechange, manteaux
ou tuniques, à l'usage d'autrui; il n'y en a qu'un par
homme. Mais quand viendra le fils d'Ulysse, qui est si
bon, il te donnera, lui, manteau, tunique pour vêtements,
et te reconduira où t'appellent ton cœur et le désir de
ton âme. »

Ayant ainsi parlé, il se leva, pour faire près du feu un
lit, sur lequel il jeta peaux de brebis et de chèvres.
Ulysse s'y coucha. Eumée mit sur lui un manteau épais
et grand, qu'il avait de côté pour en changer et s'en
vêtir, quand la froidure sévissait cruelle.

Ulysse coucha donc là, et, à ses côtés, dormirent les
jeunes gens. Mais le porcher ne se contentait pas de la
couche dressée là; il n'aimait point dormir loin de ses
bêtes. Il se préparait pour sortir, et Ulysse se réjouissait,
voyant quels soins il prenait de son cheptel, nonobstant
son absence. D'abord, Eumée jeta son épée aiguë sur ses
solides épaules, revêtit son vêtement, qui le gardait du
vent et était bien épais; il prit une peau de bique, grande
et bien velue, choisit un épieu aigu, pour se protéger des
chiens et des hommes. Il partit, voulant s'aller coucher
où les porcs aux dents blanches dormaient sous une
roche creuse, abritée de Borée.

CHANT XV

ARRIVÉE DE TÉLÉMAQUE CHEZ EUMÉE

SOMMAIRE : Pallas Athéné part pour Lacédémone afin de rappeler
au fils d'Ulysse qu'il est temps de revenir à Ithaque. Le couple
royal comble le jeune héros de présents, et, à son départ, Hélène
lui annonce un heureux présage (1-181). Par Phères, Télémaque se
dirige vers Pylos, où il se sépare de Pisistrate et s'embarque, sans
visiter Nestor. Un fugitif d'Argos le voyant, Théoclymène, monte
à bord (182-300). Le second soir, Ulysse reste chez le porcher, qui
répond à ses questions sur la triste vie de Laërte et la mort de sa
vieille mère. Il conte sur lui-même comment, né de parents prin-
ciers, il fut volé et vendu à Ithaque (301-492). La nuit suivante,
Télémaque aborde au sud d'Ithaque, laisse Théoclymène se diriger
vers la ville et se rend à la cabane d'Eumée (493-557).

Pallas Athéné était partie pour la spacieuse Lacédémone rappeler la nécessité du retour au glorieux fils du
magnanime Ulysse et l'engager à se mettre en route. Elle
trouva Télémaque et le noble fils de Nestor dormant
tous deux dans le vestibule de l'illustre Ménélas; le fils
de Nestor était dompté par le charme du sommeil; mais
le doux sommeil ne possédait pas Télémaque, et les
soucis de son cœur, la pensée de son père, le tenaient
éveillé pendant la nuit immortelle. Venant se placer
auprès de lui, Athéné aux yeux brillants lui dit : « Télémaque, il n'est plus convenable d'errer loin de ta maison,
d'abandonner ainsi en ton manoir tes biens et tes gens
à la merci des prétendants. Prends garde qu'ils ne se
partagent et ne te mangent tout, que tu n'aies fait, toi,
un inutile voyage. Presse donc l'intrépide Ménélas de te
faire reconduire au plus vite, si tu veux retrouver encore
dans sa maison ton irréprochable mère. Car déjà son père

et ses frères l'exhortent à épouser Eurymaque; il l'emporte, en effet, sur tous les prétendants par ses présents,
et il ne cesse d'accroître la dot! Prends garde, pendant
que tu es loin de tes demeures, qu'on ne t'enlève quelque
trésor [139]. Tu sais quel cœur a la femme dans sa poitrine.
Elle veut enrichir la maison de celui qui l'épouse : de
ses premiers enfants, du mari défunt, elle ne garde nul
souvenir; elle ne s'informe point d'eux. Pour toi, va, en
personne, confier chacun de tes biens à celle de tes servantes qui te paraîtra le plus fidèle, en attendant que les
dieux t'aient fait trouver une glorieuse épouse. Je vais
te dire encore une autre parole; mets-la bien en ton
cœur. Les plus braves des prétendants sont à dessein
postés en embuscade dans la passe d'Ithaque et de la
rocheuse Samé, désirant te tuer, avant que tu arrives
à ta patrie. Mais cela ne sera point, je crois! Auparavant,
la terre en couvrira plus d'un, de ces prétendants, qui
dévorent ton avoir. Tiens cependant à l'écart des îles ta
nef [140] bien faite. Vogue toute la durée de la nuit. Un
vent favorable te sera envoyé de l'arrière par celui des
immortels qui te garde et te protège. Puis, dès que tu
seras arrivé au premier rivage d'Ithaque, ordonne à tout
ton équipage de mener ta nef à la ville; mais, toi, va tout
d'abord chez le porcher, qui a soin de tes bêtes et dont
la tendresse pour toi n'a jamais fléchi. Là, passe la nuit;
commande-lui de se rendre à la ville, pour annoncer à
Pénélope, la plus sage des femmes, que tu es sauf et
arrivé de Pylos. »

Ayant ainsi parlé, elle s'en retourna vers le grand
Olympe; cependant, Télémaque réveillait le fils de Nestor de son doux sommeil en le poussant avec le talon;
et il lui adressa ces mots : « Réveille-toi, Pisistrate, fils
de Nestor; attelle les chevaux aux sabots pleins, en les
amenant sous le char; nous avons du chemin à faire. »
Le fils de Nestor, Pisistrate, lui répondit : « Télémaque,
il n'y a pas moyen, si pressés que nous soyons, de faire
route, de pousser les chevaux à travers cette nuit obscure!
Mais ce sera bientôt l'aurore. Attends que les cadeaux
nous soient apportés et placés sur le char par le héros
fils d'Atrée, le fameux lancier Ménélas, et qu'il nous
adresse des paroles aimables, pour nous donner congé!
L'étranger se souvient, tous les jours de sa vie, de l'hôte
qui lui témoigne de l'amitié. »

Ainsi parlait-il, et, tout aussitôt, parut Aurore au
trône d'or. A ce moment vint à eux l'intrépide Ménélas

qui s'était levé de sa couche, où il était près d'Hélène
à la belle chevelure. Quand le fils chéri d'Ulysse l'aperçut,
il se hâta de vêtir sa poitrine d'une tunique moirée, et
jeta sur ses fortes épaules un grand manteau; il alla
vers la porte, et, s'approchant de Ménélas, Télémaque,
le cher fils du divin Ulysse, dit à son hôte : « Fils d'Atrée,
nourrisson de Zeus, chef de guerriers, il est temps que
tu me fasses reconduire en la terre de mes pères; voici
que mon cœur souhaite d'arriver en mon logis. »

Alors l'intrépide Ménélas lui répondit : « Télémaque,
je ne veux aucunement te retenir ici un long temps,
puisque tu désires t'en retourner. Je blâme autant celui
qui, recevant un étranger, le fête avec trop d'empressement et celui qui lui marque trop son antipathie. Le
mieux est toujours dans la juste mesure. On a également
tort de presser un hôte de s'en aller, quand il ne le veut
pas, et de retenir celui qui est impatient de s'en retourner.
Il faut bien traiter son hôte, pendant qu'il est présent,
et le faire reconduire, quand il le désire. Mais reste,
jusqu'à ce que, t'apportant mes cadeaux de choix, je les
place sur le coffre du char, pour le plaisir de tes yeux,
et que je dise aux femmes de préparer un repas dans la
grand-salle, sur les réserves que nous avons. Il est
honorable et glorieux, utile tout ensemble, pour les
voyageurs d'avoir bien dîné avant de se mettre en route
sur la terre immense. Te plaît-il de t'en aller par l'Hellade [141] et l'intérieur d'Argos ? Je veux t'accompagner en
personne, je ferai pour toi atteler mes chevaux et je te
guiderai vers les villes des hommes; personne ne nous
renverra les mains vides; on nous donnera du moins
quelque chose à emporter, quelque trépied ou quelque
chaudron de pur bronze, ou deux mules, ou une coupe
en or. » Le sage Télémaque lui repartit : « Ménélas, fils
d'Atrée, nourrisson de Zeus, chef de guerriers, je veux
maintenant m'en retourner vers notre logis; car, en
venant, je n'ai laissé derrière moi personne pour veiller
sur mes biens; je crains, en cherchant mon père, rival
des dieux, de périr moi-même ou de perdre quelque
précieux objet de mon manoir. »

Dès que l'intrépide Ménélas eut entendu ces paroles,
il ordonna à sa femme et à ses servantes de préparer sans
retard un repas dans la salle, sur les réserves que l'on
avait à la maison. Survint alors Etéonée, fils de Boéthos,
qui se levait à l'instant de sa couche; car il n'habitait pas
loin. L'intrépide Ménélas lui ordonna d'allumer du feu

et de rôtir des viandes ; et lui ne désobéit pas à l'ordre reçu. Ménélas descendit dans la chambre aux odorants lambris ; il n'était pas seul, mais accompagné d'Hélène et de Mégapenthès. Quand il fut arrivé dans la chambre où étaient ses trésors, l'Atride prit une coupe à deux anses et dit à son fils Mégapenthès d'emporter un cratère d'argent. Hélène se tenait debout près des coffres, où étaient rangés les voiles finement brodés, ouvrage de ses mains. Hélène, noble entre les femmes, en prit un et l'emporta. C'était le plus beau en broderies et le plus grand ; il resplendissait comme un astre ; il était étendu sous tous les autres. Ils s'en allèrent à travers le manoir, jusqu'au moment où ils rejoignirent Télémaque. Le blond Ménélas lui dit : « Télémaque [142], que l'époux d'Héra, Zeus à la foudre retentissante, te permette d'achever ton retour, selon le désir de ton cœur. Des cadeaux, qui sont ma propriété dans ma demeure, je te donnerai celui qui est le plus beau et le plus précieux. Je veux te faire présent d'un cratère ciselé ; il est tout en argent, couronné de lèvres d'or ; c'est le travail d'Héphaistos ; il m'a été donné par le héros Phaedimos, roi de Sidon, quand sa maison m'abrita et que je revins ici. C'est à toi que je veux qu'il appartienne. »

Ayant ainsi parlé, le héros, fils d'Atrée, lui mettait en main la coupe à deux anses. Quant au brillant cratère, le puissant Mégapenthès l'apporta et le plaça devant lui : il était tout en argent. Hélène aux belles joues s'approcha, ayant en ses mains le voile ; elle éleva la voix et dit : « Moi aussi, cher enfant, je te fais ce cadeau ; garde, en souvenir d'Hélène, ce travail de ses mains ; quand viendra le temps du mariage ardemment désiré, que ton épouse le porte ; jusque-là, que ta mère chérie le garde dans sa chambre. Je te souhaite heureuse arrivée dans ta maison bien bâtie et la terre de tes pères. » Ayant ainsi parlé, elle lui mettait le voile dans les mains, et Télémaque eut plaisir à le recevoir. Le héros Pisistrate plaçait les cadeaux dans la corbeille du char, comme il les avait reçus, et il les admira tous en son cœur. Ménélas, à la tête blonde, les conduisait dans la salle ; là, ils s'assirent sur les chaises et les fauteuils. Une servante vint, apportant l'eau pour les mains ; elle la versa d'une belle aiguière d'or au-dessus d'un bassin d'argent, et devant les convives, elle plaça une table polie. La vénérable intendante leur servit le pain et mit sur la table quantité de mets, qu'elle prenait sur les réserves. Devant eux, le fils de Boéthos coupait les viandes et attribuait les parts; l'échanson était le fils du glorieux Ménélas. Alors, les convives tendirent les mains vers les mets préparés devant eux.

Puis, quand ils eurent satisfait leur désir de boire et de manger, Télémaque et le noble fils de Nestor attelaient les chevaux au char pour se mettre en route; ils les poussèrent hors de l'entrée et du portique sonore. Le fils d'Atrée, le blond Ménélas, les suivait; il tenait dans la main droite une coupe d'or remplie d'un vin suave comme le miel, pour qu'ils fissent une dernière libation avant de s'en aller. Il s'arrêta devant les chevaux, et dit en portant leur santé : « Bon voyage, jeunes gens; et salut à Nestor, pasteur de peuples. En vérité, ce fut pour moi un tendre père, tout le temps que nous, les fils des Achéens, nous faisions la guerre en Troade. » Le sage Télémaque lui répondit : « Oui, certes, dès notre arrivée, nourrisson de Zeus, nous répéterons en détail toutes tes paroles à Nestor; et puissé-je, moi-même, revenu à Ithaque et trouvant Ulysse en mon logis, les lui répéter à lui-même; lui dire quelles preuves d'amitié j'ai reçues de toi avant mon départ, et combien de magnifiques cadeaux j'emporte de chez toi! »

Tandis qu'il parlait ainsi, s'envola[143] sur la droite un oiseau, un aigle, qui, dans ses serres, enlevait de la cour une énorme oie blanche, apprivoisée; on le poursuivit en criant, hommes et femmes; l'aigle s'approcha d'eux, puis s'élança par la droite, en avant des chevaux. A ce spectacle, les assistants se réjouirent, et, dans toutes les poitrines, les cœurs exultèrent. C'est le fils de Nestor, Pisistrate, qui le premier prit la parole : « Dis un peu, Ménélas, nourrisson de Zeus, chef de guerriers, est-ce pour nous deux qu'un dieu a fait paraître ce prodige, ou pour toi seul ? »

Ainsi parla-t-il : le favori d'Arès, Ménélas, réfléchissait, préoccupé de faire une sage réponse. Mais Hélène, au voile traînant, le devança et lui dit : « Ecoutez-moi; je vais vous faire une prédiction, comme les immortels me la mettent en l'esprit, et je suis convaincue qu'elle s'accomplira. Cet oiseau a enlevé une oie, élevée dans la maison; il était venu de la montagne, où il avait ses parents et ses aiglons; ainsi Ulysse, après maintes traverses, après tant de courses errantes, reviendra en sa maison et se vengera. Peut-être est-il présentement au logis et porte-t-il à tous les prétendants le coup qui les abat. » Le sage Télémaque lui repartit : « Puisse maintenant en ordonner

ainsi l'époux d'Héra, Zeus au bruyant tonnerre; à toi,
comme à une déesse, iraient de là-bas mes prières. »

Il dit, et cingla du fouet les chevaux. Ceux-ci s'élancèrent à toute vitesse, dans leur ardeur à gagner la plaine
à travers la ville. Tout le jour, ils secouèrent le joug
qu'ils portaient des deux côtés. Le soleil se coucha et
toutes les rues se couvraient d'ombre, quand ils parvinrent à Phères [144], chez Dioclès, fils d'Ortiloque,
qu'avait engendré Alphée. Là, ils passèrent la nuit, et
Dioclès leur offrit des présents d'hospitalité.

Quand parut Aurore aux doigts de rose, qui naît de
grand matin, ils attelèrent les chevaux, montèrent sur le
char incrusté et firent franchir à l'attelage la cour et le
portique sonore. Un coup de fouet les enleva, et ils
volèrent avec ardeur. Bientôt ils arrivèrent à l'acropole
escarpée de Pylos. Alors Télémaque s'adressa au fils de
Nestor : « Fils de Nestor, veux-tu me promettre d'accomplir ce que je vais te demander ? Nous nous honorons
d'être à jamais des hôtes, par suite de l'amitié qui unit
nos pères, et, de plus, nous sommes du même âge. Ce
voyage rendra notre union encore plus étroite. Ne me
conduis pas au-delà de mon vaisseau, nourrisson de Zeus,
et laisse-moi là; je crains que le vieillard ne me retienne
malgré moi en sa demeure, par désir de me bien traiter;
et j'ai besoin de partir sans tarder. »

Ainsi parla-t-il, et le fils de Nestor délibérait en son
cœur; il voulait tenir au mieux la promesse faite à Télémaque. A la réflexion, il lui sembla que le plus sage était
d'agir ainsi : il tourna les chevaux vers le vaisseau rapide
et le rivage de la mer; sur la poupe, il rangea les riches
dons qu'il prit dans la corbeille, vêtements et or, offerts
par Ménélas, et, pressant Télémaque, il lui adressa ces
paroles ailées : « Hâte-toi maintenant d'embarquer et
donne l'ordre du départ à tout l'équipage, avant que j'aie
le temps d'arriver à la maison et de parler de toi au vieillard. Car je sais en mon esprit et en mon cœur combien
sa colère est violente; il ne te lâchera pas; il viendra en
personne te chercher ici même, et je t'assure qu'il ne
rentrera pas seul; de toute façon, il aura une belle colère. »
Ayant ainsi parlé, il poussa les chevaux aux beaux crins,
pour s'en revenir à la ville des Pyliens, et il arriva vite au
manoir. Cependant Télémaque exhorta ses compagnons
et leur donna ses ordres : « Rangez les agrès, camarades,
dans le vaisseau noir, et embarquons-nous; il faut dévorer
du chemin! »

Ainsi parla-t-il ; ses gens l'entendirent et s'empressèrent de lui obéir. Ils s'embarquaient donc vite et s'asseyaient devant les tolets. Télémaque, hâtant les préparatifs, priait Athéné et sacrifiait, près du gaillard de poupe. De lui s'approcha un étranger, qui s'était exilé d'Argos après le meurtre d'un homme ; c'était un devin ; il appartenait à la famille de Mélampous. Celui-ci habitait autrefois à Pylos, la mère des moutons. Très riche, il avait dans la ville un manoir d'une extraordinaire opulence. Puis il s'en était allé chez un autre peuple, fuyant sa patrie et le magnanime Nélée, le plus noble des vivants, qui lui retint par force maintes richesses, une année durant. Pendant ce temps, dans le manoir de Phylacos, il était enchaîné en une dure prison, où il souffrait des maux cruels, à cause de la fille de Nélée, et de la lourde folie qu'il avait commise à l'instigation d'une déesse, l'implacable Erinys. Mais il évita la Kère, mena les bœufs mugissants de Phylacé à Pylos, et s'étant vengé sur Nélée semblable à un dieu du traitement déshonorant qu'il avait subi, il donna pour épouse la jeune fille à son frère. Il s'en alla ensuite au pays d'autres hommes, en Argos nourrice de chevaux. Là sa destinée lui permit d'habiter et de régner sur les nombreux Argiens. Il y prit femme et se construisit une maison au toit élevé. Il engendra Antiphatès et Mantios, deux puissants fils. Antiphatès donna naissance à Oiclès au grand cœur ; puis Oiclès fut le père de l'animateur des combats Amphiaraos, que Zeus, dieu de l'égide, et Apollon aimaient de tout leur cœur et d'un amour sans réserve. Il n'atteignit pas le seuil de la vieillesse, et périt à Thèbes, séduit par les présents d'une femme. Il eut comme fils Alcméon et Amphilochos. Mantios engendra Polyphidès et Clitos. Mais Clitos fut enlevé par Aurore au trône d'or, à cause de sa beauté, pour prendre place parmi les immortels. C'est Apollon qui fit de l'enthousiaste Polyphidès le devin de beaucoup le meilleur entre les mortels, quand mourut Amphiaraos. Il émigra vers Hypérésie, courroucé contre son père ; il y habita et tous les mortels venaient l'y consulter. C'est son fils, du nom de Théoclymène qui, survenant, s'approcha alors de Télémaque. Il le trouva faisant libation et prière près du vaisseau rapide, aux flancs noirs, et, ayant pris la parole, il lui adressa ces mots ailés : « Ami, puisque je te trouve sacrifiant en ce lieu, je te prie, par tes offrandes et la divinité, ensuite par ta tête, par celle des compagnons qui te suivent, réponds à mes questions

en toute vérité; ne me cache rien. Qui es-tu ? De quelle
contrée viens-tu ? Où est ta cité ? Où tes parents ? » Le
sage Télémaque lui répondit : « Je te parlerai donc, étranger, sans détour. Ma famille est d'Ithaque; Ulysse est
mon père, un père, s'il en fut jamais. Maintenant il a péri
d'une mort lamentable. J'ai pris des compagnons et suis
venu sur ce vaisseau noir m'enquérir de lui, depuis si
longtemps disparu. »

Théoclymène semblable à un dieu lui repartit : « Et
moi de même [145], je fuis ma patrie, où j'ai tué un homme.
Il avait dans Argos, nourrice de chevaux, nombre de
frères et de parents, tout-puissants sur les Achéens; pour
échapper à leur haine mortelle et à la noire Kère, je me
suis exilé. Ma destinée est maintenant d'errer parmi les
hommes. Mais prends-moi à ton bord; garde l'exilé que
tu vois suppliant; fais qu'ils ne me tuent pas; car ils sont
à ma poursuite, je crois. » Le sage Télémaque lui répondit : « Puisque tu le veux, je ne te chasserai pas de mon
vaisseau bien équilibré. Viens avec moi et là-bas tu seras
bien traité, autant que nous le pourrons. »

Ayant ainsi parlé, il lui prit sa javeline de bronze, et la
coucha sur le gaillard de poupe de la nef en forme de
croissant. Il monta lui-même sur le vaisseau au long
cours, s'assit sur la poupe et fit à Théoclymène une place
à côté de lui. L'équipage amena les amarres de l'arrière.
Télémaque, exhortant ses gens, leur ordonna de mettre
les mains aux agrès, et ceux-ci obéirent avec entrain.
Ils dressèrent le mât de sapin, l'emboîtèrent dans la
poutre, le fixèrent par le câble de proue, hissèrent la
voilure blanche par les lanières en peau de bœuf bien
tressées. Athéné aux yeux brillants leur envoya un vent
favorable, qui soufflait vif à travers l'éther, pour que la
course de la nef fût au plus vite achevée sur l'eau salée.
Ils passèrent devant les Fontaines et les belles eaux de
Chalcis.

Le soleil se coucha et toutes les rues se remplissaient
d'ombre; la nef avançait rapidement sur Phéae [146], grâce
au bon vent de Zeus; elle longeait la brillante Elide, où
règnent les Epéens. De là, Télémaque se dirigea vers les
îles Pointues; une idée occupait son esprit : pourrait-il
éviter la mort ? Serait-il pris ?

Cependant, en la cabane, Ulysse et l'excellent porcher
prenaient leur repas. Auprès d'eux mangeaient les autres.
Quand ils se furent rassasiés de boire et de manger,
Ulysse prit la parole : il voulait éprouver le porcher, voir

s'il aurait encore pour lui d'amicales prévenances et lui demanderait de rester, là même, dans la ferme, ou s'il l'enverrait à la ville. « Ecoute-moi maintenant, Eumée; écoutez-moi aussi, vous autres, ses compagnons. Dès l'aurore, je désire m'en retourner à la ville, pour y mendier; je ne veux pas vivre à tes dépens, Eumée, ni aux dépens de tes compagnons. Aide-moi de tes conseils : procure-moi aussi un bon guide, pour me conduire là-bas. Ensuite — il le faut bien — j'irai à l'aventure par la ville, en quête d'une tasse et d'une miche. Allant à la maison du divin Ulysse, je pourrais donner des nouvelles à la sage Pénélope, me mêler aux prétendants sans vergogne, qui me feraient l'aumône d'un dîner : ils regorgent de vivres! Je saurais vite bien faire au milieu d'eux tout ce qu'ils voudraient. Car je vais te dire; toi, écoute et comprends-moi bien. Par une faveur du messager Hermès, le dieu qui donne grâce et réputation aux travaux de tous les hommes, aucun mortel ne pourrait pour le service rivaliser avec moi : faire un bon tas de bois pour le feu, le fendre de la hache, quand il est sec, découper, rôtir, verser à boire, toutes besognes du service que les vilains font pour les nobles gens. »

Bien à contrecœur, tu lui dis, porcher Eumée : « Ah! grands dieux, mon hôte, comment pareil projet a-t-il pu te venir en l'esprit ? Est-ce donc que tu désires beaucoup trouver incontinent ta perte ? Quoi! tu veux te joindre à la foule des prétendants, dont l'orgueil et la violence montent jusqu'au ciel de fer ? Leurs serviteurs n'ont rien de ton extérieur; ils sont jeunes, bien vêtus de manteaux et tuniques; ils ont toujours cheveux luisants et belle figure, les gens à leur service; les tables bien polies sont chargées de pain, de viandes et de vin. Reste plutôt; nul n'est gêné par ta présence, ni moi, ni aucun des compagnons que j'ai sous mes ordres. Quand sera revenu l'aimable fils d'Ulysse, il te donnera manteau, tunique, vêtements, et il te conduira où t'appelle le désir de ton cœur. »

Alors le noble Ulysse, modèle de patience, lui répondit : « Puisses-tu, Eumée, devenir aussi cher à Zeus le père que tu l'es à moi-même, pour avoir mis fin à cette vie errante et à mes peines cruelles. Rien n'est pour les mortels plus pénible que ce vagabondage. C'est leur maudit ventre qui cause de terribles ennuis aux hommes, condamnés à une existence aventureuse, à ses souffrances, à ses angoisses. Mais, puisque tu me retiens et me presses

d'attendre ton maître, parle-moi donc de la mère du
divin Ulysse et de son père, que lors de son départ il
laissa au terme de la vieillesse : vivent-ils encore sous les
rayons du soleil, ou sont-ils déjà morts et dans les
demeures d'Hadès ? »

Le maître porcher répondit : « Eh bien, étranger, je te
dirai tout très exactement. Laërte vit encore; mais toujours il demande à Zeus que la vie abandonne ses
membres, en sa maison. Car il déplore lamentablement
l'absence de son fils, la mort de sa digne épouse, dont la
perte lui fit tant de peine et hâta pour lui l'heure de la
vieillesse! Elle, minée par le douloureux regret de son
glorieux enfant, mourut bien tristement. Puisse une telle
fin être épargnée à l'habitant de cette île, qui m'aime et
me traite avec amitié! Tant qu'elle était là [147], en dépit de
son chagrin, il m'était agréable de l'entretenir et de
l'interroger, parce qu'elle-même m'avait élevé, en compagnie de Ctimène au long voile, sa belle grande fille et la
plus jeune de ses enfants. Je fus élevé avec elle, et c'est à
peine si sa mère m'honorait moins. Mais quand tous
deux nous atteignîmes l'adolescence tant aimable, ils la
marièrent pour aller habiter Samé, et que de présents ils
reçurent! Pour moi, Anticlée me donna de très beaux
vêtements, un manteau, une tunique, me mit aux pieds
des chaussures neuves et m'envoya aux champs; et
plus que jamais j'étais cher à son cœur. Maintenant, j'ai
perdu tout cela! Mais les bienheureux augmentent le
fruit de mon labeur. Par ce gain, j'ai mangé, j'ai bu et j'ai
pu faire aumône à l'hôte vénérable. Mais, de la maîtresse
nouvelle, je ne puis entendre une douce parole, avoir une
marque d'amitié : le malheur est tombé sur la maison
envahie par ces prétendants sans vergogne! Pourtant, les
serviteurs ont grand besoin de s'entretenir face à face avec
leur maîtresse, de l'interroger sur tout, de manger et
boire chez elle, puis d'emporter aux champs un de ces
cadeaux qui leur dilatent le cœur. »

Ulysse aux mille ruses lui dit en réponse : « Malédic-
tion! Ainsi, porcher Eumée, tu erras, tout petit, loin de
ta patrie et de tes parents. Mais allons! dis-moi, et parle
bien sincèrement. Saccageait-on alors [148] une ville aux
larges rues, où habitaient ton père et ta vénérable mère ?
étais-tu resté seul, près des brebis ou près des bœufs, et
des pirates t'ont-ils pris sur leurs vaisseaux, sont-ils
venus te vendre au maître de ce manoir et toucher un
bon prix ? »

Le maître porcher lui répondit : « Mon hôte, puis donc que tu t'enquiers de ce passé et m'interroges, écoute-moi maintenant en silence ; jouis de l'heure et, bien assis, bois ton vin. Ces nuits sont très longues : on peut, certes, dormir ; on peut aussi prendre plaisir à écouter. Il ne faut pas que tu ailles te coucher trop tôt ! C'est encore une fatigue qu'un trop long sommeil. Vous autres, si votre cœur et l'envie vous y poussent, allez-vous-en dormir dehors ! Dès que paraîtra l'Aurore, aussitôt après votre repas, partez avec les porcs du maître ; nous, dans la cabane, buvant et mangeant, consolons-nous de nos amers chagrins en les rappelant à notre souvenir ! Les épreuves mêmes ont une douceur pour l'homme qui a beaucoup souffert, beaucoup erré. Je vais donc te conter tout ce que tu me demandes, répondre à toutes tes questions. Il y a une île qu'on appelle Syrie ; peut-être en as-tu ouï parler. Elle est située au-dessus d'Ortygie [149], où commence à décliner le soleil ; elle n'est pas très peuplée ; mais c'est un bon pays, riche en bœufs, riche en moutons ; le vin, le froment y abondent. Jamais n'y sévit la famine ; et nulle cruelle maladie n'y frappe les misérables mortels. Mais lorsque, dans la ville, les générations d'hommes atteignent la vieillesse, Apollon, à l'arc d'argent, vient, avec Artémis, les toucher de ses traits cléments pour les faire mourir. Les habitants ont deux cités qui se partagent tout le territoire. Sur l'une et l'autre régnait mon père, Ctésios, fils d'Orménos, semblable aux Immortels. Un jour, survinrent des Phéniciens, marins renommés, mais gens rapaces. Ils apportaient dans leur vaisseau noir une foule de bibelots. Or il y avait au logis de mon père une Phénicienne, belle, grande, experte en fins ouvrages. Les rusés Phéniciens l'enjôlèrent, et, pour commencer, un jour qu'elle était au lavoir, près du vaisseau creux, un d'eux s'unit à elle ; les caresses d'amour, voilà ce qui égare les femmes, même les meilleures. Il lui demanda ensuite qui elle était, d'où elle venait. Elle, tout aussitôt, lui montra la haute maison de mon père : « Je me fais gloire d'être née à Sidon, riche en bronze ; je suis fille d'Arybas, aux immenses richesses. Mais j'ai été enlevée par des Taphiens, des pirates, comme je revenais des champs ; ils m'amenèrent ici, en la maison de cet homme, me vendirent et touchèrent un bon prix. » L'homme, qui s'était secrètement uni à elle, lui dit : « Ne veux-tu pas maintenant revenir avec nous, chez toi, pour revoir ton père, ta mère, leur demeure au toit

élevé ? car, sache-le, ils vivent encore et on les dit riches. »
Et la femme, en réponse à cette offre : « Oui, c'est possible ; mais il faut, matelots, que vous vous engagiez par
serment à me conduire indemne en mon logis. » Elle dit ;
tous donc prêtèrent le serment qu'elle demandait. Quand
ils eurent juré bien et dûment, la femme reprit la parole
et leur dit : « Silence, maintenant ! Qu'aucun de vos
compagnons ne m'adresse la parole, s'il me rencontre
dans une rue, ou quelque part à la fontaine ; il ne faut
pas que l'on aille à la maison avertir le vieillard, qu'il
conçoive des soupçons, m'enferme en une dure geôle, et
médite votre perte. Mettez-vous bien ma recommandation en l'esprit : hâtez l'achat de votre cargaison. Quand
votre nef sera pleine de marchandises, qu'on m'envoie
vite prévenir au logis : j'apporterai de l'or, tout ce qui me
tombera sous la main. Et je serai bien contente de vous
donner encore autre chose pour mon passage à votre
bord. J'élève au manoir un enfant de mon brave maître :
un petit malicieux, qui court à mes trousses, quand je
sors. Je puis l'amener à votre bord ; il vous sera payé un
très grand prix, quelque part que vous le vendiez à
l'étranger. »

Ayant ainsi parlé, elle s'en fut vers la belle demeure.
Les Phéniciens restèrent chez nous, toute une année, se
procurant de multiples ressources, qui emplissaient la
cale de leur vaisseau ; mais quand il fut bondé, quand il
fallut partir, ils envoyèrent un messager pour aviser la
femme. L'homme — c'était un finaud — vint à la demeure
de mon père : il tenait à la main un collier d'or, où
étaient enfilées des perles d'ambre. Dans la salle, les
servantes et ma vénérable mère palpaient le collier, s'en
rassasiaient les yeux, proposaient un prix ; l'homme
cependant, sans mot dire, fit un signe à la femme, et
là-dessus regagna le vaisseau creux ; elle, me prenant par
la main, m'emmenait hors de la maison. Dans le vestibule,
elle trouva les coupes et les tables du festin offert par mon
père aux conseillers qui l'assistaient. Ils venaient de
partir à l'assemblée du peuple, présidée par les anciens.
La femme, vivement, prit trois coupes qu'elle cacha dans
son sein ; moi, je la suivais, sans réfléchir. Le soleil se
coucha et les ténèbres couvraient toutes les rues. Nous
avions marché vite, nous arrivâmes au port bien connu ;
là était le vaisseau, rapide marcheur. L'équipage, qui
s'était embarqué, suivait les chemins liquides, avec nous
deux à bord. Et Zeus envoyait un vent favorable. Pendant

six journées, nous naviguions, les nuits comme les jours. Mais, quand Zeus, fils de Cronos, eut fait paraître le septième, Artémis la sagittaire frappa cette femme de ses traits; on entendit le bruit de son corps tombant dans la sentine, comme une mouette dans la mer. On la jeta en proie aux phoques et aux poissons; et moi, on me laissa là, le cœur serré. Le vent et l'eau nous poussèrent sur Ithaque, où Laërte m'acheta de ses propres deniers. De là vient que cette terre fut connue de mes yeux. »

Ulysse, issu de Zeus, lui répondit : « Eumée, tu as vivement ému mon âme dans ma poitrine, par tout le détail des maux que tu souffris en ton cœur. Pourtant, même dans ton malheur, Zeus te ménagea un bien, puisque, après tant d'épreuves, tu es venu au logis d'un homme clément, qui te fournit le manger et le boire sans compter, et que ta vie est bonne; tandis que moi, que tant de villes ont déjà vu, j'arrive ici toujours errant. »

Tels étaient les propos qu'ils échangeaient. Ensuite ils se couchèrent pour dormir; ils ne reposèrent pas long-temps; leur sommeil fut très court. Car bientôt survint Aurore au trône d'or. Déjà, au rivage, les compagnons de Télémaque carguaient les voiles; ils dégagèrent le mât promptement, et poussèrent la nef à l'aviron jusqu'à son mouillage. Ils jetèrent les ancres et y attachèrent les amarres de poupe. Alors ils débarquèrent au brisement de la mer; puis ils préparaient leur repas et mélangeaient le vin aux reflets de feu. Quand ils eurent apaisé leur désir du boire et du manger, le sage Télémaque prit la parole parmi eux : « Vous, maintenant, poussez vers la ville le noir vaisseau. Moi, cependant, j'irai vers les champs et les pâtres. Au soir, quand j'aurai vu mes cul-tures, je descendrai en ville. À l'aurore, je vous ferai servir le prix du voyage, un bon banquet de viandes et de vin doux à boire. »

Théoclymène, semblable à un dieu, lui dit alors : « Et moi, cher enfant, où vais-je aller ? Dans la maison de quels hommes me rendrai-je, parmi ceux qui règnent sur la rocheuse Ithaque ? Irai-je droit chez ta mère et à ta maison ? » Le sage Télémaque lui répondit : « En d'autres circonstances, je t'inviterais à te rendre chez nous. Nous ne manquons pas de quoi recevoir les hôtes. Mais cela ne vaudrait rien pour toi. Je ne serai pas là, et ma mère ne te verra même pas. Elle ne se montre guère aux prétendants en la maison, et, restant loin d'eux, elle tisse au métier dans sa chambre d'en haut. Mais je veux t'indiquer une autre personne, chez qui tu peux te rendre, Eurymaque, le noble fils du prudent Polybe, qu'actuellement les Ithaciens honorent à l'égal d'un dieu. C'est, en effet, de beaucoup le plus honnête des prétendants; il a grand désir d'épouser ma mère et d'avoir le privilège d'Ulysse. Mais Zeus l'olympien, qui habite l'éther, sait l'avenir : avant le mariage, il leur réserve peut-être le jour funeste. »

Comme il venait de parler ainsi, un oiseau s'envola vers sa droite, un épervier, rapide messager d'Apollon. Entre ses serres, il tenait une colombe, lui arrachait les plumes, qu'il répandait sur le sol, entre le vaisseau et Télémaque lui-même. Théoclymène l'appela à l'écart de ses compagnons, lui serra la main, prit la parole et dit : « Télémaque, ce n'est pas sans l'agrément d'un dieu que cet oiseau s'est envolé à ta droite; je l'ai regardé attentivement et j'ai reconnu que c'était un augure. Il n'y pas de famille plus royale que la vôtre en ce pays d'Ithaque, et vous y aurez toujours le pouvoir. » Le sage Télémaque lui répondit : « Puisse, mon hôte, s'accomplir ta parole! Alors, tu connaîtrais bientôt mon amitié, et mes nombreux présents exciteraient l'envie de qui t'approcherait. » Ainsi parlait-il, et, s'adressant à Piræos, son fidèle compagnon, il lui dit : « Piræos, fils de Klytos, puisque c'est toi qui en toute chose m'obéis le mieux, de tous les compagnons qui me suivirent à Pylos, conduis maintenant mon hôte dans ta maison; aie pour lui sollicitude et respect jusqu'à mon retour. » Piræos, le fameux lancier, lui répondit : « Télémaque, tu peux rester longtemps aux champs; je prendrai soin de lui et remplirai envers lui tous les devoirs de l'hospitalité. » Ayant ainsi parlé, il s'embarqua et donna l'ordre à ses compagnons d'en faire autant, et de détacher les amarres de poupe. Ceux-ci montèrent aussitôt à bord et s'assirent devant les tolets.

Télémaque mit à ses pieds de belles sandales. Il prit sa forte javeline, garnie de bronze, sur le tillac de la nef. L'équipage détacha les amarres de poupe. Ayant poussé le vaisseau loin du rivage, ils naviguaient vers la ville, comme l'avait ordonné Télémaque, le cher fils du divin Ulysse. Marchant d'un pas rapide, il parvint promptement à l'étable, qu'emplissait la foule de ses porcs et où dormait parmi eux le bon porcher, si dévoué à ses maîtres.

CHANT XVI

TÉLÉMAQUE RECONNAIT ULYSSE

SOMMAIRE : Télémaque arrive à l'aurore chez le porcher Eumée, qui envoie aux champs le troupeau de porcs. Les chiens font à Télémaque, échappé au guet-apens dressé par les prétendants, un joyeux accueil, qu'admire Ulysse (1-39). Eumée recommande à l'étranger de prendre soin du jeune maître, mais le dissuade de rentrer au logis, où il faut redouter l'insolence des prétendants; il part pour la ville, afin d'informer Pénélope de l'heureux retour de son fils (40-155). Ulysse, à qui Athéné a rendu son premier aspect, se fait reconnaître de son fils (156-219). Le père et le fils délibèrent sur le meurtre des prétendants. Télémaque indique leur nombre et dissuade son père de se présenter à eux sous son véritable aspect; tous deux conviennent qu'Ulysse se laissera insulter, jusqu'à ce que sonne l'heure de la vengeance (220-320). La nouvelle de l'heureux retour de Télémaque inspire aux prétendants de nouveaux desseins meurtriers. Pénélope reproche à Antinoos d'être l'instigateur du complot dirigé contre son fils (321-451). Eumée revient à sa porcherie (452-481).

Dans la cabane, les deux hommes, Ulysse et l'excellent porcher, préparaient dès l'aurore le repas du matin; ils avaient allumé du feu, et envoyé les pâtres aux champs avec le troupeau des porcs. A l'arrivée de Télémaque, les chiens aboyeurs l'entourèrent en agitant la queue, mais sans crier. L'illustre Ulysse avait vu les flatteries des chiens, et même entendu le bruit des pas de l'arrivant. Aussitôt, il adressait à Eumée ces paroles ailées : « Eumée, je crois fort qu'un compagnon va t'arriver ici, ou quelqu'un de connaissance; car les chiens n'aboient pas, mais frétillent de la queue; j'entends d'ailleurs un bruit de pas. »

Il n'avait pas encore fini de parler que le fils d'Ulysse
se dressa dans l'embrasure de la porte. Saisi d'étonnement, le porcher se leva. Ses mains laissèrent tomber
les vases, dans lesquels il préparait le repas et mêlait le
vin aux reflets de feu. Il alla au-devant de son maître,
lui baisa le front, ses deux beaux yeux, ses deux mains.
D'abondantes larmes coulèrent de ses paupières. Comme
un père accueillant avec tendresse son enfant, au retour
d'une terre lointaine, après dix ans d'absence, un fils
unique, chéri au fond du cœur, pour lequel il éprouva
mille peines, ainsi l'excellent porcher, embrassant Télémaque à l'aspect divin, le couvrait tout de baisers, à la
pensée qu'il avait échappé à la mort. Et sanglotant, il lui
adressait ces paroles ailées : « Te voilà [150] de retour,
Télémaque, douce lumière! Je n'espérais plus te revoir,
depuis que tu étais parti sur ta nef pour Pylos. Mais
entre maintenant, mon cher enfant, pour que je rassasie
mon cœur de ta vue, puisque te voilà tout frais arrivé
de l'étranger et chez nous! Tu ne viens pas souvent aux
champs, parmi les pâtres; tu restes à la ville; on dirait
que ton cœur trouve plaisir à regarder en face les prétendants, l'impudente engeance. »
    Le sage Télémaque lui répondit : « Il en sera comme
tu veux, mon petit père, c'est pour toi que je suis venu
ici, je voulais te voir de mes yeux et t'entendre me dire
si ma mère est toujours au manoir ou si déjà un autre
homme l'a épousée et si la couche d'Ulysse est maintenant vide et envahie par les vilaines araignées. » Le
maître porcher lui répondit : « Ah! certes, elle reste toujours, d'un cœur constant, dans ton manoir; toujours
tristes, ses nuits et ses jours se consument dans les
larmes. »
    Ayant ainsi parlé, il reçut la javeline de bronze. Alors,
Télémaque entra dans la cabane et franchit le seuil de
pierre. Comme il s'avançait, son père, Ulysse, se leva
pour lui céder son siège. Mais, de son côté, Télémaque le
retint et dit : « Reste assis, étranger; nous, nous trou-
verons un autre siège dans notre ferme; l'homme que
voilà m'en disposera un. » Ainsi parla-t-il, et son père
alla reprendre sa place. Déjà le porcher avait, pour lui
faire un siège, amassé des branches vertes, qu'il couvrit
de peaux. Là s'assit alors le cher fils d'Ulysse. Puis le
porcher leur servit sur des plateaux des viandes rôties,
restes qu'on avait laissés la veille; il se hâta de remplir
de pain les corbeilles, et il mêlait dans un vase du vin

doux comme miel; cela fait, il vint s'asseoir face au divin Ulysse. Alors, ils portèrent les mains sur les mets préparés devant eux. Quand ils eurent satisfait leur désir du boire et du manger, Télémaque adressa la parole à l'excellent porcher : « Petit père, d'où vient l'étranger que voici ? Comment des matelots l'ont-ils conduit en Ithaque ? Qui déclaraient-ils être ? Car je ne pense pas qu'il soit venu ici sur ses jambes ? »

Tu lui dis en réponse, porcher Eumée : « Eh bien! je vais te dire toute la vérité, mon enfant. Il déclare être originaire de la vaste Crète; il dit qu'il a roulé par maintes villes de mortels, en ses voyages. C'est le destin que lui a filé une divinité. Maintenant, il s'est évadé d'un vaisseau de Thesprotes, et réfugié dans ma ferme. Je le remets en tes mains; fais comme tu veux; il déclare être ton suppliant. »

Le sage Télémaque lui répondit : « Eumée, la parole que tu viens de dire me fait peine au cœur. Comment veux-tu que, moi, je reçoive cet hôte dans mon logis ? Moi-même, je suis jeune, et je ne puis encore compter sur mes bras pour repousser un homme qui me chercherait noise. Le cœur de ma mère hésite dans sa poitrine : restera-t-elle au logis auprès de moi, gardera-t-elle la maison, respectant la couche de son mari et craignant les propos du peuple, ou va-t-elle suivre maintenant celui qui, le plus noble des Achéens, la recherche dans son manoir et offre le plus de présents ? Mais cet hôte, puisqu'il est venu en ta cabane, je le couvrirai de beaux vêtements, d'un manteau et d'une tunique; je lui donnerai une épée à deux tranchants et des sandales pour ses pieds, et je le ferai reconduire où l'appelle le désir de son cœur. En attendant, si tu veux bien, soigne-le; trouve-lui une place dans la ferme, et qu'il ne sorte pas; je lui enverrai ici des vêtements et tous les vivres qui lui seront nécessaires; je ne veux pas que toi et tes compagnons vous l'ayez à votre charge. Je recommande bien qu'il n'approche pas les prétendants; ils ont une insolence qui tient de la folie; ils l'insulteraient, et j'en aurais une peine terrible; il est difficile même à un vaillant d'avoir le dessus quand les adversaires ont l'avantage du nombre, et les prétendants sont de beaucoup les plus forts. »

Le noble Ulysse, modèle de patience, lui dit alors : « Ami, puisque la loi divine me permet de répondre, vous me déchirez le cœur, quand je vous entends dire les odieuses machinations que dans ton manoir trament les

prétendants, et que doit supporter un homme tel que
toi. Dis-moi, est-ce de plein gré que tu subis cet esclavage, ou es-tu, dans le pays, haï des peuples, dociles à
la voix d'un dieu ? Ou bien as-tu à te plaindre de frères
qui, d'ordinaire, rendent confiance à leur frère en combattant pour lui, quelle que soit la grandeur du péril ? Ah!
que n'ai-je ta jeunesse, avec mon courage! Que ne suis-
je le fils de l'irréprochable Ulysse, ou Ulysse lui-même,
revenu de ses courses errantes, car tout espoir n'est pas
perdu! Je consentirais que sur l'heure un étranger me
coupât la tête, si je ne devenais pas, entrant dans le
manoir d'Ulysse, fils de Laërte, un fléau pour ces gens-
là. Si, étant seul, j'étais dompté par le nombre, j'aimerais
mieux mourir assassiné en ma demeure, que de voir tous
les jours ces actions honteuses, des hôtes maltraités, des
servantes indignement violentées dans les belles pièces
de la maison, mon vin complètement vidé, mes vivres
dévorés follement, un gaspillage incessant et absurde. »
    Le sage Télémaque lui répondit : « Eh bien donc, mon
hôte, je vais tout te dire très exactement. Ce n'est pas
tout mon peuple qui me hait et me moleste; je n'ai aucun
reproche à faire à des frères, qui, d'ordinaire, rendent
confiance à leur frère en combattant pour lui, quelle que
soit la grandeur du péril. Le fils de Cronos n'a voulu
donner à notre race que des fils uniques : Arcisios n'engendra qu'un fils, Laërte; Laërte ne fut le père que du
seul Ulysse; Ulysse, après m'avoir engendré, ne laissa
que moi au manoir, et il n'a pas joui de son fils! Et, par
suite, ma maison est envahie par une multitude d'ennemis : car tous les souverains de nos îles, Doulichion,
Samé, Zacynthe couverte de forêts, et tous les princes
de la rocheuse Ithaque, tous recherchent ma mère, et
consument mon bien. Elle, sans repousser un mariage
qui lui est odieux, ne peut non plus s'y résoudre; et les
prétendants dilapident et dévorent mon avoir; bientôt ils
me perdront moi-même. Mais tout cela repose sur les
genoux des dieux. Mon petit père, va-t'en vite; annonce
à la sage Pénélope que je suis sauf et revenu de Pylos.
Moi, je resterai ici; toi, va là-bas lui porter la nouvelle, à
elle seule; veille qu'aucun Achéen ne la connaisse;
car il y en a beaucoup qui me veulent du mal. »
    Tu lui dis en réponse, porcher Eumée : « Je le com-
prends; j'y songe; j'avais déjà dans l'esprit ce que tu
ordonnes. Mais, dis-moi ceci et réponds-moi en tout
avec exactitude : dois-je aussi, dans la même course, aller

chez Laërte, et lui annoncer la nouvelle ? Il est si malheureux! Ulysse auparavant lui causait grande affliction; cependant il surveillait encore ses cultures, et en son logis il buvait et mangeait avec ses serviteurs, quand dans sa poitrine son cœur l'en pressait. Mais maintenant, depuis que tu t'en es allé sur ton vaisseau à Pylos, on dit qu'il ne mange et ne boit plus comme d'habitude; il ne va plus surveiller ses travaux; il reste assis à pleurer, gémir et sangloter, et sa peau se dessèche sur ses os. »

Le sage Télémaque lui répondit : « C'est déplorable! Laissons-le pourtant, quel que soit notre chagrin! Si en toutes choses les mortels avaient le libre choix, c'est d'abord le jour du retour pour mon père que nous prendrions. Toi, la nouvelle donnée, reviens sur tes pas; ne va pas errer par les champs à la recherche de Laërte; ordonne à une intendante de parler au plus vite en secret à ma mère, qui pourra ensuite informer le vieillard. »

Il dit et fit partir le porcher. Celui-ci prit en main ses sandales et, les ayant attachées sous ses pieds, il alla vers la ville. Quand Athéné, qui attendait ce départ, vit le porcher Eumée s'éloigner de la ferme, elle parut elle-même à la porte. Elle avait pris l'aspect d'une femme belle, grande et experte aux fins ouvrages. Elle s'arrêta à l'entrée de la cabane, ne se montrant qu'à Ulysse. Télémaque ne la vit pas en face de lui, ne s'aperçut de rien. Car les dieux n'apparaissent pas et ne se font pas reconnaître à tous les yeux. Par contre, Ulysse la vit, les chiens de même, mais ils n'aboyaient pas; ils fuyaient d'un autre côté à travers l'étable en grondant. La déesse fit un signe de ses sourcils, et l'illustre Ulysse comprit. Il sortit de la salle; arrivé au-delà du grand mur de la cour, il s'arrêta devant elle, et Athéné lui adressa ces mots : « Nourrisson de Zeus, fils de Laërte, Ulysse aux mille expédients, voici maintenant le moment de parler à ton enfant, sans lui rien cacher, de vous concerter sur la mort et la kère des prétendants, et de gagner l'illustre ville. Moi, je ne serai pas longtemps loin de vous; car je brûle de combattre. » A ces mots, Athéné le toucha de sa baguette d'or. Elle mit d'abord un manteau bien lavé et une tunique autour de sa poitrine; elle lui donna plus de taille et de jeunesse. Il reprit sa peau brune; ses joues se remplirent; une barbe d'un beau noir encadrait son menton. Ce changement accompli, elle s'en alla, et Ulysse entra dans la cabane. Son fils fut frappé d'étonnement, et saisi d'effroi, il jeta les yeux d'un autre côté, craignant que ce ne fût un dieu. Puis, élevant la voix, il lui adressa ces paroles ailées : « Etranger, tu te montres à présent sous un autre aspect que naguère : tu as d'autres vêtements; ta peau n'a plus le même teint. Sans doute, tu es l'un des dieux qui habitent le vaste ciel. Sois-nous propice; je veux t'offrir des sacrifices qui t'agréent, des présents d'or, bien ouvragés; épargne-nous! » L'illustre Ulysse, modèle de patience, lui répondit : « Je ne suis pas un dieu; pourquoi me comparer aux Immortels ? Je suis ton père, pour lequel tu gémis et souffres tant de maux, sans cesse exposé à la violence des hommes. »

Ayant ainsi parlé, il baisa son fils, et le long de ses joues, il laissa ses larmes tomber à terre; auparavant, il n'avait jamais cessé de les retenir. Mais Télémaque, qui ne croyait pas encore que ce fût vraiment son père, lui dit derechef ces paroles en réponse : « Non! Tu n'es pas Ulysse, mon père; une divinité me leurre, pour que je pleure et gémisse encore plus. Un mortel ne pourrait pas réaliser de tels prodiges par la seule puissance de son esprit et sans le secours d'un dieu capable, s'il lui plaît, de rendre un homme, au gré de son caprice, ou jeune ou vieux. Tout à l'heure, tu étais un vieillard, couvert de vêtements sordides; et maintenant tu ressembles aux dieux, qui possèdent le vaste ciel. »

Ulysse, fécond en ruses, lui dit en réponse : « Télémaque, il ne convient pas, quand ton père est ici, d'être avec cet excès surpris, étonné. Non, il ne viendra pas d'autre Ulysse en ce lieu. Ulysse est celui que tu vois, c'est moi qui, après avoir tant souffert, tant erré, arrive, après vingt ans, au pays de mes pères. Mais ceci est l'œuvre d'Athéné, ravisseuse de butin, qui me rendit tel qu'il lui plaisait, elle en a le pouvoir, et fit de moi tantôt un mendiant, tantôt, au contraire, un homme jeune, au corps bien vêtu. Il est facile aux dieux, qui possèdent le vaste ciel, de donner à un mortel l'éclat de la beauté, la honte de la laideur. »

Après avoir ainsi parlé, il s'assit. Le fils, jetant les bras autour de son vaillant père, se mit à gémir, en versant des larmes, et tous deux sentirent monter en eux le besoin des lamentations; ils pleuraient bruyamment, à sanglots plus pressés que les cris des oiseaux, orfraies ou vautours aux serres crochues, dont des pâtres ont enlevé les petits, avant qu'ils fussent en état de voler. Ainsi, ils laissaient tomber sous leurs paupières des larmes à faire pitié. Et, la lumière du soleil eût disparu avant qu'eussent cessé leurs sanglots, si Télémaque n'eût pris la parole, pour poser à son père cette question soudaine : « Mais, mon cher père, sur quel vaisseau donc des matelots t'ont-ils amené ici, à Ithaque ; quels hommes déclaraient-ils être ? Car je ne crois pas que tu sois arrivé ici sur tes jambes. »

L'illustre Ulysse, modèle de patience, lui repartit : « Eh bien, je vais te dire, mon enfant, toute la vérité : Ce sont des Phéaciens qui m'ont amené. Marins fameux, ils convoient aussi les étrangers, quand il en arrive un chez eux. Tandis que je dormais, ils m'ont conduit par la mer sur un vaisseau rapide et m'ont déposé à Ithaque ; et ils m'ont prodigué des présents merveilleux, bronze, or, vêtements tissés. Tous ces trésors sont, par la volonté des dieux, en sûreté au fond d'une grotte. Maintenant, je suis venu ici sur l'ordre d'Athéné, afin que nous consultions ensemble sur le meurtre de nos ennemis. Allons !

« Dis-moi le nombre des prétendants et fais-les-moi connaître, que je sache un peu combien il y en a, et quels hommes ce sont. De la sorte, après avoir réfléchi en mon âme prudente, je déciderai si, à nous deux, nous pourrons les attaquer, seuls, sans le secours d'autres, ou si, au contraire, nous devrons chercher l'assistance d'autres bras. »

Le sage Télémaque lui répondit : « Mon père, certes, j'ai toujours entendu vanter ta grande gloire, dire que tu avais des bras pour la bataille et de la prudence au conseil. Mais, tu viens de tenir un propos vraiment étrange et l'étonnement ne me quitte pas ; il ne saurait être possible à deux hommes, sans plus, de combattre contre des adversaires si nombreux et si forts. Les prétendants ne sont pas seulement une dizaine ou deux : ils sont bien plus. Tu vas, à l'instant, ici même, en savoir le nombre. De Doulichion [151], il y a cinquante-deux jeunes gens d'élite, que suivent six valets. De Samé, ils sont vingt-quatre hommes. De Zacynthe, il y a vingt jeunes Achéens. D'Ithaque même, il y en a douze ; tous de première noblesse, et, dans leur suite, il y a le héraut Médon et le divin aède, et deux serviteurs, écuyers tranchants experts. Or, si nous les affrontons tous ensemble, quand ils seront au manoir, j'ai bien peur que, pour avoir voulu leur faire payer leurs violences, tu ne subisses un traitement amer et cruel. Réfléchis plutôt : songe à trouver, s'il est possible, quelque auxiliaire, qui combatte pour notre défense d'un cœur ardent. »

L'illustre Ulysse, modèle de patience, lui répliqua :
« Eh bien! je vais te dire mon idée; enferme mes paroles
en ton esprit; écoute-moi bien; demande-toi si Athéné,
avec l'appui de Zeus le Père, y suffira, ou si je dois penser
à quelque autre défenseur. » Le sage Télémaque lui
repartit : « Ce sont, certes, de bons défenseurs, les deux
auxiliaires dont tu parles, quoiqu'ils siègent là-haut,
parmi les nuages; ils ont pouvoir sur les hommes et les
dieux immortels. »

L'illustre Ulysse, modèle de patience, lui répondit :
« Ces deux-là, ils ne seront pas longtemps éloignés de la
violente mêlée, lorsque entre les prétendants et nous,
dans ma grand-salle, décidera la fureur d'Arès. Toi, va
maintenant, dès que paraîtra Aurore, à la maison, et
mêle-toi aux prétendants insolents. Moi, le porcher me
conduira plus tard à la ville, sous les traits d'un mendiant
pitoyable et d'un vieillard. S'ils m'injurient dans ma
maison, que ton cœur se résigne au fond de ta poitrine
aux mauvais traitements, dont je serai l'objet, même s'ils
me tirent par les pieds à travers la maison, pour me jeter
à la porte, ou s'ils me frappent de traits. Toi, regarde,
mais laisse faire. Cependant, invite-les à cesser leurs
folies, ne cherche à les en détourner qu'avec de douces
paroles. Ils ne t'obéiront en rien; car pour eux est proche
le jour fatal. Je te dirai [152] une autre chose; toi, enferme-la
bien dans ton cœur. Quand Athéné, si riche en bons avis,
m'en mettra l'idée dans l'esprit, je te ferai un signe de
tête; toi, dès que tu l'auras remarqué, les armes d'Arès,
qui sont placées en la grand-salle, prends-les toutes; puis,
va les déposer au fond de la chambre haute, et leurre
les prétendants par des paroles mielleuses, quand ils
s'étonneront de ne plus les voir et t'en demanderont la
cause. « Je les ai déposées à l'abri de la fumée; car, elles
ne sont plus ce qu'elles étaient, quand Ulysse les a
laissées ici à son départ pour la Troade; elles sont toutes
sales, la vapeur du foyer les a bien noircies. En outre,
le fils de Cronos m'a suggéré une raison plus décisive :
il faut éviter que, pris de vin, vous n'en veniez à vous
quereller, à vous blesser mutuellement, que vous ne
déshonoriez les prétendants et leurs repas; de lui-même,
le fer attire son homme. » Pour nous seuls, laisse avec
deux boucliers en cuir de bœuf, deux épées et deux lances
que nos mains puissent saisir, au moment de fondre sur
l'ennemi; ensuite Pallas Athéné et Zeus, le dieu sage, le
frapperont de démence. Je te dirai une autre chose : toi,

enferme-la bien dans ton cœur; si tu es vraiment mien et né de mon sang, nul ne doit entendre dire qu'Ulysse est au logis; que Laërte l'ignore, et le porcher, et tous les serviteurs et Pénélope même; toi et moi, soyons seuls à connaître les sentiments des femmes; nous éprouverons aussi les serviteurs, pour savoir qui nous honore et nous craint en son âme, qui n'a nul souci de nous et te manque de respect, malgré ton mérite. »

Son noble fils prit la parole pour lui répondre : « Père, tu connaîtras mon cœur dans la suite, je pense; la légèreté n'y a point de place; eh bien! je ne crois pas qu'il nous soit utile de persister dans ce dessein; je t'invite à y réfléchir. Tu perdras un long temps à cette enquête sur les dispositions de chacun; il te faudra les chercher aux champs, tandis que les prétendants, bien tranquillement au manoir, dévorent nos biens à l'envi et n'en épargnent aucun. Cependant, je te conseille d'éprouver les femmes et de connaître celles qui te déshonorent, et celles qui sont sans reproche. Pour les hommes, je ne suis pas d'avis de courir les étables pour les éprouver; nous remettrons ce soin à plus tard; attends un signe certain de Zeus, dieu de l'égide. »

Pendant qu'Ulysse et son fils échangeaient ces propos, abordait à Ithaque la nef solide, qui ramena de Pylos Télémaque et tous ses compagnons. Dès qu'ils furent arrivés dans la rade profonde, ils tirèrent sur la grève le vaisseau noir et les hommes d'équipage enlevèrent vivement les agrès; aussitôt ils portèrent chez Clytios [153] les magnifiques présents. Puis on envoya au logis d'Ulysse un héraut dire à Pénélope, la plus sage des femmes, que Télémaque était aux champs, avait fait conduire le vaisseau à la ville; et calmer dans son cœur les craintes de la noble reine, arrêter ses larmes. Le héraut et l'excellent porcher se rencontrèrent, tous deux porteurs du même message à l'épouse du roi. Dès qu'ils furent arrivés au logis du divin Ulysse, le héraut dit au milieu des servantes : « Sache-le, reine, ton cher fils est revenu! » Cependant le porcher, s'approchant de Pénélope, lui répéta tout ce que son fils avait recommandé de lui dire. Quand il eut rempli ce message, il partit rejoindre ses porcs, quitta la grand-salle et la cour.

Les prétendants furent désappointés et consternés dans leur cœur; ils sortirent de la salle, franchirent le long mur de la cour, et s'assirent là devant la porte. C'est Eurymaque, le fils de Polybe, qui le premier prit

la parole : « Mes amis, il a donc accompli son grand
exploit, ce voyage, l'insolent Télémaque! Nous pensions
qu'il ne le ferait pas! Allons! tirons à la mer un vaisseau
noir, le meilleur que nous ayons, rassemblons-y comme
rameurs des marins éprouvés, qui aillent au plus tôt
dire aux compagnons de là-bas de rentrer vite au logis. »

Il n'avait pas achevé qu'Amphinomos, ayant tourné la
tête, vit leur nef à l'intérieur de la rade profonde; ils
carguaient les voiles et prenaient les rames en mains. Il
rit de bon cœur et dit à ses amis : « N'envoyons personne
porter la nouvelle; car les voilà dans la rade. Ou bien,
un dieu leur a donné un avis, ou ils ont vu de leurs yeux
s'avancer le navire, sans pouvoir l'atteindre. »

Il dit : eux se levèrent et s'en allèrent vers le rivage
de la mer. Rapidement leurs compagnons tirèrent le
vaisseau noir sur la grève et les hommes d'équipage se
hâtèrent d'enlever les agrès. Puis les prétendants allèrent
tous ensemble à l'agora, sans permettre à personne, ni
jeune ni vieux, de s'y asseoir auprès d'eux. Antinoos, le
fils d'Eupithès, prit la parole : « Quel contretemps!
Pourquoi les dieux ont-ils sauvé cet homme de la mort?
Tout le jour, nos hommes allaient se poster sur les
falaises battues des vents; ils se relayaient sans cesse,
et quand le soleil se couchait, jamais nous ne restâmes
la nuit sur le continent, mais nous voguions par la mer,
sur notre vaisseau rapide, attendant la brillante Aurore
et guettant Télémaque, pour le prendre et le mettre
à mort. Et pendant ce temps, une divinité le conduisit
en sa demeure. Nous ici, préparons-lui une malemort,
à ce Télémaque, et puisse-t-il ne pas échapper; car, lui
vivant, je pense, nos affaires ne marcheront pas. Il est,
lui, avisé; il a l'intelligence, la décision, et le peuple n'a
plus du tout ses bonnes dispositions à notre égard. Allons!
Ne laissons pas à cet adversaire le temps de réunir les
Achéens à l'agora. Il ne va pas, je crois, en rester là; il
nous tiendra rancune; debout, il dira devant tous que
nous complotions traîtreusement sa perte, et que nous
avons manqué notre coup. Et le peuple ne nous approu-
vera pas, quand on lui dira nos coupables actions. Prenons
garde qu'on ne nous fasse un mauvais parti, qu'on ne
nous chasse de notre terre, que nous ne soyons réduits à
nous réfugier en un autre pays. Prévenons notre ennemi;
saisissons-nous de sa personne, loin de la ville, à la
campagne, ou sur la route qui y mène; mettons la main
sur ses richesses, tous ses biens; faisons entre nous un

partage équitable; et donnons sa maison à sa mère et à qui l'épousera. Si cette proposition ne vous agrée pas, si vous voulez qu'il vive et garde tout son patrimoine, ne nous réunissons plus ici pour lui dévorer à l'envi ses ressources, chères au cœur de l'homme, et que chacun, de sa propre maison, poursuive sa brigue par l'offre de présents. Ensuite, Pénélope épousera celui qui lui en aura donné le plus, et que le sort lui destine. »

Il parla ainsi; tous se tinrent cois et silencieux. Alors prit la parole devant l'assemblée Amphinomos, le noble fils du roi Nisos, fils d'Arétos; c'est lui qui était le premier des prétendants, venus de Doulichion, riche en froment et en prés, et dont les discours agréaient le plus à Pénélope; car il avait du jugement; celui-ci, donc, animé de bonnes intentions, prit la parole et dit : « Amis, je ne saurais consentir, pour moi, à tuer Télémaque; il est terrible de faire périr le rejeton d'une race royale. Cherchons d'abord à connaître la volonté des dieux. Si la décision du grand Zeus est pour nous, je serai le premier à vouloir le tuer, à pousser tous les autres au meurtre. Mais si les dieux nous en détournent, je vous conseille d'y renoncer. » Ainsi dit Amphinomos et son discours plut à l'assemblée. Puis ils se levèrent aussitôt et s'en retournèrent au logis d'Ulysse; quand ils y furent, ils s'assirent sur des fauteuils polis.

Pénélope, la plus sage des femmes, conçut aussi un dessein : se montrer aux prétendants dont l'insolence passait les bornes. Car elle avait appris qu'au manoir même on avait comploté la mort de son fils; elle tenait le renseignement du héraut Médon, qui avait surpris leurs projets. Elle partit donc pour la grand-salle avec ses suivantes. Quand la noble femme fut arrivée devant les prétendants, elle s'arrêta près d'un montant du mur solidement construit, et, baissant sur ses joues son voile lustré, elle interpella Antinoos et lui dit avec force : « Antinoos, homme insolent et fourbe, on dit à Ithaque que, parmi tous ceux de ton âge, tu l'emportes par la sagesse et l'éloquence; tu n'étais donc pas ce que l'on dit! Insensé! Pourquoi donc, toi, trames-tu contre Télémaque assassinat et mort ? tu n'as point respect des suppliants, dont pourtant Zeus entend la plainte. C'est un sacrilège de tramer la perte les uns des autres. Quoi! tu ne sais pas que ton père vint ici en fugitif, par crainte du peuple, dont la fureur était extrême; il avait pris le parti de pirates taphiens et molesté les Thesprotes, qui étaient nos alliés. On voulait le perdre, lui arracher le cœur, dévorer ses ressources, dont le nombre excitait l'envie. Mais Ulysse arrêta, contint le peuple malgré sa fureur. Et c'est maintenant la maison d'Ulysse que tu dévores, sans bourse délier ; tu recherches sa femme, tu veux tuer son fils : et moi, tu me tortures le cœur. Ah ! je t'adjure de cesser, toi, et de calmer les autres. »

Eurymaque, fils de Polybe, lui répliqua : « Fille d'Icarios, Pénélope, la plus sage des femmes, rassure-toi ; n'aie donc pas ces soucis au cœur. Il n'existe pas, il n'existera point, il ne peut pas être d'homme qui porte les mains sur Télémaque, ton fils, tant que je serai vivant, et que, sur terre, mes yeux verront la lumière. Je le déclare, et, certes, ma parole s'accomplira. Aussitôt le sang noir du coupable ruissellera autour de ma lance, puisque, je m'en souviens, Ulysse, saccageur de villes, m'a souvent pris sur ses genoux, m'a mis dans la main un morceau de rôti et m'a donné à boire de son vin rouge. Aussi Télémaque m'est-il de beaucoup le plus cher de tous les hommes, et il ne doit pas craindre que la mort lui vienne des prétendants ; mais, quand elle vient des dieux, il est impossible de l'éviter. » Il parlait ainsi pour la rassurer ; et il n'avait qu'un désir : faire périr Télémaque.

Elle monta dans la chambre du haut, aux brillants lambris : elle pleurait sans cesse Ulysse, son cher mari, lorsque enfin Athéné aux yeux brillants versa le doux sommeil sur ses paupières. Le soir venu, l'excellent porcher rentra auprès d'Ulysse et de son fils, qui se hâtaient de préparer le repas, et avaient immolé un porc d'un an. Mais déjà Athéné, s'approchant d'Ulysse, fils de Laërte, l'a touché de sa baguette et de nouveau en a fait un vieillard ; elle lui a jeté sur le corps de misérables haillons ; elle ne voulait point que, le voyant en face, le porcher reconnût son maître et qu'incapable de tenir son secret, il allât tout dire à la fidèle Pénélope.

Télémaque, le premier, lui adressa ces paroles : « Te voilà de retour, excellent Eumée. Que dit-on par la ville ? Les prétendants arrogants sont-ils maintenant au logis et rentrés de leur embuscade, ou bien me guettent-ils pour se jeter sur moi, quand je passerai ? »

Tu lui dis en réponse, porcher Eumée : « Je n'ai point songé, en traversant la ville, à m'informer de cela : je n'avais qu'un désir, mon message accompli, c'était de revenir ici au plus vite. J'ai cependant rencontré un messager rapide envoyé par tes compagnons, un héraut, qui, le premier, dit la nouvelle à ta mère. Mais voici autre chose, que je sais; cela, je l'ai vu de mes yeux. J'étais déjà au-dessus de la ville, là où est la colline d'Hermès, quand j'aperçus un vaisseau rapide, qui entrait dans notre port; que d'hommes à bord! Il était chargé de boucliers et de javelines à deux pointes; l'idée me vint que c'étaient eux; mais je ne puis rien affirmer. »

Il dit; le fort et vigoureux Télémaque sourit, jeta sur son père un regard d'intelligence, évitant que le porcher ne le vît.

Quand ils eurent tout apprêté, et servi le repas, ils mangèrent, et nul ne put se plaindre d'être moins bien partagé que les autres. Le désir du boire et du manger apaisé, ils songèrent au repos et goûtèrent la douceur du sommeil.

CHANT XVII

TÉLÉMAQUE REVIENT DANS LA VILLE D'ITHAQUE

SOMMAIRE : Le matin suivant, Télémaque vient à la ville; à son
entrée au logis de son père, il est salué par Euryclée et sa mère.
Celle-ci se fait raconter l'accueil hospitalier de Ménélas et d'Hélène.
Le jeune héros se rend ensuite à l'agora; il voudrait décider sa mère
à recevoir en hôte le voyant Théoclymène, qui lui confirme la prochaine arrivée d'Ulysse en Ithaque (1-165). A ce moment, les prétendants envahissent la salle, où ils ont dessein de festoyer, cependant qu'Ulysse et Eumée se mettent en route vers le manoir (166-178).
Chemin faisant, Ulysse est insulté et maltraité par son chevrier
Mélanthios (179-260). Eumée et Ulysse arrivent; le héros n'est
reconnu que par son vieux chien, Argos (261-327). L'entrée du
faux mendiant dans la grand-salle soulève entre Antinoos et Eumée
une dispute, dans laquelle intervient Télémaque (328-404). Ulysse
est raillé par Antinoos, qui lui jette un escabeau à la tête (405-491).
Pénélope, accourue au bruit, prend la défense de l'étranger; elle
voudrait même l'interroger; mais Ulysse, qui a de bonnes raisons
d'être discret, fait remettre l'entretien au soir (492-590). Eumée
retourne donc seul aux champs (591-606).

Quand, née au point du jour, parut Aurore aux doigts
de rose, Télémaque, le fils chéri du divin Ulysse, se noua
aux pieds de belles sandales; puis il prit sa bonne javeline, qui s'adaptait si bien à sa paume; il avait hâte
d'arriver à la ville; aussi dit-il au porcher : « Mon petit
père, de ce pas je vais à la ville, pour que ma mère me
voie; car je ne pense pas que ses douloureuses lamentations, ses sanglots et ses larmes cessent avant que ses
yeux m'aient vu. Mais voici ce que je te recommande.
Conduis notre malheureux hôte à la ville; je veux que
là-bas il puisse mendier un repas. Lui donnera qui

voudra, un bout de pain et une pinte de vin[154]; je ne
puis me charger de tout le monde; j'ai trop de chagrin
au cœur! Si l'hôte m'en garde rancune, je le regrette
pour lui; moi, j'aime dire la vérité! »

Ulysse aux mille expédients lui dit en réponse : « Ami,
ne t'imagine pas que, moi non plus, je désire qu'on me
retienne : pour un mendiant il est plus profitable de
mendier à la ville qu'aux champs. Me donnera qui
voudra. Je ne suis plus d'âge à rester aux étables, pour
obéir en tout aux ordres d'un surveillant. Va donc; j'ai
pour me conduire l'homme à qui tu en as donné l'ordre;
je partirai quand je me serai chauffé près du feu et que
le soleil se fera sentir. Car mes vêtements sont terriblement mauvais; je crains que la gelée matinale ne me
glace; et il y a loin, disiez-vous, d'ici à la ville. » Ainsi
parlait-il; Télémaque avait déjà traversé l'étable, avan-
çant à pas rapides, et rêvant d'abattre les prétendants.
Quand il fut arrivé à la spacieuse demeure, il dressa
aussitôt sa javeline contre une haute colonne, puis il
entra en franchissant le seuil de pierre.

La nourrice Euryclée l'aperçut la première : elle
étendait des peaux sur les fauteuils bien travaillés; les
larmes aux yeux, elle alla droit à lui; bientôt il fut entouré
des autres servantes du patient Ulysse; elles lui souhaitaient la bienvenue, baisaient son front et ses épaules.
Alors de sa chambre sortit Pénélope, la plus sage des
femmes, belle comme Artémis ou Aphrodite d'or. Elle
se mit à pleurer, jeta les bras au cou de son fils bien-
aimé, lui baisa le front et ses deux beaux yeux, et, avec
des sanglots dans la voix, lui dit ces paroles ailées : « Tu
m'es revenu, Télémaque, ma douce lumière! Je n'espérais plus te revoir, du jour où sur ta nef secrètement,
malgré moi, tu partis à Pylos, chercher des nouvelles
de ton père. Allons! conte-moi en détail tout ce que tu
as vu et appris. »

Le sage Télémaque lui répondit : « Ma mère, n'excite
pas mes gémissements, ne soulève pas mon cœur au
fond de ma poitrine, puisque j'ai pu échapper à la mort
soudaine. Baigne ton visage; revêts ton corps de vêtements propres; monte dans ta chambre avec tes suivantes. Promets à tous les dieux de leur offrir des hécatombes parfaites, si Zeus inflige à nos ennemis la peine
de leur crime. Moi, je vais aller à l'agora inviter un hôte,
qui ne m'a pas quitté de Pylos jusqu'ici. Je l'ai envoyé
en avant, avec des compagnons semblables à des dieux.

J'ai demandé à Piræos de le conduire à sa maison, de le bien recevoir, traiter en ami et honorer jusqu'à mon arrivée. » Ainsi dit-il; et ses paroles ne furent point perdues [155] pour Pénélope, qui se baigna le visage, revêtit son corps de vêtements propres, promit à tous les dieux de leur offrir des hécatombes parfaites, si Zeus infligeait aux ennemis la peine de leur crime.

Alors Télémaque traversa la grand-salle, la javeline à la main; deux chiens rapides le suivaient. Athéné avait versé sur lui une grâce divine; tous les yeux le contemplaient à son passage. Autour de lui les prétendants superbes s'assemblaient pour le complimenter des lèvres; mais dans le secret de leur cœur ils ne songeaient qu'aux moyens de le perdre. Lui évita cette foule nombreuse et alla s'asseoir où siégeaient Mentor, Antiphos et Halithersès, qui, depuis les premiers jours, avaient été les compagnons de son père. On lui demanda les détails de son voyage. Piræos, le fameux lancier, s'approcha. Il avait par la ville amené son hôte à l'agora. Télémaque ne resta pas longtemps à l'écart de l'étranger, mais vint près de lui. Piræos, le prévenant, lui adressa ces paroles : « Télémaque, envoie sans retard des femmes chez moi, qu'elles te rapportent les présents que te fit Ménélas. »

Le sage Télémaque lui répondit : « Piræos, nous ne savons pas comment tourneront les choses. Si les prétendants superbes me tuent traîtreusement au manoir et se partagent ensuite tout mon patrimoine, je préfère que ce soit toi qui jouisses de ces présents, plutôt que l'un d'eux. Si je réussis à leur porter le coup fatal de la mort, alors ce sera un plaisir pour toi de venir me remettre ce dépôt, et pour moi de le recevoir. »

Après ces mots, il conduisit au manoir l'étranger tant éprouvé. Quand ils furent arrivés à la spacieuse demeure, ils déposèrent leurs manteaux sur les chaises et les fauteuils, puis, dans les baignoires bien polies, ils allèrent prendre un bain. Quand des femmes les eurent lavés et frottés d'huile, ils se vêtirent de manteaux épais, de tuniques, puis ils passèrent dans la grand-salle où ils prirent place. Une servante apporta pour les mains l'eau qu'elle versait d'une belle aiguière d'or au-dessus d'un plateau d'argent, et devant eux déploya une table bien polie. Une grave intendante leur servit le pain, et offrit en outre beaucoup de mets, pris sur ses réserves. La mère de Télémaque vint s'asseoir en face de lui près

du battant de la porte; inclinée sur son travail, elle
enroulait au fuseau les fils légers. Télémaque et son hôte
portèrent les mains vers les mets servis tout prêts devant
eux. Quand ils eurent chassé leur désir du boire et du
manger, Pénélope, la plus sage des femmes, prit la
première la parole et leur tint ce discours : « Télémaque,
ainsi je vais monter là-haut m'étendre sur cette couche,
témoin de mes sanglots, et que chaque jour mouillent
mes larmes depuis qu'Ulysse partit pour Ilion avec les
Atrides; et tu ne t'es pas décidé, avant que les prétendants superbes viennent en cette salle, à me dire exactement ce que tu as pu apprendre sur le retour de ton père. »
   Le sage Télémaque lui repartit : « Eh bien! je vais,
ma mère, te dire toute la vérité. Nous partîmes pour
Pylos, voir Nestor, pasteur de peuples. Il m'accueillit
dans sa haute demeure, et me prodigua les marques
d'affection, comme un père à son fils longtemps absent,
qui revient de l'étranger. Je fus vraiment choyé par lui
ainsi que par ses glorieux fils. Mais du patient Ulysse,
jamais, m'a-t-il assuré, personne au monde n'a pu lui
dire s'il était mort ou vif. Il m'envoya cependant chez
l'Atride Ménélas, le fameux lancier, et me fit conduire
sur un char bien ajusté, traîné par ses chevaux. Là je
vis l'Argienne Hélène, pour laquelle Argiens et Troyens
ont tant souffert par la volonté des dieux. Aussitôt,
Ménélas hardi dans la mêlée me demanda quelle affaire
m'amenait dans la brillante Lacédémone, et je lui ai dit
toute la vérité. Sur quoi, il me dit en réponse : « Malheur!
Au lit du héros à l'âme vaillante ils voudraient coucher,
ces hommes sans cœur! Comme le lion vigoureux,
lorsque dans sa tanière la biche a laissé ses faons nouveau-
nés, qui la tètent encore, pour chercher des vallons
boisés et brouter des ravins herbus, lui, revenant à sa
litière, inflige aux deux petits un sort cruel; ainsi Ulysse
infligera aux prétendants une mort ignominieuse. Puisse-
t-il, Zeus Père, Athéné, Apollon, tel que jadis au beau
site de Lesbos, il se leva pour répondre au défi de Philomélède et l'abattit de son bras puissant, à la joie de tous
les Achéens, revenir et se rencontrer avec les prétendants! De tous la destinée serait brève et les noces
amères! Pour répondre à tes questions et à tes prières,
je ne saurais rien te dire contre la vérité ni te tromper,
mais voici ce que me révéla l'infaillible vieillard de la
mer; je ne veux t'en omettre ni cacher un seul mot.
Il me dit avoir aperçu Ulysse en proie à une cruelle

affliction, dans une île, au manoir d'une nymphe, Calypso, qui le retient de force. Il ne peut revenir en la terre de ses pères. Car il n'y a là ni vaisseaux à rames ni compagnons, qui pourraient le reconduire sur le large dos de la mer. » Telles furent les paroles du fils d'Atrée, l'illustre lancier Ménélas. Mon enquête finie, je revins, et les Immortels, m'accordant un vent favorable, me remirent vite en ma chère patrie. »

Il dit, et ses paroles émurent le cœur de Pénélope au fond de sa poitrine. Théoclymène à l'aspect divin parla ainsi devant eux : « Vénérable femme d'Ulysse, fils de Laërte, comme tu vois, Ménélas ne sait rien de précis; mais comprends bien ce que je vais te dire : je te ferai une prophétie exacte, sans rien te cacher. J'en prends à témoin Zeus avant tous les autres dieux, ta table hospitalière, ce foyer de l'irréprochable Ulysse, où me voilà maintenant arrivé. Sache donc qu'Ulysse est déjà dans sa patrie, tantôt s'arrête, tantôt s'avance, qu'il s'informe des méchantes actions perpétrées en sa maison; qu'il s'apprête à porter à tous les prétendants le coup fatal. Tel est l'augure qu'assis sur le vaisseau aux solides bordages j'eus en l'esprit et déclarai à Télémaque. » Pénélope, la plus sage des femmes, lui répondit : « Etranger, puisse ta prophétie se réaliser! Alors, tu connaîtrais vite mon amitié; tu recevrais de moi beaucoup de présents, et ton bonheur ferait envie à qui serait sur ton chemin. »

Tels étaient les propos qu'ils échangeaient. Cependant, les prétendants, devant la demeure d'Ulysse, jouaient à lancer le disque et le javelot sur une carrière aplanie, où ils faisaient d'ordinaire montre de leur arrogance. Mais quand ce fut l'heure du dîner, et que les brebis arrivaient des champs de tous côtés, conduites par leurs pâtres habituels, alors Médon leur dit — c'était le héraut qui leur plaisait le plus et assistait à leurs festins : « Jeunes gens, maintenant que vous avez tous réjoui votre cœur à des jeux, rentrez à la maison, pour que nous préparions le repas; car ce n'est pas plus mal de prendre son dîner à l'heure. »

Il dit; tous se levèrent pour rentrer, obéissant à son invitation. Puis, quand ils furent arrivés à la spacieuse demeure, ils déposèrent leurs manteaux sur des chaises et des fauteuils; ils immolèrent de grands béliers et des chèvres grasses; ils sacrifièrent des cochons bien en graisse, une génisse du troupeau et apprêtèrent le festin. Cependant Ulysse et l'excellent maître porcher se

hâtaient des champs à la ville. Eumée prit le premier la
parole : « Etranger, puisque tu désires aller à la ville
aujourd'hui, comme mon maître le recommandait, par-
tons; pour moi j'aurais préféré te laisser à la garde de
l'étable; mais je respecte les ordres; je crains de m'attirer
des reproches; et elles ne sont pas douces les réprimandes
des maîtres. Allons; la plus grande partie du jour est
passée, et bientôt avec le soir, le temps sera plus dur. »

Ulysse aux mille ruses lui dit en réponse : « Je comprends, je suis de ton avis; j'avais justement l'intention
de faire ce que tu me conseilles; eh bien! allons, sois
mon guide tout le long du chemin, mais donne-moi un
bâton, si tu en as un de taillé, pour que je m'appuie,
puisque, dites-vous, le chemin est très glissant. »

Ce disant, il jeta sur ses épaules sa mauvaise besace,
toute rapiécée, avec une simple corde en guise de bretelle.
Eumée lui donna le bâton qu'il demandait. Tous deux
allaient; les chiens et les bergers restèrent derrière eux
pour la garde de l'étable. Ainsi, le chef porcher conduisait à la ville son maître, qui avait l'aspect d'un pauvre
vieux mendiant et s'appuyait sur son bâton. Il n'avait
sur le corps que de méchants haillons. Après avoir suivi
le chemin pierreux, ils arrivèrent près de la ville, à la
fontaine dont on avait capté les belles eaux, où les habitants venaient puiser, et qu'avaient construite Ithacos,
Nérite et Polyctor; autour d'elle un bois de peupliers
qui se nourrissent d'eau, formait un rond-point; l'eau
fraîche coulait du haut d'un rocher, au pied d'un autel
dédié aux Nymphes, où tous les passants faisaient leurs
offrandes. Là, ils rencontrèrent le fils de Dolios, Mélantheus, qui conduisait des chèvres, les plus belles de son
troupeau, pour servir de repas aux prétendants. Deux
pâtres le suivaient. Quand il vit Ulysse et Eumée, il se
mit à les injurier violemment, à les accabler d'invectives
forcenées et grossières, dont le cœur d'Ulysse se révolta.
« Voilà bien une canaille qui guide une canaille, car
toujours un dieu unit le semblable au semblable[156]. Où
mènes-tu ce vorace, porcher de malheur, ce parasite
assommant, ce trouble-banquet ? Un homme qui va de
porte en porte se meurtrir les épaules, mendiant des
débris de pain, non des épées et des bassins! Si tu me le
donnais pour garder ma ferme, être valet d'étable et porter du vert aux chevreaux, à boire du petit-lait il se ferait
grosse cuisse. Mais, puisqu'il n'a jamais su rien faire de
bon, il ne voudra pas travailler; il aime mieux aller par le

pays quêter pour ce ventre qui crie toujours. Je vais te dire une chose, et elle s'accomplira : s'il va au manoir du divin Ulysse, on lui lancera de toutes parts une avalanche d'escabeaux qu'il verra autour de sa tête et qui s'useront à lui labourer les côtes. »

Il dit, et en passant près d'Ulysse, le forcené lui lança un coup de talon à la hanche. Ulysse n'en quitta pas le sentier, et y demeura ferme. Il se demanda si, pour le tuer, il lui porterait un coup de sa massue ou, le soulevant de terre, il lui briserait le crâne contre le sol. Mais il eut le courage de contenir son cœur. Ce fut le porcher qui, le regardant en face, insulta Mélanthios et fit ensuite une grande prière, en levant les mains : « Nymphes de ces sources, filles de Zeus, si jamais Ulysse brûla en votre honneur, toutes couvertes de graisse, des cuisses de chevreaux et d'agneaux, exaucez mon vœu : puisse le maître revenir, conduit par une divinité! Il aura tôt fait de rabattre tous les grands airs que tu prends, insolent, qui toujours traînes par la ville; pendant ce temps-là le bétail dépérit, abandonné à de mauvais bergers. »

Le chevrier Mélanthios lui répondit : « C'est trop fort! Qu'a dit là ce chien, qui ne songe qu'à mal faire? Je le conduirai quelque jour sur un noir vaisseau au bon tillac, loin d'Ithaque, et j'en aurai un bon prix. Quant à Télémaque, puisse Apollon à l'arc d'argent le frapper [157] aujourd'hui même au manoir, ou la main des prétendants l'abattre, aussi vrai que la journée du retour a péri pour Ulysse. »

Ayant dit, il les laissa, car ils marchaient doucement; lui allait d'un très bon pas et eut vite atteint la demeure du maître. Il entra tout aussitôt et vint s'asseoir parmi les prétendants, en face d'Eurymaque : c'était celui qu'il aimait le plus. Devant lui, des serviteurs placèrent une part de viandes et une digne intendante lui présenta du pain. Ulysse et l'excellent porcher s'arrêtèrent à quelque distance de la maison : le son d'une phorminx creuse frappa leurs oreilles; c'était le prélude du chant de Phémios parmi les prétendants. Ulysse, prenant la main du porcher, lui dit : « Eumée, certainement voilà là la belle demeure d'Ulysse; elle est facile à reconnaître, même entre beaucoup d'autres. Quelle suite de bâtiments! la cour a de belles proportions avec son mur et sa corniche; voilà une porte qui est fermée solidement : nul ne saurait la forcer. Je vois que de nombreux convives festoient là-dedans; il s'y élève une odeur de graisse, et la phorminx

y résonne, la phorminx dont les dieux firent la compagne
des festins. »

Tu lui dis en réponse, porcher Eumée : « Tu as tout de
suite reconnu le manoir : en toutes choses, tu as le coup
d'œil. Mais délibérons sur ce que nous allons faire. Ou
bien tu entreras le premier dans la maison spacieuse, et
tu te mêleras aux prétendants, moi je resterai ici derrière;
ou, si tu veux, attends, et c'est moi qui entrerai d'abord.
Mais fais vite; si on t'aperçoit dehors, crains qu'on ne te
frappe ou ne te chasse; je te conseille d'y aviser. »

Ensuite, l'illustre Ulysse, modèle de patience, lui
répondit : « Je comprends, je suis de ton avis. Tes recom-
mandations s'adressent à un homme qui y pensait déjà.
Va d'abord; moi je resterai ici. Je ne suis pas sans expérience des coups et des projectiles. Mon cœur a de l'endurance; j'ai tant souffert des flots et de la guerre! S'il faut
encore souffrir, je suis prêt. Le moyen de taire les cris
d'un ventre affamé, ce maudit ventre, qui cause tant de
maux aux hommes! C'est pour lui qu'on arme les nefs
bien charpentées, qui traversent la mer inlassable pour la
ruine des ennemis. »

Tels étaient les propos que tous deux échangeaient.
Il y avait là un chien couché, qui dressa la tête et les
oreilles; c'était Argos, le chien du patient Ulysse, qu'il
avait nourri de ses mains, et dont il n'avait pu jouir; il
partit trop tôt pour la sainte Ilion. Auparavant, les jeunes
gens l'emmenaient courre les chèvres sauvages, les daims
et les lièvres. Mais depuis le départ du maître il gisait
sans soins, devant la porte, sur un tas de fumier des
mulets et des bœufs, où les serviteurs d'Ulysse venaient
prendre de quoi fumer le grand domaine. Là donc était
couché le chien Argos tout couvert de poux. Alors, quand
il reconnut Ulysse qui était près de lui, il agita la queue et
laissa retomber ses deux oreilles; mais il n'eut pas la
force de venir plus près de son maître. Celui-ci, à sa vue,
se tourna pour essuyer une larme, qu'il lui fut facile de
cacher à Eumée, et il se hâta de lui poser cette question :
« Eumée, voilà qui est étrange, un pareil chien sur le
fumier; il a un beau corps; mais je ne puis savoir si sa
vitesse à la course égalait sa beauté, ou s'il n'était qu'un
de ces chiens de luxe nourris à la maison et que les grands
entretiennent pour la montre. »

Tu lui dis en réponse, porcher Eumée : « C'est le chien
d'un homme qui est mort au loin. S'il était tel pour le
corps, pour l'ardeur, qu'au moment du départ d'Ulysse

pour la Troade, tu admirerais aussitôt sa vitesse et sa fougue. Dans les profondeurs de l'épaisse forêt, point de gibier qui échappât à sa poursuite : quel flair il avait pour trouver la piste ! Il est sans forces à présent ; son maître a péri hors de sa patrie, et les femmes négligentes ne lui donnent plus de soins. Les serviteurs, dès que les maîtres ne les commandent plus, ne veulent plus faire leur travail. Zeus dont la voix s'entend au loin retire la moitié de sa valeur à l'homme que saisit le jour de l'esclavage. » Ayant ainsi parlé, il entra dans la spacieuse demeure ; il alla droit dans la grand-salle se mêler aux nobles prétendants. Quant au chien Argos, la noire mort le prit dès qu'il eut revu son maître après vingt années.

Bien avant tous les autres, Télémaque à l'aspect divin vit le porcher s'avancer dans la salle, et il lui fit aussitôt un signe de tête pour l'appeler près de lui. Eumée, cherchant un siège des yeux, prit la chaise où d'ordinaire s'asseyait l'écuyer tranchant qui découpait force viandes pour les prétendants réunis au manoir. Il alla placer ce siège face à la table de Télémaque et s'assit en cet endroit. Le héraut prit une portion et la lui servit avec du pain qu'il tira de la corbeille.

Bientôt après, Ulysse entra dans la salle, sous les traits d'un vieux mendiant misérable ; il s'appuyait sur un bâton et n'avait que de pauvres loques sur le corps. Il s'assit sur le seuil de frêne à l'intérieur de la porte, appuyé contre un montant de cyprès, que jadis l'architecte avait poli avec art et dressé au cordeau. Télémaque, ayant appelé à lui le porcher, lui dit, après avoir pris un gros morceau de pain dans la très belle corbeille, et autant de viande qu'il en pouvait tenir dans le creux de ses mains : « Porte cela, donne-le à l'étranger et dis-lui d'aller quêter à tous les prétendants sans exception. La honte n'est pas de saison quand on est dans le besoin. »

Il dit, et le porcher alla vers Ulysse après avoir entendu ces mots ; puis, se plaçant près de lui, il lui adressa ces paroles ailées : « Télémaque te donne ceci, étranger, et il te conseille d'aller quêter à tous les prétendants sans exception ; il dit que la honte n'est pas de saison, quand on est un mendiant ! » Ulysse aux mille ruses lui répondit : « Zeus souverain, puisse Télémaque être heureux entre tous les hommes ; puisse-t-il avoir tout ce que désire son cœur ! »

Il dit, reçut la portion de ses deux mains et la déposa devant ses pieds sur sa méchante besace. Il mangeait,

pendant que l'aède chantait en la grand-salle. Ulysse achevait son repas quand cessait le divin aède. Les prétendants
firent vacarme dans la salle. Alors Athéné, s'approchant
d'Ulysse fils de Laërte, l'excitait à mendier du pain
parmi les prétendants, afin de discerner les compatissants
d'avec les injustes. Mais elle ne songeait pas pour cela à
sauver de la ruine aucun d'eux. Il partit donc pour mendier, en commençant par la droite, et tendre la main devant
chacun, comme si depuis toujours il eût été mendiant.
Touchés de pitié, les prétendants lui donnaient; mais ils
étaient surpris de voir cet inconnu, et se demandaient
entre eux qui c'était et d'où il venait. Cependant, Mélanthios le chevrier leur disait : « Ecoutez, prétendants de la
très noble reine, ce que j'ai à vous dire sur cet étranger; car
je l'ai déjà vu. C'est le porcher qui le guidait ici; mais je
ne sais pas au juste de quelle race il se prétend issu. » Il
dit, et Antinoos adressa des reproches au porcher :
« Porcher, personnage de marque, pourquoi as-tu conduit
cet homme à la ville ? N'avons-nous pas assez de vagabonds sans lui, quêteurs assommants, qui troublent nos
banquets ? Une foule de gens ici dévore les biens du
maître [158], et tu n'es pas content! tu as encore invité ce
convive. »

Tu lui dis en réponse, porcher Eumée : « Antinoos, ce
que tu dis n'est pas beau et digne de ta naissance. Qui
donc s'avise de chercher un hôte à l'étranger, s'il n'est
de ceux qui peuvent rendre service au public, devin,
médecin, charpentier, ou aède inspiré des dieux, capable
de charmer par ses chants ? Ceux-là sont des mortels
qu'on invite partout sur l'immense terre. Personne n'in-
vitera un mendiant, pour lui manger son bien! Mais toi,
plus qu'aucun prétendant, tu es toujours dur pour les
esclaves d'Ulysse, pour moi surtout. Je n'en prends nul
souci, tant que vivent au manoir la noble Pénélope et
Télémaque semblable aux dieux! » Le sage Télémaque
lui répondit : « Silence! Ne réplique pas si longuement à
cet homme! Antinoos a l'habitude de mettre les gens en
colère par des propos blessants et il excite d'autres à faire
comme lui. »

Il dit et adressait à Antinoos ces paroles ailées : « Antinoos, en vérité, tu as pour moi les soucis d'un père pour
son fils, quand en paroles violentes tu me presses de chasser cet étranger de la grand-salle; mais qu'un dieu m'en
préserve! Prends et donne-lui! Je ne t'en blâmerai pas;
je t'y engage plutôt. Ne crains à ce propos ni ma mère ni

aucun des serviteurs, qui sont au manoir du divin Ulysse. Mais ce n'est pas cette pensée que tu as dans le cœur. Tu as bien plutôt le désir de manger, toi, sans donner à un autre. » Antinoos lui dit en réponse : « Télémaque au verbe haut, à l'audace effrénée, qu'as-tu dit là ? Si tous les prétendants lui donnaient autant que moi, trois mois durant la maison serait délivrée de sa personne. »

Il dit, et prend sous la table et montre l'escabeau sur lequel il appuyait ses pieds brillants pendant le repas. Tous les autres donnaient, et avaient rempli la besace de pain et de viandes. Déjà Ulysse regagnait le seuil, pour y goûter les dons des Achéens. Mais il s'arrêta près d'Antinoos et lui dit : « Donne, l'ami. Tu ne me sembles pas le plus vilain, mais le plus noble des Achéens ; car, tu as l'air d'un roi. Aussi dois-tu me donner du pain, et plus que les autres : moi, je te vanterai sur la terre immense. Car moi aussi, dans le temps, j'étais riche et j'habitais chez les hommes une maison opulente, et je donnais souvent au vagabond, quel que fût son nom et le besoin qui l'amenait. J'avais en effet par milliers des serviteurs et tous les biens qui vous font vivre heureux et appeler riche. Mais Zeus, fils de Cronos, a tout anéanti. Il lui plaisait ainsi, sans doute. C'est lui qui me fit partir avec des pirates errants pour l'Egyptos, lointain voyage, afin que j'y périsse. J'arrêtai mes nefs en forme de croissant dans le fleuve Egyptos ; je dis à mes fidèles compagnons de rester là près des vaisseaux et de garder les navires, et j'ordonnai à des vedettes d'observer l'horizon sur les hauteurs. Ils cédèrent à leur folle audace et suivirent leur fougue. Ils se mirent aussitôt à ravager les si beaux champs des Egyptiens, enlevèrent les femmes et les petits enfants, tuèrent les hommes. Le bruit en arriva promptement à la ville. Entendant le cri de guerre, les habitants vinrent au lever de l'aurore : toute la plaine était remplie de fantassins, de chevaux et de bronze étincelant. Zeus qui lance la foudre jeta la déroute parmi mes compagnons ; personne n'osa faire front. Le danger les menaçait de toutes parts. Alors, les ennemis tuèrent beaucoup d'entre nous à la pointe du bronze, les autres furent emmenés vivants pour être des esclaves, condamnés au travail. Pour moi, ils me donnèrent pour m'emmener à un étranger qui les rencontra, Dmétor, fils d'Iasos, puissant roi de Chypre [159]. C'est de là que j'arrive maintenant, après avoir souffert bien des maux. »

Antinoos éleva la voix pour lui répondre : « Quel

démon amena ici ce gueux, plaie du festin ? Tiens-toi au milieu, loin de ma table, si tu ne veux pas arriver en une amère Egypte ou une Chypre amère, hardi et impudent mendiant. Tu vas à toutes les tables à la suite. Les autres te donnent à foison; ils n'y regardent pas et n'ont point de modération et de scrupule : ils donnent le bien d'autrui; car chacun a de tout en abondance. »

Ulysse aux mille ruses se retira et dit : « Ah! grands dieux! Tu n'avais donc pas la beauté du cœur si tu as celle du visage! Tu ne donnerais même pas à ton suppliant un grain de sel sur ton bien, toi qui, maintenant, assis à la table d'autrui, as eu l'âme assez dure pour me refuser une part de nourriture prise sur le vivre d'un autre; et tu as tout sous la main! »

Il dit; le courroux crût au cœur d'Antinoos, et, le regardant en dessous, il lui adressa ces paroles ailées : « Maintenant, je ne crois pas que tu sortes à ton avantage de cette salle, puisque tu vas jusqu'à proférer des injures. » Ayant ainsi parlé, il prit son escabeau et le lui lança à l'épaule droite, tout en haut du dos. Ulysse resta fixé au sol comme un roc; le coup d'Antinoos ne le fit pas remuer d'un pas. Mais, sans mot dire, il hocha la tête, roulant au fond de son cœur de funestes projets. Il s'en retourna vers le seuil, s'y assit, déposa par terre sa besace bien remplie et dit parmi les prétendants : « Ecoutez-moi, prétendants de l'illustre reine, que je vous dise ce qu'en ma poitrine mon cœur m'ordonne d'exprimer. Il peut n'avoir au cœur ni tristesse ni douleur, l'homme qui se voit frappé, combattant pour ses propres biens, bœufs ou blanches brebis. Mais Antinoos m'a frappé, parce que mon ventre crie, le ventre, ce maudit, qui cause tant de maux aux hommes. S'il est, comme je crois, des dieux et des Erinyes, même pour les mendiants, puisse Antinoos avant le mariage trouver la mort! »

Antinoos, fils d'Eupithès, lui repartit : « Mange et tais-toi, étranger; ou va-t'en ailleurs; crains que, pour tes beaux discours, nos jeunes gens ne te traînent à travers la salle par un pied ou un bras, et ne te mettent tout le corps en pièces. » Ainsi parla-t-il; et tous exprimèrent leur blâme avec violence. Un de ces jeunes arrogants disait : « Antinoos, ce n'est pas beau : tu as frappé un pauvre errant. Imprudent! Si c'était quelque dieu du ciel! Semblables à des étrangers venus de loin, les dieux prennent des aspects divers et vont de ville en ville connaître, parmi les hommes, les superbes et les justes. »

Ainsi donc parlaient les prétendants. Mais Antinoos ne se souciait guère de leurs paroles. Télémaque avait le cœur ulcéré pour avoir vu frapper son père. Il ne laissa pas tomber une larme de ses paupières ; sans mot dire il secouait la tête, nourrissant au fond de lui-même de funestes pensées.

Quand la plus sage des femmes Pénélope apprit qu'on avait frappé un mendiant dans la grand-salle, elle dit à ses servantes : « Qu'ainsi te frappe toi-même Apollon à l'arc fameux ! » L'intendante Eurynomé lui répondit : « Puisse notre imprécation être entendue ! aucun de ces gens-là ne verrait l'Aurore au beau trône. » Pénélope, la plus sage des femmes, lui repartit : « Nourrice, tous me sont ennemis : car ils ne méditent que le mal ; mais, plus que tous, Antinoos ressemble à la noire Kère. Un malheureux étranger va dans la grand-salle demander une aumône à chacun des convives ; le besoin l'y oblige. Tous les autres lui ont donné et ont rempli sa besace. Mais lui l'a de son tabouret frappé au sommet de l'épaule droite. »

Ainsi parlait-elle, dans sa chambre, au milieu des servantes. Cependant l'illustre Ulysse achevait son repas. Pénélope appela l'excellent porcher et lui dit : « Va, brave Eumée, et dis à l'étranger de venir : je veux avoir avec lui un entretien, lui demander s'il a entendu parler de l'endurant Ulysse ou s'il l'a vu de ses yeux ; car il semble avoir beaucoup erré par le monde. »

Tu lui dis en réponse, porcher Eumée : « Ah ! reine, si les Achéens se taisaient ! Des récits qu'il fait ton cœur serait charmé. Je l'ai eu trois nuits ; je l'ai gardé trois jours dans ma cabane. C'est chez moi qu'il vint d'abord, ayant fui d'un vaisseau. Et il n'a pas encore achevé le récit de ses maux. Quand on a devant soi un aède qui, instruit par les dieux, chante aux mortels de séduisants récits, on veut l'ouïr sans fin, tout le temps qu'il chante ; ainsi il me charmait, assis en ma maison. Il prétend être pour Ulysse un hôte de famille, habiter en Crète, là où est la race de Minos. C'est de là qu'il est venu ici, infortuné toujours errant. Il affirme qu'il entendit parler de lui, près d'ici, dans le gras pays des Thesprotes, qu'Ulysse est vivant, et rapporte des trésors dans sa demeure. »

Pénélope, la plus sage des femmes, lui répondit : « Va, fais-le venir ici ; je veux qu'en personne il me parle face à face. Ces gens, qu'ils se récréent, assis aux portes ou dans la salle, puisque leur cœur est à la joie. Leurs biens, dans leurs maisons, restent intacts, leur pain, leur bon vin :

seuls des serviteurs se nourrissent chez eux. Eux viennent tous les jours ici; immolant bœufs, brebis et chèvres grasses, ils festoient, boivent le vin aux reflets de feu, sans compter; la plus grande part du bien n'est plus déjà. Car il n'y a point ici d'homme, tel que fut Ulysse, pour défendre la maison de la ruine. Si Ulysse venait, arrivait en la terre patrie, bientôt, avec son fils, il ferait à ces gens payer leurs violences! »

Ainsi parlait-elle; sur quoi, Télémaque éternua fort, et toute la maison en résonna terriblement. Pénélope rit; aussitôt elle adresse à Eumée ces mots ailés : « Va et amène-moi l'étranger en ces lieux. Ne vois-tu pas que mon fils vient d'éternuer pour toutes mes paroles ? Aussi la mort ne saurait-elle manquer de frapper tous les prétendants, et aucun n'évitera les Kères du trépas [160]. Je vais te dire une autre chose encore, enferme-la bien dans ton esprit. Si je vois qu'il dit tout en vérité, je lui donnerai un beau manteau, une belle tunique. » Ainsi dit-elle; le porcher partit, dès qu'il eut entendu ses paroles; et, se plaçant près d'Ulysse, il lui adressa ces paroles ailées : « Digne étranger, la très sage Pénélope te demande, la mère de Télémaque; son cœur la pousse à t'interroger sur son époux; elle a cependant bien souffert! Si elle voit que tu lui dis tout en vérité, elle te donnera manteau et tunique, dont tu as grand besoin. Le pain, tu le mendieras dans le peuple, et tu auras l'estomac garni. Te donnera qui voudra. »

L'illustre Ulysse, modèle de patience, lui répondit : « Eumée, je pourrais sur-le-champ dire toutes les paroles véridiques à la fille d'Icarios, la très sage Pénélope. Car j'en sais beaucoup sur lui; nous avons supporté la même détresse; mais je crains la foule de ces prétendants enragés; leur arrogance et leur violence montent jusqu'au ciel de fer. En effet, quand cet homme, comme j'allais par la salle, sans faire aucun mal, m'a frappé cruellement, ni Télémaque ne m'a secouru ni aucun autre. Aussi, conseille à Pénélope d'attendre dans la grand-salle, en dépit de son impatience, jusqu'au coucher du soleil; alors qu'elle m'interroge sur le jour où son mari doit revenir, après m'avoir fait asseoir plus près du feu. Car j'ai de mauvais vêtements, tu le sais bien toi-même; c'est toi, en effet, que j'ai imploré tout d'abord. »

Il dit, et le porcher s'en alla, après avoir entendu ses paroles. Comme il avait franchi le seuil, Pénélope lui dit : « Eh bien! tu ne me l'amènes pas, Eumée ? Quelle pensée ce mendiant a-t-il donc ? A-t-il de quelqu'un une crainte exagérée ? A-t-il de la honte dans cette maison ? Il n'est qu'un maladroit, le vagabond honteux. »

Tu lui dis en réponse, porcher Eumée : « Il parle sagement, et un autre penserait de même ; il veut éviter l'arrogance d'hommes outrecuidants. Il te prie donc d'attendre jusqu'au coucher du soleil. Et pour toi-même, il est bien mieux, reine, d'être seule pour lui parler et l'entendre. » La sage Pénélope lui répondit : « L'étranger ne manque pas de prudence. Il voit ce qui peut arriver. Il n'y a pas sur la terre de mortels assez iniques pour tramer les crimes de ces déments. »

Ainsi parla-t-elle. L'excellent porcher, qui avait tout dit, s'en retourna dans la foule des prétendants. Aussitôt il adressait à Télémaque ces paroles ailées en penchant la tête vers lui, pour n'être pas entendu des autres : « Ami, je m'en vais garder mes porcs et ce qui est là-bas, notre bien à tous deux. Aie soin de tout ici. Songe d'abord à ton salut ; sois vigilant ; garde-toi du péril. Beaucoup d'Achéens ont de mauvais desseins en tête. Que Zeus les fasse périr avant qu'il nous arrive malheur ! »

Le sage Télémaque lui répondit : « Tout ira comme il faut, petit père ! Va, car voici le soir. A l'aurore, viens et amène de belles victimes. Tout ici regarde les immortels et moi. »

Il dit ; le porcher s'assit de nouveau sur la chaise polie. Quand il n'eut plus envie de mets et de boisson, il retourna vers ses porcs, quittant la salle, puis la cour. Les convives qui remplissaient la salle goûtaient le plaisir de la danse et du chant ; car déjà le soir était venu.

CHANT XVIII

PUGILAT D'ULYSSE ET D'IROS

SOMMAIRE : Pendant qu'Ulysse tend la main aux prétendants, survient un mendiant, Iros, qui prétend par jalousie l'expulser du logis. Les convives s'amusent à attiser la querelle. Un pugilat s'engage, et Iros est durement frappé. Ulysse le traîne par un pied au-delà de l'entrée (1-117). Il prédit à l'un des prétendants, Amphinomos, le prochain retour de l'absent et les représailles qu'il exercera, mais l'avertissement reste vain (118-157). Pénélope vient dans la grand-salle; son entretien avec Télémaque, qu'elle exhorte à faire respecter son malheureux hôte (158-242). Elle allèche les prétendants par la promesse d'un mariage prochain, et se fait donner par eux des présents (243-301). Les prétendants se distraient au jeu et à la danse. Ulysse est outragé par la servante Mélantho et Eurymaque, qui va, pendant qu'il fait l'échanson, jusqu'à lui lancer, lui aussi, un escabeau, mais sans l'atteindre. Après des paroles d'apaisement de Télémaque et d'Amphinomos, tous se retirent (302-428).

Survint alors un gueux bien connu qui mendiait à toutes les portes d'Ithaque : il se distinguait par la gloutonnerie de son estomac, était capable de manger et de boire sans s'arrêter. Il n'avait ni force ni énergie; mais il était très grand d'aspect. Son nom était Arnaeos; c'est celui que lui avait donné sa vénérable mère à sa naissance; mais tous les jeunes gens l'appelaient Iros [161], parce qu'il allait porter tous les messages, quand on le lui demandait. Il entra et voulait chasser Ulysse de sa demeure; il l'injuriait, lui adressant ces paroles ailées : « Hors d'ici, vieux; sors du vestibule, si tu ne veux pas qu'on te tire par le pied. Ne vois-tu pas qu'ils me font tous des clins d'yeux, pour m'inviter à te tirer dehors ? Mais la honte

me retient. Allons, ouste! de peur que notre querelle ne
tourne mal et qu'on n'en vienne aux coups! »

Ulysse aux mille ruses lui lança un regard en dessous
et lui dit : « Homme étrange! Je ne te fais rien de mal, ne
te dis rien de blessant. Je ne suis pas jaloux qu'on te
donne, et même une grosse part. Le seuil est assez large
pour deux; tu ne dois pas être jaloux de la chance d'un
autre. Tu es, il me semble, un vagabond comme moi-
même. C'est aux dieux d'assigner à chacun son lot. Mais
ne me tends pas le poing; ne me provoque pas; ne
m'échauffe pas la bile, si tu ne veux pas que, tout vieillard
que je suis, je te souille de sang la poitrine et les lèvres.
La paix me serait assurée pour demain et beaucoup plus
longtemps; car, je pense, tu ne reviendrais pas une fois
encore dans la grand-salle d'Ulysse, fils de Laërte. »

Irrité, le vagabond Iros lui dit : « Malheur! Comme il
nous en débite, ce glouton! on dirait une vieille femme
près de sa cheminée. Je veux le mettre mal en point en
le frappant des deux mains; je lui ferai tomber à terre
toutes les dents qui lui sauteront des mâchoires, comme
à une truie qui ravage les récoltes. Ceins-toi, que tous
ceux-ci nous voient combattre. Comment pourrais-tu
lutter contre un plus jeune ? »

Devant la porte élevée, sur le seuil poli, ils s'excitaient
à l'envi. Quand le fort et vigoureux Antinoos vit cette
dispute, il rit de bon cœur et dit aux prétendants :
« Amis, il nous arrive ici quelque chose d'extraordinaire;
quel bon amusement un dieu nous ménage dans cette
maison ! L'étranger et Iros se sont pris de querelle et
vont en venir aux mains; mettons-les vite aux prises. »

Il dit; tous se lèvent en riant et se rangent autour des
mendiants en guenilles. Antinoos, fils d'Eupithès, leur
dit : « Ecoutez, nobles prétendants; je veux vous parler.
Voici des estomacs de chèvres qui cuisent sur le feu, où
nous les avons mis pour le repas du soir; ils sont tout
farcis de graisse et de sang. Le plus fort, vainqueur dans
cette lutte, pourra en aller choisir un à son gré. Toujours
il sera de nos festins; nous ne permettrons pas qu'un
autre mendiant vienne quêter à notre table. »

Ainsi parlait Antinoos; tous applaudirent à ses paroles.
Ayant son idée en tête, Ulysse aux mille ruses leur dit :
« Amis, il n'est pas possible qu'un vieil homme, accablé
de tristesse, lutte contre un plus jeune; mais mon esto-
mac, ce mauvais, m'oblige à me faire rouer de coups.
Allons, prêtez-moi tous un grand serment que nul de

vous, pour seconder Iros, ne commettra l'injustice de me frapper de sa pesante main; que nul, par faveur pour l'autre, ne me portera un coup violent. »

Il dit, et tous jurèrent comme il le demandait. Quand ils eurent prêté un serment formel, le jeune et vigoureux Télémaque prit la parole parmi eux : « Étranger, si ton cœur et ton âme ardente te poussent à chasser cet homme, ne crains aucun autre Achéen; car celui qui te frapperait aurait à lutter contre de nombreux adversaires; je ne le souffrirai pas, moi qui t'ai accueilli comme un hôte, et deux rois pleins de sens, Antinoos et Eurymaque, partagent mon avis. »

Ainsi parla-t-il, et tous l'approuvèrent. Ulysse ceignit de ses haillons ses parties viriles, découvrit de belles et fortes cuisses; on vit aussi ses larges épaules, sa poitrine et ses bras robustes. Athéné, s'approchant, doubla pour le pasteur des peuples la vigueur des membres. Tous les prétendants furent frappés d'étonnement : ils disaient, en regardant le voisin : « Bientôt Iros ne sera plus Iros [162] et aura le mal qu'il a bien cherché : voyez les cuisses que découvre le vieux de dessous ses haillons! » Ils disaient, et le cœur d'Iros tremblait d'inquiétude. Malgré cela, les serviteurs le ceignent de force et l'amènent apeuré. La chair de ses membres était secouée de frissons. Antinoos l'apostropha avec force : « Mieux vaudrait pour toi, fanfaron, n'exister pas, n'être pas né, si tu trembles devant cet homme, si tu as cette peur terrible d'un vieux, en proie au malheur qui le tient. Eh bien, je vais te dire une chose, et elle s'accomplira. S'il est vainqueur, s'il a le dessus, je te jette dans un vaisseau noir et t'envoie sur le continent, chez le roi Echétos [163], fléau de tous mortels; il te coupera le nez et les oreilles d'un bronze sans pitié, il t'arrachera les parties viriles et les donnera toutes crues à ses chiens voraces. »

Il dit; Iros trembla plus encore de tous ses membres. On le poussa sur le terrain du combat. Tous deux tendirent les bras vers l'adversaire. Alors le noble Ulysse, modèle de patience, délibéra : le frapperait-il d'un coup à le faire tomber mort sur place, ou bien devait-il y mettre plus de douceur et seulement l'étendre contre terre ? A la réflexion il lui parut plus sage de le frapper assez mollement, pour ne pas être reconnu des Achéens. Tous deux ayant levé les poings, Iros atteignit à l'épaule droite Ulysse, qui frappa le cou de l'adversaire sous l'oreille et y fracassa les os. Aussitôt un sang noir remplit la bouche d'Iros ; il tombe dans la poussière en hurlant, claque des dents, bat le sol des talons ; sur quoi les nobles prétendants, levant les bras, mouraient de rire. Cependant Ulysse prend Iros par un pied et le traîne à travers le vestibule jusqu'à la cour et à l'entrée du portique. Là il l'adosse contre la muraille de la cour et lui met son bâton dans la main ; puis il lui adresse ces paroles ailées : « Reste là maintenant, écarte les porcs et les chiens ; ne prétends plus être le roi des étrangers et des mendiants, toi qui n'es qu'un pauvre hère, si tu ne veux t'attirer un mal encore plus grand. »

Il dit, et lui jeta sur les épaules son ignoble besace, toute rapiécée, et qui avait une corde pour bretelle. Puis il revint vers le seuil et s'y assit. Les assistants rentrèrent alors en riant de bon cœur ; ils le félicitaient en ces termes : « Que Zeus, étranger, et les autres dieux immortels t'accordent ce que tu désires le plus vivement et qui serait agréable à ton cœur, pour avoir mis fin dans le pays à la mendicité de ce goinfre. Nous ne tarderons pas à le faire passer sur le continent chez le roi Echétos, fléau de tous mortels. »

Ainsi parlaient-ils, et le noble Ulysse se réjouit du présage contenu dans ce vœu. Antinoos donc lui servit un gros estomac farci de graisse et de sang ; Amphinomos prit dans une corbeille et lui présenta deux pains et, le fêtant une coupe d'or à la main, il lui dit : « Salut, digne étranger ; puisses-tu dans l'avenir avoir l'opulence ! Mais pour le moment tu es la proie de bien des maux. »

Ulysse aux mille ruses lui dit en réponse : « Amphinomos, tu me parais certes très sensé, comme ton père, dont la renommée vante le mérite : elle m'a appris que Nisos de Doulichion avait la bonté avec la richesse. On dit que tu es son fils, et tu as l'air d'un homme à qui on peut parler. Aussi je vais te dire une chose, écoute et garde-la en ton esprit : la terre ne nourrit rien de plus faible que l'homme, entre tous les êtres qui respirent et rampent sur le sol. Car il croit qu'il ne souffrira aucun mal dans l'avenir, tant que les dieux veillent à son bonheur et que ses genoux sont souples. Du jour où les Bienheureux lui envoient des revers, il se résigne, mais les supporte malgré lui. L'esprit des hommes sur la terre se conforme aux jours divers que leur assigne le père des hommes et des dieux. Moi aussi, j'aurais dû vivre heureux parmi les hommes ; mais j'ai commis bien des injustices, emporté par la violence d'un tempérament vigoureux, et confiant dans l'appui de mon père, de mes frères. Aussi puisse toujours l'homme s'interdire toute iniquité et jouir en silence des biens que les dieux lui octroient! A quels excès je vois se livrer ces prétendants, qui consument l'avoir, traitent sans respect l'épouse d'un homme qui, je l'affirme, ne sera plus longtemps éloigné de ceux qu'il aime et de la terre patrie! Car il est tout près d'ici. Je souhaite pour toi qu'un dieu te fasse rentrer chez toi, t'épargne sa rencontre, quand il reparaîtra au pays de ses pères. Car je ne crois pas qu'elle soit sans effusion de sang, la lutte décisive qui s'engagera entre les prétendants et Ulysse, revenu sous son toit. »

Il dit, et, après avoir fait une libation, il but le vin doux comme le miel, puis il remit la coupe aux mains du chef de peuples. Amphinomos revint à travers la salle, profondément navré, et secouant la tête. Car son cœur pressentait son malheur. Et cependant, il n'évita point la kère : Athéné le retint au manoir, pour qu'il y fût dompté sous le bras puissant et la lance de Télémaque. Il alla s'asseoir sur le fauteuil d'où il s'était levé.

Alors, la déesse aux yeux brillants, Athéné, mit dans l'esprit de la fille d'Icarios, Pénélope, la plus sage des femmes, de paraître aux yeux des prétendants, pour leur épanouir le cœur et être honorée de son mari et de son fils plus qu'elle ne l'était déjà. Elle rit sans motif [164], éleva la voix et dit ces mots : « Eurynomé, mon cœur sent le désir, que jamais encore je n'éprouvai, de paraître devant les prétendants, qui pourtant me sont tout à fait odieux; je voudrais dire à mon enfant un mot qui peut lui être utile, lui conseiller de ne pas se mêler sans cesse à ces orgueilleux, qui ont pour lui de belles paroles, et en son absence ne songent qu'à le perdre. »

L'intendante Eurynomé lui répondit : « Certes, mon enfant, tout ce que tu as dit là, est à propos. Va donc, parle à ton fils et ne lui cache rien. Mais lave ton corps et parfume tes joues; ne descends pas comme te voilà, le visage souillé de larmes; car il n'est pas bien de s'abandonner sans cesse à la douleur. Ton fils n'est-il pas maintenant un jeune homme ? Et que demandais-tu aux immortels, sinon de voir sa première barbe ? »

Pénélope, la plus sage des femmes, lui repartit : « Eurynomé, c'est l'affection qui t'inspire : ne me conseille pas cependant de laver mon corps et de me parfumer. L'éclat de ma beauté, les dieux, qui habitent

l'Olympe, l'ont terni à jamais, depuis que là-bas Ulysse
est parti sur les nefs creuses. Mais, va dire à Antonoé et
à Hippodamie de venir, pour qu'elles se tiennent à mes
côtés dans la grand-salle. Car je n'irai pas seule parmi
des hommes ; la honte me retient. » Elle dit, et la vieille
s'en allait à travers la salle pour transmettre aux femmes
l'ordre de Pénélope et les presser de venir.

Alors, la déesse aux yeux brillants, Athéné, eut une
autre pensée. Elle versa sur la fille d'Icarios un doux
sommeil. A l'instant, sa tête se renversa : elle dormait
sur son lit de repos, les membres alanguis ; et, pendant
ce temps, la déesse divine entre toutes l'ornait de dons
immortels, pour le ravissement des Achéens. Elle
répandit d'abord sur son beau visage un éclat divin avec
l'essence [165] dont se parfume Cythérée au beau diadème,
quand elle se joint au chœur aimable des Charites ; elle
la rendit aux yeux plus grande et plus majestueuse, plus
blanche que l'ivoire scié. Cela fait, la déesse divine entre
toutes s'en fut, tandis que les suivantes aux bras blancs
arrivaient de la grand-salle, en causant. Au bruit de leurs
voix, le doux sommeil quitta Pénélope ; elle se passa les
mains sur les joues et dit : « Dans ma détresse une
torpeur m'a pénétrée de son charme apaisant. Puisse la
chaste Artémis me donner maintenant même une mort
aussi paisible afin que, la tristesse au cœur, je ne consume
plus ma vie à regretter un époux chéri et ses qualités
de tout genre ; car il était hors de pair entre tous les
Achéens. »

Ayant parlé ainsi, elle descendit de sa chambre magnifique ; elle n'était pas seule : deux suivantes l'accompagnaient. Mais quand la noble femme arriva devant les
prétendants, elle s'arrêta près d'un des battants de la
salle solidement construite, tirant devant ses joues son
voile moiré. A ses côtés se tenaient les fidèles suivantes.
Les prétendants à cette vue sentent leurs genoux défaillir ;
l'amour enchante leur cœur ; tous brûlent du désir d'être
couchés près d'elle. Elle adresse alors la parole à Télémaque, son fils chéri : « Télémaque, tu n'as donc plus
un esprit juste, un jugement sain. Quand tu étais encore
enfant, tu avais en l'esprit plus de sagesse et de réflexion.
Aujourd'hui que te voilà grand, que tu touches à l'âge
d'homme, un étranger, voyant ta taille, ta beauté, dirait
sans doute que tu es le fils d'un homme puissant ; mais
tu n'as plus la justesse de l'esprit ; tu ne réfléchis plus.
Quoi ! un grave outrage a été commis dans la grand-salle,

et tu as laissé traiter notre hôte aussi indignement! Que serait-ce pour nous si un étranger, assis dans notre manoir, succombait victime d'une violence cruelle ? La honte et l'infamie en retomberaient sur toi parmi les hommes. »

Le sage Télémaque lui répondit : « Ma mère, je ne blâme pas cet emportement. Cependant, je réfléchis, je sais ce qui est bien, ce qui est mal; jusqu'ici je n'étais qu'un enfant. Mais, à la vérité, je ne puis pas toujours voir ce qu'il faudrait faire. Et je suis déconcerté par ces gens assis en foule à notre table : ils méditent ma ruine et je n'ai personne pour me défendre! Au reste, cette lutte entre l'étranger et Iros n'a pas été imposée par les prétendants : et notre hôte plus fort a été le vainqueur. Zeus père, Athéné, Apollon, puissent à cette heure en notre maison les prétendants domptés branler de la tête, les uns dans la cour, les autres dans la demeure, avoir les membres rompus, comme à présent cet Iros, qui assis aux portes de la cour, hoche la tête, semblable à un homme ivre, est incapable de se mettre droit sur ses pieds, de regagner le logis où il voudrait s'en retourner; car ses membres ne tiennent plus! »

Tels étaient les propos qu'ils échangeaient. Eurymaque adressa ces paroles à Pénélope : « Fille d'Icarios, Pénélope, la plus sage des femmes, si tous les Achéens de l'Argos ionienne te voyaient, il y aurait plus de prétendants en votre manoir pour banqueter dès l'aurore; car tu surpasses toutes les femmes pour la beauté, la taille, la justesse de l'esprit. »

Pénélope, la plus sage des femmes, lui repartit : « Eurymaque, mes charmes, ma taille et ma beauté, les Immortels m'ont tout ravi, quand vers Ilion les Argiens s'embarquèrent, et avec eux Ulysse, mon époux. Si de retour il gouvernait son bien, alors ma gloire serait plus grande et plus belle! Mais je suis en proie aux chagrins, tant un dieu a précipité de peines sur moi! Au moment de quitter la terre patrie, il me prit la main droite au poignet, et me dit : « Femme, je ne crois pas que tous les Achéens aux bonnes jambières reviennent sains et saufs de Troie; car on dit que les Troyens sont de bons guerriers, soit pour manier la pique, soit pour lancer des flèches, soit pour monter des chevaux rapides, dont l'élan assure la victoire dans la guerre indécise. Aussi ne sais-je point si un dieu me ramènera ou si je périrai là-bas en pays troyen. Toi, prends soin de tout ici. Souviens-toi de mon père et de ma mère au manoir,

comme tu l'as fait jusqu'à ce jour, et, plus encore,
pendant mon absence. Puis, quand tu verras de la barbe
à notre enfant, épouse qui tu voudras, et quitte ta maison.»
Ainsi parlait-il; et maintenant, tout ce qu'il a prévu
va se réaliser. Proche est la nuit où je subirai un odieux
mariage, infortunée que Zeus a privée de son bonheur.
Mais un cruel souci a pénétré mon esprit et mon cœur :
les prétendants n'ont plus aujourd'hui le respect des
anciennes coutumes : ceux qui veulent obtenir une femme
noble, fille d'un homme opulent, et sont rivaux entre
eux, amènent eux-mêmes bœufs et grasses brebis, qui
permettent à la fiancée de bien traiter des convives
aimés; ils lui donnent de riches cadeaux; mais ils ne
mangent pas, sans qu'il leur en coûte rien, les biens
d'un autre. »
Ainsi parlait-elle; et l'illustre Ulysse, modèle de
patience, se réjouit de l'entendre solliciter des cadeaux,
amadouer le cœur des prétendants par de mielleuses
paroles, pendant que son esprit avait d'autres desseins.
Antinoos, le fils d'Eupithès, lui répliqua : « Fille
d'Icarios, Pénélope, la plus sage des femmes, reçois les
cadeaux que chacun des Achéens ne manquera point
d'apporter ici; il n'est pas bien de refuser un don. Mais
nous ne reprendrons pas nos travaux, nous n'irons nulle
part ailleurs, avant que tu aies épousé l'Achéen qui te
semble avoir le plus de mérite. »
Ainsi dit Antinoos, et ses paroles leur agréaient;
chacun envoya un héraut en son logis pour en rapporter
un présent. A Antinoos, on remit un grand et très beau
voile, brodé; il avait en tout douze agrafes d'or, qui
s'adaptaient à des crochets artistement recourbés. A
Eurymaque, on rapporta bientôt un collier ouvragé, en
or, où étaient enfilées des boules d'ambre, un soleil.
Des serviteurs d'Eurydamas revinrent avec deux
pendants d'oreilles à trois perles de la grosseur des
mûres, joyau d'une grâce merveilleuse. Le noble
Pisandre, fils de Polyctor, reçut d'un serviteur un tour de
cou, resplendissante parure. Enfin chacun des Achéens
fit apporter un beau présent.
Alors, la noble femme remonta à l'étage; des suivantes
l'accompagnaient, portant les splendides cadeaux. Les
prétendants se livrèrent de nouveau au plaisir de la
danse et des douces chansons : ils attendaient que vînt
le soir. Pendant qu'ils se divertissaient ainsi, l'obscurité
grandit. Aussitôt on dressa dans la chambre trois tor-

chères, afin d'y voir clair; on les remplit d'un bois très
inflammable, que l'on avait laissé sécher longtemps, et
que l'on venait de fendre avec le bronze. On y mêla
des brandons, qu'excitaient, à tour de rôle, les servantes
du patient Ulysse. Alors, le descendant de Zeus, Ulysse
aux mille ruses, prit la parole pour dire : « Servantes
d'Ulysse, le maître depuis longtemps absent, allez dans
l'appartement où se tient votre vénérable reine; assises
dans sa chambre, tâchez de la distraire, tournant le
fuseau ou de vos mains peignant la laine. Moi, j'entre-
tiendrai la lumière pour tous ceux-ci. S'ils veulent
attendre Aurore au beau trône, ils n'auront pas raison
de moi, car je suis fort résistant. »

Ainsi parla-t-il : elles se mirent à rire, en se regardant
les unes les autres. Et Mélantho aux belles joues lui
répondit par des insultes; c'était la fille de Dolios;
Pénélope avait pris soin d'elle, l'avait élevée comme son
enfant, lui donnait tout ce qui pouvait mettre son cœur
en joie. Cette femme cependant n'avait aucune compassion pour Pénélope; car elle aimait Eurymaque et se
donnait à lui. Elle adressa donc à Ulysse d'injurieuses
paroles : « Misérable étranger, tu as donc l'esprit à
l'envers; n'iras-tu pas dormir dans l'atelier de la forge [166]
ou en quelque abri public, au lieu de discourir ici avec
aplomb devant tous ces hommes, sans éprouver de
crainte ? Sans doute le vin te trouble la tête, ou tu as
toujours l'esprit égaré et ne sais tenir que des propos en
l'air; ou bien es-tu hors de sens pour avoir vaincu un
mendiant, Iros ? Prends garde que bientôt ne se lève un
autre qui, plus vaillant encore, te frappe bien la tête de
ses mains pesantes et te chasse d'ici, tout souillé de
sang. »

Ulysse aux mille ruses dit en lui lançant un regard en
dessous : « Chienne, à l'instant, je vais aller là-bas rapporter tes propos à Télémaque, pour que sur le lieu
il te mette en morceaux. » Ces paroles frappèrent les
femmes d'épouvante. Elles se dispersèrent dans la
maison : leurs membres fléchissaient sous elles, tant elles
avaient peur! Elles croyaient que c'était vrai. Cependant
il alla se placer près des torchères, pour les entretenir;
il ne les perdait pas de vue; mais son cœur agitait
des projets, qui devaient s'accomplir.

Athéné ne laissait pas les prétendants suspendre leurs
cruels outrages, afin que la douleur pénétrât plus encore
le cœur d'Ulysse, fils de Laërte. Le premier, Eurymaque,

fils de Polybe, accabla Ulysse de sarcasmes qui pro-
voquèrent le rire de ses compagnons : « Ecoutez, prétendants de l'illustre reine, ce que dans ma poitrine
mon cœur me pousse à vous dire : ce n'est pas sans
la volonté des dieux que cet homme est venu dans la
demeure d'Ulysse; en tout cas, il me semble vraiment
qu'une lumière de torches lui sort du crâne; car il n'a
point de cheveux, pas un poil. » Il dit, et, là-dessus,
il adressa ces paroles à Ulysse, saccageur de villes :
« Etranger, dis-moi : si je te prenais à mon service, tu
consentirais sans doute à travailler au loin, dans mes
terres — tu auras un beau salaire — tu ramasserais des
épines et planterais de grands arbres; là, je te fournirais
du pain sans compter, je te donnerais des vêtements pour
te couvrir, et des chaussures pour les pieds. Mais non :
tu ne sais rien faire de bon; tu ne voudras pas te mettre
à l'ouvrage; tu préfères mendier dans le pays de quoi
remplir ton insatiable ventre. »
     Ulysse aux mille ruses lui dit en réponse : « Eurymaque,
comme je voudrais, dans la saison printanière, à l'époque
des longs jours, rivaliser avec toi à couper l'herbe;
j'aurais une faux bien courbée, tu en aurais une semblable,
et l'on se tiendrait à l'ouvrage, sans manger jusqu'à la
nuit, dans une herbe riche et drue. Comme je voudrais
encore avoir à mener des bœufs, très beaux, au poil
fauve, grands, tous deux gorgés d'herbe, de même âge,
et de même force, et d'une puissante vigueur; j'aurais à
labourer quatre arpents, dont les mottes céderaient sous
la charrue; alors tu verrais si je coupe mon sillon bien
droit, de bout en bout! Comme je voudrais aussi que le
fils de Cronos suscitât quelque guerre, ce jour même;
j'aurais un bouclier, deux javelines et un casque tout
en bronze, bien ajusté aux tempes; alors tu me verrais
combattant avec les guerriers des premiers rangs, et
tu ne ferais point tes railleries sur mon ventre. Mais tu
n'es qu'insolent et tu as le cœur dur. Tu t'imagines être
grand et fort : tu n'as pour société que des gens peu
nombreux et des gens sans courage. Mais si Ulysse venait,
s'il arrivait au pays de ses pères, aussitôt les portes, si
larges qu'elles soient, deviendraient trop étroites pour
Eurymaque fuyant au-dehors par le vestibule! »
     Ainsi parla-t-il; Eurymaque n'en fut que plus cour-
roucé en son cœur, et, lui jetant un regard en dessous,
il lui adressa ces mots ailés : « Misérable, je vais sur-le-
champ te punir des paroles que tu profères, avec aplomb,

devant tous ces hommes, sans éprouver de crainte; sans
doute, le vin te trouble la tête ou tu as toujours l'esprit
égaré et ne sais tenir que propos en l'air; ou bien es-tu
hors de sens pour avoir vaincu un mendiant, Iros ? »
Ayant ainsi parlé, il saisit une escabelle; mais Ulysse
s'assit aux genoux d'Amphinomos de Doulichion, par
crainte d'Eurymaque, qui atteignit l'échanson à la main
droite; le vase à vin résonna, en roulant sur le sol, et
l'homme, avec un gémissement, tomba sur le dos dans
la poussière. Les prétendants firent grand bruit dans la
salle qui s'emplissait d'ombre; on se disait en regardant
le voisin : « Cet étranger aurait bien dû dans ses voyages
périr ailleurs, sans venir ici; il n'aurait pas causé tout ce
désordre. Voilà qu'à présent nous nous querellons pour
des mendiants; quel sera le plaisir même d'un bon festin,
si ces misères y prévalent ? »

Le fort et courageux Télémaque prit la parole : « Gens
étranges! Vous êtes fous; vous laissez trop voir que
vous avez mangé et bu! pour sûr, un dieu excite vos
esprits! Vous avez banqueté; allez dormir chez vous, si
l'envie vous en prend; car pour moi, je ne chasse personne! »

Il dit, et tous, se mordant les lèvres, regardaient avec
surprise Télémaque qui parlait si hardiment. Amphinomos prit la parole et leur dit (c'était le noble fils de
Nisos, et le petit-fils d'Arétès) : « Amis, il n'y a pas lieu
de s'irriter pour une parole juste, d'y répondre avec
violence : ne molestez ni cet étranger, ni aucun des serviteurs, qui sont dans la demeure du divin Ulysse. Allons!
que l'échanson verse dans les coupes, à la ronde, pour
une libation que nous allons faire avant de regagner
notre maison et notre lit. Laissons dans la maison
d'Ulysse Télémaque prendre soin de l'étranger qu'il a
reçu chez lui. »

Il dit, et ses paroles furent approuvées de tous. Le
digne Moulios fit le mélange dans le cratère : c'était un
héraut de Doulichion, le serviteur d'Amphinomos. Il
emplit les coupes à la ronde. Les prétendants firent leur
libation aux Bienheureux et burent le vin doux comme
le miel. Puis, la libation faite, chacun but à son gré et
s'en fut chez lui pour dormir.

CHANT XIX

ENTRETIEN D'ULYSSE ET DE PÉNÉLOPE - LE BAIN DE PIEDS

SOMMAIRE : Après le départ des prétendants, Ulysse dit à son fils
de cacher les armes qui sont dans la maison. Athéné elle-même le
précède, un flambeau à la main (1-46). Pénélope réprimande la servante Mélantho qui a outragé le mendiant (47-102). Elle interroge
sur sa patrie l'étranger qui refuse d'abord de répondre. Pénélope
insiste (103-163). Ulysse se résigne : Pénélope écout avec émotion le récit de son hôte qui prétend avoir vu Ulysse en Crète.
Elle met à l'épreuve la sincérité du mendiant (164-284) qui lui
annonce le prochain retour d'Ulysse (285-307). Pénélope ordonne à
la vieille Euryclée de laver les pieds du mendiant (308-385).
Euryclée reconnaît Ulysse à une blessure qu'il port à la jambe
(386-475). Ulysse lui intime l'ordre de se taire (476-507). Pénélope
raconte à Ulysse un songe qui semble annoncer le retour de son
mari. Elle se propose, et le mendiant l'approuve, d'établir un
concours entre les prétendants. Elle deviendra la femme du vainqueur (508-604).

Cependant le divin Ulysse restait dans la salle, méditant avec Athéné le meurtre des prétendants. Soudain,
il dit à Télémaque ces paroles ailées : « Télémaque, les
armes de guerre, il faut toutes les mettre en lieu sûr.
Aux prétendants [167] tu donneras de belles paroles si,
désirant les avoir, ils t'interrogent là-dessus : « Je les
ai mises à l'abri de la fumée : car, elles n'avaient plus rien
de ces armes que jadis, partant à Troie, Ulysse a laissées
ici : elles sont toutes ternies; les vapeurs du feu les ont
toutes endommagées! Et puis, j'ai une raison plus décisive qu'un dieu m'a mise à l'esprit : je craignais que, pris
de vin, vous n'en vinssiez quelque jour à vous quereller,
à vous blesser, et que l'on pût juger grossiers les préten-

dants et leurs repas : le fer, de lui-même, vous le savez, attire l'homme. » Ainsi parla Ulysse, et Télémaque s'empressa d'obéir à son père. Ayant donc appelé sa nourrice Euryclée, il lui dit : « Bonne vieille, allons, chambre-moi les femmes, pendant que j'irai mettre à notre dépôt d'armes celles de mon père, ces armes si belles, qui, laissées à l'abandon dans cette demeure, sont endommagées par la fumée depuis qu'Ulysse s'en est allé. J'étais encore tout petit alors : mais maintenant je veux les déposer à un endroit où la vapeur du feu ne les atteindra pas. » Euryclée, sa nourrice, lui répondit : « Ah! tant mieux, mon enfant : puisses-tu enfin réfléchir, prendre ton bien à cœur et veiller sur tout ce que tu as ici! Mais qui donc t'accompagnera, un flambeau à la main ? Tu viens de dire que tu ne voulais pas voir les servantes : elles t'auraient éclairé! » Le sage Télémaque repartit : « Ce sera cet étranger : car, je n'entends pas qu'il reste à ne rien faire, l'homme qui prend une part de mon boisseau, quand bien même il serait arrivé de fort loin. »

Il dit : ses paroles ne furent pas perdues pour Euryclée. Elle ferma les portes de la spacieuse maison. En hâte, tous deux, Ulysse et son fils brillant de jeunesse, portaient donc casques, boucliers bombés, lances aiguës et, devant eux, Pallas Athéné tenait un flambeau d'or [168] qui répandait une lumière splendide. Cependant Télémaque dit soudain à son père : « Mon père, j'ai devant les yeux un prodige frappant. Tout, de haut en bas, murs de la maison, gracieux entrecolonnements, poutres de sapin, colonnes élancées, tout brille à mes regards : il me semble voir la flamme d'un feu. Il n'y a point de doute : un dieu est ici, de ceux qui habitent le vaste ciel. » Ulysse l'avisé repartit : « Tais-toi; renferme ta pensée et ne pose point de question; c'est la façon de faire des dieux, habitants de l'Olympe; maintenant, toi, va te coucher; moi, je resterai ici pour éprouver encore les servantes et ta mère; elle m'interrogera sur tout secrètement : elle a tant de chagrin! » Il parlait encore. Déjà Télémaque traversait la salle, et, à la lueur des flambeaux, gagnait, désireux du repos, le lit où il s'étendait, quand le doux sommeil lui venait : alors donc il se jeta sur sa couche, dans l'attente de l'aube brillante.

Cependant le divin Ulysse restait dans la salle, médi-
tant avec Athéné le meurtre des prétendants. En ce moment descendait de sa chambre la prudente Pénélope,

semblable à Artémis ou à la déesse dorée, Aphrodite.
Pour elle on plaça près du feu un siège où elle avait
coutume de s'asseoir : il était tout garni d'ivoire et
d'argent, œuvre que jadis avait faite Icmalios, l'habile
artisan : il y avait, pour les pieds, ajusté un escabeau, que
recouvrait une ample toison. C'est là que s'assit la
prudente Pénélope. Alors vinrent de la chambre des
femmes, des servantes aux bras blancs : elles enlevaient
le pain qu'elles entassaient, les tables, les coupes dans
lesquelles avaient bu les hommes insolents de cette
maison. Elles renversaient à terre le feu des brasiers et y
jetaient du bois nouveau, en grande quantité, pour que la
flambée donnât lumière et chaleur. Et Mélantho prit à
partie Ulysse pour la seconde fois : « Etranger, vas-tu donc
nous importuner toute la nuit, et rôder par la maison,
espionnant les femmes ? Allons, dehors, à la porte, gueux
maudit; tu as eu ton repas; ça suffit; sors à l'instant, ou
je te frappe de ce tison, pour t'apprendre à gagner la
porte. »
    Ulysse l'avisé lui dit, la regardant en dessous : « Femme
sans cœur, pourquoi me poursuis-tu ainsi de ta fureur ?
Sans doute, parce que je suis sale, que j'ai de piètres
habits et mendie par les rues; il le faut bien; la nécessité
est sur moi. Il en est ainsi de tous les mendiants et
vagabonds. Tel que tu me vois, j'étais riche jadis;
j'habitais une maison opulente; souvent je donnais à
quelque vagabond sans mépriser sa misère, sans songer
un instant à repousser sa demande. J'avais une foule de
serviteurs et bien d'autres choses encore qui font la vie
large et renom de gens à l'aise. Mais Zeus, fils de Cronos,
a tout anéanti : c'était sa volonté sans doute. Aussi,
femme, à ton tour, crains de perdre cette fraîcheur de
teint qui te met pour la beauté au-dessus des autres
servantes : crains que ta maîtresse irritée ne te fasse
sentir sa mauvaise humeur ou qu'Ulysse ne revienne : on
peut espérer encore! Mais, mettons qu'il soit mort et qu'il
ne doive plus reparaître : il a un fils. Tu sais ce qu'il est
maintenant, Télémaque, grâce à Apollon : il n'y a pas
ici une femme qui puisse mal agir, sans qu'il s'en aper-
çoive : ah! ce n'est plus un enfant. »
    Il dit, et la prudente Pénélope l'entendit. Elle prit à
partie cette femme et lui déclara sa pensée : « Sache-le,
impudente, chienne effrontée, je n'ignore rien de ta
conduite. Tu viens de faire là une action dont je me
souviendrai. Prends garde de payer ce méfait de ta tête.

Car tu le savais fort bien : tu m'as entendu dire que je voulais dans cette salle questionner l'étranger sur mon époux : je souffre tant! »

Elle dit : puis, adressant la parole à l'intendante Eurynomé : « Eurynomé, continua-t-elle, apporte un siège et mets-y une peau de brebis, afin que l'étranger s'asseye, me parle et m'entende : je veux l'interroger. » Elle dit; Eurynomé, s'empressant, apporta un siège bien poli et y jeta une peau de brebis; le divin Ulysse, modèle de patience, y prit place. Ce fut la prudente Pénélope qui parla la première. « Etranger, il y a une question que je veux te poser d'abord : Qui es-tu ? D'où viens-tu ? Où est ta ville ? Où tes parents ? » Ulysse l'avisé lui repartit : « Femme, il n'est point sur l'immense terre un mortel qui puisse te blâmer : oui, ta gloire monte jusqu'au vaste ciel ainsi que celle d'un roi excellent qui, ayant la crainte des dieux, règne sur un peuple nombreux et brave dans le respect de la justice : pour lui, la noire terre produit le blé et l'orge, les arbres se chargent de fruits, les brebis donnent des petits à souhait, la mer fournit les poissons; cette prospérité récompense un bon gouvernement et les peuples par ce roi jouissent du bonheur. Aussi interroge-moi maintenant sur tout ce qu'il te plaira; cependant ne me demande pas ma naissance et ma patrie : n'augmente pas en mon cœur les souffrances en me forçant au souvenir de mes maux : j'ai trop de peine. Au reste, il ne convient pas que dans la maison d'autrui on me voie sans cesse gémissant et pleurant, car on déplaît quand on se plaint toujours : quelqu'une de tes femmes et toi-même peut-être vous diriez, irritées de mes doléances, que tous ces pleurs viennent du vin, qui m'alourdit la tête. »

La prudente Pénélope lui repartit : « Etranger, ce qui me distinguait jadis, la beauté et la noblesse de mon corps, les dieux ont tout détruit, quand partirent pour Ilion les Argiens parmi lesquels était Ulysse, mon mari. Ah! s'il revenait ce héros et veillait sur ma vie, ma gloire serait alors plus grande et plus belle. Mais je n'ai plus que tristesses : tant un dieu m'a prodigué de maux. Car tous les grands qui règnent sur les îles, Doulichion, Samé et Zacynthe boisée, ou qui habitent Ithaque visible au loin, tous me recherchent contre mon gré et consument le bien. Aussi tout me laisse indifférente : hôtes, suppliants, hérauts qui sont au service du peuple. Je n'ai que le regret d'Ulysse, où mon cœur se fond. Les prétendants pressent ce mariage; moi, je leur oppose le tissu de mes ruses. Un

dieu m'inspira d'abord l'idée de dresser en ma chambre
un grand métier et d'y tisser un voile fin et long; incontinent, je fus donc les trouver et leur dis : « Jeunes hommes,
mes prétendants, vous pressez mon mariage. L'illustre
Ulysse est mort; attendez donc que j'aie achevé ce voile :
ne faites pas que tous ces fils soient en pure perte; ce
sera le linceul du seigneur Laërte, le jour où il aura succombé sous le coup funeste de la Mort cruelle; ne faites
pas que quelqu'une des femmes d'Achaïe aille parler au
peuple contre moi, indignée de voir sans suaire un homme
qui gagna tant de biens! » Je leur parlai ainsi. Ils se rendirent malgré la fierté de leur cœur. Alors, de jour je
tissais la grande toile, et la nuit je défaisais mon ouvrage,
à la lueur des flambeaux. C'est ainsi que trois ans durant,
je sus cacher ma ruse et tromper les Achéens. Mais quand
vint la quatrième année, que les mois s'écoulant eurent
ramené les saisons, que les jours se furent succédé en
grand nombre, par la trahison des servantes, chiennes
sans cœur, ils survinrent, me surprirent et m'acca-
blèrent de leurs reproches. Alors je dus achever ce voile,
oh! malgré moi, mais il le fallait bien. Maintenant je ne
puis me dérober à cette union, je ne vois plus qu'inventer :
mes parents me pressent de me marier, mon fils s'impa-
tiente, à voir ces gens manger son avoir. Il s'en aperçoit;
car c'est maintenant un homme, capable de gouverner
son bien, et Zeus lui donne le noble sentiment de sa
dignité. Malgré tout, dis-moi ton origine; d'où es-tu ?
Car tu n'es pas né, je pense, d'un chêne légendaire ou
d'une roche. »

Ulysse l'avisé lui répondit : « Digne femme d'Ulysse,
le fils de Laërte, tu ne veux donc pas renoncer à m'interroger sur cette origine. Eh bien, je vais te la dire : assurément tu me feras éprouver des chagrins plus nombreux
que ceux dont je suis déjà la proie. Car c'est fatalement
le sort de l'homme qui aussi longtemps que moi est
absent de sa patrie : il va errant en de nombreuses cités
de mortels, et la souffrance le tient. Cependant, cela ne
m'empêchera pas de répondre à tes questions et de satisfaire ton désir. Il est une terre, la Crète, située dans la
mer vineuse : elle est belle, grasse, entourée d'eau :
nombreux sont ses habitants; on ne saurait les compter;
elle a quatre-vingt-dix villes. Toutes les langues s'y
rencontrent; car on trouve des Achéens et des Etéocrétois [169] au grand cœur, et des Doriens formant trois
tribus, et de nobles Pélasges. Au nombre de ces villes

est Cnossos, une grande cité, où dès l'âge de neuf ans [170]
régna Minos, confident du grand Zeus. C'est le père de
mon père, le généreux Deucalion. Deucalion m'engendra,
ainsi que le puissant prince Idoménée. Or celui-ci
partit pour Ilion avec les Atrides sur des vaisseaux
recourbés. J'étais le plus jeune : j'avais un nom glorieux,
Ethon. Idoménée était l'aîné et le plus brave. C'est en
Crète que je vis Ulysse et lui donnai des présents d'hospitalité. En effet, il fut, quand il se dirigeait vers Troie,
rejeté, par la force du vent, du Malée sur le rivage de
Crète : il tint ses vaisseaux à l'ancre à Amnisos, où est la
grotte d'Ilithye dans un port difficile, et il n'échappa
qu'avec peine à la tempête. Aussitôt, étant monté à la
ville, il demanda Idoménée qui était, disait-il, son hôte
aimé et respecté. Mais Aurore avait paru dix ou onze
fois déjà depuis que celui-ci était parti vers Ilion, sur ses
vaisseaux recourbés. Ce fut donc moi qui, conduisant
Ulysse vers notre demeure, lui donnai l'hospitalité;
je le traitai amicalement avec grandes prévenances. Nous
avions riche maison; à lui et aux compagnons qu'il avait
amenés, je donnai, produit d'une collecte faite parmi le
peuple, farine, vin aux reflets de feu, bœufs destinés au
sacrifice, de quoi enfin contenter pleinement leurs désirs.
Chez nous, les nobles Achéens restèrent douze jours :
car Borée les retenait, si violent que même sur terre on ne
pouvait rester debout : sans doute un dieu hostile l'avait
suscité. Mais le treizième jour, le vent tomba et ils
prirent le large. » Parlant de la sorte, il disait maints
mensonges, mais il leur donnait l'air de vérités. Tandis
que Pénélope l'écoutait, les larmes coulaient sur son
visage, dont elles sillonnaient la peau. Comme sur de
hautes montagnes la neige ruisselle, que l'Eurus y fait
fondre, quand Zéphyr l'y a répandue, en fondant elle
remplit les fleuves dont les eaux montent; ainsi fondaient
en larmes les belles joues de Pénélope, tandis qu'elle
pleurait un mari qu'elle avait près d'elle. Et Ulysse en
son cœur s'apitoyait sur sa femme qui sanglotait; cependant
il tenait ses yeux, semblables à la corne ou au fer, immobiles en ses paupières : pour le succès de sa ruse il
refoulait ses larmes.

Quand elle se fut rassasiée de gémissements et de
pleurs, elle reprit la parole et dit : « Etranger, je veux
maintenant t'éprouver, voir si vraiment tu as reçu là-
bas dans ta demeure, comme tu le déclares, mon mari avec
des compagnons, semblables aux dieux. Dis-moi quels

vêtements couvraient son corps, quel il était lui-même
et quelle était sa suite. »

Ulysse l'avisé lui répondit : « Femme, il m'est difficile
de te satisfaire : il y a si longtemps qu'il m'a quitté.
Voilà maintenant vingt ans presque, depuis qu'il s'en
est allé de là-bas et s'est éloigné de ma patrie. Je te
dirai pourtant sous quel aspect il se présente à mon
esprit. Le noble Ulysse avait un manteau [171] splendide,
moelleux, double, avec une agrafe d'or à double trou :
sur la face, c'était un beau travail, on voyait un chien
qui entre ses pattes de devant tenait un faon tacheté,
et le serrait palpitant [172]. Tous étaient dans l'admiration : car les deux bêtes étaient en or, l'une tenant
le faon qu'elle étranglait, et l'autre pour s'enfuir battant
l'air de ses pieds. Je vis encore la tunique brillante qui
parait Ulysse : elle ressemblait à la pelure d'un oignon
sec par la souplesse du tissu, et brillait comme un
soleil : ah! elle fit l'admiration de bien des femmes. Mais
je te dirai une autre chose; mets-la bien en ta tête : je ne
sais si dans ton pays Ulysse portait déjà ces vêtements-là,
s'ils lui furent donnés par quelque ami, quand il partit
sur un vaisseau rapide, s'il les reçut d'un hôte. C'est
possible; Ulysse était si aimé! et cela se comprend : peu
d'Achéens le valaient. Pour moi, je lui fis don d'une
épée en bronze, d'un double manteau gracieux, splendide, et d'une tunique tombant jusqu'aux pieds : puis
je le reconduisis avec respect jusqu'à son navire bien
ponté. Un détail encore : il était accompagné d'un
héraut, un peu plus âgé que lui; je vais te le dépeindre,
tel qu'il était. Il avait le dos voûté, la peau noire, la tête
crépue : il s'appelait Eurybate. C'était de tous ses compagnons celui qu'Ulysse honorait le plus; car leurs esprits
s'accordaient bien. »

Il dit, et par ces paroles excita plus encore en Pénélope
le besoin de pleurer : elle avait reconnu les signes
qu'Ulysse lui décrivait avec tant de précision. Quand elle
se fut rassasiée de pleurs et de gémissements, elle reprit
encore la parole et lui dit : « Désormais, ô mon hôte, que
j'avais déjà pris en grande pitié, tu seras en ma maison
chéri et respecté de moi : car c'est moi-même qui lui
donnai les vêtements dont tu parles, qui les avais pris
tout pliés dans la chambre de réserve, qui y avais adapté
une agrafe brillante, pour être la parure d'Ulysse. Non,
je ne le recevrai point de retour sur la terre de son pays.
C'est pour un destin funeste que sur son vaisseau creux

Ulysse s'en alla voir cette Ilion de malheur à l'exécrable nom. »

Ulysse l'avisé lui répondit : « Digne femme d'Ulysse, le fils de Laërte, cesse de détruire ton beau visage et ne fonds plus ton cœur à pleurer ton mari. Je suis certes loin de t'en blâmer; tu n'es pas la première qui se lamente sur la mort d'un époux chéri, pour qui elle conçut des enfants dans l'étreinte de l'amour, fût-il inférieur à Ulysse, que l'on dit semblable aux dieux. Mais cesse de gémir et écoute-moi bien : car, c'est la vérité que je vais dire, toute la vérité. Sache donc ce que j'ai appris sur le retour d'Ulysse. Il n'est pas loin d'ici, dans l'opulente terre de Thesprotie; il vit et même il vous apporte une foule d'objets précieux, qu'il a quêtés parmi le peuple. Mais ses compagnons tant aimés et avec eux son vaisseau creux, il a tout perdu dans la mer vineuse, en partant de l'île Thrinacie : car il avait contre lui Zeus et Hélios, dont les bœufs furent tués par ses compagnons. Ceux-ci ont tous péri dans la mer aux flots soulevés; mais lui se tint sur la quille de son vaisseau et la vague le jeta sur le rivage, à la terre des Phéaciens, un peuple égal aux dieux. Ils l'accueillirent de grand cœur, l'honorèrent comme une divinité, lui firent toute sorte de présents, et ils voulaient le ramener eux-mêmes chez lui, sain et sauf. Il y a longtemps qu'Ulysse serait ici; mais il se dit qu'il valait mieux d'abord s'en aller par le monde en quête de richesses : car Ulysse pour la ruse n'a pas d'égal parmi les mortels, et nul sur ce point ne pourrait rivaliser avec lui. Voilà ce que m'a raconté Phidon, le roi des Thesprotes, et faisant des libations dans sa demeure, il me jurait à moi, qu'un vaisseau était à la mer et que des gens se tenaient prêts qui devaient le reconduire dans la terre de son pays. Mais il me fit partir avant ce moment : car il se trouva qu'un vaisseau allait mettre à la voile pour Doulichion, féconde en blé. Il me montra toutes les richesses qu'Ulysse avait amassées : il y avait là de quoi entretenir une famille jusqu'à la dixième génération, si grands étaient les trésors déposés dans la maison du prince. Celui-ci me dit encore qu'Ulysse était allé à Dodone pour y entendre la voix divine de Zeus, sortant du chêne à la haute chevelure, et savoir de lui comment, après sa longue absence, il devait rentrer dans la terre de son pays, ouvertement ou en secret. Ainsi il est sauvé et il arrivera sous peu; il ne sera plus longtemps séparé de ses amis et de sa patrie; je veux t'en faire un bon serment. Qu'ils entendent mes paroles, Zeus d'abord, le dieu souverain et tout-puissant, et le foyer d'Ulysse irréprochable, où je suis à cette heure : oui, tout s'accomplira comme je l'affirme. Cette année même Ulysse arrivera ici, quand la lune finissant, une autre paraîtra. »

La prudente Pénélope lui répondit : « Etranger, plût au ciel que cette parole fût réalisée! Tu connaîtrais à l'instant mon amitié et recevrais maint présent de moi : ceux qui te rencontreraient envieraient ton sort. Mais mon cœur a le pressentiment de ce qui arrivera : Ulysse ne viendra plus dans cette demeure, et toi-même tu n'obtiendras pas le moyen de t'en retourner : car, ceux qui commandent dans la maison ne sont pas ce que fut pour les hommes Ulysse, toujours disposé, plus que personne, à reconduire et accueillir l'hôte respecté. Mais allons, servantes, lavez cet homme; dressez un lit avec tapis, manteaux, couvertures brillantes, afin qu'il ait bien chaud jusqu'au moment où paraîtra l'Aurore au trône d'or. Demain, quand poindra le jour, il faudra le baigner, le parfumer afin qu'assis auprès de Télémaque dans notre salle il ait goût au repas; et tant pis pour celui des convives qui, sans cœur et sans entrailles, s'avisera de le tourmenter : il ne commettra plus d'insolence ici, fût-il outré de se voir maltraité. Comment, en effet, étranger, connaîtras-tu que je suis supérieure à d'autres femmes pour le jugement et la prudence, si dans la salle tu prends part au banquet, malpropre et vêtu de haillons ? Les hommes ne sont pas nés pour longtemps. Celui qui est cruel et ne songe que cruautés est maudit de tous les mortels; ils ne lui souhaitent que tristesses durant sa vie et, quand il est mort, sont tous à la joie. Mais celui qui est sans reproche et ne songe rien qui ne soit irréprochable, les étrangers portent au loin chez tous les hommes son nom glorieux, et souvent on dit de lui : celui-là est un homme de bien. »

Ulysse l'avisé lui répondit : « Digne femme d'Ulysse, le fils de Laërte, sache-le : les manteaux et les brillantes couvertures me devinrent odieux du jour où je quittai les montagnes neigeuses de Crète sur mon vaisseau aux longues rames. Je me coucherai comme auparavant, quand je passais des nuits sans sommeil. Car bien des nuits j'ai reposé sur une couche sordide, attendant la divine Aurore au trône d'or. Un bain de pieds ne me fait plus de plaisir; nulle femme ne touchera mon pied, de celles qui sont à ton service en cette demeure ; je ne veux pour cela qu'une vieille sage et réservée qui ait dans son cœur souffert autant que moi ; s'il en est une ici, je ne m'opposerai pas à ce qu'elle touche mes pieds. »

La prudente Pénélope répliqua : « Cher étranger, j'ai reçu dans ma maison bien des hôtes aimés venus de contrées lointaines ; mais il n'y est encore venu aucun qui fût aussi sensé que toi : tout ce que tu dis, toi, est sage et réfléchi. Eh bien, j'ai ici une vieille femme qui n'a dans l'esprit que de sages pensées ; c'est elle qui nourrit et soigna cet infortuné, elle qui le reçut dans ses bras, dès que sa mère l'eut enfanté ; elle te lavera les pieds, quoiqu'elle soit bien affaiblie. Mais, allons, sage Euryclée, debout, lave cet homme : il a le même âge que ton maître et sans doute Ulysse lui ressemble maintenant pour les pieds, pour les mains : car il ne faut pas longtemps pour que vieillissent les hommes dans le malheur. »

Elle dit, et la vieille femme cacha son visage dans ses mains. Elle versait des larmes brûlantes et s'écria d'une voix plaintive : « Hélas, mon enfant [173], je ne puis rien faire pour toi : oui, plus que nul homme, Zeus t'a pris en haine, toi qui avais tant la crainte des dieux. Car nul des mortels n'a encore brûlé pour Zeus, qui aime la foudre, autant de cuisses grasses, d'hécatombes choisies que tu lui en as donné, lui demandant la faveur d'arriver à une vieillesse heureuse et d'élever un fils illustre : et voilà qu'à toi seul il a refusé la journée du retour. Qui sait ? Peut-être des femmes au service d'étrangers, en lointain pays, le raillaient quand il arrivait dans la splendide demeure d'un d'entre eux, comme te raillent ici toutes ces chiennes : c'est pour te soustraire à leur outrage, aux insultes qu'elles te prodigueraient, que tu ne veux pas te laisser laver par elles : mais moi, je suis heureuse d'obéir à l'ordre que me donne la fille d'Icarios, la prudente Pénélope. Aussi je te laverai les pieds, à la fois pour Pénélope et pour toi : car mon cœur est profondément remué par de douloureuses pensées. Allons, écoute, comprends ce que je vais dire : beaucoup d'étrangers déjà, poursuivis par l'infortune, vinrent ici : mais je puis dire que je n'en ai encore vu aucun qui ressemblât à Ulysse comme tu lui ressembles pour la taille, la voix, les pieds. »

Ulysse l'avisé prit la parole et dit : « Vieille, tous ceux qui de leurs yeux nous ont vus l'un et l'autre disent que

nous nous ressemblons de tout point, comme tu en as
fait toi-même la remarque. »

Il dit; la vieille prit un chaudron brillant, dont elle se
servait pour les bains de pieds; elle y versa beaucoup
d'eau froide, puis y joignit de l'eau chaude. Quant à
Ulysse, il s'assit au foyer : mais il se tourna vite vers
l'ombre; car à l'instant une pensée lui était venue à
l'esprit; il craignit qu'en le touchant Euryclée ne remar-
quât la cicatrice et que tout ne se découvrît.

Cependant, venant près de lui, elle baignait son maître :
soudain elle reconnut la cicatrice que lui avait laissée
un coup jadis porté par la blanche défense d'un sanglier,
à l'époque où il alla sur le Parnèse visiter Autolycos
et ses fils. C'était l'illustre père de sa mère [174], qui
l'emportait sur tous en piraterie [175] et en parjure. Un dieu
lui avait donné cette supériorité, Hermès : car en son
honneur Autolycos brûlait les cuisses alléchantes des
agneaux et des chevreaux, et le dieu qui l'aimait était
son compagnon fidèle. Autolycos donc étant venu parmi
le peuple opulent d'Ithaque y trouva un nouveau-né,
fils de sa fille. Euryclée lui posa l'enfant sur les genoux,
comme il achevait son repas du soir, et, lui adressant
vivement la parole, dit : « Autolycos, maintenant, trouve
toi-même un nom qu'il te plairait de donner à l'enfant
de ta fille, ton petit-fils : tu as bien souhaité sa venue! »

Autolycos repartit : « Mon gendre et toi, ma fille,
donnez-lui le nom que je vais vous dire : j'arrive ici,
plein de colère contre nombre d'hommes et de femmes
rencontrés sur la terre, la grande nourricière, gens vraiment odieux [176] : que l'enfant donc ait pour nom
Odysseus. Quand il sera grand et qu'il viendra au Parnèse,
dans la vaste demeure de sa mère où sont mes biens, moi,
je lui en donnerai une part et le renverrai joyeux de mes
largesses. »

Ulysse donc s'en fut en ces lieux, pour recevoir des
présents magnifiques. Autolycos et les fils d'Autolycos
l'accueillirent avec empressement, le serrant dans leurs
bras, lui disant d'aimables paroles : Amphithée, la mère
de sa mère, tenant Ulysse enlacé, baisait sa tête et ses
deux beaux yeux. Autolycos dit à ses nobles fils de préparer le repas : ils suivirent ses ordres. Aussitôt ils
amenèrent un bœuf de cinq ans, qu'ils écorchèrent : puis
l'ayant apprêté, ils le dépecèrent en entier, le découpèrent avec habileté, percèrent les morceaux avec des
broches, les rôtirent avec soin et firent ensuite les parts.

Pendant tout le jour jusqu'au soleil couchant, ils festinèrent ainsi : chacun eut une part égale à celle des autres et nul n'eut à se plaindre. Quand le soleil se fut couché et que l'obscurité vint, ils allèrent au lit et jouirent du sommeil, ce don si doux. Lorsque parut la matinale Aurore aux doigts de rose, les fils d'Autolycos se mirent en chasse avec leurs chiens : parmi eux marchait le divin Ulysse. Ils atteignirent la montagne escarpée du Parnèse aux flancs vêtus de bois, et bientôt pénétrèrent dans les replis où souffle le vent. A ce moment le soleil frappait les campagnes de ses rayons nouveaux, quittant les profondeurs tranquilles où coule Océanos. Les chasseurs arrivèrent dans une vallée : devant eux les chiens allaient cherchant la piste; derrière étaient les fils d'Autolycos, et parmi eux, près des chiens, s'avançait le divin Ulysse, brandissant une lance à l'ombre longue. Or là, dans un fourré épais était couché un gros sanglier. Ce fourré, les vents impétueux ne le pénétraient pas de leur souffle chargé d'eau; le soleil radieux ne le frappait point de ses rayons; la pluie d'orage ne le traversait pas de ses eaux, tant le bois était touffu, et l'amas des feuilles y était très grand. La bête entendit le bruit de pas des chasseurs et des chiens, qui s'élançaient. Elle sort du fourré, devant eux, les soies hérissées, les yeux lançant la flamme, et à quelques pas elle se tient immobile : Ulysse le premier fond sur elle, tenant levé de sa main robuste le long bois de sa lance; il court pour la tuer : mais elle, le devançant, le frappe au-dessus du genou : de sa défense qu'elle enfonce en attaquant obliquement, elle emporte beaucoup de chair, mais sans atteindre l'os du chasseur. Cependant Ulysse ne la manque point, il la blesse à l'épaule droite : de part en part pénètre la pointe de la lance brillante; le sanglier tombe étendu dans la poussière et la vie s'envole de son corps.

Alors autour d'Ulysse les fils d'Autolycos s'empressèrent à l'envi : ils bandèrent avec habileté la blessure de l'irréprochable Ulysse, rival des dieux, et arrêtèrent le sang noir en prononçant sur elle des paroles magiques : puis sans tarder ils regagnèrent la demeure de leur père. Quand Ulysse fut guéri par les soins d'Autolycos et de ses fils, ils lui firent, joyeux, de magnifiques présents qu'il reçut avec joie, et se hâtèrent de le renvoyer dans sa chère Ithaque. Son retour réjouit son père et sa vénérable mère qui lui demandèrent maint détail sur sa blessure, le mal qu'il avait eu : il leur raconta donc comment à la chasse un sanglier l'avait frappé de sa blanche défense, que ce fut sur le Parnèse, où il avait accompagné les fils d'Autolycos.

La vieille, qui avait pris dans le plat de la main la jambe d'Ulysse, reconnut la blessure qu'elle touchait; elle lâcha le pied qui retomba dans le bassin; l'airain retentit; le vase se renversa et l'eau se répandit sur le sol. Alors son cœur fut à la fois saisi de tristesse et de joie; ses deux yeux se remplirent de larmes; sa voix s'étouffa dans sa gorge. Et lui touchant le menton, elle dit à Ulysse : « Oui, tu es bien Ulysse, mon cher enfant; et je ne t'ai pas reconnu tout de suite : il a fallu pour cela que je touche tout le corps de mon maître. »

Elle dit, et porta les yeux vers Pénélope, voulant lui révéler que son mari était là, dans la maison. Mais Pénélope ne put ni rencontrer son regard ni se douter de rien; car Athéné détourna son attention. Cependant Ulysse de la main droite prit sa nourrice à la gorge, de l'autre l'attira près de lui et dit : « Bonne vieille, pourquoi veux-tu me perdre ? C'est toi qui m'as élevé, toi qui m'as porté sur ton sein. Aujourd'hui, après tant de souffrances, me voilà enfin, au bout de vingt années, de retour dans mon pays. Eh bien! puisque tu m'as reconnu et qu'un dieu t'a fait découvrir la vérité, tais-toi, et que dans la maison nul autre ne soit instruit. Car, je te le déclare — et ce ne sera pas une vaine parole — si un dieu abat sous mes coups les nobles prétendants, je ne t'épargnerai pas, bien que tu sois ma nourrice, lorsque dans ma maison je tuerai les autres femmes à mon service. » La sage Euryclée lui répondit : « Mon enfant, quelle parole a passé la barrière de tes dents! Tu sais cependant quel est mon cœur, ferme, inébranlable; je serai comme le dur rocher, comme du fer. Mais je te dirai autre chose; mets-la en ton esprit. Si un dieu abat sous tes coups les nobles prétendants, alors je t'indiquerai exactement quelles sont ici les femmes qui te méprisent et celles qui sont sans reproche. »

Ulysse l'avisé lui répliqua : « Bonne vieille, à quoi bon me les dire ? ce n'est pas nécessaire. Je saurai bien les observer moi-même et connaître ce que vaut chacune d'elles : mais silence, pas un mot et confie-toi aux dieux. » Il dit; la vieille alors traversa la maison pour apporter un autre bain : car toute l'eau du premier avait été renversée. Quand elle eut lavé son maître et l'eut frotté d'une huile grasse, Ulysse de nouveau avança son siège

près du feu pour se chauffer, et couvrit sa cicatrice de ses
haillons.

Cependant la prudente Pénélope prit la première la
parole : « Etranger, je veux encore t'interroger un peu ; car
bientôt viendra le moment d'un repos agréable pour celui
même qui affligé peut encore être pris du doux sommeil.
Mais ce sont des douleurs sans bornes que la divinité m'a
données en partage : le jour, je trouve mon plaisir à me
plaindre, à gémir, tandis que dans la maison je m'occupe
de mon travail ou surveille celui des servantes ; puis, quand
la nuit est venue et que tous vont dormir dans leur lit, je
m'étends sur ma couche ; mille pensées aiguës tourmentent
mon cœur oppressé, et je pleure. Telle la fille de Pandarée [177], la verte Aédon, chante un beau chant au retour
du printemps nouveau : elle se pose parmi les feuilles
épaisses des arbres et là, en rapides modulations, elle
verse des accords infinis, pleurant son cher fils Itylos,
l'enfant du roi Zéthos, qu'un jour par méprise elle tua
d'un coup d'épée ; ainsi mon cœur est déchiré, agité de
pensées contraires ; dois-je rester auprès de mon fils et
tout sauvegarder, mon bien, mes servantes, et la vaste
demeure au toit élevé, respectant la couche de mon mari
et jalouse d'un bon renom parmi le peuple ; ou bien faut-
il maintenant suivre un des Achéens qui me recherchent,
choisissant celui qui, le plus noble, m'offrira d'innombrables présents ? Tant que mon fils était tout jeune
encore et sans jugement, je ne pouvais me marier et
quitter le foyer conjugal ; mais maintenant qu'il est grand
et qu'il touche à l'âge d'homme, il me presse lui-même
de quitter la maison, indigné de voir les Achéens dévorer
tout le bien. Mais, allons, explique-moi ce songe ; écoute.
Dans ma maison vingt oies mangent du froment trempé
d'eau, et j'ai plaisir à les regarder ; alors, fondant de la
montagne, un grand aigle au bec recourbé leur brise le
cou et toutes sont tuées. Je les voyais à terre entassées
dans cette demeure. Puis l'aigle s'élevant gagna le divin
éther. Et moi dans mon songe je pleurais, je gémissais ;
autour de moi se rassemblaient les Achéennes aux belles
tresses, tandis que je poussais de lamentables cris,
parce que l'aigle avait tué mes oies. Il revint alors et se
posa sur la saillie du toit ; avec une voix humaine, il
cherchait à me calmer et me dit : « Rassure-toi, fille
d'Icarios au loin illustre ; ce n'est pas un songe ; c'est la
vision certaine de ce qui sera une réalité. Les oies sont les
prétendants ; moi tout à l'heure j'étais l'aigle, un oiseau ;

maintenant je suis ton époux qui est revenu, et je frapperai tous les prétendants d'une mort ignominieuse. »
Il parla ainsi, et moi le doux sommeil me quitta. Je
m'empressai d'aller voir les oies de la maison; elles
étaient là, mangeant le froment auprès du baquet
comme à l'ordinaire. »

Ulysse l'avisé lui répondit : « Femme, le sens est clair;
il n'y a pas lieu d'en chercher un autre; c'est Ulysse
lui-même qui t'a appris comment il accomplira ce songe :
pour tous les prétendants, la perte est assurée; nul
d'entre eux n'échappera à la mort et aux Kères. »

La prudente Pénélope lui répondit : « Etranger, les
songes assurément ne sont pas faciles à saisir et leur sens
ne se discerne pas d'abord; tout ce qu'ils annoncent est
loin de se réaliser pour les hommes. Car il est deux
portes [178] pour les songes inconsistants; l'une est faite
de corne, l'autre est en ivoire; quand les songes viennent
par l'ivoire scié, on ne peut rien y voir de vrai; ce sont des
mots qui ne créent point le réel sous nos yeux; mais quand
les songes nous arrivent par la corne polie, ils créent,
ceux-là, une certitude pour quiconque les voit. Eh bien,
moi, je ne crois pas que mon songe étrange soit arrivé par
là : ce serait certes une grande joie pour moi et pour mon
fils. Mais je te dirai une autre chose; toi, mets-la bien en
ton esprit. Elle va venir, cette aurore de malheur qui
m'éloignera de la maison d'Ulysse; car mon intention
est maintenant de proposer une lutte, celle des haches
que dans sa demeure Ulysse dressait toutes les douze à
la file, comme des étais de vaisseau; puis, debout à une
longue distance, il lançait une flèche à travers tous les
trous. Maintenant j'imposerai cette lutte aux prétendants :
celui qui entre ses mains aura le plus facilement bandé
l'arc, et dont la flèche aura traversé les douze haches, je
le suivrai, quittant ce séjour de ma jeunesse, si beau, si
bien fourni, que je n'oublierai jamais, je pense, même
dans mes songes. » Ulysse l'avisé lui répondit : « Digne
femme d'Ulysse, le fils de Laërte, ne tarde pas à ouvrir
ce concours dans ta demeure; car Ulysse l'avisé arrivera
ici avant que ces hommes, prenant l'arc poli, en aient
bandé la corde, et de leur flèche aient traversé le fer. »

La prudente Pénélope répliqua : « Si tu voulais,
étranger, assis auprès de moi dans ce domaine, me
charmer ainsi, le sommeil ne se répandrait pas sur mes
paupières. Mais il est impossible aux hommes de demeurer toujours sans sommeil : car à tout mortel sur la terre

féconde, les Immortels ont imposé des lois qui règlent
sa vie. Je vais donc, montant à l'étage supérieur, me
coucher dans ce lit, vrai lit de douleur pour moi, toujours
mouillé de mes larmes, depuis qu'Ulysse s'en est allé
voir cette Ilion de malheur, au nom exécrable. Là je
m'étendrai : toi, couche-toi ici même : fais ton lit à
terre, ou bien mes serviteurs le prépareront pour toi. »

Ayant ainsi parlé elle monta à l'étage supérieur dans
sa chambre superbe; elle n'était pas seule; ses servantes
l'accompagnaient. Quant elle y fut arrivée avec ses
femmes, elle pleura Ulysse son mari bien-aimé, jusqu'au
moment où Athéné aux yeux brillants versa sur ses
paupières la douceur du sommeil.

CHANT XX

AVANT LE MASSACRE DES PRÉTENDANTS

SOMMAIRE : Ulysse ne dort pas ; il serait tenté de punir les servantes, mais il se résigne à la patience. Athéné l'endort (1-57). Pénélope se lamente sur son malheur. Ulysse prie Zeus de lui envoyer deux présages : sa prière est exaucée (58-121). Télémaque se rend à l'assemblée. Les servantes nettoient la maison ; les bergers arrivent avec les victimes (122-163). Le chevrier Mélanthios voudrait jeter le mendiant à la porte ; le berger Philoetios s'intéresse au sort de l'étranger malheureux et lui parle d'Ulysse en termes touchants (164-239). Un sinistre présage inquiète les prétendants qui renoncent au projet de tuer Télémaque (240-256). Celui-ci parle en maître de la maison ; on n'insultera pas impunément son hôte (257-274). Sacrifice et repas (275-319). Agélaos invite les prétendants au calme ; il conseille à Télémaque de hâter le mariage de sa mère (320-344). Un hôte de la maison, Théoclymène, élève la voix et prédit un malheur qui va frapper les prétendants. L'heure du châtiment est proche (345-394).

Cependant le divin Ulysse faisait son lit dans le vestibule : il étendit une peau de bœuf non apprêtée ; puis il jeta par-dessus plusieurs peaux de brebis immolées par les Achéens. Quand il se fut couché, Eurynomé lui mit un manteau sur le corps. C'est là que reposait Ulysse tout éveillé et méditant la perte des prétendants. De la salle s'échappèrent les femmes qui avaient coutume de s'unir à eux : mutuellement elles s'excitaient au rire et à la gaieté. La colère faisait bondir le cœur d'Ulysse dans sa poitrine ; il se demandait perplexe en son esprit et en son âme s'il devait s'élancer et mettre à mort chacune d'elles, ou les laisser se livrer aux prétendants superbes, une fois encore, la dernière, et tout son cœur grondait en

lui. Ainsi qu'une chienne, tournant autour de ses petits
encore faibles, gronde à la vue d'un homme qu'elle ne
connaît pas et se prépare ardemment au combat, ainsi
grondait en Ulysse son cœur indigné de cette vilaine
conduite. Alors, frappant sa poitrine, il le gourmandait
en ces mots : « Sois donc patient [179], mon cœur : tu
en as supporté de plus dures, le jour où le Cyclope fou
de colère mangeait mes braves compagnons : tu sus te
contenir jusqu'au moment où grâce à ma ruse tu te
trouvas hors de la caverne, après avoir pensé mourir. » Il
parla ainsi, réprimandant son cœur en sa poitrine ; et son
âme, comme à l'ancre, demeurait obstinée dans la patience ;
mais lui se retournait en tous sens. Tel un homme qui
sur un feu ardent tourne en tous sens un ventre rempli
de graisse et de sang, qu'il a hâte de voir bien grillé [180],
ainsi Ulysse se tournait, puis se retournait, se demandant perplexe comment il arriverait, seul contre tant
d'hommes, à tenir sous sa main les prétendants impudents.
Mais près de lui parut Athéné descendant du ciel : elle
avait pris l'apparence d'une femme ; elle se tint au-dessus
de sa tête et lui adressa ces paroles : « Pourquoi veilles-tu
encore, ô le plus malheureux des mortels ? Cette maison
est la tienne : ta femme est dans cette maison avec ton
fils, un fils tel que peut le souhaiter un père. » Ulysse
l'avisé lui répondit : « Oui, déesse, tout ce que tu dis là est
parfaitement vrai : mais mon âme est perplexe en mon
cœur : comment pourrai-je tenir sous ma main les prétendants impudents ? je suis seul et ils sont toujours en
grand nombre ici. Et puis, une autre idée rend mon âme
encore plus inquiète : si je puis les tuer, aidé de Zeus et
de toi, où me réfugier ? Je t'invite à y penser. »

Athéné, la déesse aux yeux brillants, lui répondit :
« Mais, pauvre ami, on met sa confiance en un compagnon
plus faible que je ne suis, en un mortel qui a dans l'esprit
moins de ressources ; je suis une déesse, moi, qui te
garde dans toutes tes épreuves. Je vais te parler clairement : cinquante bataillons d'hommes mortels peuvent
venir nous entourer l'un et l'autre, jaloux de nous tuer et
pleins de la fureur d'Arès : tu pousserais impunément
devant eux leurs bœufs et leurs grasses brebis. Maintenant,
que le sommeil s'empare de toi : il est si pénible de rester
toute une nuit sans dormir : tu ne tarderas pas à sortir
de ces maux qui t'assiègent. »

Elle dit, et versa le sommeil sur ses paupières. Puis
l'auguste déesse regagna l'Olympe, au moment où le

sommeil qui détend nos membres l'eut envahi, apaisant les soucis de son cœur.

Cependant son épouse aux sages pensées s'éveilla; elle pleurait assise sur sa couche moelleuse. Lorsqu'elle eut rassasié son cœur de larmes, la noble femme invoqua d'abord Artémis : « Artémis, vénérable déesse, fille de Zeus, puisses-tu, ayant lancé une flèche en ma poitrine, m'ôter la vie sur-le-champ, ou bien qu'un tourbillon se saisisse de moi, s'en aille m'emportant par les routes de l'air et me jette dans les courants de l'Océan dont les vagues refluent! Ainsi des tourbillons enlevèrent les filles de Pandarée [181]. Les dieux avaient frappé leurs parents : elles restaient orphelines dans leur demeure : mais l'auguste Aphrodite les nourrit de fromage, de doux miel et de vin délicieux, et Héra plus qu'à aucune femme leur donna beauté et sagesse; la chaste Artémis haussa la taille de leur corps et Athéné leur apprit à faire des ouvrages superbes. Lorsque l'auguste Aphrodite s'en vint vers l'Olympe élevé demander pour ces jeunes filles la joie d'un hymen fortuné à Zeus, le dieu qui aime la foudre (car il sait toutes choses : il connaît le sort heureux ou malheureux réservé aux mortels), pendant ce temps les Harpyes emportèrent les jeunes filles et les donnèrent pour servantes aux affreuses Erinyes [182]. Ainsi puissent m'anéantir ceux qui habitent les demeures de l'Olympe, ou Artémis aux belles tresses me frapper, afin que je m'en aille sous la terre lugubre et que j'y voie Ulysse, sans jamais réjouir la pensée d'un homme qui ne le vaut pas. Ah! on peut encore supporter son mal quand on pleure le jour, l'âme oppressée de douleur, et que la nuit le sommeil vous prend : car le sommeil fait oublier tout, le bon et le mauvais, quand il couvre les paupières; mais, moi, un dieu m'envoie aussi des songes cruels. Car cette nuit même à mes côtés un homme dormait qui ressemblait à Ulysse tel qu'il était lorsqu'il s'en fut avec l'armée, et mon cœur se réjouissait; je ne pensais pas que ce fût un rêve, mais une réalité. » Elle dit et aussitôt parut l'Aurore au trône d'or. Le noble Ulysse entendit la voix de Pénélope qui pleurait; une pensée lui vint; il lui sembla qu'en son cœur elle l'avait reconnu et qu'elle se tenait là, près de sa tête. Ayant rassemblé le manteau et les peaux sur lesquelles il dormait, il alla les poser sur un fauteuil dans la salle; puis il porta dehors la peau de bœuf. Alors, levant les mains, il invoqua Zeus : « Zeus souverain, si c'est la volonté des dieux

qu'après avoir erré à travers mers et terres, je revienne
enfin au sol de mon pays me reposer des maux dont ils
m'ont frappé, qu'un des hommes qui s'éveillent dans
cette demeure y dise une parole prophétique pour moi,
et qu'en outre au-dehors m'apparaisse un signe de
Zeus. »

Il dit, et Zeus, le dieu sage, entendit sa prière. Aussitôt
il fit gronder son tonnerre sur l'Olympe brillant, d'un
point élevé et sans nuages, et le noble Ulysse se réjouit.
Cependant une femme qui broyait le grain [183] fit entendre
de la maison une parole prophétique, non loin d'Ulysse,
à l'endroit où étaient les meules du maître, pasteur de
peuples ; douze femmes réunies peinaient à les faire
tourner, préparant farine d'orge et farine de froment,
vraie moelle des hommes. Les autres dormaient, ayant
broyé leur grain : une seule ne cessait pas encore son
travail : c'était la plus faible. Elle arrêta enfin sa meule
et dit une parole, présage pour son maître : « Zeus
souverain qui règnes sur les dieux et les hommes, du ciel
étoilé tu as fait gronder fortement le tonnerre : il n'y a pas
de nuage cependant. C'est donc sans doute un signe que
tu envoies à quelqu'un : exauce aussi le vœu que je forme,
pauvre malheureuse : qu'en ce jour, pour la dernière, oui,
pour la dernière fois les prétendants prennent dans la
maison leur doux repas, eux qui me brisent les genoux
de fatigue épuisante, tandis que je broie leur farine :
puissent-ils manger ici pour la dernière fois ! » Elle dit :
le noble Ulysse se réjouit de cette parole prophétique et
du tonnerre de Zeus : il espérait bien maintenant punir
les coupables broyeurs d'hommes [184]. »

Cependant les autres servantes se rassemblant dans la
belle maison d'Ulysse allumaient sur le foyer la flamme
vivante. Télémaque se leva de sa couche, tel un dieu,
mit ses habits, passa son épée aiguë autour de son épaule :
il attacha sous ses pieds luisants de belles sandales, prit
une forte lance à la pointe acérée, et du seuil où il
s'arrêta il dit à Euryclée : « Bonne mère, avez-vous eu des
égards pour l'étranger, hôte de notre maison ? A-t-il eu
le lit, la nourriture, ou bien l'a-t-on laissé sans soin ?
Car telle est ma mère : elle est sage, et il lui arrive
cependant de combler de prévenances tel mortel méprisable et de renvoyer, dédaigneuse, tel autre qui vaut bien
mieux. »

La prudente Euryclée lui répondit : « Mon enfant, tu
aurais tort aujourd'hui de te plaindre de sa négligence.

Car, assis au foyer, il a bu du vin tant qu'il en a voulu, et il dit à Pénélope qui lui offrait du pain qu'il n'en avait plus besoin. Puis, quand il songea à se coucher et dormir, elle dit aux servantes de lui faire un lit : mais lui n'a pas voulu, le pauvre misérable, dormir dans une couche et sur des tapis; il s'est gîté pour la nuit dans le vestibule sur une peau de bœuf non apprêtée et des peaux de brebis, et c'est nous qui avons étendu un manteau sur lui. » Elle dit; Télémaque s'en alla à travers la maison, la lance à la main : ses chiens agiles le suivaient. Il se rendit à l'agora parmi les Achéens aux belles jambières, tandis que l'excellente femme, Euryclée, fille d'Ops, le fils de Pisénor, donnait ses ordres aux servantes. « Allons, du cœur à l'ouvrage! que les unes balaient la maison et l'arrosent, qu'elles mettent sur les fauteuils ouvragés de beaux tapis brillants; que les autres essuient toutes les tables avec des éponges, nettoient les cratères et les coupes à double anse, bien travaillées : d'autres iront à la source chercher de l'eau et l'apporteront bien vite. Les prétendants seront bientôt ici : ils arriveront de bon matin; car c'est jour de fête [185] pour tous. » Elle dit : les femmes obéirent à ses ordres sans tarder. Vingt s'en allèrent à la fontaine aux eaux noires : les autres, restant à la maison, s'empressèrent de tout bien préparer. A leur tour entrèrent des serviteurs à l'air important; ceux-ci fendirent le bois avec grand soin, pendant que les femmes revenaient de la fontaine; puis vint le porcher, amenant trois porcs, les plus gras de ses troupeaux. Il les laissa paître dans la belle enceinte, et dit à Ulysse ces douces paroles : « Etranger, les Achéens ont-ils pour toi plus d'égards, ou bien te traitent-ils en cette maison avec mépris, comme auparavant ? » Ulysse l'avisé lui répondit : « Eumée, puissent les dieux punir l'insolence de ces hommes, qui dans la maison d'autrui se conduisent avec une iniquité révoltante et n'ont pas même l'ombre de la pudeur! »

C'est ainsi qu'ils s'entretenaient ensemble. A ce moment s'avança Mélanthios, le chevrier, poussant devant lui des chèvres, les plus belles de ses étables, pour le repas des prétendants; deux bergers le suivaient. Il attacha ses bêtes sous le portique sonore, puis adressa à Ulysse ces paroles outrageantes : « Etranger, vas-tu encore nous importuner en mendiant ici ? Quand t'en iras-tu dehors ? Décidément, je crois que nous ne nous séparerons pas sans avoir joué des poings; car tu mendies de façon scandaleuse; il y a encore d'autres maisons d'Achéens où l'on mange! »

Il parla ainsi : Ulysse l'avisé ne répliqua point, mais il secoua la tête en silence, roulant en son cœur la pensée de la vengeance. En troisième lieu arriva Philœtios, le bouvier-chef, qui amenait pour les prétendants une vache stérile et de grasses chèvres : des passeurs, au service de tous ceux qui se présentent, les avaient transportés. Il attacha bien les bêtes sous le portique sonore; lui-même, s'approchant du porcher, lui fit cette question : « Porcher, quel est cet étranger nouvellement arrivé dans notre maison ? de qui dit-il être fils ? Où est sa famille ? son pays ? Infortuné qui a vraiment tout l'air d'un roi. Mais les dieux jettent dans la misère l'homme qui erre par le monde : aux rois eux-mêmes ils filent la souffrance! »

Il dit, et s'approchant d'Ulysse et lui faisant de la main un salut amical, lui adressa ces paroles ailées : « Salut, digne étranger, puisses-tu être heureux à l'avenir! Car, pour le moment bien des maux sont sur toi. Zeus puissant, il n'est pas un dieu plus terrible que tu n'es; tu n'as pas pitié des humains : tu les fais naître, et puis tu les accables de malheurs et de souffrances cruelles. Une sueur m'est venue quand je t'ai vu, et mes yeux se sont remplis de larmes au souvenir d'Ulysse : car, je pense bien que lui aussi, avec des haillons comme les tiens, est errant parmi les hommes, si toutefois il vit encore et voit la lumière du soleil. S'il est mort et aux demeures d'Hadès, hélas! je le pleure, cet irréprochable Ulysse qui me prit tout jeune encore pour garder ses bœufs chez les Céphalléniens! Maintenant ses bêtes sont innombrables et jamais homme ne pourrait voir se multiplier ainsi pour lui la race des bœufs au large front : mais ce sont d'autres qui m'ordonnent de les amener pour leur repas, et cela sans se soucier du fils qui est ici dans la maison, et sans craindre le châtiment des dieux : car ils n'ont plus qu'une idée : se partager les biens du maître, parti depuis si longtemps! Et moi dans ma poitrine j'ai le cœur troublé : une pensée me tourmente. Il serait bien pénible, tant que le fils est là, d'aller chez un autre peuple, de partir avec mes bœufs chez des étrangers : mais ce serait plus triste encore de rester ici, souffrant mille maux à surveiller les bœufs d'autrui. Certes depuis longtemps je me serais réfugié auprès d'un autre roi magnanime; car mon sort n'est pas supportable; mais j'espère encore qu'il reviendra, l'infortuné, je ne sais d'où, et que, maître chez lui, il mettra tous les prétendants dehors. »

Ulysse l'avisé lui répondit : « Bouvier, tu ne sembles pas un homme de sentiments bas ou sans esprit; je vois bien, moi, que la sagesse est venue en ton âme : aussi je te dirai une chose, et je ferai à ce sujet un serment solennel : j'invoque maintenant parmi les dieux Zeus et la table hospitalière et le foyer de l'irréprochable Ulysse, où je suis reçu aujourd'hui; oui, tu seras encore ici qu'Ulysse reviendra en sa demeure; de tes yeux tu pourras le voir massacrer les prétendants qui commandent ici. »

Alors le bouvier-chef répondit : « Etranger, puisse le fils de Cronos accomplir cette prédiction! Tu connaîtrais ma force et de quels bras je dispose. » Eumée de la même façon pria tous les dieux pour le retour du sage Ulysse en sa maison.

C'est ainsi qu'ils s'entretenaient. Cependant les prétendants tramaient la perte et la mort de Télémaque; mais à leur gauche parut un oiseau, l'aigle au vol altier qui tenait une colombe timide. Amphinomos, prenant la parole, leur dit : « Amis, il ne réussira pas ce projet, le meurtre de Télémaque : alors ne songeons qu'au repos. » Il parla ainsi, et ce langage fut approuvé de tous. Entrant dans la salle du divin Ulysse, ils déposèrent leurs manteaux sur des pliants et des fauteuils : puis ils immolèrent de grands moutons et des chèvres grasses, égorgèrent de gros porcs et une belle vache. Ayant fait griller les entrailles, ils les partagèrent; dans les cratères ils préparèrent le vin, et le porcher distribuait les coupes. Le pasteur-chef Philœtios leur présentait le pain dans de belles corbeilles et Mélanthios faisait office d'échanson. Les prétendants tendaient les mains vers les plats qui étaient devant eux. Télémaque, qui avait son idée en tête, fit asseoir Ulysse dans la salle bien bâtie près du seuil de pierre où il plaça un siège misérable devant une petite table : il lui servait une part des entrailles, lui versait du vin dans une coupe d'or, lui disant : « Assieds-toi maintenant ici, et bois du vin parmi ces hommes : moi, je te défendrai contre les insultes et les violences de tous les prétendants. Car, elle n'est pas à tout le monde, que je sache, cette maison, mais à Ulysse, et c'est pour moi qu'il l'a acquise. Et vous, prétendants, tenez-vous tranquilles : point d'outrages, de coups, afin qu'il n'éclate pas ici de querelle et de rixe. »

Il dit : tous de leurs dents se mordirent les lèvres,
étonnés d'entendre Télémaque parler avec cette audace.
Antinoos, fils d'Eupithès, prit la parole : « Si rude qu'elle
soit, Achéens, ne relevons pas cette déclaration de
Télémaque qui nous interpelle, la menace à la bouche.
Car Zeus ne le veut pas : sans cela nous l'aurions déjà
fait taire dans cette salle, ce grand parleur. »

Ainsi dit Antinoos; mais Télémaque n'eut qu'indif-
férence pour sa réponse. Cependant des hérauts menaient
dans la ville la sainte hécatombe des dieux : les Achéens
aux longs cheveux se rassemblaient sous le bois ombreux
d'Apollon qui lance au loin ses traits. Quand on eut fait
rôtir les chairs de part et d'autre et qu'on les eut retirées
du feu, on fit les portions et un repas magnifique commença. Les serviteurs mirent devant Ulysse une part
égale à celle qu'eux-mêmes avaient reçue : ainsi l'avait
ordonné Télémaque, le fils chéri du divin Ulysse.
Athéné se gardait bien de détourner les prétendants
superbes de l'outrage, dont la blessure est cruelle au
cœur, afin que le ressentiment pénétrât plus profondément encore dans l'âme d'Ulysse, fils de Laërte. Or,
il y avait parmi eux un homme sans vergogne. Il s'appelait Ctésippe et habitait Samé. Confiant dans ses
immenses richesses, il recherchait assidûment la femme
d'Ulysse, depuis longtemps absent. Il dit alors aux
prétendants altiers : « Ecoutez, nobles prétendants, ce
que je vais vous dire. L'étranger a depuis longtemps
une part égale à celle des autres : c'est fort bien; car il
n'est ni beau ni juste de ne rien donner aux hôtes de
Télémaque, quels que soient ceux qu'il accueille dans
cette maison. Eh bien, moi, je veux lui faire un présent
d'hospitalité; il pourra de la sorte donner à son tour une
récompense à la baigneuse, ou à tel autre des serviteurs
qui sont dans la maison d'Ulysse. »

Cela dit, de sa grosse main il lança un pied de bœuf
qui était à sa portée et qu'il prit dans une corbeille;
mais Ulysse l'évita en baissant un peu la tête; il sourit,
mais du sourire sardonique de l'homme ulcéré, pendant
que le pied allait frapper le mur solide.

Alors Télémaque gourmanda Ctésippe : « Ctésippe,
c'est, ma foi, tant mieux pour ta vie; tu n'as pas atteint
l'étranger, lui-même ayant esquivé le coup. Car je t'aurais
fait passer au milieu du corps une lance acérée et ton
père, au lieu d'un mariage, aurait préparé ici tes funérailles. Que personne donc dans cette maison ne se

conduise avec insolence; maintenant, en effet, je réfléchis, je connais les choses, ce qui est bien et ce qui est mal; jusqu'à ce jour je n'étais qu'un enfant. Et cependant, je me résigne à voir les abus qui se commettent : mes moutons égorgés, mon vin que l'on boit, mon pain que l'on mange : le moyen en effet pour un homme seul de maîtriser tant de gens! Allons, ne cherchez plus à me nuire; renoncez à cette haine, ou, si vous avez déjà pris le parti de me percer avec le fer, tant mieux, je suis prêt : il me vaudrait bien mieux mourir qu'avoir sans cesse sous les yeux des actes révoltants, mes hôtes malmenés, les femmes à mon service indignement traitées dans ma belle demeure. »

Il dit : tous demeuraient silencieux, muets. Enfin Agélaos, fils de Damastor, prit la parole : « Amis, on ne peut pour une parole juste s'emporter et répondre par la colère et l'outrage; ne rudoyez ni l'étranger ni aucun des serviteurs qui sont dans la maison d'Ulysse. Mais je veux à Télémaque et à sa mère dire une parole de conciliation : peut-être aura-t-elle leur agrément. Tant que vous gardiez au cœur l'espérance de voir le prudent Ulysse de retour dans sa maison, nul n'avait droit de vous reprocher d'attendre, et de prolonger le séjour des prétendants dans ce manoir : c'était le parti le plus sage : Ulysse pouvait revenir, reparaître au foyer; mais maintenant il est évident qu'on ne le reverra plus. Va donc, Télémaque, t'asseoir auprès de ta mère, et dis-lui d'épouser celui qui, le plus noble, offrira les présents les plus riches : ainsi, mangeant, buvant chez toi, tu jouiras pleinement de tout ton patrimoine, tandis qu'elle prendra soin de la maison d'un autre. »

Le sage Télémaque lui répondit : « Par Zeus, Agélaos, et par les souffrances de mon père qui sans doute loin d'Ithaque est mort ou vit errant, je ne retarde point le mariage de ma mère : au contraire, je lui conseille d'é-pouser celui qui lui plaira, et suis prêt à lui faire en outre de magnifiques présents, mais j'aurais honte de la con-traindre par une parole dure à quitter cette maison malgré elle : qu'un dieu me préserve d'une pareille conduite! »

Ainsi dit Télémaque. A ce moment, Pallas Athéné, égarant leur esprit, secoua les prétendants d'un rire inextinguible. Ils riaient [186] comme avec des mâchoires d'emprunt; ils dévoraient des chairs d'où le sang dégout-tait; leurs yeux se remplissaient de larmes : le cœur triste, ils voulaient sangloter.

Alors Théoclymène à l'aspect divin leur dit : « Ah!
les malheureux [187], qu'est-ce donc, ce mal dont vous
souffrez ? La nuit a enveloppé vos têtes, vos visages,
vos genoux : un gémissement a retenti : vos joues sont
baignées de larmes; le sang ruisselle sur ces murs, dans
ces beaux entre-colonnements : de fantômes on voit le
vestibule plein, et pleine aussi la cour d'ombres qui
s'élancent vers les noires profondeurs de l'Erèbe : le
soleil a disparu du ciel; un brouillard funèbre a fondu
sur nous. »

Il dit, et tous se rirent gaiement de lui. Eurymaque,
fils de Polybe, prit le premier la parole : « Il est fou, cet
étranger nouvellement arrivé je ne sais d'où. Allons,
jeunes gens, faites-le conduire hors d'ici et qu'on le mène
sur la place, puisque pour lui il n'y a que ténèbres en
ces lieux. »

Théoclymène à l'aspect divin lui répondit : « Eurymaque, je ne te demande pas de me donner des guides;
j'ai des yeux, des oreilles, mes deux pieds, et dans ma
poitrine un esprit parfaitement sain. C'est avec eux que
je sortirai d'ici : car je vois venir sur vous un malheur
à qui nul ne saurait échapper, que ne peut esquiver
aucun des prétendants, aucun de vous, qui dans la
demeure d'Ulysse égal aux dieux malmenez les hommes
et n'avez en tête qu'injustes machinations. »

Ayant parlé ainsi, il quitta la spacieuse maison et s'en
alla chez Piræos qui l'accueillit avec joie.

Tous les prétendants, se regardant l'un l'autre, cher-
chaient à irriter Télémaque, en se gaussant de ses hôtes,
et c'était à qui de ces jeunes insolents lui dirait : « Télémaque, on n'est pas plus malheureux en hôtes que tu
ne l'es : c'en est un beau modèle, ce vagabond, ce mendiant à qui il faut du pain, du vin, un propre à rien,
sans forces, un poids inutile sur la terre! Et cet autre
qui s'est levé pour faire le prophète. Eh bien, crois-moi :
il y a un parti beaucoup plus avantageux. Jetons ces
hôtes-là dans un vaisseau aux bancs nombreux et expé-
dions-les chez les Siciliens : on en aurait un bon prix. »

Ainsi parlaient les prétendants : mais Télémaque
n'avait cure de leurs discours; il regardait son père en
silence, attendant patiemment l'heure où son poing
s'abattrait sur les impudents.

Cependant, ayant placé en face d'eux un très beau
siège, la fille d'Icarios, la prudente Pénélope, écoutait
les propos que tenait chacun d'eux dans la salle. Car

c'était un repas agréable, délicieux que, le rire aux lèvres, ils avaient préparé ce matin-là et pour lequel tant de victimes avaient été immolées.

Mais pour le soir un autre s'apprêtait, déplaisant, comme jamais ne le fut repas du soir; c'était celui qu'allaient bientôt leur servir une déesse et un vaillant héros : car, les premiers, ils avaient tramé le crime.

CHANT XXI

L'ARC

SOMMAIRE : Pénélope va chercher l'arc d'Ulysse et invite les prétendants à engager la lutte (1-79). Eumée dispose les haches (80-
101). Télémaque essaie de tendre l'arc paternel; il va y parvenir
quand, sur un signe d'Ulysse, il y renonce (102-139). Les prétendants font la même tentative, sans réussir (140-187). Ulysse quitte
la salle avec Eumée et Philœtios, se fait connaître à eux et leur donne
des instructions (188-244). Eurymaque tente de bander l'arc à son
tour, mais en vain; il se dépite. Sur la proposition d'Antinoos, le
concours est remis au lendemain (245-272). Ulysse demande la
permission d'essayer ses forces; protestation d'Antinoos. Télémaque déclare qu'il n'appartient qu'à lui de disposer de l'arc (273-
358). Eumée le remet à Ulysse, malgré les cris des prétendants.
Télémaque donne à Euryclée l'ordre de fermer les portes de la
salle, pendant que Philœtios fermera celles de la cour (359-393).
Ulysse tend l'arc et sa flèche traverse les haches (394-434).

Alors Athéné, la déesse aux yeux brillants, inspira à
la fille d'Icarios, la prudente Pénélope, de placer devant
les prétendants dans la maison d'Ulysse le fer grisâtre
et l'arc, arme du concours, d'où partira la mort. Elle
gagna l'escalier [188] élevé de sa demeure, prit dans sa
main la clef [189] massive, bien recourbée, bien faite, en
bronze, dont la poignée était d'ivoire. Puis elle se dirigea
avec ses suivantes vers la chambre la plus reculée : là
étaient réunis les trésors du roi, le bronze, le fer bien
travaillé; il s'y trouvait aussi l'arc, que l'on tire à soi
et le carquois qui contenait un grand nombre de flèches
sifflantes. C'était un présent qu'avait fait à Ulysse un
hôte rencontré en Laconie [190], le fils d'Eurytos [191],
Iphitos, semblable aux dieux. Ils s'étaient trouvés

ensemble en Messénie, chez le prudent Ortiloque [192].
Ulysse y venait réclamer une dette à laquelle était
astreint tout le peuple : car des Messéniens avaient
emporté d'Ithaque, sur les vaisseaux aux bancs nombreux, trois cents brebis avec leurs bergers. Ulysse
pour les reprendre avait fait comme ambassadeur un
lointain voyage : tout jeune encore, il avait été chargé
de cette mission par son père et les autres anciens [193].
Dans la même région Iphitos cherchait douze juments
qui avaient disparu, et aussi des mules dures au travail :
ces bêtes [194] devinrent plus tard la cause du coup fatal
qui le frappa, lorsqu'il pénétra chez le fils de Zeus,
Héraclès, mortel au cœur énergique [195], l'auteur de si
grands travaux. Héraclès le tua, bien qu'il fût son hôte,
en sa maison même — l'insensé — sans craindre la
colère vengeresse des dieux, sans respect de cette table
où il l'avait reçu; il le tua et garda pour lui les juments
au solide sabot. Tandis qu'Iphitos les cherchait, il
rencontra Ulysse et lui donna cet arc que jadis portait
le grand Eurytos et qu'en mourant il laissa à son fils
dans sa haute demeure. Ulysse lui offrit une épée aiguë
et une forte lance pour commencer avec lui une relation
d'hospitalité amicale. Mais jamais ils ne s'assirent à la
table l'un de l'autre : car le fils de Zeus auparavant tua
le fils d'Eurytos, Iphitos semblable aux dieux, qui avait
fait don de l'arc. Jamais le noble Ulysse, partant pour la
guerre, ne l'emportait sur ses noirs vaisseaux : il laissait
chez lui ce souvenir d'un hôte cher et ne s'en servait
que dans son pays. Lorsque donc la noble femme fut
arrivée à cette chambre et eut touché le seuil de chêne,
que l'artisan avait jadis poli savamment et aligné au
cordeau, y ajustant ensuite les montants et y plaçant
une porte brillante, elle s'empressa de détacher la courroie de l'anneau [196], introduisit la clef, fit jouer les ver-
rous des battants, d'une main ferme et sûre : la porte,
comme un taureau paissant dans une prairie, mugit
sous la pression de la clef et tourna aussitôt.
    Pénélope monta sur le plancher élevé où les coffres
étaient placés, remplis des vêtements parfumés. Puis,
tendant la main, elle décrocha de son clou l'arc avec
l'étui brillant qui le contenait. S'asseyant en cet endroit,
elle le posa sur ses genoux et éclata en sanglots, tandis
qu'elle sortait l'arc du roi. Quand elle se fut rassasiée
de plaintes et de larmes abondantes, elle s'en fut vers la
grand-salle parmi les nobles prétendants : elle avait en

main l'arc que l'on tire à soi et le carquois tout plein de flèches sifflantes. Des femmes l'accompagnaient, portant une caisse où était quantité de fer et de bronze, servant jadis aux distractions du roi. Quand la noble femme fut arrivée en présence des prétendants, elle s'arrêta près du battant de la porte, dans la salle solidement construite, et ramena devant son visage son voile au brillant reflet. Elle avait à droite et à gauche une servante fidèle.

Aussitôt elle prit la parole et dit aux prétendants : « Ecoutez, prétendants au cœur fier qui avez pris possession de cette demeure pour y manger et boire constamment, tous les jours, en l'absence du maître parti depuis longtemps. C'est une conduite dont vous ne pouvez donner d'autre raison que le désir de m'épouser, de faire de moi votre femme. Eh bien, prétendants, allons, voici pour vous le moment d'une épreuve que je vous propose : celui dont la main tendra la corde avec le plus d'aisance et enverra une flèche à travers une série complète de douze haches [197], je me déciderai à le suivre, à quitter, pour lui, cette maison, séjour de mes jeunes années, si belle, si bien fournie de vivres ! Ah ! je le pense, je me souviendrai toujours d'elle, et même dans mes songes. »

Elle dit, et ordonna à Eumée, l'excellent porcher, de préparer pour les prétendants l'arc et le fer à la teinte grisâtre. Eumée les reçut en pleurant et les disposa sous leurs yeux : le bouvier gémissait de son côté, en voyant l'arc de son maître. Alors Antinoos les tança violemment :

« Rustres sans esprit, gens à courte vue, sots que vous êtes tous deux, pourquoi donc pleurer de la sorte et bouleverser en sa poitrine le cœur de cette femme ? Ne souffre-t-il pas assez sans cela, ce cœur, parce qu'elle a perdu un mari bien cher ? Restez assis maintenant et mangez en silence, ou bien allez pleurer dehors, laissant ici cet arc pour la lutte entre les prétendants. Elle sera dure. Entre tous ceux-ci il n'y a pas un homme comparable à Ulysse : je l'ai vu, moi qui vous parle, et je me le rappelle : j'étais cependant bien jeune alors, un enfant. »

Il dit : mais, au fond, son cœur en sa poitrine se flattait de tendre la corde et de traverser le fer jusqu'au bout. Et c'est lui qui le premier devait goûter des flèches lancées par la main de l'irréprochable Ulysse que tout récemment il avait outragé, assis en sa demeure, et contre qui il excitait tous les autres !

Cependant, le fort et vigoureux Télémaque prit la parole à son tour :

« Ah! c'est étrange [198], Zeus, le fils de Cronos, m'a assurément dérangé l'esprit. Ma mère que j'aime tant, une femme si réfléchie, dit qu'elle suivra un autre homme, qu'elle quittera cette demeure : et je ris, moi, je m'en réjouis : il faut que j'aie la tête troublée. Eh bien! prétendants, allons, vous voyez ici le prix du combat : une femme telle qu'il n'en est pas sur la terre achéenne, ni à Pylos la Sainte, ni en Argos, ni à Mycènes, ni dans Ithaque même, ni sur le noir continent. Et cela, vous le savez vous-mêmes : qu'ai-je besoin de vous vanter ma mère ? Mais, allons, ne tergiversez pas : ne faites pas traîner l'affaire; ne tardez plus à tendre cet arc. Que l'on vous voie à l'œuvre! Mais, moi aussi, je veux essayer l'arc, et si je le tends et que ma flèche traverse le fer jusqu'au bout, je n'aurai pas le chagrin de voir ma mère vénérée quitter cette maison et s'en aller avec un autre mari, laissant derrière elle un fils désormais capable, comme son père, de gagner le prix en de glorieux concours. »

Il dit, et, de ses épaules rejetant sa tunique de pourpre, il se dresse d'un bond : il détache de son cou l'épée à la pointe aiguë. Il commence par mettre les haches en position [199]; il creuse pour elles toutes un long fossé, les aligne au cordeau, et au pied de chacune amasse la terre qu'il foule. Tous à ce spectacle sont frappés de stupeur : il les avait disposées en un si bel ordre, et cependant il ne les avait jamais vues! Puis il va se poster sur le seuil et fait l'essai de l'arc. Trois fois il l'ébranle, brûlant de tendre la corde et de traverser le fer.

Il était près d'y parvenir, ayant pour la quatrième fois exercé une tension puissante, quand Ulysse lui fit signe d'en rester là et l'arrêta dans son ardente tentative.

Prenant de nouveau la parole, le fort et vigoureux Télémaque dit aux assistants :

« Ah! c'est bien triste! je ne serai jamais qu'un pauvre homme, sans énergie!... Je suis peut-être trop jeune et ne me sens pas encore dans les bras la vigueur nécessaire pour me venger de l'offenseur qui me provoquerait! Mais, allons, vous m'êtes supérieurs en force : essayez l'arc et achevons cette lutte. »

Il dit et posa l'arc à terre, en l'appuyant contre les panneaux bien joints et bien polis : il inclina la flèche

rapide sur le bel anneau et retourna s'asseoir sur le
fauteuil d'où il s'était levé.

Alors Antinoos, fils d'Eupithès, dit aux autres :

« Amis, levez-vous, chacun à son tour : commençons
à gauche [200], côté d'où part l'échanson, pour verser le
vin. » Ainsi dit Antinoos et son avis fut approuvé.

Le premier qui se leva fut Leiôdès, le fils d'Œnops,
leur haruspice, qui s'asseyait toujours au fond de la salle,
près du beau cratère : il était le seul qui ne pût souffrir
l'iniquité, et la conduite de tous les prétendants l'indignait. Il prit donc le premier l'arc et la flèche rapide. Il
alla se placer sur le seuil et fit l'essai de l'arc. Il ne le
tendit point : car l'effort de tension fatigua ses mains
délicates et faibles; puis il dit aux prétendants : « Amis,
je ne puis le tendre, moi; qu'un autre le prenne. Ils sont
nombreux les grands à qui cet arc fera perdre vie et
sentiment : car, il est bien préférable de mourir que
de vivre sans avoir atteint ce pour quoi nous sommes
sans cesse rassemblés ici dans une attente perpétuelle.
En ce moment même il en est plus d'un qui se flatte en
son cœur et brûle d'épouser Pénélope, la femme d'Ulysse :
eh bien, quand il aura essayé l'arc et saura ce qui en est,
qu'il recherche une autre Achéenne au beau voile et
offre ses présents de mariage : et pour celle-ci qu'elle
devienne la femme de celui qui lui fera les plus riches
dons et sera l'élu du destin. »

Il dit, et reposa à terre l'arc qu'il appuya sur les
panneaux bien joints, bien polis : il inclina la flèche
rapide sur le bel anneau : puis il s'en alla reprendre sa
place sur le fauteuil d'où il s'était levé.

Alors Antinoos le tança en termes violents :

« Leiôdès, quelle parole vient de passer la barrière de
tes dents ? parole menaçante et affreuse : j'en suis révolté.
Comment! cet arc coûtera sentiment et vie à des grands!
Pourquoi ? parce que tu ne peux le tendre, toi ? Mais
c'est que ta mère vénérable ne t'a pas enfanté capable
de tirer l'arc et de lancer des flèches : mais d'autres,
de ces prétendants illustres, le tendront : attends un
instant. »

Il dit, puis donna un ordre à Mélanthios, le maître
chevrier :

« Allons, çà, allume du feu dans la salle, Mélanthios.
Auprès du foyer mets un grand siège, couvert d'une
peau; va chercher à l'intérieur un fort pain de suif afin
que nous, les jeunes gens, ayant fait chauffer l'arc et

l'ayant bien graissé, nous l'essayions et achevions ce concours. »

Il dit : Mélanthios aussitôt alluma la flamme inlassablement vive; près du feu il mit un siège qu'il couvrit d'une peau; de l'intérieur il apporta un fort pain de suif. Les jeunes gens firent chauffer l'arc et l'essayèrent : mais ils ne pouvaient le tendre, n'ayant point assez de force. Cependant, Antinoos et Eurymaque semblable aux dieux s'abstenaient encore : c'étaient les plus marquants des rivaux et pour la vigueur ils ne le cédaient à aucun.

A ce moment sortirent ensemble de la salle le bouvier et le porcher du divin Ulysse. Après eux, le noble Ulysse la quitta à son tour. Lors donc qu'ils eurent franchi la porte et traversé la cour, Ulysse, s'adressant à eux, leur dit avec une aimable douceur :

« Bouvier, et toi, porcher, je voudrais vous dire une chose. Je devrais peut-être la garder pour moi. Mais mon cœur me commande de parler. Que feriez-vous ? seriez-vous disposés à combattre pour Ulysse, s'il vous arrivait de quelque part ici tout à coup, si un dieu le ramenait ? Seriez-vous pour les prétendants ou pour Ulysse ? dites-moi ce que vous conseillent votre cœur, votre âme. » Le pasteur de bœufs répondit :

« Zeus tout-puissant, puisses-tu faire, comme je le souhaite, que cet homme revienne, qu'un dieu le ramène! Tu connaîtrais alors quelle est ma force et de quels bras je dispose. »

Et Eumée, de semblable manière, suppliait tous les dieux pour le retour du prudent Ulysse en sa demeure. Quand Ulysse connut la sincérité de leur cœur, il reprit la parole pour leur dire : « Il est ici : c'est moi, que vous voyez. Après vingt ans de souffrances sans nombre, je suis revenu dans la terre de mes pères. Je sais que seuls de mes serviteurs vous désiriez mon retour : des autres il n'en est pas un que j'aie entendu souhaiter que je revinsse dans ma maison. A vous je dirai mon intention bien arrêtée pour l'avenir. Si un dieu abat sous mes coups les nobles prétendants, je donnerai à chacun de vous une femme : vous aurez des biens et, près de la mienne, une maison bien construite : dès lors vous serez pour jamais à mes yeux les amis et les frères de Télémaque. Et maintenant, tenez, je vais vous donner une preuve irrécusable, grâce à laquelle vous me reconnaissiez bien et ne puissiez plus avoir aucun doute : une cicatrice de la blessure que jadis un sanglier me fit de sa blanche

défense quand j'allai sur le Parnèse avec les fils d'Autolycos. »

Cela dit, il écarta ses haillons de la grande cicatrice.
Quand tous deux l'eurent regardée et furent bien
convaincus, ils se mirent à pleurer, jetant leurs bras autour
du sage Ulysse, et ils baisaient avec passion sa tête, ses
épaules. Ulysse de même les baisa sur la tête, sur les
mains. Ils auraient pleuré ainsi jusqu'au moment où se fût
effacée la lumière du soleil, si Ulysse ne les eût contenus
en disant : « Cessez ces pleurs et ces sanglots, de peur
que quelqu'un ne vienne à sortir de la salle et ne vous
voie, puis n'aille le dire à l'intérieur. Rentrons maintenant un à un, et non tous ensemble, moi d'abord, vous
ensuite. Convenons d'un signe. Les nobles prétendants,
tous tant qu'ils sont, ne permettront pas qu'on me donne
l'arc et le carquois : alors toi, excellent Eumée, traverse
la salle et, apportant l'arc, mets-le-moi dans les mains ;
puis commande aux femmes de fermer les portes solidement jointes de leur appartement : dis-leur que, si elles
entendent des gémissements ou des cris poussés dans la
salle des hommes, elles ne doivent pas sortir, mais se
tenir où elles sont, en silence et à leur ouvrage. Et toi,
excellent Philœtios, je te charge de fermer la porte de
la cour : tire promptement le verrou [201] et assujettis-le
avec une corde. »

Ayant dit, il entra dans la spacieuse maison : puis il
alla s'asseoir sur le siège d'où il était parti : ensuite à leur
tour rentrèrent aussi les deux serviteurs du divin Ulysse.
A ce moment Eurymaque tournait l'arc dans ses mains,
le chauffait en tous sens à la flamme du foyer ; en dépit
de tout cela, il ne pouvait le tendre et gémissait de la
souffrance qu'il en avait dans son âme fière. Irrité de son
impuissance, il s'écria :

« Quel ennui ! que je suis humilié et pour moi et pour
tous ! Je ne m'afflige pas seulement à cause de ce mariage,
quoique cet échec me cause de la peine (il y a bien
d'autres Achéennes et dans Ithaque même battue des
flots et dans mainte cité) : mais je suis confus que pour
la force nous soyons si inférieurs au divin Ulysse, puisque
nous sommes incapables de tendre son arc : c'est un
opprobre que connaîtront même nos descendants. »

Antinoos, fils d'Eupithès, lui dit alors :
« Eurymaque, il n'en sera pas ainsi : tu le comprends
bien toi-même. Mais aujourd'hui le peuple célèbre la
sainte fête du dieu : est-ce le moment de tirer de l'arc [202] ?

Allons, déposez-le; trêve d'exercices. Quant aux haches, on peut sans inconvénient les laisser toutes plantées : car, je pense, nul ne viendra les prendre dans la salle d'Ulysse, fils de Laërte. Eh bien, donc, que l'échanson passe des coupes à la ronde, pour qu'on fasse une libation : laissons l'arc recourbé. Donnez ordre à Mélanthios, le maître chevrier, d'amener demain, à la première heure, les plus belles chèvres de ses étables : nous offrirons les cuisses à Apollon, l'illustre dieu de l'arc; puis nous reprendrons cet arc et terminerons le concours. » Ainsi parla Antinoos, et tous approuvèrent cette proposition.

Alors des hérauts versèrent de l'eau sur les mains des prétendants, de jeunes serviteurs remplirent les cratères que couronna la boisson : à tous ils en servirent et les coupes circulèrent.

Lorsqu'ils eurent fait la libation et que tous eurent bu, autant qu'ils le voulaient, Ulysse l'avisé prit la parole et dit, ayant sa ruse en tête :

« Ecoutez-moi, prétendants de l'illustre reine, mon cœur me pousse à vous dire une idée qui lui est venue en ma poitrine : je m'adresse surtout à Eurymaque et à Antinoos semblable aux dieux, qui vient de parler avec tant de sagesse en ce sens, et je les prie de laisser là cet arc aujourd'hui et d'honorer les dieux : demain matin un dieu donnera la victoire à qui il lui plaira. Mais, je vous le demande, donnez-moi l'arc bien poli : je voudrais parmi vous essayer mes bras et ma force, savoir si j'ai encore la vigueur qui jadis animait mes membres souples, ou si ma vie agitée, la misère, l'ont détruite pour jamais. »

Il parla ainsi : mais tous se récrièrent violemment, dans la crainte qu'il ne réussît à tendre l'arc bien poli. Antinoos prit la parole et le tança vertement :

« Comment, misérable étranger, tu n'as donc plus un grain de bon sens! Tu n'es pas encore content : tu manges bien tranquille parmi nous, de grands princes; il n'y a pas un mets dont tu n'aies ta part; ce n'est pas tout : tu entends nos propos, tout ce que nous disons, et nul autre, étranger et mendiant comme toi, n'est admis à les entendre. C'est le vin doux comme miel qui t'égare. Tu n'es pas le seul : le vin trouble qui le prend à pleine bouche et ne boit pas avec mesure. C'est le vin aussi qui, dans la demeure du magnanime Pirithoos, tourna la tête à un centaure, l'illustre Eurytion [203], venu chez les Lapithes. Il but trop; mal lui en prit; en proie à la démence, il commit des crimes sous le toit de Pirithoos.

L'indignation saisit les héros : ils s'élancèrent sur lui, le
traînèrent à travers le vestibule, le jetèrent à la porte,
après lui avoir, d'un fer cruel, fait tomber nez et oreilles.
Et lui, dont la raison était atteinte, allait chargé de
l'infortune qu'avait attirée sur lui le délire de l'ivresse.
De là vint la lutte des Centaures et des Lapithes, où le
premier qui trouva la mort fut ce centaure, intempérant
buveur. Toi aussi, je te le prédis, tu seras frappé d'un
grand mal, si tu tends cet arc : car, parmi notre peuple,
tu ne trouveras aucune bienveillance; incontinent, nous
t'enverrons sur un noir vaisseau chez le roi Echétos, fléau
de tous les mortels; et de là tu ne te sauveras point. Bois
donc paisiblement et ne t'attaque pas à des hommes
plus jeunes que toi. »
   La prudente Pénélope dit alors : « Antinoos, il n'est
ni beau ni juste de traiter outrageusement les hôtes que
Télémaque reçoit en cette demeure. Penses-tu donc que,
si l'étranger parvient à tendre le grand arc d'Ulysse,
confiant dans son bras et sa force, il m'emmène jamais chez
lui et que je devienne sa femme ? Il ne le pense pas plus
que toi, et n'a pas cet espoir en son cœur. Que nul d'entre
vous ne s'en fasse souci; dînez tranquillement; car, bien
vraiment, cette inquiétude n'est pas de saison. »
   Alors Eurymaque, fils de Polybe, lui répondit : « Fille
d'Icarios, prudente Pénélope, nous ne pensons pas du
tout que cet homme t'emmène; ce ne serait point sensé;
mais nous songeons pas sans honte aux propos que
pourraient tenir hommes et femmes; nous craignons que
quelque jour un Achéen, de condition bien inférieure à
la nôtre, ne dise : ces prétendants sont loin de valoir
l'homme dont ils recherchent la femme : ils ne sont même
pas capables de tendre son arc bien poli, et voilà qu'un
autre, un mendiant, venu on ne sait d'où, a du premier
coup bandé l'arc et traversé les fers! On dira cela et ce
sera pour nous un grand opprobre. »
   La prudente Pénélope lui dit en réponse :
   « Eurymaque, il est impossible d'avoir bon renom
parmi le peuple quand on dévore injurieusement les
biens d'un homme irréprochable : dès lors, pourquoi avoir
souci de l'opprobre dont tu parles ? Au reste, cet étranger est très grand, bien bâti et se flatte d'être issu d'un
père de haute naissance. Allons, donnez-lui l'arc bien
poli et qu'on le voie à l'œuvre. Car je vous dirai une chose,
et ce ne sera pas une vaine parole : s'il tend l'arc et
qu'Apollon lui réserve cet honneur, je le vêtirai de beaux

habits, manteau et tunique; je lui donnerai un épieu
aigu pour se défendre contre les chiens et les hommes, et
une épée à deux tranchants : je lui mettrai des sandales
aux pieds et le ferai conduire dans ces lieux où l'appellent
son cœur et son âme. »

A son tour le sage Télémaque prit la parole :

« Ma mère, sur cet arc nul des Achéens n'a plus de
pouvoir que moi; il m'appartient de le donner ou de le
refuser à qui il me plaît : de tous ceux qui sont maîtres
dans la rude Ithaque, de tous ceux qui règnent sur les
îles de l'Elide, nourricière de chevaux, nul ne pourra
contraindre ma volonté, quand même je voudrais donner
cet arc en toute propriété à l'étranger pour qu'il l'emporte
chez lui. Rentre donc dans ton appartement pour t'occuper de tes travaux personnels [204], la toile et le fuseau,
et ordonne aux servantes de se mettre à l'ouvrage : l'arc,
c'est l'affaire des hommes, de moi surtout : car c'est moi
qui suis le maître dans cette maison. »

Frappée d'étonnement à ces paroles, Pénélope s'en
fut à son appartement : car les sages paroles de son fils
avaient pénétré son cœur. Remontée à l'étage supérieur
avec les suivantes, elle pleurait Ulysse, son cher époux,
jusqu'au moment où sur ses paupières un doux sommeil
fut versé par Athéné aux yeux brillants.

Cependant l'excellent porcher ayant pris l'arc recourbé,
l'apportait : alors tous les prétendants se mirent à le huer
dans la salle, et ils lui criaient, ces jeunes orgueilleux :

« Où portes-tu donc l'arc recourbé, misérable porcher,
fou que tu es ? à l'instant, près de tes porcs, ils vont te
dévorer, seul, loin des hommes, ces chiens rapides que tu
nourris, si Apollon nous est favorable, ainsi que les
autres dieux immortels. »

Ils parlaient ainsi, et lui déposa l'arc qu'il portait à
l'endroit même où il se trouvait, effrayé de se voir hué
dans la salle par tous ces prétendants.

Et Télémaque, d'autre part, lui criait, menaçant :

« Eh! vieux père, marche donc, porte l'arc : tu regret-
teras sur l'heure d'obéir à tout ce monde. Prends garde;
je suis plus jeune que toi : je pourrais bien cependant te
chasser à la campagne, à coups de pierres; je suis plus
fort que toi! Ah! que ne puis-je de même sur tous les
prétendants qui sont en cette demeure l'emporter par la
force de mes bras! il ne faudrait pas longtemps : j'enverrais chacun d'eux promener loin de notre maison, où ils
ne songent qu'à faire mal. »

Il dit, tous les prétendants se rirent de cet aveu, et dès lors se relâchèrent de leur violente colère contre Télémaque. Alors, portant l'arc à travers la salle, le porcher s'approcha du prudent Ulysse et lui mit l'arc dans la main. Puis, appelant au-dehors la nourrice Euryclée, il lui dit : « Télémaque t'ordonne, prudente Euryclée, de fermer sur la salle la porte fortement jointe; si quelqu'une des femmes entend à l'intérieur, dans la chambre des hommes, du tumulte ou des gémissements, qu'elle ne sorte pas, mais qu'en silence elle se tienne sans bouger à son ouvrage. »

Il dit, cette parole ne fut pas perdue pour Euryclée, qui ferma la porte de la salle spacieuse.

Sans mot dire, Philœtios sortit vivement de la salle et il alla fermer les portes de la cour à la solide enceinte. Sous le portique était le cordage d'un navire aux flancs recourbés : il s'en servit pour attacher les portes et rentra : il s'assit sur le siège d'où il s'était levé, sans quitter Ulysse des yeux.

Lui, déjà, maniait l'arc, le tournait en tous sens, le tâtait d'un côté, puis d'un autre, voulant s'assurer qu'en l'absence du maître, les vers n'en avaient pas rongé la corne. Et tel des prétendants disait, regardant son voisin :

« Cet homme sans nul doute est un connaisseur et sait tirer de l'arc : peut-être en a-t-il de ce genre chez lui, ou bien a-t-il en tête d'en fabriquer de semblables : voyez comme il le manie en tous sens, ce vagabond suspect. »

Puis, c'était un autre de ces jeunes présomptueux qui disait : « Je lui souhaite de réussir dans la vie comme il va réussir, ce beau gars, à tendre l'arc! »

Ainsi disaient les prétendants. Mais Ulysse, l'avisé, n'eut pas plus tôt soupesé et regardé le grand arc sous toutes les faces que — tel un homme habile en l'art de la lyre et du chant [205] tend facilement la corde sur la cheville neuve, fixant de part et d'autre le boyau bien tordu — sans effort il tendit, Ulysse, le grand arc, puis de sa droite prit et essaya la corde qui rendit un son clair, pareil au cri de l'hirondelle. Pour les prétendants ce fut un grand coup : tous changèrent de couleur. Zeus en cet instant fit retentir sa foudre, présage manifeste! Ce fut un grand sujet de joie pour le noble et endurant Ulysse que ce signe donné par le fils de Cronos, aux desseins tortueux. Il prit une flèche qui, sortie du carquois, se trouvait sur la table, près de lui : les autres étaient restées au fond : c'étaient celles que bientôt les Achéens apprendraient à connaître. Ayant donc cette flèche, il la posa au coude de l'arc, tira à lui la corde et les entailles [206] sans quitter le siège où il était assis et visant droit au but il fit partir le trait : sans dévier, la flèche, chargée de bronze, traversa le trou de toutes les haches et alla sortir à l'autre extrémité.

Alors Ulysse, s'adressant à Télémaque, lui dit :

« Télémaque, l'hôte qui est assis dans ta demeure ne te fait point honte : je n'ai pas manqué le but et ne me suis pas donné grand mal pour tendre l'arc : ma force tient bon encore, et les outrages des prétendants tombent à faux.

« Mais maintenant, sans attendre la nuit, le moment est venu de servir aux Achéens [207] le repas du soir que suivront bientôt après d'autres divertissements, chant et musique : ce sont là, comme on sait, les charmes d'un festin. »

Il dit et fit signe d'un mouvement des sourcils. Alors Télémaque ceignit l'épée aiguë, Télémaque, le fils chéri du divin Ulysse : il prit sa lance en main et près de son fauteuil, à côté de son père, il se dressa armé du bronze étincelant.

CHANT XXII

LE MASSACRE DES PRÉTENDANTS

SOMMAIRE : Ulysse frappe d'abord Antinoos; les prétendants le menacent : il se fait connaître (1-41). Eurymaque demande grâce; Ulysse sera largement indemnisé; il refuse (42-67). Il tue Eurymaque; Télémaque tue Amphinomos et va chercher des armes pour son père, pour lui, pour Eumée et Philœtios (68-125). Il a l'imprudence de laisser ouverte la porte du dépôt; le traître Mélanthios en apporte des armes pour les prétendants; comme il y retourne, les deux bergers se jettent sur lui et le garrottent (126-199). Athéné apparaît sous la figure de Mentor... Changée en hirondelle, elle assiste au combat (200-235). Tout à coup elle déploie son égide : effroi et massacre des prétendants (236-309). Vaine supplication de Leiôdès qui implore Ulysse pour sa vie. Seuls sont épargnés le chanteur Phémios et le héraut Médon (310-380). Les douze femmes coupables sont pendues par Télémaque (381-473). Après l'horrible supplice de Mélanthios, Ulysse fait chercher Pénélope et les servantes fidèles (474-501).

C'est alors qu'Ulysse l'avisé se dépouilla de ses haillons et s'élança vers le grand seuil, ayant en mains son arc et son carquois plein de flèches. Il versa à ses pieds les traits rapides; puis, s'adressant aux prétendants :

« La voilà terminée, dit-il, cette lutte si difficile; maintenant, c'est un tout autre but que je vais viser : nul ne l'a encore frappé et je veux voir si je l'atteindrai, si Apollon m'accordera cette gloire. »

Il dit, et sur Antinoos il lança une flèche amère. Or, à ce moment, celui-ci s'apprêtait à porter à ses lèvres une belle coupe, en or, à deux anses; déjà il la tenait dans ses mains : il allait boire du vin. La pensée de la mort était loin de son cœur : qui pouvait supposer que seul, en un banquet, parmi tant de convives, un homme, fût-il très fort, s'apprêtait à faire tomber sur lui la mort funeste et le noir destin ? Ulysse tira et de sa flèche frappa Antinoos à la gorge : d'outre en outre le trait s'enfonça dans le cou délicat. L'homme tomba à la renverse, la coupe lui échappa de la main; il était bien touché. Aussitôt un jet épais de sang humain lui coula à travers les narines; d'un mouvement brusque son pied frappa et repoussa la table, d'où les mets se répandirent sur le sol : pain, viandes rôties furent souillés de poussière. Les prétendants firent grand tumulte dans la salle quand ils virent l'homme à terre : ils s'élancèrent de leurs fauteuils, courant en tous sens, portant partout des yeux inquiets sur les murs bien bâtis : mais nulle part il n'y avait à prendre bouclier ou lance solide.

Alors ils querellaient Ulysse avec courroux :

« Etranger, c'est pour ta perte que tu prends des hommes comme but; tu n'auras plus de part à aucune lutte : elle est sur toi, la mort affreuse. Car tu as tué un homme, qui était à Ithaque le plus noble des jeunes princes; aussi les vautours te dévoreront ici. »

Ainsi parlait chacun d'eux : car ils s'imaginaient qu'Ulysse avait tué Antinoos, sans le vouloir; insensés, ils ne voyaient pas que sur eux tous le trépas était suspendu! Les regardant en dessous, Ulysse l'avisé leur dit :

« Ah! chiens, vous pensiez que de la terre troyenne je ne reviendrais plus chez moi et alors vous pilliez ma maison; vous couchiez de force avec mes servantes et, moi vivant, vous recherchiez ma femme, sans craindre les dieux qui habitent le vaste ciel, ni la vengeance qu'un jour les hommes pouvaient tirer de vous! et maintenant sur vous tous le trépas est suspendu! »

Il dit et la pâle terreur les saisit tous : chacun cherchait du regard l'issue qui le sauverait d'une mort affreuse. Seul, Eurymaque prit la parole et dit :

« Si tu es vraiment Ulysse, roi d'Ithaque, de retour parmi nous, je n'ai rien à reprendre à ce que tu viens de dire sur les forfaits des Achéens : ils en ont commis beaucoup en ta demeure, beaucoup sur tes terres. Mais, il est là, couché, celui qui a été la cause de tout, Antinoos : c'est lui qui a tout suscité. Il n'était pas bien désireux de ce mariage, n'en avait pas grande envie. Il avait d'autres pensées, que ne réalisa point le fils de Cronos : il voulait dans Ithaque, la ville bien bâtie, régner, lui, sur le peuple et tuer ton fils traîtreusement. Maintenant le voilà tué et c'est justice : toi, épargne tes peuples ; et nous, nous te donnerons satisfaction, aux frais des citoyens, pour tout ce que l'on a bu et mangé dans cette maison ; ce n'est pas tout : chacun t'apportera ici une somme égale au prix de vingt bœufs ; nous te remettrons de l'or et du bronze, autant qu'il en faudra pour que tu sois content : jusque-là, on ne peut te faire reproche de ta colère. »

Regardant en dessous, Ulysse l'avisé lui dit : « Eurymaque, si en réparation vous me remettiez tous les biens de vos pères, si à tous ceux que vous possédez maintenant vous ajoutiez d'autres richesses encore, même ainsi je ne suspendrais point le massacre de mon bras, avant d'avoir fait payer aux prétendants toutes leurs insolences. Maintenant, il vous est loisible de combattre face à vos adversaires ou de fuir, si vous pouvez vous soustraire à la mort et aux Kères : mais je crois fort que nul d'entre vous n'échappera au coup funeste. »

Il parla ainsi et à ces mots fléchirent les genoux et le cœur des prétendants. Alors, reprenant la parole, Eurymaque s'écria :

« Amis, cet homme ne retiendra pas ses mains sauvages : maintenant qu'il a pris l'arc bien poli et le carquois, il tirera du seuil luisant jusqu'à ce qu'il nous ait tués tous : eh bien, n'ayons plus qu'une pensée : la bataille. Tirez vos épées et opposez les tables aux flèches, rapides meurtrières ; sur lui jetons-nous en foule, tous ensemble. Tâchons ainsi de l'écarter du seuil et des portes ; puis allons par la ville et crions : Au secours ! Alors, c'en est fait : le misérable aurait bientôt tiré de l'arc pour la dernière fois. »

Ayant ainsi parlé, il brandit l'épée en bronze aigu, à double tranchant et s'élança sur Ulysse avec un 'cri terrible. Mais en même temps son adversaire, le noble Ulysse, tira sur lui une flèche qui le frappa à la poitrine, sous le sein, et s'enfonça, rapide, dans son foie : Eurymaque laissa de sa main choir son épée à terre et, donnant de la tête sur une table, il s'abattit en avant et fit tomber les mets sur le sol, avec une coupe à deux anses [208] ; puis il alla du front frapper le sol dans les affres dernières : ses deux pieds d'un mouvement de ruade culbutèrent un fauteuil : et sur ses yeux se répandit un voile ténébreux.

A son tour Amphinomos fondit sur le glorieux Ulysse pour l'attaquer de front : il avait tiré son épée aiguë et voulait déloger l'adversaire de la porte. Mais Télémaque le prévint, le frappant, par-derrière, entre les deux épaules de sa lance garnie de bronze : il lui enfonça l'arme à travers la poitrine. Amphinomos tomba avec grand bruit, heurta le sol de tout le front. Télémaque alors fit un bond en arrière, lui laissant dans le corps sa lance à l'ombre longue : car il craignait, s'il retirait cette grande arme, que de son épée quelque Achéen s'élançant ne le frappât d'estoc ou de taille, tandis qu'il se pencherait. Il courut et bientôt il eut rejoint son père : arrivé près de lui, il lui adressa ces paroles ailées :

« Mon père, je vais t'apporter un bouclier, deux javelines, un casque tout en bronze, qui te prenne bien les tempes. Je m'armerai moi-même et je donnerai des armes au porcher et au bouvier : car il vaut mieux être bien protégé. »

Ulysse l'avisé lui répondit : « Cours et apporte les armes, tandis que j'ai des flèches pour me défendre : crains qu'ils ne me délogent de la porte où je serai seul. »

Il dit, Télémaque obéit à son père et s'en fut à la chambre où il avait déposé les nobles armes. Il y prit quatre boucliers, huit javelines, quatre casques de bronze à épaisse crinière et de là les apporta en toute hâte à son père. Lui-même le premier se revêtit de bronze; à son exemple les deux serviteurs se couvrirent de belles armes et vinrent se placer aux côtés d'Ulysse le sage, l'homme fertile en expédients. Et lui, tant qu'il eut des flèches pour combattre, ne cessait de viser et de blesser dans sa demeure quelqu'un des prétendants : ils tombaient en foule. Puis, quand à force de tirer, le maître n'eut plus de flèches, il dressa son arc contre un montant de la salle bien bâtie, sur le mur brillant : il mit sur ses épaules un bouclier formé de quatre couches de cuir; sur sa tête vaillante il ajusta un casque solide, à crinière, dont l'aigrette s'agitait terrible; il prit enfin deux fortes javelines garnies de bronze. Il y avait dans la muraille solide une porte surélevée [209] et par le haut seuil de la salle bien bâtie, on pouvait gagner la ruelle : des vantaux bien ajustés fermaient cette porte. Ulysse chargea l'excellent porcher de la surveiller, de se tenir tout près : c'était l'unique issue qui pût s'offrir. Cependant Agélaos dit, s'adressant à tous ses compagnons :

« Amis, n'y aurait-il pas quelqu'un pour monter à cette porte, parler aux peuples et crier bien vite : au secours ? S'il en était ainsi, les choses iraient prompte-

ment : cet homme, je crois bien, aurait maintenant tiré
pour la dernière fois. »

Le chevrier-maître Mélanthios lui répondit :

« Ce n'est pas possible [210], Agélaos nourrisson de Zeus :
car la belle porte de la cour est terriblement près, et la
sortie de la ruelle difficile à franchir : il suffirait d'un
homme un peu vaillant pour nous arrêter tous. Mais,
courage : je veux vous apporter de la réserve des armes
pour vous cuirasser : car c'est là, je pense, non ailleurs,
qu'elles ont été déposées par Ulysse et son noble fils. »

Ayant ainsi parlé le chevrier-maître Mélanthios monta
à cette chambre par les ouvertures de la salle [211]. Là il
prit douze boucliers, autant de javelines, autant de
casques de bronze à l'épaisse crinière : puis, revenant
à la hâte, il les donna aux prétendants. Alors Ulysse
sentit fléchir ses genoux et son cœur, quand il les vit
endosser des armes et brandir dans leurs mains de
longues javelines : il lui parut que la tâche allait être
rude. Il dit aussitôt à Télémaque ces paroles ailées :

« Télémaque, c'est, je crois bien, quelqu'une des servantes de la maison qui nous attire cette lutte difficile ;
ou bien c'est Mélanthios. »

Le sage Télémaque lui répondit : « Mon père, c'est moi
qui suis en faute ; nul autre n'est cause de ce qui arrive.
J'ai laissé ouverte la porte de la chambre aux jambages
bien emboîtés, et leur espion a été plus diligent que moi.
Eh bien, va, excellent Eumée, fermer la porte et observe
si c'est une des servantes qui fait cette besogne, ou le
fils de Dolios, Mélanthios ; car je le soupçonne fort. »

C'est ainsi qu'ils s'entretenaient. Or, de nouveau, Mélanthios, le chevrier-maître, s'en allait à la chambre pour
en rapporter de belles armes. L'excellent porcher s'en
aperçut et aussitôt il dit à Ulysse qui était près de lui :

« Nourrisson de Zeus, fils de Laërte, Ulysse, fertile en
expédients, voici que de nouveau cet homme exécrable,
que nous soupçonnons, s'en va à la réserve. Dis-moi
bien ce que tu veux. Supposé que je sois le plus fort,
dois-je le tuer, ou te l'amener ici, pour qu'il y expie tous
les indignes méfaits que le coquin a commis dans ta
maison ? »

Ulysse l'avisé lui répondit :

« Télémaque et moi, nous tiendrons tête aux prétendants dans cette salle, quelle que soit leur ardeur. Vous
deux, mettez-lui pieds et mains derrière le dos ; jetez-le
dans la chambre et fermez solidement la porte derrière

vous; vous l'enlacerez d'une corde tressée, le tirerez le
long d'une colonne élevée et le suspendrez aux poutres
afin que, vivant, il ait longtemps et beaucoup à souffrir. »

Il dit; les deux serviteurs comprirent et obéirent. Ils
s'en allèrent vers la chambre où était déjà Mélanthios
qui ne les voyait pas. Or donc, au fond de la réserve,
celui-ci cherchait des armes : eux se tenaient en embuscade près des battants, l'un d'un côté, l'autre de l'autre.
Au moment où arriva sur le seuil Mélanthios le chevrier-
maître, portant d'une main un beau casque, de l'autre
un large bouclier, vieux, tout bruni par la poussière,
celui que dans sa jeunesse revêtait le héros Laërte — il
y avait longtemps qu'il était là, hors de service, et les
coutures des courroies s'étaient disjointes — à ce moment
donc, les deux serviteurs bondirent sur lui, le saisirent
et le traînèrent à l'intérieur par les cheveux; ils jetèrent
sur le sol le chevrier angoissé; ils lui attachèrent pieds
et mains avec un lien qui le serrait douloureusement,
les lui ayant repliés bien et dûment, ainsi que l'avait
ordonné le fils de Laërte, le noble et patient Ulysse; ils
l'enlacèrent avec une corde tressée, le hissèrent le long
d'une colonne élevée et le laissèrent pendu à la hauteur
des poutres. Et tu lui dis alors, en le raillant, porcher
Eumée : « Maintenant, tout le long de la nuit, tu vas
être de faction, Mélanthios, couché dans une couche
molle, comme tu aimes, et la fille du matin, qui sort des
flots de l'Océan, n'arrivera pas sans que tu la voies, la
déesse au trône d'or, à l'heure où dans cette maison tu
amènes des chèvres pour les prétendants et leur repas. »

Ils le laissèrent ainsi, cruellement ligoté : puis ils
reprirent leurs armures, fermèrent la porte luisante et
revinrent auprès du prudent Ulysse, fertile en expédients.
Là, ils étaient debout tous, respirant l'audace : les uns
sur le seuil — ils étaient quatre — les autres au-dedans
de la salle, nombreux et braves. Alors s'approcha d'Ulysse
la fille de Zeus, Athéné, semblable à Mentor pour le
corps et pour la voix.

Ulysse se réjouit à sa vue et lui dit : « Mentor, sauve-
nous du trépas; souviens-toi d'un compagnon qui t'est
cher, qui t'a fait tant de bien; tu as le même âge que
moi. »

Il parla ainsi, soupçonnant bien cependant qu'il avait
devant lui Athéné, la déesse qui soulève les peuples.
Les prétendants d'autre part la menaçaient dans toute
la salle. Celui qui le premier la prit à partie, ce fut

Agélaos, fils de Damastor : « Mentor, garde-toi de te laisser séduire par les discours d'Ulysse, de combattre les prétendants et de lui prêter main-forte. Car nous avons, nous, une résolution qui, je pense, ne restera pas sans effet; quand nous les aurons tués ces deux-là, père et fils, tu seras tué à ton tour sur leurs corps, en punition de ce que tu projettes de faire ici; tu le payeras de ta tête. Et quand notre fer vous aura enlevé la vie, il en sera de tous les biens que tu possèdes à la ville ou aux champs comme de ceux d'Ulysse; à tes fils, non plus qu'à tes filles, nous ne permettrons de vivre dans leur maison, et ta noble femme ne pourra pas davantage séjourner dans la ville d'Ithaque. »

Il parla ainsi; et Athéné, dont le cœur se gonfla d'une colère plus grande, éclata contre Ulysse en violents reproches :

« Ulysse, tu n'as donc plus toute ta vaillance, tu n'as plus cette force que tu déployas quand pour Hélène aux bras blancs, fille d'un noble père, tu combattis neuf ans durant, sans trêve, sans répit contre les Troyens, et que fut prise, grâce à ta sagesse, la ville de Priam, aux larges rues. D'où vient donc que maintenant, de retour dans ta demeure, dans tes domaines, tu rechignes et ne sais plus être fort ? Allons, mon cher, viens près de moi et regarde-moi faire, et tu sauras comment, dans la lutte contre tes ennemis, Mentor, fils d'Alcime, reconnaît les bienfaits qu'il a reçus. »

Elle dit; ce n'était pas qu'elle songeât dès lors à lui donner une victoire décisive : elle ne voulait encore pour le moment que mettre à l'épreuve la force et l'ardeur d'Ulysse et de son glorieux fils. Et elle s'élança vers une poutre de la salle, noircie par la fumée, et s'y posa, semblable à une hirondelle.

Cependant Agélaos, fils de Damastor, animait au combat les prétendants, avec Eurynomos, Amphimédon, Démoptolème, Pisandre, fils de Polyctor, et le sage Polybe : car ils étaient sans contredit les plus valeureux de tous les prétendants qui survivaient et luttaient pour la vie : les autres avaient dès lors été domptés par l'arc et les flèches nombreuses.

Agélaos, s'adressant à tous, s'écria : « Amis, cet homme bientôt tiendra tranquilles ses mains indomptées. Déjà Mentor s'en est allé, après de vaines démonstrations, et nos adversaires sont ceux-là seuls que vous voyez au seuil de la porte. Ne lancez donc pas tous à la fois vos longues

javelines; mais, allons, que six seulement [212] — nous
que voici — envoient leurs traits; voyons si Zeus nous
donnera d'atteindre Ulysse et de remporter cette gloire.
Des autres je ne me soucie guère, quand celui-là sera à
terre. »

Il dit; ils lancèrent donc tous six leurs javelots, comme
il l'avait ordonné : ils étaient pleins de feu. Mais tous
ces traits furent rendus inutiles par Athéné. L'un d'entre
les prétendants avait frappé le montant de porte de la
salle solidement bâtie, un autre la porte même, bien
emboîtée; la javeline d'un autre, lourde de bronze, s'enfonça dans le mur. Lorsque donc la troupe d'Ulysse eut
échappé aux coups des adversaires, Ulysse, ce héros
modèle de patience, prit la parole et dit aux siens :

« Amis, je puis le dire : c'est le moment pour nous de
tirer sur la foule des prétendants qui, après tant de
maux qu'ils nous ont causés, n'ont qu'un désir : nous
abattre. »

Il dit; et donc tous lancèrent leurs javelines pointues,
et visèrent juste. Démoptolème fut frappé à mort par
Ulysse, Euryade par Télémaque, Elatos par le porcher,
Pisandre, enfin, par le bouvier; et tous de leurs dents
mordirent la poussière de la vaste salle. Les autres prétendants se replièrent dans le fond. Ulysse et les siens
d'un bond furent sur les cadavres, d'où ils retirèrent
leurs javelines. A leur tour, les prétendants lancèrent leurs
piques acérées : ils étaient pleins de feu; mais presque
tous leurs traits furent rendus inutiles par Athéné. L'un
d'entre les combattants avait frappé le montant de la salle
solidement bâtie; un autre la porte même, bien emboîtée;
la javeline d'un autre, lourde de bronze, s'enfonça dans
le mur. Toutefois Amphimédon atteignit Télémaque
à la main, près du poignet; mais le fer ne fit que l'effleurer
et entama seulement la surface de la peau. De sa longue
javeline Ctésippe érafla l'épaule d'Eumée par-dessus son
bouclier; l'arme vola plus loin et tomba sur le sol. Alors
ceux qui se tenaient autour du sage Ulysse, fertile en
expédients, lancèrent leurs javelines pointues sur la
foule des prétendants. Comme précédemment, Eurydamas fut frappé par Ulysse, destructeur de villes,
Amphimédon par Télémaque, Polybe par le porcher,
Ctésippe, enfin, par le bouvier qui l'atteignit à la poitrine et, fier de son exploit, lui dit : « Fils de Polytherse,
coutumier de l'insulte, jamais plus, ivre de folie, tu ne
parleras avec ton arrogance : maintenant, laisse aux dieux

le soin de décider; ils s'y entendent beaucoup mieux que toi. Garde cette javeline pour don d'hospitalité, en retour de ce pied de bœuf que tu donnas tantôt au divin Ulysse, venu en mendiant dans sa maison. »

Ainsi parla le pasteur des bœufs aux cornes recourbées. Cependant Ulysse blessa de près le fils de Damastor avec sa longue pique; Télémaque blessa le fils d'Evénor, Léocrite, qu'il frappa au creux de l'estomac, le traversant d'outre en outre : Léocrite s'abattit violemment et de tout le front donna sur la terre. C'est alors qu'Athéné tint levée son égide meurtrière au-dessus d'eux, au plafond de la salle, et leurs cœurs furent glacés d'épouvante. Et ils fuyaient effarés dans la salle comme un troupeau de vaches que le taon agile attaque et pique lorsque viennent les longs jours de la saison printanière. Comme des vautours aux serres recourbées, au bec crochu fondent des montagnes sur des oiseaux — ceux-ci s'abattent dans la plaine, fuyant avec effroi la région des nuages; leurs ennemis se jetant sur eux les tuent, et pour l'oiseau point de résistance, point de fuite possible; chasse aérienne que l'homme suit avec intérêt — ainsi Ulysse et ses compagnons se précipitant frappaient de tous côtés; affreuse était la plainte de ceux dont la tête éclatait sous les coups; tout le pavé bouillonnait de sang.

Leiôdès, courant à Ulysse, le prit par les genoux et, suppliant, lui dit ces paroles ailées :

« J'embrasse tes genoux, Ulysse; entends ma prière et aie pitié de moi; car, je l'affirme, je n'ai insulté, je n'ai outragé aucune des femmes dans cette maison; bien plus je tâchais toujours de retenir les autres prétendants, quand ils se comportaient de la sorte. Mais ils ne m'écoutaient pas et leurs mains n'en commettaient pas moins le mal; en punition de leur folie criminelle ils ont eu une fin lamentable. Et moi qui étais un haruspice parmi eux et n'ai rien à me reprocher, je serai cependant étendu mort; car, c'en est fait; il n'y a plus de reconnaissance pour ceux qui font le bien. »

Le regardant en dessous, Ulysse l'avisé lui répondit :

« Puisque, comme tu le dis si bien, tu étais haruspice parmi eux, souvent, j'imagine, tu as dans ma maison fait des vœux pour que je ne voie pas de si tôt l'heure du retour désiré et que par suite ma femme te suive et te donne des enfants. Aussi tu ne saurais échapper à la mort cruelle. »

Ayant ainsi parlé, il prit à pleine main une épée qui

était à ses pieds, celle qu'Agélaos avait laissée tomber à
terre, quand il fut tué, et de cette arme il lui traversa le
cou. Leiôdès parlait encore, et sa tête déjà roulait dans
la poussière.

Cependant le chanteur, fils de Terpias, cherchait à
éviter la noire Kère, Phémios qui parmi les prétendants
chantait par contrainte. Il se tenait debout ayant en main
sa phorminx harmonieuse, tout près de la porte surélevée;
son âme était partagée : devait-il, sortant de la salle,
aller s'asseoir à l'autel[213] bien construit du grand Zeus,
protecteur des maisons, là où tant de fois Laërte et
Ulysse brûlaient les cuisses des bœufs, ou bien, se jetant
aux genoux d'Ulysse, les embrasser et lui demander
grâce ? Il réfléchissait : le parti le plus sage lui sembla
être de toucher les genoux d'Ulysse, fils de Laërte. Il
déposa donc à terre sa phorminx creuse entre le cratère
et le fauteuil à clous d'argent; puis, courant à Ulysse, il
le prit par les genoux et, suppliant, lui dit ces paroles
ailées :

« J'embrasse tes genoux, Ulysse; ne me repousse pas
et aie pitié de moi. Toi-même, tu auras plus tard du
regret, pour avoir tué l'aède qui chantait pour les dieux
et les hommes. Je n'ai eu d'autre maître que moi : c'est
un dieu qui m'a mis en l'esprit des récits de tout genre,
et il me semble que toi aussi tu es un dieu, quand je les
déroule devant toi. C'est pourquoi ne cède pas au désir
de me trancher la tête. Et d'ailleurs, il pourrait le dire,
Télémaque, ton fils chéri : ce n'est pas de mon plein
gré et pour mon plaisir que je venais dans ta demeure
chanter pour les prétendants durant leurs festins; mais
des hommes nombreux et plus forts m'amenaient par
contrainte. »

Il dit; le robuste et vigoureux Télémaque l'entendit.
Aussitôt, s'adressant à son père qui était près de lui, il
dit :

« Arrête ton bras; ne blesse pas de ton fer cet homme :
il est innocent. Faisons grâce aussi à Médon, le héraut,
qui toujours dans notre maison prit soin de moi, quand
j'étais enfant, si toutefois il n'a pas été tué par Philœtios
ou le porcher, ou s'il n'est pas tombé sous tes coups,
quand à travers la salle tu courais sus à tes ennemis. »

Il dit, le sage Médon l'entendit : car il était là, blotti
sous un fauteuil et couvert de la peau d'un bœuf nouvellement écorché pour échapper à la noire Kère. Aussitôt[214] il sortit de dessous le siège, rejeta vivement la

peau de bœuf; puis, ayant couru à Télémaque, il le prit par les genoux et, suppliant, lui adressa ces paroles ailées :

« Ami, c'est moi, Médon; toi, retiens ton bras et parle à ton père pour moi; j'ai peur qu'il ne se maîtrise pas et ne me frappe du bronze aigu; il est si irrité contre les prétendants qui dévoraient ses biens dans le manoir et n'avaient aucun respect pour toi, les insensés! »

Lui souriant, Ulysse l'avisé dit : « Rassure-toi, puisque celui-ci a pris ta défense et t'a protégé; je veux que ton cœur sache et que tu dises à d'autres aussi combien à l'injure le bienfait est préférable. Mais sortez de cette salle et allez vous asseoir dehors, dans la cour, loin de ce carnage, toi et le chanteur renommé, pendant que moi j'achèverai ici ce qui me reste à faire. »

Il dit, et tous deux s'en furent de la salle et s'assirent ensemble près de l'autel du grand Zeus, portant partout des regards apeurés et s'attendant toujours à la mort.

Cependant Ulysse explorait des yeux tous les coins de la salle pour s'assurer qu'il n'y avait point de prétendant encore en vie qui se cachât pour se dérober à la noire Mort. Mais il les vit absolument tous dans le sang et la poussière, gisant nombreux comme des poissons dans un creux du rivage quand des pêcheurs les ont tirés de la mer blanchissante dans leurs filets aux mailles serrées; tous regrettant les flots de la mer sont jetés sur le sable, et bientôt les rayons éclatants du soleil leur enlèvent la vie; ainsi les corps des prétendants étaient jetés les uns sur les autres.

Alors Ulysse l'avisé dit à Télémaque : « Télémaque, écoute; va me chercher la nourrice Euryclée afin que je lui dise ce que j'ai dans l'esprit. »

Il parla ainsi, et Télémaque obéit à son père. Ayant frappé à la porte, il dit du dehors à la nourrice Euryclée : « Debout, viens ici, vénérable vieille, qui as charge dans cette demeure de surveiller nos servantes; vite! Mon père t'appelle; il veut te parler. »

Il dit, et sa parole ne fut pas perdue pour Euryclée. Elle ouvrit la porte de la salle spacieuse et sortit : Télémaque marchait devant elle. Elle trouva Ulysse au milieu des cadavres des prétendants tués : il était souillé de sang et de poussière, semblable à un lion qui s'en va, après avoir dévoré un bœuf dans les champs; toute sa poitrine, ses mâchoires de part et d'autre sont ensanglantées; il est terrible à voir! Ainsi Ulysse avait pieds et mains maculés de sang. Quand Euryclée vit ces

cadavres, ce ruissellement, elle se mit à pousser des cris
de joie devant ce grand ouvrage, mais Ulysse l'arrêta;
il la contint, malgré son allégresse et, prenant la parole,
lui dit ces mots ailés :

« Réjouis-toi au fond du cœur, vieille; il est impie [215]
de triompher sur des hommes abattus. C'est la volonté
des dieux, ce sont leurs iniquités qui les ont terrassés;
car ils ne respectaient qui que ce fût sur la terre, roturier,
noble même; leurs insolences les ont perdus; ils ont subi
un affreux destin. Mais, allons, fais-moi connaître les
femmes qui dans les appartements de cette maison
m'ont outragé, et celles qui sont innocentes. »

Euryclée, sa nourrice, lui répondit :

« Mon enfant, tu apprendras de moi la vérité. Tu as
dans ce domaine cinquante femmes auxquelles nous
avons appris à travailler, à carder la laine, à remplir
patiemment les obligations de la servitude : de ces
femmes douze en tout ont eu une mauvaise conduite,
n'ayant de respect ni pour moi ni pour Pénélope elle-
même. Il y a peu de temps que Télémaque est un homme
et sa mère ne lui permettait pas de commander aux
servantes. Mais, allons, que je monte aux appartements
magnifiques de l'étage supérieur et annonce la nouvelle
à ta femme : quelque dieu lui a envoyé ce sommeil. »

Ulysse l'avisé lui répondit : « Ne la réveille pas encore;
mais donne ordre de venir ici aux femmes qui en mon
absence ne songeaient qu'à mal faire. »

Il dit; la vieille sortit de la salle pour transmettre cet
ordre aux femmes et les presser de venir.

Ulysse, ayant appelé près de lui Télémaque, le bouvier
et le porcher, leur dit ces paroles ailées :

« Mettez-vous maintenant à emporter les cadavres et
ordonnez aux femmes de vous aider; ensuite que les
fauteuils magnifiques, que les tables soient lavés avec
de l'eau et des éponges aux trous nombreux. Puis, quand
vous aurez remis en ordre toute la maison, de la salle
bien bâtie emmenez les servantes entre le pavillon [216]
et le beau mur d'enceinte de la cour, et là, frappez-les
d'épées à longues lames jusqu'à ce que vous ayez enlevé
à toutes la vie et la mémoire de ces voluptés qu'elles
donnaient aux prétendants dans leurs unions clandes-
tines avec eux. »

Il dit; les femmes arrivèrent toutes, se serrant d'effroi,
poussant des cris lamentables et versant des larmes
abondantes. D'abord, elles emportèrent les cadavres et

les déposèrent sous le portique de la cour à la forte
enceinte, appuyées l'une sur l'autre; Ulysse leur com-
mandait, pressant lui-même ce travail, et elles portaient
les corps, soumises à la nécessité. Puis les fauteuils
magnifiques et les tables furent lavés par elles avec de
l'eau et des éponges aux trous nombreux. Cependant
Télémaque, le bouvier et le porcher avec des pelles
raclaient le sol de la salle bien bâtie : les servantes prenaient les ordures et les mettaient dehors. Quand ils
eurent mis tout en ordre, de la salle bien bâtie ils emmenèrent les servantes entre le pavillon et le beau mur
d'enceinte de la cour, et les bloquèrent dans un espace
étroit d'où il n'y avait nul moyen de s'échapper. Alors le
prudent Télémaque prit la parole : « Il ne sera pas dit
que j'ai ôté par une mort honorable [217] la vie à ces femmes
qui ont déversé l'outrage sur ma tête, sur ma mère et
ont dormi auprès des prétendants. »

Il dit [218], et, ayant attaché à une haute colonne le câble
d'un navire à la proue sombre, il l'assujettit à la tourelle
et le tendit en l'air, afin que les pieds ne pussent toucher
le sol. Ainsi que des grives aux larges ailes ou des
colombes se prennent dans un filet tendu sur un buisson,
quand elles se hâtent vers leur nid — et funeste est le
lit qu'elles rencontrent — ainsi les têtes des femmes
étaient en file et autour de leur cou toutes avaient un nœud
coulant, afin qu'elles périssent d'une mort pitoyable. Leurs
pieds s'agitaient quelques instants. Ce ne fut pas long.

Ils amenèrent ensuite Mélanthios par le vestibule et
la cour : ils lui tranchèrent le nez et les oreilles avec le
bronze cruel, lui arrachèrent les organes virils qu'ils
jetèrent crus comme pâture aux chiens, lui coupèrent
mains et pieds, étant ivres de colère.

Après s'être lavé les mains et les pieds, ils revinrent
dans la maison auprès d'Ulysse : l'ouvrage était achevé.
Ulysse dit alors à sa nourrice Euryclée : « Vieille, apporte
du soufre [219], ce remède contre les miasmes; apporte
aussi du feu, afin que je purifie cette demeure par le
soufre : dis à Pénélope de venir ici avec les femmes
à son service, et ordonne à toutes les servantes de la
maison de se hâter. »

Sa nourrice Euryclée lui dit : « Oui, mon enfant, tu as
parlé comme il convient. Mais, allons, que je t'apporte un
manteau et une tunique pour vêtements; ne reste pas
ainsi dans ta maison avec des haillons sur tes larges
épaules; ce serait révoltant. »

Ulysse l'avisé lui répondit : « Que j'aie d'abord du feu dans cette salle. » Il dit; sa nourrice Euryclée ne désobéit pas; elle apporta le feu et le soufre, et Ulysse purifia soigneusement la salle, le reste de la maison et la cour. La vieille, passant par la belle demeure d'Ulysse, alla transmettre aux femmes l'ordre de venir et leur dit de se presser. Toutes sortirent de leur chambre, ayant une torche dans les mains. Elles entourèrent Ulysse : elles l'embrassaient, lui baisaient avec tendresse la tête, les épaules, les mains qu'elles tenaient dans les leurs : lui était pris [220] d'une douce envie de larmes et de gémissements : car son cœur les reconnaissait toutes.

CHANT XXIII

PÉNÉLOPE RECONNAÎT ULYSSE

SOMMAIRE : La vieille Euryclée apprend le retour d'Ulysse à Pénélope, qui ne peut y croire (1-84). Descendue dans la grand-salle où
se trouve son mari, tantôt elle croit le reconnaître, tantôt elle
doute. Télémaque lui reproche sa froideur... Le père et le fils se
concertent sur les moyens de réprimer une rébellion des Ithaciens,
qui pourrait se produire (85-152). Ulysse fait du lit de la chambre
nuptiale une description précise. Pénélope ne peut plus douter
(153-240). Ulysse relate à Pénélope des prédictions qui lui furent
faites par Tirésias (241-287). Ulysse et Pénélope se font mutuellement le récit des maux qu'ils ont soufferts (288-343). Le matin
venu, Ulysse se rend auprès de Laërte (344-372).

La vieille Euryclée monta, riant de joie, à l'étage
supérieur pour annoncer à sa maîtresse que le mari bien-
aimé était là : ses genoux se mouvaient avec souplesse;
ses pieds trébuchaient de hâte. Debout au chevet de Pénélope, elle lui dit :
« Eveille-toi, Pénélope, mon enfant : viens, que tes yeux
voient ce que tu désires tous les jours : il est arrivé, Ulysse :
il est en sa maison, tardivement, mais il est là. Et il a tué
les nobles prétendants, qui mettaient sa maison au
pillage, dévoraient son bien et maltraitaient son fils. »
La prudente Pénélope lui répondit :
« Bonne mère, les dieux t'ont rendue folle : ils peuvent
faire un insensé de l'homme le plus sensé, comme aussi
rappeler à la raison un faible d'esprit. Ce sont eux qui
t'ont troublé la tête : elle était si saine, naguère. Quand
j'ai au cœur tant de chagrin, pourquoi venir te jouer de
moi avec des propos en l'air; pourquoi m'éveilles-tu de ce

doux sommeil qui me tenait et avait fermé ma paupière ?
Car jamais, non jamais, je n'ai dormi d'un pareil somme
depuis le jour où Ulysse partit pour cette Ilion de malheur
à l'exécrable nom. Mais, allons, descends et à l'instant
retourne à votre appartement : car de mes femmes si
une autre que toi fût venue m'annoncer semblable
nouvelle et troubler mon sommeil, pour sûr elle aurait
aussitôt connu ma colère, et je ne l'aurais pas avec tant
d'égards renvoyée d'où elle venait : ta vieillesse t'aura
valu ce ménagement. »

La nourrice, la bonne Euryclée, repartit :

« Je ne me joue pas de toi, mon enfant chérie : c'est
tout de bon qu'Ulysse est venu : il est ici, comme je te
le dis. C'est l'étranger qu'ils outrageaient tous dans la
maison! Il y a longtemps que Télémaque connaissait sa
présence en ce lieu; mais sagement il tenait cachés les
desseins de son père, attendant qu'il eût châtié les
violences de ces hommes sans vergogne. » Elle dit, et
Pénélope eut un accès de joie : sautant de son lit, elle
prit la vieille dans ses bras et de ses paupières des larmes
s'échappèrent; puis elle lui adressa ces paroles ailées :

« Eh bien, allons, bonne mère, parle-moi bien vraiment :
si de fait il est arrivé, comme tu le dis, en cette maison,
comment donc la force de son bras a-t-elle pu abattre
les prétendants sans pudeur ? car il était seul, et eux ils
étaient toujours en grand nombre dans cette demeure. »

La nourrice, la bonne Euryclée, répondit :

« Je n'ai rien vu; on ne m'a rien appris; j'entendais
seulement les lamentations des gens que l'on tuait : nous,
au fond des chambres aux murs solides, nous étions assises
toutes tremblantes : les portes étaient bien closes; nul
moyen de passer. Enfin, ton fils Télémaque vint me
dire de quitter notre salle, suivant l'ordre qu'il avait
reçu de son père. Je trouvai alors Ulysse debout au
milieu des cadavres : autour de lui sur le sol [221] durci les
corps gisaient en tas : tu aurais eu joie au cœur si tu
l'avais vu souillé de sang et de poussière, semblable à un
lion! Et maintenant, ils sont tous à la porte de la cour,
en foule pressée; Ulysse purifie par le soufre la salle
magnifique : un grand feu est allumé et il m'a envoyée te
chercher. Suis-moi donc, afin qu'une même joie unisse
vos deux cœurs, après tant de souffrances! Oui, en ce
jour, il est réalisé, le vœu si longtemps caressé! Ulysse
est venu, Ulysse lui-même; il est à son foyer et dans son
manoir il t'a retrouvée toi, et retrouvé son fils; et ceux

qui lui ont fait tant de mal, ces prétendants, il les a tous punis dans sa maison. »

La prudente Pénélope lui dit alors :

« Bonne mère, n'éclate pas encore en transports et en rires. Tu sais combien tous seraient heureux, s'il paraissait dans la maison, moi surtout et ce fils qui nous doit la naissance : mais le récit que tu fais n'est pas exact de tout point : c'est un des immortels qui a tué les prétendants illustres, un dieu que révoltaient leur insolence, cruelle au cœur, et leurs actes indignes. Car ils n'avaient égard pour nul entre les hommes qui habitent cette terre; qu'on fût vilain ou même noble, on était méprisé quand on les abordait : de leur folie injuste ils ont payé la peine. Quant à Ulysse, il a, loin de cette île, vu périr pour lui le retour en terre achéenne; il a péri lui-même. »

Alors la nourrice, la bonne Euryclée, lui repartit :

« Mon enfant, quelle parole a passé la barrière de tes dents! Quoi! ton mari est ici auprès de son foyer, et tu as affirmé que jamais il ne viendrait en sa maison! et ton cœur toujours demeure incrédule. Eh bien, que je te dise un autre signe, un signe sans réplique : c'est la cicatrice de cette blessure qu'un sanglier jadis lui fit de sa blanche défense; je lui lavais les pieds, quand je la reconnus; je voulais te le dire, à toi aussi; mais lui, m'ayant fermé la bouche de ses mains, me défendit de parler : il avait dans la tête une sage pensée. Suis-moi donc et moi, telle que tu me vois, je mets ma vie en gage : si je te trompe, tue-moi de la mort la plus cruelle. »

La prudente Pénélope lui dit alors :

« Bonne vieille, il est difficile que tu pénètres les secrets desseins des dieux éternels, si grande que soit ta clairvoyance. Mais laissons cela : allons près de mon fils pour que je voie les prétendants morts et celui qui les a tués. »

Ayant ainsi parlé, elle descendit de l'étage supérieur. Son âme était perplexe : devait-elle l'interroger de loin, ce mari bien-aimé, ou s'approcher de lui et lui prendre pour les baiser la tête et les mains ? Lorsqu'elle fut entrée et eut franchi le seuil de pierre, alors elle s'assit en face d'Ulysse, dans la lueur du foyer, contre le mur opposé : lui était assis contre une haute colonne, les yeux baissés, attendant ce que lui dirait sa noble compagne, en le voyant de ses yeux. Mais elle se tint longtemps silencieuse sur son siège; une stupeur lui avait pris le cœur : tantôt elle attachait sur lui d'ardents regards, tantôt elle le méconnaissait, sous les misérables vêtements de son corps.

Alors Télémaque lui adressa ces paroles de vif reproche:

« Ma mère, méchante mère, dont le cœur est cruel, pourquoi donc te tiens-tu ainsi à l'écart de mon père, et ne viens-tu pas t'asseoir à ses côtés, le presser de questions? Non, nulle autre femme n'aurait le cœur assez fermé pour rester ainsi loin d'un mari qui, après tant d'épreuves pénibles, une absence de vingt années, reviendrait en la terre patrie. Mais toi, ton âme toujours est plus dure qu'une pierre. »

La prudente Pénélope lui répondit :

« Mon fils, un saisissement m'a serré le cœur en ma poitrine : je ne puis pas dire un mot; je ne peux l'interroger ni le regarder bien en face : mais si vraiment c'est Ulysse qui rentre en sa maison, sache-le, nous nous reconnaîtrons l'un l'autre sans peine et à coup sûr : car il est des signes certains que nous connaissons tous deux et que les autres ignorent. »

Elle parla ainsi : le noble et patient Ulysse sourit; puis il se hâta de dire à Télémaque ces paroles ailées :

« Télémaque, n'inquiète pas ta mère qui veut m'éprouver encore dans cette maison; elle ne tardera pas à être fixée, et sans contredit. Pour le moment, je suis sale : je n'ai sur le corps que de misérables loques : c'est pour cela qu'elle ne fait point cas de ma personne et ne dit pas encore : C'est bien lui! Mais nous, avisons pour que les choses se passent le mieux possible. Quelqu'un a-t-il dans le pays tué un homme, un seul, dont le meurtre ne doit guère avoir de vengeurs; il s'exile cependant, quitte ses parents et la terre patrie! et nous, nous avons jeté à bas le rempart de la cité, les jeunes gens des plus grandes familles : c'est une situation à laquelle je te conseille de réfléchir. »

Le prudent Télémaque lui répondit :

« Vois toi-même, mon père chéri : car, on le dit, c'est toi qui de tous les hommes as le plus de jugement, et des mortels nul sur ce point ne saurait rivaliser avec toi. Pour nous, nous te seconderons avec une grande ardeur, et, sache-le, je ne manquerai point de courage, dans la mesure de mes forces du moins. »

Ulysse l'avisé lui répondit :

« Eh bien, je vais te dire ce qui me paraît le meilleur parti. Allez d'abord au bain; revêtez vos tuniques; dites aux femmes de la maison de prendre leurs beaux vête-

ments ; que de son côté le divin chanteur, tenant son harmonieuse phorminx, dirige pour nous les pas d'une danse
joyeuse afin qu'entendant du dehors, chacun se dise,
ou passant ou voisin, qu'un mariage se célèbre ici :
gardons que la nouvelle ne se propage en ville et qu'on
ne sache la mort des prétendants avant que nous soyons
partis pour notre campagne aux riches vergers [222]. Là,
nous déciderons suivant les inspirations que Zeus
Olympien nous aura données. »

Il dit : les autres obéirent docilement à ses ordres. Ils
commencèrent par aller au bain, puis revêtirent leurs
tuniques ; les femmes se parèrent. Alors le divin chanteur
prit sa phorminx creuse et fit naître en eux tous le désir
des doux chants et des danses gracieuses. Bientôt la
grande maison résonnait sous les pieds des danseurs
joyeux, hommes et femmes à la belle ceinture, et entendant ce bruit du dehors, les gens disaient : « Point de
doute : un prétendant a épousé la reine si recherchée,
mauvaise, qui n'a pas su, fidèle à son noble mari, rester
jusqu'au bout en la grande demeure et attendre son
retour ! »

Ils parlaient ainsi, sans rien connaître de ce qui s'était
passé.

Cependant, en sa maison, Ulysse au grand cœur était
lavé par l'intendante Eurynomé. Elle le frotta d'huile,
lui passa un beau manteau et une belle tunique : Athéné,
d'autre part, versa sur sa tête une beauté charmante, le
faisant paraître [223] et plus grand et plus fort ; de son
front la déesse déroula des cheveux en boucles semblables
à la fleur d'hyacinthe. Répandant l'or autour de l'argent,
un ouvrier savant, instruit par Héphaistos et allas
Athéné de toutes les ressources de l'art, produit des
merveilles de grâce ; ainsi Athéné répandit la grâce
sur la tête et les épaules d'Ulysse.

Quand il sortit de la salle de bains, son corps semblait
celui d'un immortel. Il revint et de nouveau alla s'asseoir
en face de Pénélope, sur le fauteuil d'où il s'était levé :
puis il lui dit :

« Etrange épouse, entre toutes les faibles femmes c'est
toi qui des dieux habitants de l'Olympe reçus le cœur
le plus dur : nulle autre femme, assurément, n'aurait
l'âme assez fermée pour se tenir ainsi loin d'un mari qui,
après tant d'épreuves pénibles, après une absence de
vingt années, reviendrait en la terre patrie ! Eh bien,
allons, bonne mère, dresse un lit pour moi afin que, comme

toujours, je dorme seul : car, pour elle, c'est un cœur de
fer qu'elle a en sa poitrine. »

La sage Pénélope repartit : « Homme étrange! Non,
je n'ai ni orgueil, ni mépris, ni surprise troublante : je
sais fort bien quel tu étais quand tu partis loin d'Ithaque
sur un navire aux longues rames. Eh bien, allons, Euryclée, dresse pour lui [224] un lit bien ajusté, hors de la
chambre aux murs solides, que lui-même a construite :
quand vous aurez porté dehors le lit bien ajusté, garnissez-
le en y mettant toisons, couvertures et étoffes brillantes. »

Elle parlait ainsi pour éprouver son mari : mais Ulysse
eut un sursaut et dit à sa fidèle compagne : « Femme,
tu viens de prononcer là un mot qui m'a blessé au cœur.
Qui donc a déplacé mon lit ? C'eût été chose difficile,
même pour l'homme le plus habile sans un dieu qui vînt
à son aide; un dieu sans doute qui le voudrait le dépla-
cerait sans peine : mais il n'en est pas ainsi des hommes;
nul mortel au monde, fût-il dans la force de la jeunesse, ne
pourrait aisément le bouger. Il a, dans sa structure,
quelque chose de très particulier, ce lit curieusement
fait; c'est moi qui l'ai construit, non un autre. Dans
l'enceinte de la cour avait poussé le rejeton d'un olivier
aux longues feuilles : il était dru et verdoyant, gros
comme une colonne. Tout autour je traçai notre chambre
et la bâtis en blocs étroitement serrés; je la couvris
d'un bon toit et mis des portes de bois plein, fortement
ajustées. Ensuite, je coupai la frondaison de l'olivier
aux longues feuilles; taillant le tronc depuis la racine,
je m'appliquai à le bien équarrir, l'alignai au cordeau [225]
et le façonnai en pied de lit : puis, avec une tarière je le
perçai tout autour [226]. Sur ce support, je rabotai toutes
les pièces du lit que j'ornai d'appliques en or, en argent,
en ivoire; je tendis enfin une sangle de cuir, toute
brillante de pourpre. Voilà cette marque particulière
dont je te parlais. Mais je voudrais savoir, femme, si ce
lit est encore à sa place ou si quelque homme, pour le
porter ailleurs, a coupé l'olivier à sa base. »

Il dit et elle sentit défaillir ses genoux et son cœur;
elle avait reconnu l'exactitude évidente de la description
faite par Ulysse : en pleurant, elle courut droit à lui,
jeta ses bras au cou d'Ulysse et, lui baisant le front, elle
disait :

« Ne te fâche pas contre moi, Ulysse, puisque toujours
tu fus le plus sage des hommes. Ah! les dieux nous ont
marqués pour le malheur, eux qui nous envièrent la joie

de rester l'un près de l'autre, de goûter ensemble la douceur de nos jeunes années et parvenir ensemble au seuil de la vieillesse. Eh bien, aujourd'hui n'aie contre moi ni colère ni rancune parce que, te voyant, je ne t'ai pas d'abord embrassé, comme je le fais en ce moment. Car toujours mon cœur tremblait en ma poitrine que quelque homme ne vînt ici pour me tromper par ses discours. Il en est tant qui n'ont en tête que la ruse et le mal ! Non, Hélène [227] l'Argienne, fille de Zeus, ne se fût pas donnée dans le lit de l'étranger, si elle eût su que les fils vaillants des Achéens la ramèneraient en sa demeure, dans son pays ! Assurément, c'est un dieu qui lui inspira l'infâme désir : mais son cœur n'avait pas le premier conçu l'idée de la faute funeste, qui a été aussi la cause de nos peines. Maintenant que tu m'as fourni d'irréfutables preuves, en décrivant ce lit que seuls nous connaissions, toi et moi, avec une seule suivante, Actoris, que mon père m'avait donnée, lorsque je vins ici, et qui gardait les portes de notre chambre aux solides murailles, tu me convaincs et mon cœur se rend, si rebelle qu'il soit. »

Elle dit, et par ces mots excita en lui un besoin de larmes, plus vif encore. Il sanglotait, tenant sa femme chère à son cœur, sa compagne fidèle. Douce est la terre quand elle paraît aux yeux des naufragés dont sur la mer Poséidon a brisé le navire sous les coups du vent et des flots démontés : ils nagent, mais de ces nageurs bien peu, échappant à la mer blanchissante, réussissent à gagner le rivage : tout leur corps est couvert d'une couche d'écume : délivrés du péril de la mort, ils montent joyeux sur la terre désirée : ainsi la présence de l'époux était douce à Pénélope qui le contemplait et ne pouvait du cou de son mari détacher ses deux bras blancs.

Et Aurore aux doigts de rose les eût trouvés pleurant, si une idée n'était venue à Athéné, la déesse aux yeux brillants ; elle prolongea la nuit arrivée à son terme et retint dans l'Océan Aurore au trône d'or, lui interdisant d'atteler à son char ses chevaux aux pieds rapides qui portent aux hommes la lumière, Lampos et Phaéthon. Alors Ulysse l'avisé dit à sa compagne :

« Femme, il n'est pas encore venu le terme de nos épreuves : l'avenir me verra accomplir tout entier un labeur immense, difficile, pénible qui m'est imposé. C'est l'âme de Tirésias qui me l'a prédit le jour où je descendis chez Hadès, désireux de connaître le moyen d'assurer le retour de mes compagnons et le mien. Mais viens, mettons-nous au lit, femme, afin que nous goûtions la douceur du repos et du sommeil. »

La sage Pénélope lui répondit :

« Ton lit te recevra, quand il plaira à ton cœur de le chercher, maintenant que les dieux t'ont ramené dans ta maison fortement bâtie et au pays de tes pères. Mais, puisque l'idée t'en est venue et qu'un dieu l'a inspirée à ton esprit, allons, dis-moi quelle est cette épreuve : car enfin je l'apprendrai quelque jour, ce me semble, et il n'est pas plus mal que j'en sois instruite dès maintenant. »

Ulysse l'avisé lui repartit :

« Ah! ma pauvre femme, pourquoi me presser tant de parler ? eh bien, je vais te le dire et ne t'en cacherai rien. Ton cœur, certes, n'en aura point sujet de joie et moi-même je ne m'en réjouis point. Le devin m'a prescrit d'aller chez les mortels de ville en ville, ayant à la main une rame bien faite, sans m'arrêter avant le moment où je serais parvenu chez des peuples qui ne connaissent pas la mer et ne mangent point d'aliments assaisonnés de sel, qui ignorent les vaisseaux aux flancs rouges et les rames bien faites, ailes des navires. Et il m'a indiqué pour cela un signe certain : je ne te le cacherai point. Je serai arrivé quand, me rencontrant, un autre voyageur dira que j'ai un battoir à vanner sur ma robuste épaule. Alors il me faudra planter ma rame en terre, puis faire au roi Poséidon le magnifique sacrifice d'un bélier, d'un taureau, d'un verrat capable de saillir les truies : je reviendrai alors en ma maison et devrai offrir de saintes hécatombes aux dieux immortels, habitants du vaste ciel, sans en omettre aucun : et dans la suite, loin de la mer, je trouverai, moi, une mort bien douce, succombant de vieillesse, riche au milieu de peuples fortunés. Tel est, me disait-il, le sort que l'avenir me réserve sûrement. »

La sage Pénélope répondit :

« Si les dieux doivent te donner une vieillesse meilleure, nous pouvons espérer qu'un jour viendra où nous serons délivrés de nos maux. »

C'est ainsi qu'ils s'entretenaient. Pendant ce temps, Eurynomé et la nourrice préparaient, à la lumière des flambeaux, le lit aux moelleuses étoffes : elles garnirent soigneusement le cadre solide; puis, la vieille revint pour dormir à l'appartement des femmes, et la chambrière Eurynomé, une torche à la main, précéda ses maîtres gagnant leur lit. Elle les introduisit dans la chambre [228], puis se retira : et grande fut leur joie de retrouver leur lit

après un si long temps. Télémaque, le bouvier et le
porcher cessèrent la danse, dirent aux femmes d'en rester
là et se couchèrent dans le manoir, qui s'emplissait
d'ombre.

Après avoir goûté les charmes de l'amour, les deux
époux goûtèrent le plaisir des mutuelles confidences.
L'une disait tout ce qu'elle avait enduré dans cette
maison, la noble femme, quand elle voyait la troupe des
prétendants funestes rester pour elle dans le manoir et
égorger sans cesse bœufs et moutons gras, ou sans cesse
puiser le vin des tonneaux. Et Ulysse de glorieuse
naissance lui contait tout ce qu'il avait fait souffrir aux
hommes, tous les maux cruels qui le frappèrent lui-même.
Elle était heureuse de l'entendre et le sommeil ne lui
ferma point la paupière qu'il n'eût tout narré en détail.

Il dit d'abord [229] comment il dompta les Cicones, puis
vint au gras pays des Lotophages, quels crimes commit
le Cyclope et comment lui-même vengea ses braves
compagnons dévorés sans pitié, comment il arriva chez
Eole qui le reçut de grand cœur et favorisa son retour;
mais que le destin ne lui permettait pas encore de
rentrer dans la terre patrie; et que la tempête le saisit de
nouveau et le jeta angoissé et criant sur la mer poissonneuse; comment il arriva à Télépyle, ville des Lestrygons,
qui détruisirent ses vaisseaux et firent périr tous ses
compagnons aux belles jambières; qu'un seul, lui-même,
Ulysse, échappa sur son noir vaisseau. Il dit encore tout
au long les ruses et les mille artifices de Circé; comment
sur un navire aux bancs nombreux il descendit en la
demeure suintante d'Hadès, pour consulter l'âme du
Thébain Tirésias; qu'il vit en ces lieux tous ses compagnons, sa mère, celle qui l'enfanta et le nourrit tout petit;
il conta ensuite qu'il entendit la voix immense des Sirènes;
qu'il passa aux Roches mouvantes et dans les eaux de
l'affreuse Charybde, et de Scylla toujours fatale à
l'homme qui se hasarde en ces parages; comment ses
compagnons tuèrent les bœufs d'Hélios, et comment
son vaisseau rapide fut frappé de la foudre fumante par
Zeus, le dieu grondant au ciel; que ses braves compagnons
périrent tous, sans exception, que lui seul échappa aux
Kères funestes; qu'il vint à l'île Ogygie chez la nymphe
Calypso, qui, jalouse de l'avoir pour mari, le retenait
dans ses grottes profondes, le nourrissait, lui promettant
de le rendre immortel et à jamais exempt de la vieillesse,
mais sans réussir à persuader son cœur; comment, après

tant de souffrances il aborda chez les Phéaciens qui l'accueillirent avec bonté, l'honorèrent comme un dieu, le conduisirent sur un vaisseau au pays de ses pères, l'ayant comblé de présents : bronze, or, étoffes. Il finissait par là quand le doux sommeil qui détend les membres le prit, apportant aussi une détente aux soucis de son âme.

Cependant, Athéné, la déesse aux yeux brillants, eut une pensée. Quand elle jugea qu'Ulysse avait pleinement goûté le plaisir de l'amour et celui du sommeil, en toute hâte elle fit sortir de l'Océan la fille du matin au trône d'or, pour qu'elle portât aux hommes la lumière : Ulysse sortit de sa couche moelleuse et dit à sa compagne :

« Femme, tous deux nous avons eu pleine mesure d'épreuves ; ici tu attendais mon retour dans l'angoisse et les larmes, et moi, Zeus et les autres dieux me retenaient cruellement loin de la terre natale, que j'aspirais à revoir. Maintenant que tous les deux nous nous sommes retrouvés dans ce lit cher à nos cœurs, il te faudra veiller sur les biens que j'ai dans cette demeure, et, comme mes troupeaux ont été décimés par les iniques prétendants, je ferai, moi, un grand rapt [230] de moutons, et les Achéens m'en donneront d'autres assez nombreux pour remplir toutes mes étables.

« Mais je veux d'abord aller à mon verger des champs pour y voir mon excellent père, qu'afflige mon absence ; et à toi, femme, je fais une recommandation, quoique ton bon sens me soit connu : le soleil levé, le bruit se répandra bientôt que les prétendants ont été tués dans le manoir : remonte à l'étage supérieur avec tes suivantes ; n'en bouge pas ; ne cherche à voir personne ; n'interroge personne. »

Il dit et sur ses épaules posa sa belle armure, fit lever Télémaque, le bouvier et le porcher, leur recommandant de prendre leur attirail de guerre. Suivant ses instructions, ils endossèrent une cuirasse de bronze, ouvrirent les portes et sortirent. Ulysse marchait devant eux. Déjà la lumière se répandait sur la terre ; mais Athéné les couvrit d'un nuage et les eut bientôt conduits hors de la ville.

CHANT XXIV

AUX ENFERS — LA PAIX [231]

SOMMAIRE : Hermès conduit aux enfers les âmes des prétendants
qui y trouvent Agamemnon et Achille s'entretenant (1-97). Interrogé par Agamemnon, Amphimédon, l'un d'eux, raconte le massacre (98-202). Ulysse se rend à la campagne de Laërte et se fait
reconnaître de son père (203-360). Au moment du repas, arrivent
des champs Dolios et ses fils qui reconnaissent Ulysse et sont transportés de joie (361-412). Cependant, la nouvelle du massacre s'est
répandue. Eupithès marche contre Ulysse à la tête de ses partisans
(413-471). Athéné consulte Zeus qui souhaite de voir la paix
renaître dans Ithaque (472-488). La bataille s'engage : Eupithès
succombe. Mais bientôt Athéné intervient et réconcilie les deux
partis (489-547).

Cependant Hermès, dieu du Cyllène, appelait à lui les
âmes des prétendants : il avait à la main la belle baguette
en or dont il use à son gré pour clore les yeux des humains
ou pour les tirer du sommeil. De sa baguette il menait la
troupe, et les âmes suivaient, poussant de petits cris.
Dans les profondes cavités d'une grotte, des chauves-
souris s'envolent avec de petits cris quand l'une d'elles se
détache de leur grappe suspendue à la roche; car elles
tiennent les unes aux autres; ainsi les âmes s'en allaient
ensemble, poussant de petits cris. Elles étaient dirigées
par Hermès, le dieu bienfaisant, dans les humides sentiers.
Elles dépassèrent le cours d'Océan et la roche Leucade,
les portes d'Hélios et la contrée des Songes; promptement elles atteignirent la prairie d'asphodèles où
séjournent les âmes, fantômes des défunts.

Elles trouvent les âmes d'Achille, le fils de Pélée, de
Patrocle, d'Antiloque l'irréprochable et d'Ajax qui pour la

beauté et la taille se distinguait entre tous les Danaens
après le fils de Pélée, le héros sans égal. Tous ceux-ci
entouraient Achille quand près d'eux vint l'âme d'Agamemnon, fils d'Atrée, en proie à la douleur.

L'âme d'Achille parla la première en ces termes :

« Fils d'Atrée, nous pensions que plus qu'aucun héros
tu serais à jamais cher à Zeus, le lanceur de la foudre :
car elle était nombreuse et brave, l'armée que tu commandais sur la terre troyenne, où les Achéens souffrirent
tant de maux. Et cependant, c'est toi qui le premier
devais voir surgir devant toi la Moire funeste, que
personne n'évite : il suffit de naître. Ah! pourquoi n'as-tu
point, roi comblé d'honneurs, rencontré en Troade la mort
et ton destin! Les Panachéens t'eussent bâti un tombeau
et tu aurais assuré à ton fils un grand héritage de gloire.
Mais la Fatalité t'avait marqué pour la plus déplorable
des morts! »

L'âme du fils d'Atrée répondit :

« Bienheureux fils de Pélée, Achille semblable aux
dieux, tu fus tué dans les champs de Troie, loin d'Argos,
tandis qu'autour de ton corps étaient frappés à mort les
plus valeureux fils des Troyens et des Achéens qui se
disputaient ton cadavre : toi, dans le tournoiement de la
poussière qui t'enveloppait, tu gisais, immense et
imposant, sans plus songer aux courses de chevaux.
Nous, nous combattîmes tout le jour, et la lutte n'eût
pas cessé, si Zeus n'y eût mis fin, déchaînant la tempête.
Quand loin de la mêlée nous t'eûmes transporté sur les
vaisseaux, nous te déposâmes sur un lit après avoir
purifié ton beau corps avec de l'eau tiède et des parfums.
Alors auprès de toi les Danaens versaient nombreuses des
larmes brûlantes et s'arrachaient les cheveux. Ta mère,
apprenant la nouvelle, sortit des eaux avec les immortelles
déesses de la mer, et sur les flots un cri se propagea,
immense, qui saisit d'un frisson tous les Achéens.
Même, ils eussent couru se réfugier dans leurs vaisseaux
profonds s'ils n'avaient été retenus par Nestor, un ancien
d'une grande expérience et qui toujours avait fait preuve
de la plus haute sagesse. Il dit avec une douce bienveillance : « Arrêtez, Argiens; ne fuyez pas, enfants de
l'Achaïe : c'est la mère d'Achille qui avec les immortelles
déesses marines sort des flots pour voir son fils mort. »
Il dit, et les nobles Achéens suspendirent leur fuite.

« Alors autour de toi se rangèrent les filles du vieillard
marin qui, te pleurant à grands cris, te couvrirent de

vêtements divins. Puis les neuf Muses de leurs belles voix
chantèrent en ton honneur un thrène dont les couplets
alternaient ; à ce moment tu n'aurais vu aucun des
Argiens qui n'eût les larmes aux yeux : tant l'harmonieuse
Muse avait ému leurs âmes ! Tu fus pleuré dix-sept jours,
dix-sept nuits par les dieux immortels et les hommes
mortels : le dix-huitième jour on livra ton corps aux
flammes et on tua autour de toi en grand nombre
moutons gras et bœufs aux cornes recourbées. Tu fus
brûlé couvert de vêtements divins dans d'abondants
parfums et un doux miel : en foule des héros achéens,
fantassins, cavaliers, les armes à la main, s'agitèrent
autour du bûcher où tu te consumais : immense était le
bruit qui s'éleva. Et, quand le fils d'Héphaistos eut
achevé son œuvre, nous recueillîmes, Achille, au retour
de l'aurore, tes os blanchis, dans le vin pur et les parfums.
Ta mère nous donna une urne d'or : c'était, nous dit-
elle, un présent de Dionysos et l'ouvrage de l'illustre
Héphaistos. C'est là que reposent tes os blanchis,
glorieux Achille, et ils y sont mêlés à ceux de Patrocle,
fils de Menœtios. A part, on mit les os d'Antiloque que,
depuis la mort de Patrocle, tu honorais plus que tous
tes autres compagnons. Puis au-dessus de ces restes, un
grand et superbe tombeau fut élevé par la puissante
armée des Argiens belliqueux sur un promontoire
du rivage, à l'endroit du large Hellespont, de telle sorte
que, de loin sur la mer, il apparût aux yeux des hommes
qui vivent de nos jours ou seront après nous.

« Ta mère demanda aux dieux de magnifiques prix
qu'elle déposa au milieu de l'arène pour un concours
entre les chefs achéens. Souvent, en l'honneur de héros,
tu assistas à des jeux funèbres, quand à la mort d'un
souverain les jeunes gens se ceignent et se disposent au
tournoi ; mais ton admiration eût été bien plus grande si
tu avais vu ces prix magnifiques que déposa en ton honneur Thétis, la déesse aux pieds d'argent ; car nul plus
que toi ne fut cher aux dieux. Ainsi, bien que tu sois
mort, ta gloire n'a point péri : toujours, Achille, ta
renommée vivra parmi tous les hommes. Mais moi, quel
fruit ai-je retiré d'avoir terminé la guerre ? Car, je revins :
mais Zeus me réservait une fin lamentable, sous les coups
d'Egisthe et d'une femme perfide ! »

Ils s'entretenaient de la sorte, quand s'avança le messager Argiphonte, qui amenait les âmes des prétendants
abattus par Ulysse. Les deux héros, frappés de surprise

à cette vue, allèrent droit à eux. L'âme d'Agamemnon,
fils d'Atrée, reconnut le fils de Mélaneus, l'illustre
Amphimédon qui lui était cher : car celui-ci, qui habitait
Ithaque, avait cependant été son hôte. L'âme de l'Atride
fut la première à prendre la parole :

« Amphimédon, d'où vient que vous soyez descendus
dans les ténèbres souterraines, tous hommes d'élite et
de même âge ? quelqu'un qui eût voulu prendre les plus
nobles d'une ville n'aurait point fait un autre choix.
Est-ce Poséidon qui vous a frappés sur vos vaisseaux,
soulevant contre vous les vents impétueux et les vagues
immenses ? Ou bien sur terre des ennemis vous ont-ils
fait périr lorsque vous pilliez leurs bœufs, leurs beaux
troupeaux de moutons, ou que vous vous attaquiez à leur
ville, à leurs femmes ? Réponds à mes questions; je suis
ton hôte et me flatte de l'être. Ne te rappelles-tu pas que
je vins en votre demeure d'Ithaque avec le divin Ménélas,
pour engager Ulysse à partir avec nous pour Ilion sur
des vaisseaux bien pontés ? Pendant tout un mois nous
traversâmes la vaste mer, et nous eûmes bien de la peine
à décider Ulysse, le destructeur de villes. »

L'âme d'Amphimédon lui répondit :

« Glorieux fils d'Atrée, Agamemnon, roi des hommes,
je me rappelle tout ce que tu viens de dire, nourrisson
de Zeus. Mais je veux te raconter sincèrement et en détail
les tristes circonstances de notre fin. Ulysse était parti
depuis longtemps : nous recherchions sa femme en
mariage. Elle, sans refuser une union dont elle avait
horreur, ne se décidait pas à en finir : elle cherchait le
moyen de nous faire mourir sous le coup de la noire Kère.
Connais entre autres une ruse que conçut son esprit.

« Elle dressa en sa chambre un grand métier : elle y
tissait un voile fin et long. Sans tarder, elle vint nous
trouver et nous dit : « Jeunes hommes, mes prétendants,
vous pressez mon mariage : l'illustre Ulysse est mort;
attendez donc que j'aie achevé ce voile. Ne faites pas
que tous ces fils soient pour moi en pure perte. Ce sera le
linceul du seigneur Laërte, le jour où il aura succombé
à l'atteinte fatale de la mort cruelle. Ne faites pas que
quelqu'une des femmes d'Achaïe aille parler au peuple
contre moi, indignée de voir sans suaire un homme qui
gagna tant de biens! » Elle parla ainsi : nous nous rendîmes, malgré la fierté de nos cœurs. Alors, de jour elle
tissait la grande toile et la nuit défaisait son ouvrage, à la
lueur des flambeaux. C'est ainsi que, trois ans durant, elle

sut cacher sa ruse et tromper les Achéens : mais, quand
vint la quatrième année, que les mois s'écoulant ramenèrent des saisons, que les jours se furent encore succédé
en grand nombre, alors une de ses femmes, qui était au
courant, nous révéla la ruse et nous la surprîmes, qui
défaisait le magnifique voile. Elle dut dès lors achever
son ouvrage, malgré elle : mais il le fallait bien. Elle nous
montra la pièce, toile immense qu'elle avait tissée, lavée,
et dont l'éclat rappelait le soleil ou la lune. C'est à ce
moment-là qu'un mauvais génie amena Ulysse de quelque
endroit au point extrême du territoire où habitait le
porcher. Là se rendit aussi le fils chéri du divin Ulysse :
il était revenu de Pylos-les-Dunes sur son vaisseau noir.
Père et fils s'étant concertés pour le massacre des prétendants regagnèrent la ville fameuse. Télémaque marchait le premier ; Ulysse suivait, conduit par le porcher :
il avait des haillons sur le corps, semblait un mendiant
vieux et misérable et s'appuyait sur un bâton. Lorsqu'il
parut soudain, nul, même des plus âgés, ne pouvait
reconnaître Ulysse, et nous l'accablions d'injures et de
coups. Lui, frappé, insulté dans sa propre demeure,
acceptait tout, l'âme patiente. Mais bientôt il réagit sous
l'inspiration puissante de Zeus, dieu de l'égide, enleva
de la salle, avec l'aide de Télémaque, les armes magnifiques, les porta à la chambre de réserve et tira les ver-
rous ; puis il persuada à sa femme, le rusé, d'apporter
aux prétendants l'arc et les fers grisâtres pour une joute
dont les armes, hélas ! allaient bientôt sur nous faire leur
œuvre de mort. Nul de nous ne pouvait bander la corde
de l'arc puissant ; nous n'étions pas, il s'en faut de beaucoup, assez forts pour cela. Mais quand Ulysse prit en
main le grand arc (nous criions bien tous de ne pas le
lui donner, quoi qu'il pût dire, mais Télémaque était là
qui seul disait, ordonnait de le lui remettre), quand donc
il tint l'arme, le noble Ulysse, modèle d'endurance, aisément il tendit la corde et traversa les fers ; puis, debout
sur le seuil, il versa à ses pieds les flèches rapides, jetant
autour de lui de terribles regards. Il frappa d'abord le
roi Antinoos. Puis il lança contre d'autres des flèches
sifflantes, visant un but toujours atteint : les prétendants
tombaient serrés. Il était visible qu'un dieu le secondait.
Car dès le premier instant ce fut un massacre dans toute
la salle : ces furieux tuaient ici, là, partout ; d'affreux
gémissements s'élevaient ; les crânes étaient fracassés et
le sol était inondé de sang. C'est ainsi que nous pérîmes,

Agamemnon, et maintenant encore, nos cadavres gisent
sans sépulture, dans le manoir d'Ulysse : nos amis dans
leurs maisons ne se doutent de rien, eux qui auraient
lavé le sang noir de nos plaies et pleureraient sur nos
corps exposés : car c'est l'honneur qu'on doit aux
morts. »

L'âme du fils d'Atrée s'écria :
« Heureux fils de Laërte, Ulysse fertile en ruses, grand
était le mérite de celle que tu as prise pour femme. Quels
bons sentiments avait l'irréprochable Pénélope, fille
d'Icarios! quel fidèle souvenir elle gardait à Ulysse, son
époux! Aussi le renom de sa vertu ne périra jamais, et
les immortels inspireront aux hommes de beaux chants
à la gloire de la sage Pénélope. Telle ne fut pas la fille
de Tyndare, qui trama le crime et tua son époux : hai-
neux sera le chant que les hommes feront d'elle, triste la
réputation qu'elle assure à toute femme, fût-elle sans
reproche! »

C'est ainsi qu'ils s'entretenaient en la demeure d'Hadès
dans les profondeurs souterraines.

Descendus de la ville, Ulysse et les siens arrivèrent
promptement au beau domaine que Laërte avait entre-
tenu avec soin et qu'il avait acquis jadis, au prix de
bien des peines. Là se trouvait sa maison entourée d'une
galerie continue où mangeaient, s'asseyaient et couchaient
des esclaves, ses serviteurs, qui avaient à cœur de travailler selon ses désirs. Près de Laërte vivait aussi une
vieille femme, une Sicilienne, qui était dévouée au
vieillard et le soignait dans ce domaine, loin de la ville.

Ulysse dit alors à ses esclaves et à son fils :
« Vous, entrez maintenant dans la maison bien bâtie
et mettez-vous tout de suite à tuer pour le repas le plus
beau des porcs; moi, je vais éprouver si mon père me
reconnaîtra, si ses yeux me révéleront à lui ou s'il ne
reconnaîtra pas un fils, parti depuis si longtemps. »
Ayant ainsi parlé, il donna aux serviteurs ses armes de
guerre. Ils s'en allèrent rapidement à la maison, pendant
qu'Ulysse pour cette épreuve se rendait au verger riche
en fruits. Il entra dans le vaste enclos : il n'y trouva pas
Dolios ni aucun de ses fils ou de ses esclaves. Tout le
personnel, en effet, était parti sous la direction du vieux
serviteur cueillir des épines pour en faire la clôture du
verger. Ulysse ne trouva donc que son père dans le
jardin bien cultivé : il bêchait au pied d'une plante,
vêtu d'une tunique malpropre, rapiécée, misérable :

autour de ses jambes étaient attachées des guêtres en
peau de bœuf, toutes recousues, qui le garantissaient
des écorchures; des gants protégeaient ses mains de la
piqûre des ronces, et sur la tête il avait un bonnet en poil
de chèvre : cet accoutrement nourrissait son chagrin.
Lorsque le noble Ulysse, modèle d'endurance, le vit
accablé de vieillesse et l'âme en proie à la douleur, il
s'arrêta sous un poirier et versa des larmes. Puis il délibéra en son esprit et en son cœur : devait-il baiser son
père, le prendre dans ses bras, lui dire tout, qu'il était
revenu, qu'il était au pays, dans la terre natale; devait-il,
au contraire, l'interroger d'abord, l'éprouver de toute
façon ? Réflexion faite, il jugea préférable de l'éprouver
d'abord en paroles railleuses et dans cette intention le
divin Ulysse marcha droit à lui qui, le dos courbé,
bêchait autour d'une plante. Arrivé près de lui, le fils
glorieux dit à son père :

« Vieillard, tu n'es pas un novice en travaux de jardin;
tout est bien soigné ici : il n'y a rien, plante, figuier, vigne,
olivier, légumes, qui soit négligé dans ce verger. Mais je
te dirai une chose — et que ton cœur ne s'irrite pas de
cette remarque — de ta personne tu ne prends pas
grand soin, tu as déjà les misères de la vieillesse et tu te
tiens fort sale, couvert d'ignobles haillons! Tu n'es
assurément pas un serviteur que son maître néglige à
cause de sa paresse et rien en toi ne dénonce l'esclave,
ni l'aspect, ni la taille : tu as plutôt l'air d'un roi. Tu
sembles être de ces hommes qui, après le bain et le repas,
se laissent aller doucement au sommeil : ce sont là,
comme on sait, coutumes de vieillards. Mais, allons,
réponds-moi : parle bien sincèrement. De qui es-tu serviteur ? à qui est le jardin que tu soignes ? Dis-moi aussi,
exactement, une chose que je voudrais savoir : est-ce
bien Ithaque, cet endroit où nous sommes arrivés ? Un
quidam me l'a dit, que j'ai rencontré tout à l'heure en
venant. Mais ce n'est pas un homme de grand sens : il
s'est refusé à me donner aucun détail, à m'entendre
quand je l'interrogeai sur un mien hôte, lui demandant
s'il vit encore, s'il existe ou s'il est mort et dans les
demeures d'Hadès. Je te mettrai au courant : prête-moi
attention; écoute. Il s'agit d'un homme qui vint jadis
en ma maison et qui fut mon hôte dans ma terre natale :
jamais de nos hôtes étrangers nul, qui me fût plus cher,
n'est entré sous mon toit. Or, il me déclara qu'il était
originaire d'Ithaque et ajouta que son père était Laërte,

fils d'Arcisios. L'emmenant chez moi, je lui fis fête et le
traitai amicalement : car les ressources ne manquaient
pas à la maison. Je lui donnai les présents que l'on doit
à un hôte : c'étaient sept talents d'or bien travaillé, puis un
cratère tout en argent à fleurs ciselées, douze manteaux
simples, autant de tapis, autant de beaux voiles, autant
de tuniques : enfin je lui donnai quatre belles femmes,
expertes en jolis travaux, et qu'il choisit lui-même. »
    Son père lui répondit en versant des larmes :
    « Etranger, tu es bien arrivé dans le pays que tu
cherches ; mais il est occupé par des hommes violents et
injustes. C'est en vain que tu as donné, que tu as prodigué
des présents à ton hôte. Ah ! si tu l'eusses retrouvé sur la
terre d'Ithaque, il t'eût bien accueilli et ne t'eût pas laissé
partir sans te combler de présents à ton tour ; car, c'est
justice : qui a donné d'abord doit recevoir aussi. Mais
allons, dis-moi et parle sans détour : combien y a-t-il
d'années que tu as vu en ta maison cet homme, ton hôte,
mais aussi mon enfant, un malheureux, un pauvre infortuné, s'il en fut jamais, que peut-être loin de ses amis et
du pays natal, les poissons de mer ont dévoré, ou qui sur
la terre ferme est devenu la pâture des bêtes sauvages ou
des oiseaux de proie ? sa mère ne l'aura pas enveloppé
d'un linceul ; elle et moi, nous ne l'aurons pas pleuré,
nous qui lui avons donné le jour : son épouse non plus
qui lui coûta si cher, la sage Pénélope, n'a pas, comme il
convient, poussé de lamentations près de son époux
étendu sur sa couche funèbre : elle ne lui a pas fermé les
yeux : car ce sont les hommages qui sont dus aux défunts.
    « Mais, laissons : dis-moi exactement ce que je voudrais
savoir : Qui es-tu ? de quel peuple ? où est ta ville ? où
tes parents ? où se tient le vaisseau rapide qui t'amena
ici avec tes compagnons semblables à des dieux ? ou bien
es-tu venu en passager sur le vaisseau d'autres qui t'ont
débarqué et puis s'en sont allés ? »
    Ulysse l'avisé lui répondit :
    « Je te dirai tout bien sincèrement. Je suis d'Alybas
où j'habite une magnifique maison, fils du roi Aphidas,
fils lui-même de Polypémon. Mon nom à moi est Epérite,
mais un dieu m'a éloigné de la Sicanie et jeté sur ces
bords, bien malgré moi. Mon vaisseau est ici, du côté de
la campagne, loin de la ville. Il y a maintenant quatre ans
et plus qu'Ulysse est parti de là-bas, qu'il a quitté mon
pays, l'infortuné, et cependant, au départ, les présages
étaient favorables, les oiseaux à sa droite ; je l'accompa-

gnais joyeux et il était joyeux lui-même : tous les deux nous avions bon espoir de nous recevoir encore et de nous faire de beaux dons. »

Il dit; alors le sombre nuage de la douleur couvrit Laërte. Ayant dans les deux mains pris une poussière noire, il la répandit sur sa tête grise, éclatant en sanglots. Le cœur d'Ulysse se serra : un âcre picotement irrita ses narines, à la vue de son père bien-aimé. Il s'élança, le prit dans ses bras, baisa son front et dit : « Je suis celui-là même sur qui tu m'interroges, et j'arrive après vingt ans d'absence en la terre patrie! Mais cesse maintenant de sangloter, de gémir, de pleurer. Car, je vais te dire — et il ne faut plus perdre un instant — j'ai tué les prétendants dans notre maison; je me suis vengé d'outrages cruels à mon cœur; j'ai puni leurs crimes. »

Laërte alors prit la parole et dit :

« Si tu es bien Ulysse, mon fils, revenu à Ithaque, donne-moi une preuve évidente : je veux être bien sûr. »

Ulysse l'avisé lui répondit :

« Tout d'abord, regarde de tes yeux la cicatrice que voici de la blessure que sur le Parnèse me fit la blanche défense d'un sanglier : j'y étais allé, envoyé par toi et ma mère vénérable, chez Autolycos, mon aïeul maternel, pour y recevoir des présents que, lors d'un voyage ici, il m'avait promis formellement. Mais, allons, que je te dise encore les arbres que dans ce verger bien planté tu me donnas jadis : j'étais tout petit et, te suivant dans le jardin, je te demandais celui-ci, celui-là. Nous allions de l'un à l'autre : chemin faisant, tu me les nommas tour à tour et me parlas de chacun d'eux. Tu me donnas treize poiriers, dix pommiers, quarante figuiers : tu me désignas cinquante rangs de vignes que tu promis de me donner : chacun d'eux était de bon rapport et riche en grappes de toute sorte, quand du haut du ciel les saisons de Zeus les avaient vivifiés. »

Il dit; sur le lieu Laërte sentit fléchir ses genoux et son cœur : il reconnaissait, à n'en point douter, la vérité des signes que lui donnait Ulysse. Au cou de son fils il jeta ses deux bras : le noble Ulysse, modèle d'endurance, soutint sur sa poitrine le vieillard défaillant. Quand il reprit son souffle et que les esprits se ranimèrent en son cœur, Laërte prononça ces paroles :

« Zeus puissant, oui certes, il y a encore des dieux sur le grand Olympe, si vraiment les prétendants ont payé leur folle insolence. Mais en mon cœur je sens maintenant une angoisse terrible : je redoute que tout à l'heure le peuple entier d'Ithaque ne vienne nous attaquer ici et que des messagers ne partent en tous sens pour les villes des Céphalléniens. »

Ulysse l'avisé lui répondit :

« Rassure-toi : ne laisse point cette inquiétude occuper ton esprit. Allons plutôt à la maison, voisine du verger : j'y ai envoyé déjà Télémaque, le bouvier et le porcher, en leur recommandant d'apprêter le repas au plus vite. » S'étant ainsi entretenus, ils se dirigèrent vers la belle demeure.

Quand ils furent arrivés dans cette maison spacieuse, ils y trouvèrent Télémaque, le bouvier et le porcher, qui découpaient force viandes et faisaient le mélange du vin au reflet de feu. Cependant Laërte au grand cœur fut en sa demeure baigné et frotté d'huile par la servante de Sicile, qui lui mit un beau manteau : de son côté Athéné, se tenant près de lui, communiqua la force aux membres de ce pasteur des peuples, le rendit aux yeux plus grand et plus gros qu'il n'était auparavant. Il sortit de la salle de bains, et son fils fut frappé d'étonnement quand il le vit devant lui semblable aux dieux immortels. Prenant la parole, Ulysse lui adressa ces mots ailés :

« Mon père, sans nul doute quelqu'un des éternels dieux t'a donné cet aspect, cette taille imposante, qui frappe le regard. »

Le sage Laërte lui répondit :

« Zeus auguste, et vous Athéné, Apollon, pourquoi n'étais-je pas hier tel qu'on me vit quand, chef des Céphalléniens, je pris Néricos, la ville bien bâtie, qui borde le continent ? Les armes sur l'épaule, debout à tes côtés, ardent à combattre les prétendants, j'aurais dans le manoir rompu les genoux à plus d'un, et, toi, tu aurais eu le cœur rempli de joie. »

Ils s'entretenaient ainsi. Les autres avaient pendant ce temps achevé la besogne et préparé le repas. On s'assit côte à côte sur pliants et fauteuils. Ils portaient la main vers les mets, quand le vieux Dolios entra et s'avança vers eux : il avait avec lui ses fils : bien fatigués, ils revenaient des champs où était allée les chercher leur mère, la vieille Sicilienne qui veillait à leur entretien et entourait aussi de soins son vieux maître, depuis longtemps accablé par le poids de l'âge. Quand ils virent Ulysse et que leurs cœurs l'eurent reconnu, ils restèrent debout dans la salle, saisis d'étonnement. Mais Ulysse dit avec une douce bienveillance :

« Vieillard, viens t'asseoir à table : allons, laissez cette stupeur : il y a longtemps que nous avons grande envie de porter la main aux mets et que nous restons ici à vous attendre : vous n'arrivez pas ! »

Il dit : Dolios alla droit à lui, les bras tendus ; ayant pris la main d'Ulysse, il la baisa au poignet et lui adressa ces paroles ailées :

« Ami, puisque tu nous es revenu, quand nous le désirions vivement sans l'espérer, puisque les dieux eux-mêmes t'ont ramené, porte-toi bien, aie grande joie et puissent les dieux te combler de leurs biens ! Mais dis-moi exactement une chose que je voudrais savoir. La prudente Pénélope est-elle déjà instruite de ton retour, ou devons-nous lui envoyer la nouvelle ? »

Ulysse l'avisé lui répondit : « Elle le sait, vieillard ; ne t'inquiète pas davantage de cela. »

Il dit ; Dolios s'assit sur un siège poli. Comme lui, les enfants de Dolios entourant le glorieux Ulysse lui souhaitaient la bienvenue, lui prenaient les mains ; puis les uns à côté des autres, ils s'assirent auprès de leur père Dolios.

Tandis qu'ils faisaient ce repas dans la grand-salle, la Renommée, messagère rapide, s'en allait partout dans la ville, racontant la mort des prétendants et leur affreux destin. Les citoyens à cette nouvelle accouraient de toutes parts, criant et gémissant devant la demeure d'Ulysse : ils emportaient les cadavres et les ensevelissaient avec zèle : les morts des autres villes furent placés sur des vaisseaux rapides et des pêcheurs furent chargés de ramener chacun d'eux dans son pays. Puis les Ithaciens se rendirent en foule au lieu de l'assemblée, le cœur affligé. Quand ils y furent réunis en grand nombre, Eupithès se leva pour parler : car il avait dans l'âme un deuil infini : son fils Antinoos était le premier que le divin Ulysse avait frappé à mort. Pleurant sur lui, il harangua le peuple en ces termes :

« Amis, ils sont terribles les coups que cet homme a portés aux Achéens. Que de braves il emmena sur ses vaisseaux ! par lui les vaisseaux ont péri, les hommes ont péri. Il est revenu et en a tué d'autres, la fleur de la noblesse céphallénienne. Mais, allons, sans attendre qu'il se sauve à la hâte à Pylos ou dans la divine Elide, royaume des Epéens, marchons, si nous ne voulons pas être déshonorés à jamais : car, nous nous couvrons d'une honte que la postérité même n'oubliera pas, si les meurtriers de nos fils, de nos frères demeurent impunis. Pour moi je ne trouverais plus aucun charme à la vie : puissé-je plutôt mourir sans retard, être du nombre de ceux qui ne sont plus ! Marchons, ne leur laissons pas le temps de s'enfuir par mer ! » Il parla ainsi ; les larmes qu'il versa touchèrent de pitié tous les Achéens. Cependant s'avancèrent vers eux Médon et le divin aède, sortant du manoir d'Ulysse, où ils venaient de s'éveiller. Ils s'arrêtèrent au milieu de la foule et chacun à leur vue fut frappé d'étonnement.

Le sage Médon leur dit alors :

« Ecoutez-moi, habitants d'Ithaque. Ce n'est pas sans l'agrément des dieux immortels qu'Ulysse a accompli ces actions. J'ai vu, moi que voici, un dieu immortel qui se tenait près d'Ulysse et ressemblait tout à fait à Mentor. Ce dieu immortel tantôt paraissait devant Ulysse et excitait son ardeur, tantôt, pour jeter le trouble parmi les prétendants, se précipitait à travers la salle : ils tombaient en foule. »

Il parla ainsi, et tous en l'entendant étaient verts de peur.

A son tour le vieux héros, Halithersès, fils de Mastor, prit la parole ; seul de tous, il connaissait le passé, l'avenir. Il leur dit dans une pensée de bienveillance :

« Ecoutez, habitants d'Ithaque ; entendez ma voix. C'est votre apathie, mes amis, qui est cause des maux présents. Vous ne suiviez pas mes avis, non plus que ceux de Mentor pasteur des peuples, quand nous vous conseillions de mettre un terme à la folie de vos enfants qui, en proie à une rage funeste, ont commis l'iniquité, dévorant les biens, outrageant l'épouse d'un homme du plus haut rang : ils pensaient qu'il ne reviendrait plus ! Maintenant, puisse ma parole être entendue ; suivez le conseil que je vous donne. Ne marchons pas contre Ulysse ; que chacun craigne d'attirer le malheur sur luimême. »

Il dit, et plus de la moitié des citoyens se hâta de quitter la place, en poussant de grands cris. Les autres ne bougèrent pas : ils restèrent en rangs serrés. Car ce discours ne répondait pas à leurs dispositions. Dociles au contraire à la voix persuasive d'Eupithès, sans retard ils coururent aux armes. Le corps revêtu du bronze étincelant, ils se rassemblaient devant la ville aux vastes dimensions. Eupithès marchait à leur tête, l'insensé ; il croyait venger le meurtre de son fils ; sans revenir, il devait en ce lieu rencontrer son destin.

Cependant Athéné dit à Zeus, fils de Cronos :

« Fils de Cronos, notre père, souverain suprême, réponds à ma question : Quelle pensée renferme ton esprit ? Vas-tu laisser se prolonger cette guerre funeste, de terribles combats, ou veux-tu rétablir la concorde entre les deux partis ? »

En réponse, Zeus assembleur de nuages lui dit :

« Mon enfant, pourquoi m'interroger à ce sujet ? Pourquoi ces questions ? N'est-ce pas toi-même qui as décidé qu'Ulysse reviendrait à Ithaque et punirait ses ennemis ? Agis comme il te plaît; mais, connais mon avis. Puisque le noble Ulysse s'est vengé des prétendants, que les deux partis prêtent un serment solennel; qu'Ulysse règne toujours. Nous, mettons dans les âmes l'oubli de fils et de frères massacrés; que l'amitié renaisse entre les citoyens et qu'avec la paix fleurisse la richesse! »

Il dit, et ces paroles avivèrent encore le zèle d'Athéné; elle partit, s'élançant des cimes de l'Olympe.

Lorsque Ulysse et les siens eurent apaisé le désir de la nourriture douce au cœur de l'homme, le noble Ulysse, modèle d'endurance, prit la parole :

« Que quelqu'un sorte et regarde; il se peut que l'ennemi ne soit pas loin. »

Alors un fils de Dolios sortit, suivant son ordre : au seuil il s'arrêta et les vit tous qui approchaient; aussitôt il adressa à Ulysse ces paroles ailées :

« Les voilà : ils sont tout près; armons-nous bien vite. »

Il dit; en hâte Ulysse et ses compagnons, au nombre de quatre, et les six fils de Dolios revêtirent leurs armes. Laërte et Dolios s'armèrent également, soldats aux cheveux gris, contraints par la nécessité. Quand leur corps fut couvert du bronze étincelant, ils ouvrirent la porte et s'avancèrent : Ulysse marchait à leur tête.

Alors vint auprès d'eux la fille de Zeus, Athéné, semblable à Mentor dont elle avait pris l'aspect et la voix. A sa vue le noble Ulysse, modèle d'endurance, se réjouit et aussitôt il dit à Télémaque, son fils chéri :

« Télémaque, maintenant souviens-toi de ceci : quand tu entreras dans la mêlée où se reconnaissent les braves, garde-toi de déshonorer la race de tes pères; car jusqu'à ce jour, pour la force et le courage nous nous sommes signalés sur toute la terre. »

Le prudent Télémaque répondit à son père :

« Si c'est là ton désir, mon père, tu verras ce que vaut

ce cœur et que, comme tu le souhaites, je ne déshonore
pas ta race. »

Il dit, et Laërte, plein de joie, s'écria : « Dieux bons!
quel beau jour pour moi! oui, je suis heureux : c'est au
sujet de la valeur que se querellent mon fils et mon petit-
fils! »

S'approchant, Athéné aux yeux brillants lui dit :

« Fils d'Arcisios, de beaucoup le plus cher de tous mes
amis, fais ta prière à la vierge aux yeux brillants et
aussitôt après, brandis et lance une javeline à la grande
ombre. »

Ainsi parla Athéné, qui lui communiqua une grande
vigueur. Ayant donc prié la fille du puissant Zeus, il
brandit aussitôt après et lança sa javeline à la grande
ombre : elle atteignit Eupithès : son casque aux joues de
bronze n'arrêta point le trait qui le traversa d'outre en
outre; Eupithès tomba et les armes sur lui retentirent
du choc. Sur les guerriers du premier rang, Ulysse se
jeta avec son glorieux fils : tous deux frappaient de leurs
épées et de leurs piques à deux tranchants. Ils les auraient
tués tous et leur auraient coupé le retour, si Athéné, la
fille de Zeus, dieu de l'égide, n'eût élevé la voix et d'un
cri arrêté le peuple entier :

« Cessez, habitants d'Ithaque, cette guerre terrible;
plus de sang, et séparez-vous immédiatement. » Ainsi dit
Athéné : tous étaient secs de peur. Dans leur effroi ils
lâchent leurs armes qui tombent toutes sur le sol : tant
avait de force la voix de la déesse! Les ennemis d'Ulysse
tournent le dos, ils fuient vers la ville, n'ayant plus qu'un
désir, celui de vivre. Cependant le noble Ulysse, modèle
d'endurance, se ramasse avec un cri terrible, s'élance,
comme l'aigle au vol altier.

Mais le fils de Cronos fit tomber sa foudre fumante
devant la déesse aux yeux brillants, fille d'un père puissant.

Alors Athéné aux yeux brillants dit à Ulysse : « Noble
fils de Laërte, Ulysse fertile en ruses, contiens-toi : ne
prolonge pas cette lutte dont les guerriers se valent;
crains d'attirer sur toi le courroux de Zeus, fils de Cronos,
dont la voix porte loin. »

Ainsi dit Athéné. Ulysse lui obéit, le cœur plein de
joie. Puis un contrat sacré unit à jamais les deux partis
sous l'inspiration d'Athéné, fille de Zeus, dieu de l'égide,
Athéné dont la voix et l'aspect étaient ceux de Mentor.

NOTES

CHANT I

1. v. 1-3. Ces trois premiers vers, s'appliquant à Ulysse, annoncent l'Odyssée tout entière. Mais il n'en est pas ainsi de la suite (4-10).

2. v. 8. Hypérion signifie le Haut; c'est l'épithète consacrée pour Hélios, le Soleil.

3. v. 1-11. A part les trois premiers vers, cette invocation est un programme; mais elle n'annonce que le groupe de chants qui développe, du début du chant V au chant XIII, 184, les effets de la colère de Poséidon, c'est-à-dire les récits chez Alcinoos. Elle ignore à la fois la Télémachie (I-IV) et les aventures d'Ulysse, après son arrivée à Ithaque (chant XIII, v. 187, à la fin du poème).

4. v. 13. Nous adoptons le nom du héros autorisé par la tradition et nos poètes (La Fontaine, Racine). Mais le poème qui conte ses aventures s'appelle l'Odyssée, et l'aède (I,62) fait un jeu de mots entre Odysseus et un verbe qui signifie : garder rancune (Cf. ch. XVIII, 402).

5. v. 22. Ce nom d'Éthiopiens signifie proprement : les Visages brûlés, autrement dit les Nègres, parmi lesquels avaient déjà pénétré les caravanes, qui faisaient la liaison du Moyen-Niger au Moyen-Nil (région des cataractes). On les considérait comme des peuples pieux dont les dieux aimaient les sacrifices.

6. v. 38. Argiphonte. C'est un composé dont la signification n'est pas nette. Le sens « meurtrier d'Argus » est inadmissible, la légende d'Argus étant de date postérieure aux poèmes homériques.

7. v. 44. Certains (V. Bérard) traduisent par « Aux yeux pers » l'épithète d'Athéné, à tort, croyons-nous. Elle signifie non la couleur des yeux, mais l'éclat du regard. Quand dans l'Iliade (I, 199-200), Athéné vient se placer derrière le fils de Pélée pour l'empêcher de frapper Agamemnon, nous lisons : « Achille fut saisi d'effroi; il se retourna et reconnut aussitôt Pallas Athéné, dont les yeux lançaient de terribles éclairs. »

A l'âge des clans et des totems, les dieux grecs pouvaient avoir, comme les divinités égyptiennes, des têtes d'animaux. Alors le sens était : Athéné aux yeux de chouette. Et, de fait, la chouette resta un attribut d'Athéné. Mais ce sens primitif était depuis longtemps oublié.

Les poètes doivent être interprétés selon les croyances de leur temps. (Cf. cependant *Iliade*, trad. E. Lasserre, lib. Garnier, note 10.)

8. v. 62. Le nom Odysseus et le verbe qui signifie : garder rancune, prêtent au calembour. Les Grecs aimaient ces jeux de mots que les poètes les plus sérieux ne dédaignaient pas et même parfois développaient avec complaisance (cf. note 4).

9. v. 64. « la barrière des dents ». Cette locution est employée lorsqu'un personnage a laissé échapper de ses lèvres une parole qu'il eût valu mieux retenir.

10. v. 68. « porteur de la terre. » On croyait que la terre était posée sur la mer. L'épithète pourrait aussi être interprétée : qui embrasse la terre.

11. v. 72. « inlassable ». Le mot semble signifier étymologiquement : « Qui ne peut être lassée », « toujours active ». — Les Anciens entendaient « sans moissons », qui ne se couvre pas de « moissons »; et cette interprétation, généralement rejetée, n'est pas si méprisable. Mais on a tiré de là le sens de « stérile », qui paraît inexact, car l'épithète opposait seulement les aspects différents, non les ressources, de la terre et de la mer.

12. v. 85. « l'île Ogygie ». Le mieux est de calquer en français le mot grec qui paraît être un adjectif plutôt qu'un nom. Callimaque, dans son hymne à Délos, l'applique à l'île de Cos, qui n'est évidemment pas celle de Calypso. Où se trouve cette île de Calypso ? La seule certitude est qu'elle est lointaine. Ulysse, poussé par un vent favorable, mettra dix-huit jours pour franchir la distance qui la sépare de Schérie, c'est-à-dire probablement de Corfou. On sait que V. Bérard a cru retrouver sur la côte du Maroc l'île de Calypso, qui, d'après Hennig, serait l'île de Madère.

13. v. 93. Pylos la Sablonneuse, différente de la Pylos messénienne, était située en Triphylie, entre les embouchures de l'Alphée au nord, et de la Néda au sud.

14. v. 105. Les Taphiens habitaient au nord d'Ithaque, en partie sur la côte occidentale de l'Acarnanie, en partie dans l'île située au sud-est de Leucade. C'étaient des commerçants et des pirates.

15. v. 107. Ces « cailloux » servaient de jetons pour un jeu que nous ne connaissons pas : marelle ou dames ?

16. v. 184. Témésa. Identification impossible. Serait-ce un comptoir phénicien de Chypre ou de l'Italie méridionale ?

17. v. 186. Le Rheithron est un petit port dont il n'est fait mention nulle part ailleurs. Le « Neion boisé » est un mont dont il n'est question qu'ici et III, v. 81.

18. v. 196. On traduit souvent l'épithète δῖος par divin, et elle peut, en effet, dans bien des cas être rendue ainsi. Toutefois ce mot ne signifie pas proprement divin (c'est θεῖος qui a exactement ce sens.) Δῖος contient surtout l'idée de lumière et veut dire : qui a une qualité à un degré éminent (latin : *insignis*). Il y a des endroits où la traduction « divin » paraît étrange. p. ex. : « Le divin porcher. » Il s'agit d'un

porcher qui se distingue par sa fidélité et son dévouement, d'un
« excellent » porcher.

19. v. 241. Les Harpyes (même racine que le verbe ἁρπάζω, saisir)
personnifient la tempête, qui emporte les marins, sans qu'ils laissent
de trace.

20. v. 246. Doulichion semble désigner la presqu'île Palé, dans
Céphallénie, dont Samé est la partie voisine d'Ithaque. Zacynthe est
une île au sud de Céphallénie, à l'ouest de l'Élide.

21. v. 259. Éphyre était vraisemblablement une ville de la Thesprotie, située au sud-ouest de l'Épire.

22. v. 320. On a proposé des traductions diverses de l'expression
ἀνοπαῖα : 1) comme l'oiseau anopaia (mouette ?) ; 2) en passant par
l'ὀπαῖον, trou à travers lequel s'échappait la fumée; et il faudrait alors
écrire : ἀν᾽ὀπαῖα; 3) sans être vu, et le mot serait un adverbe (Héro-
dien) : « Comme un oiseau qui disparaît aux yeux. »

23. v. 440. Ces trous étaient percés dans le bois du châlit, pour
recevoir les sangles. C'est donc sur un lit de sangles que couche Télémaque.

24. v. 441-442. Un anneau métallique, fixé à la face
extérieure de la porte, permettait de la tirer à soi. Elle se fermait par un
verrou intérieur, en bois ou en métal, soutenu par deux crampons et
dont l'extrémité s'engageait dans un trou du mur. Pour clore la porte
du dehors, on amenait à soi une courroie qui passait à travers le battant
et faisait glisser le verrou dans la cavité, puis on nouait cette courroie
à l'anneau extérieur. Voulait-on ouvrir la porte, on dénouait la
courroie, puis on abaissait le verrou au moyen d'une « clef » en forme
de crochet.

CHANT II

25. v. 4. Les pieds de Télémaque sont « brillants », non qu'ils
aient été frottés d'huile, mais parce qu'ils sont musclés et bien en chair.
De même l'embonpoint donne aux animaux à poil ras de l'éclat; les
maigres ont le poil terne.

26. v. 7. Les Achéens de naissance libre portaient les « cheveux
longs ». Ils se distinguaient ainsi de leurs esclaves et des Asiatiques
qui avaient les cheveux ras. Peu de temps avant que Thucydide
écrivît la Préface de son histoire (I, 6), les Athéniens portaient encore
les cheveux relevés au sommet de la tête en un petit chignon, le crôbyle,
noué soit par une cigale, soit par une spirale d'or.

27. v. 37. Quand un orateur prend la parole devant une assemblée,
le héraut lui met un « sceptre » dans la main.

28. v. 54. Nous sommes encore sous le régime du présent dotal fait
par le prétendant au père de la fille qu'il voudrait avoir en mariage. Au
vrai, il achète la fiancée. Dans d'autres passages, que l'on regarde généralement comme des interpolations, c'est le père qui fournit la dot.

29. v. 100. « la mort cruelle. » Le mot τανηλεγής est de sens et d'origine peu clairs (Boisacq, *Dictionnaire étymologique*). Il semble composé d'un premier élément ταν, préfixe de renforcement apparenté au verbe qui signifie tendre, et pour le reste avoir un rapport avec l'adjectif ἀλεγεινός; (douloureux). Homère applique ailleurs à la mort l'épithète δυσηλεγής, qui est faite de même, avec une différence de préfixe.

On traduisait jadis τανηλεγής par : « qui couche tout du long ». Mais c'est la racine lekh, non la racine leg- qui exprime l'idée de coucher, et le verbe *λέγω (coucher) n'existe pas (Boisacq).

30. v. 120. Sur Tyro et sa légende, cf. XI, 235-259. Pour Alcmène, cf. XI, 266-268. Mycène, fille d'Inachos, est l'éponyme de l'acropole d'Argos.

31. v. 167. Ithaque est « visible au loin et de tous les côtés ». C'est donc une île, non une presqu'île.

32. v. 409. « Télémaque à l'alerte vigueur ». V. Bérard traduit assez bizarrement : Sa Force et Sa Sainteté Télémaque. La périphrase qui termine le vers signifie tout bonnement Télémaque, et l'adjectif qui l'accompagne veut dire fort. Télémaque est un vigoureux gaillard. Il y a plusieurs adjectifs ἱερός dont l'un signifie : fort, et un autre : saint (cf. Boisacq, *Dict. étymolog.*).

33. v. 421. Le Zéphyr est un vent du nord-ouest. C'est, en effet, celui qui poussera la nef droit vers Pylos la Sablonneuse. La rose des vents dans *l'Odyssée* est : nord : Borée; est : Eurus; sud : Notus; ouest : Zéphyr.

CHANT III

34. v. 63. « coupe à deux anses ». Notre interprétation était celle d'Aristarque; elle est adoptée par Helbig (*l'Épopée homérique*). L'explication d'Aristote, suivi par Buttmann et d'autres, est : « double coupe », le récipient inférieur servant de pied. Mais on a trouvé de nombreux exemplaires de la forme à deux anses dans les fouilles de Mycènes.

35. v. 68. « le *vieux* conducteur de chars ». Le mot γερήνιος signifie vieillard. Nestor, roi de Pylos en Triphylie, n'a rien à voir avec la Messénie et Gérène, d'ailleurs inconnue de Strabon.

36. v. 154. « à la fine taille », proprement « dont la ceinture fait saillir les hanches ». Les femmes de Crète avaient ainsi la taille serrée.

37. v. 171. Psyria est une petite île, à l'ouest de Chios.

38. v. 172. Le mont Mimas termine au nord la presqu'île érythréenne, en face de Chios. Son contrefort septentrional est le cap Mélènè.

39. v. 177. Géreste, promontoire du sud de l'Eubée.

40. v. 245. Cf. *Iliade*, I, 250. Nestor a régné sur deux générations;

il règne encore sur la troisième. Si l'on compte pour une génération, de vingt-cinq à trente ans, il peut avoir environ quatre-vingt-dix ans.

41. v. 251. La primitive Argos était au nord de la Phthiotide, patrie d'Achille, laquelle était située au nord du golfe Maliaque et de la chaîne de l'Othrys. Sous la poussée des Doriens descendus par la péninsule balkanique, ces Argiens émigrèrent et l'Argolide devint péloponnésienne, avec son port de Nauplie, sa capitale d'Argos, ses deux châteaux forts de Tirynthe et de Mycènes.

42. v. 280. « de ses doux traits ». Cette périphrase est employée pour signifier la mort subite, que donnent Phébus ou Artémis.

43. v. 287. Promontoire au sud-est du Péloponnèse; il est souvent d'un passage difficile. Cf. XIX, 187.

44. v. 292. Du cap Malée, la tempête a poussé cette partie de la flotte de Ménélas vers l'ouest, puis le sud de la Crète. Phaestos est le port de la région de Gortyne, bâtie sur le Jardanos. La roche « lisse » est située plus au sud et semble une dent, mordant la mer.

45. v. 299. « à la proue sombre ». Marins et mariniers enduisent de noir la coque de leurs bateaux.

46. v. 307. Telle est la leçon d'Aristarque. Zénodote lit : « de Phocide ».

47. v. 366. « les Caucones », peuple d'Élide.

48. v. 378. « Tritogénie ». Les Grecs dérivaient l'appellation de la rivière Triton, qu'ils situaient tantôt en Béotie, tantôt en Thessalie, ou du lac Tritonis en Numidie (la Tunisie).

49. v. 392. Le vin était conservé dans de grandes jarres. En Crète, à Cnosse, une rue était flanquée à droite et à gauche par des jarres de ce genre.

50. v. 410. Selon Rohde *(Psyché)*, les Kères, comme les Walkyries, parcourent la terre, surtout les champs de bataille, pour emporter les âmes, qui descendent chez Hadès. Au pluriel, les Kères de mort symbolisent les genres de trépas.

Chez Homère, Hadès est un dieu personnel. On descend donc chez Hadès, et non dans l'Hadès.

51. v. 488. « Phères », ville de Messénie, au fond du golfe messénien et sur les bords du Nédon. Ils ne sont plus séparés de Sparte, résidence de Ménélas, que par la chaîne du Taygète.

CHANT IV

52. v. 4. « de son irréprochable fille » : Hermione.

53. v. 5. « du fils d'Achille » : Néoptolème, qui règne en Phthiotide, après la mort d'Achille. Dans le partage des captives troyennes, il avait reçu du sort Andromaque (Cf. Virg. ch. III de *l'Enéide*).

54. v. 73. « l'électron », composé de quatre cinquièmes d'or et d'un cinquième d'argent, que l'on incrustait dans les lambris.

55. v. 84. Selon Aristarque, les Erembes seraient les Arabes; selon d'autres, les Hindous.

56. v. 121. « aux lambris odorants »; la chambre d'Hélène est lambrissée de cèdre.

57. v. 188. « le fils d'Aurore » : Memnon, allié des Troyens et chef des Visages Brûlés.

58. v. 245. C'est de la sorte qu'Athéné travestira Ulysse pour qu'il entre dans la cabane d'Eumée et pénètre dans la grand-salle où s'ébaudissent les prétendants.

59. v. 320. « à la marche traînante ». Pour avancer le pied, le bœuf lui fait décrire un demi-cercle. L'épithète doit contraster avec la caractéristique des chevaux, qui marchent le pied haut.

60. v. 385. Protée est un dieu marin d'origine égyptienne (Prouti), qui séjournait dans l'île de Pharos, au nord-ouest du Delta. Hérodote, II, 112 et Euripide (*Hélène*, 4) prétendent que c'était un roi d'Égypte. Ce nom de Prouti, Protée, paraît être, comme les noms de Pharaon et de Minos, un titre royal. Les Hellènes le subordonnèrent à Poséidon et en firent son berger. Il symbolise les aspects changeants de la mer; car il revêt mille formes. Sans la trahison de sa fille, Ménélas ne parviendrait pas à le saisir (cf. Virgile, *Géorg.*, IV, Épisode).

61. v. 477. Égyptos désigne le Nil.

62. v. 498. « un seul »... : Ulysse.

63. v. 499. Il y a deux Ajax. L'un, né à Salamine, est fils de Télamon. C'est celui qui, mécontent de n'avoir pas reçu les armes d'Achille, se jette sur son épée (Sophocle); l'autre est le fils d'Oïlée; moins colossal que son homonyme, il régnait sur les Locriens épizéphyriens (sud du Bruttium).

64. v. 671. La passe sépare (à hauteur de Samé) Ithaque des îles Astéris et Samos.

CHANT V

65. v. 34. Les Anciens identifiaient Schérie avec Corcyre. Un seul vers (VI, 204) donne à entendre que c'était une île; partout ailleurs elle est mentionnée comme une terre.

L'identification du pays des Phéaciens avec Corfou est généralement admise. V. Bérard a pris soin de faire à pied le chemin suivi par Ulysse et a constaté l'exactitude des descriptions homériques. Plus récemment, Jacques Boulenger a, dans la relation de son séjour à Corfou, patrie de Nausicaa, apporté une confirmation des renseignements de V. Bérard.

Cf. cependant Lentz-Spitta : Corfou = Ithaque, *Revue des Et. gr.*, 1929, n° 197, et Hennig : *Die Geographie des Homerischen Epos*.

66. v. 50. « Piérie », région au nord du mont Olympe en Macédoine.

67. v. 62. Le métier était vertical. L'avant et l'arrière étaient séparés par des règles, portant sur les crochets. Les fils de la chaîne, qui passaient à l'extérieur de ces règles, étaient tendus par des poids ronds percés de trous. On passait la trame au moyen d'une navette entre les fils de la chaîne, pour former le tissu. Il y avait des métiers plus petits, que l'on appuyait sur les genoux et que l'on tenait de la main gauche, la droite dirigeant la navette garnie du fil de la trame.

68. v. 121. Orion était un grand chasseur protégé par un pavois d'or, armé d'une massue de bronze, et poursuivant dans la prairie d'asphodèles les fauves, qu'il tuait dans la montagne (XI, 572-575). Devenu constellation, il poursuit, durant les nuits d'été, les timides Pléiades, qui vont se précipiter dans l'Océan (Hésiode, *les Travaux et les Jours*, 619).

69. v. 123. « Ortygie ». La Terre aux « Cailles » est, semble-t-il, un pays de légende, sis en un Orient fabuleux.

70. v. 125-126. Le héros Iasion, symbole du semeur, s'unit à Déméter dans un champ trois fois labouré, et de cette union naît Ploutos, la Richesse.

71. v. 261. On peut aussi entendre : au moyen de leviers.

72. v. 280. « la terre des Phéaciens » : l'île de Schérie, que les Anciens identifiaient avec Corcyre (Corfou), face à la Thesprotie (Épire). Cf. ci-dessus note 65.

73. v. 283. « Solymes ». Montagnes de Lycie au nord-ouest du cap Hiéron et des îles des Hirondelles.

74. v. 381. Il y avait une ville d'Égées, à l'extrémité de la presqu'île occidentale de Chalcidique.

CHANT VI

75. v. 4. « Hypérie ». Ce nom signifie le Haut-Pays : c'est une contrée fabuleuse, supposée au nord de l'île de Schérie.

76. v. 27. Selon la loi primitive qui régissait les clans, Nausicaa devait se soumettre à l'exogamie. Aussi pourra-t-elle croire, dans le secret de son cœur, que le naufragé qu'elle recueille lui sera un mari.

77. v. 69-70. D'autres entendent : couvert d'une bâche.

78. v. 85. V. Bérard et, après lui, Jacques Boulenger ont reconstitué, en le suivant eux-mêmes, l'itinéraire de Nausicaa se rendant aux lavoirs. En quittant la ville, la jeune fille contourne la rade au pied de la haute montagne, et, après avoir remonté le défilé, au milieu duquel coule un petit torrent, elle arrive à la plaine arrosée par le fleuve. A l'extrémité de celle-ci, elle rencontre un autre défilé, plus large, par où le fleuve va, par plusieurs cascades, se jeter dans la mer. Les alluvions

du fleuve ont étendu, autour de l'estuaire, une petite plage de sable et de galets. Les lavoirs sont des bassins naturels et profonds, creusés à divers étages par les cascades. La plage servira de séchoir, et le sable uni sera le jeu de paume.

79. v. 204. Corfou est éloignée des autres îles du monde civilisé, à l'ouest de la côte d'Épire, dont, jusqu'à nos jours, les habitants n'eurent jamais de marine. Vers le sud, rien que la mer, jusqu'au continent africain. L'île même est bien gardée par le canal de Corfou et ses montagnes. Elle pouvait donc être tenue pour inaccessible aux mortels.

80. v. 272. Ulysse avait pris pied sur la côte occidentale de l'île de Schérie. Le port et la ville des Phéaciens étaient situés sur le versant oriental. La description du poète, pour idéalisée qu'elle soit, est géographiquement exacte.

CHANT VII

81. v. 9. Apeiré est sans doute un pays de légende qu'il ne faut pas chercher à identifier.

82. v. 55. Hésiode fait d'Arété tout ensemble la sœur et la femme d'Alcinoos.

83. v. 59. Les Géants de l'Odyssée sont un peuple sauvage, de taille démesurée, apparenté aux dieux. Ils habitent dans un Occident indéterminé, une Hypérie de légende, et sont voisins des Cyclopes (cf. VII, 206).

84. v. 80. Le poète assimile au nom de la déesse le nom de la ville : Athènes, qu'il appelle Athéné.

85. Les vers 215-221, dont les scoliastes étaient déjà choqués, sont manifestement interpolés.

86. v. 245. L'épithète « insidieuse » n'a rien de péjoratif dans la bouche d'Ulysse qui admirerait plutôt les ingénieuses inventions de la déesse. A l'époque homérique, l'esprit de ruse, loin d'être déshonorant, est plutôt une qualité louable et digne d'envie.

CHANT VIII

87. v. 114. Presque tous ces noms propres sont tirés de la navigation, comme il convient pour des Phéaciens, « amis de la rame ». Par exemple, Ponteus signifie le marin ; Nauteus, le matelot ; Eretmeus, le rameur ; Prôreus, le vigile de proue ; Prymneus, le pilote de poupe.

88. v. 219-228. Interpolation probable. Ulysse parle trop clairement de sa présence sous Ilion pour n'être pas immédiatement reconnu.

89. v. 266-369. Les Anciens considéraient comme interpolés les vers 266-369, récit des amours d'Arès et d'Aphrodite. Les scolies ne nous font connaître qu'une de leurs raisons : chez Homère, l'épouse d'Héphaistos n'est pas Aphrodite, mais Charis; c'est celle-ci qui, au XVIIIᵉ chant de *l'Iliade*, 382-387, accueille Thétis et va chercher le dieu, afin qu'il forge de nouvelles armes pour Achille. V. Bérard apporte un autre argument : au vers 288 de notre chant, Aphrodite est appelée déesse de Cythère. Or, cette épithète ne se retrouve qu'en un seul endroit, au vers 193 du chant XVIII, qui semble dû également à l'auteur même des amours d'Arès.

90. v. 294. Les Sintiens étaient des Pélasges qui, partis de la Thrace, étaient les plus anciens des habitants de l'île.

91. v. 322. « le très utile Hermès ». D'autres, se rappelant qu'à l'origine Hermès était un dieu pasteur, entendent : qui fait pousser la laine des moutons.

CHANT IX

92. v. 26. Sur Doulichion cf. note 20 du ch. I, v. 246. Samé est la ville de Céphallénie la plus proche d'Ithaque; l'île de Zacynthe est plus au sud.

93. v. 40. Ismaros était située sur la côte de Thrace, où habitaient les Cicones, au nord-est de Thasos.

94. v. 84. On s'accorde généralement à placer les Lotophages sur la côte de Libye dans le voisinage de la petite Syrte, non loin de l'île Méninx.

95. v. 106. Cyclope signifie : œil rond. Faut-il voir dans le cyclope une ancienne personnification du volcan, dont le cratère est ouvert et jette fumée et lave, quand il est en éruption ? Selon V. Bérard, les monstres auraient habité la région volcanique qui borde au nord le golfe de Naples, depuis Baïes jusqu'au Vésuve. Dans le golfe, devant le promontoire méridional, se trouve l'île aux chèvres, qui a conservé son nom de Capri. Devant le promontoire septentrional est un îlot, Nisida, où paissent également des chèvres.

96. v. 116. L'épithète λάχεια a été diversement interprétée. D'autres entendent : 1º à l'épaisse couche de terre arable; 2º basse et plate, ce qui est contredit par le vers 121.

97. v. 505. « le fils de Laërte ». Aristote remarque dans sa *Rhétorique* (II, 3, 16) que la colère ne se calme que si celui dont on a tiré vengeance sait qui a été méprisé par lui, et de quelle main il a été puni.

98. v. 518-536. Il y a dans les vers 518-536 des développements suspects qui trahissent l'interpolation : répétitions (les deux rocs lancés contre la nef), blasphèmes à l'égard de Poséidon, qui mériteraient un châtiment immédiat, comme celui d'Ajax, fils d'Oïlée; surtout inconvenance à traiter ainsi le dieu protecteur des Phéaciens.

CHANT X

99. v. 3. L'île d'Éole est Stromboli. On croyait que les intermittences du volcan expliquaient bonaces et tempêtes. L'île est dite flottante parce qu'autour de Stromboli flottent parfois des bancs de lave.

100. v. 82. Selon V. Bérard le pays lestrygon est situé dans les bouches de Bonifacio sur la côte sarde. L'escadre, le vaisseau d'Ulysse excepté, s'avance vers la source de l'Ours, sous le cap del Orso.

101. v. 135. Cette île (Aiaié) semble être le promontoire Circé, aujourd'hui rattaché au sud des Marais Pontins.

102. v. 179. Les Hellènes se couvraient la face de leur manteau, quand ils étaient en proie au désespoir.

103. v. 235. Nous adoptons au vers 235 la correction de V. Bérard : ἀλείσῳ au lieu de σίτῳ. La suite du texte indique que l'effet magique est produit par une boisson.

104. v. 542-545. Vers empruntés à l'épisode de Calypso. Celle-ci est bien une nymphe ; mais Circé est une déesse.

CHANT XI

105. v. 14. « les Cimmériens ». C'est là un peuple de légende : il paraît situé dans la région volcanique du Vésuve (cf. la chronique de H. Bidou, la Promenade aux Enfers, *Temps*, 15 avril 1931).

106. v. 107. « Thrinacie », « île du Trident », où les Anciens voyaient la Sicile ou Trinacrie (île aux trois promontoires).

107. v. 237. Créthée, le fondateur d'Iolchos, est fils d'Éole, comme Salmonius, le père de Tyro ; elle a donc épousé le frère de son père.

108. v. 238. L'Énipée a sa source en Phthiotide et coule en Thessalie.

109. v. 254 sqq. Le frère de Pélias, Nélée, est le fondateur de Pylos la Sablonneuse, et l'éponyme de la dynastie des Néléides, à laquelle appartient Nestor. Iolcos, où habite Pélias, est un port thessalien au fond du golfe pagasétique ; c'est de là que partira le navire Argo. Phères, fondateur et éponyme de la ville thessalienne de Phères, est le père d'Admète, qui fut sauvé de la mort par sa femme Alceste.

110. v. 260. Euripide a fait d'Antiope l'héroïne d'une tragédie dont on a découvert sur papyrus d'importants fragments. Asopos, le père d'Antiope, est un fleuve de Béotie, qui coule de l'ouest à l'est et se jette dans le golfe d'Eubée.

111. v. 269. Créon est le roi de Thèbes qui condamna au dernier supplice Antigone, pour avoir rendu les honneurs funèbres à Polynice.

112. v. 271. « Epicaste ». Dans la tragédie d'*Œdipe Roi* de Sophocle, la reine s'appelle Jocaste.

113. v. 283. Cet Amphion ne doit pas être confondu avec le fils d'Antiope.

114. v. 284. Orchomène était en Béotie ia capitale des Minyens, célèbres par les richesses entassées dans leur trésor. Ce trésor était une coupole souterraine, semblable au trésor d'Atrée, voisin de Mycènes.

115. v. 297. On sait par XV, 225, que ce devin est Mélampe, et qu'il ramena de Phylacé les bœufs enlevés par Iphiclos.

116. v. 299. Les jumeaux Castor et Pollux sont les Dioscures, c'est-à-dire les fils de Zeus. Ce sont les dieux secourables et l'apparition de leurs étoiles annonce aux marins la fin de la tempête.

117. v. 310. Orion est le chasseur de l'Ourse. Quand Orion se lève à l'est, la Grande Ourse est à l'horizon.

118. v. 312. La coudée équivaut à un pied et demi; la brasse (ὀργυιά) à six pieds.

119. v. 315. l'Olympe, l'Ossa et le Pélion, appartenant au même massif montagneux, forment la presqu'île de Magnésie, au nord et à l'est du golfe pagasétique.

120. v. 325. Dia est une petite île au nord de la Crète. Dionysos ne figure pas dans les parties anciennes de *l'Odyssée*. La mention qui en est faite ici est un argument, entre autres, contre l'authenticité de cet ennuyeux défilé des femmes.

121. v. 326. Maera est fille de Proetos, roi d'Argos, Clymène, fille de Minyas et mère de Phaéthon. Eriphyle, pour un collier d'or que lui offrit Polynice, trahit son époux Amphiaraos : elle lui persuada de prendre part à l'expédition contre Thèbes, où il devait trouver la mort (cf. Eschyle, *Sept contre Thèbes*).

122. v. 521. Les Cétéens étaient un peuple mysien, habitant la région de Pergame. D'après la *petite Iliade*, Astyoché, sœur de Priam et femme du roi mysien Téléphe, fut décidée par le présent d'un cep d'or, que lui fit son frère, à envoyer Eurypyle, son fils, au secours de Troie.

123. v. 522. Memnon, fils d'Aurore, régnait sur les Éthiopiens orientaux.

124. v. 581. Panopée, ville de Phocide, sur le Céphise.

CHANT XII

125. v. 15. Si l'on tient pour interpolé l'épisode d'Elpénor, il va de soi que les vers 10-15 sont un raccord.

126. v. 253. Vers obscur et suspect. On peut l'interpréter ainsi :

ou bien la corne de bœuf, formant un tube creux, protège le bas de la ligne contre la morsure du poisson ; ou la corne, ramenée rapidement et tournant sur elle-même, attire le poisson par son éclat et joue le même rôle que la cuiller dans la pêche au lancer.

127. v. 328. Sens fixé par XXIV, 536. D'autres entendent : malgré leur désir de soutenir leur vie.

128. v. 374-390. Les Alexandrins condamnaient déjà les vers 374-390 : puisque Hélios voit et entend tout, nul besoin de la messagère Lampétie. — L'étymologie de son nom indique qu'elle personnifie un météore.

CHANT XIII

129. v. 77. « la pierre creusée ». C'est une borne percée dans le trou de laquelle on passait le câble du navire amarré.

130. v. 80. Les vaisseaux phéaciens sont privilégiés, et le passager qu'ils portent cède à un sommeil merveilleux que ne trouble aucune inquiétude ; car ces vaisseaux n'ont jamais à souffrir de la mer. Cf. VII, 318.

131. v. 96. Le poète donne le nom du dieu marin Phorcys au mouillage de Port-Vathy, le plus important d'Ithaque aujourd'hui. Cf. I, 72. V. Bérard croit avoir retrouvé dans les collines proches du port la grotte cachée des Naïades.

132. v. 246. « nourrice de chèvres et de bœufs ». La seconde épithète se justifie mal, le sol d'Ithaque n'étant pas propice à l'élevage des bœufs. V. Bérard remplace les bœufs par des porcs, grâce à une correction facile, mais peu conforme aux lois de la métrique.

133. v. 408. « la Roche du corbeau ». Les anciens commentateurs voyaient dans ce corbeau — Korax — non un oiseau, mais un homme, un chasseur qui avait péri en tombant de la roche. Aréthuse était, disait-on, la mère de Korax, et de désespoir se serait pendue, voyant son fils mort près de la fontaine qui reçut d'elle son nom.

CHANT XIV

134. v. 1. Il s'agit de Port-Vathy, le même qui, au chant XIII (v. 96 sqq.), est décrit sous le nom de port de Phorcys. De là Ulysse se dirige au sud, vers la Roche du Corbeau où séjourne Eumée.

135. v. 97. Par continent il faut entendre ici moins l'Acarnanie voisine que l'île toute proche de Céphallénie. Le terme Céphalléniens est appliqué dans l'*Odyssée* aux sujets d'Ulysse.

136. v. 100. Les troupeaux sont, à l'époque homérique, un des

éléments les plus considérables de la richesse, un de ceux sur lesquels on insiste le plus volontiers pour se faire valoir. On garde encore le souvenir d'un temps où l'unique richesse était le bétail. Celui du roi d'Ithaque est réparti entre l'île voisine qui nourrit bœufs et moutons, et l'île même d'Ithaque, propice seulement aux chèvres vers le nord, sur un sol montueux et en broussailles, et aux porcs vers le sud, sur le plateau forestier.

137. v. 192 sqq. A travers le tissu des mensonges inventés par Ulysse apparaissent quelques vérités historiques. En se donnant pour un naufragé crétois longtemps enrichi de rapines, Ulysse nous rappelle que les Crétois étaient dès lors bien connus à Ithaque, et que l'île de Crète (avec celle de Lemnos) était fertile en pirates, au temps où les vrais Grecs ne recouraient guère encore aux ressources du brigandage par mer. C'est vers les pays du Sud que les marins de Crète étaient surtout attirés : l'histoire de l'arrivée du faux Crétois en Égypte, de son établissement dans ce pays, en témoigne ; et la vraisemblance de cette histoire est attestée par les inscriptions égyptiennes, notamment par une inscription de Karnak, que cite avec à propos V. Bérard, d'après Maspéro. On y peut lire les plaintes du chef égyptien Minephtah sur les pillards qui viennent ravager le Delta : « Vous tremblez comme des oies... Personne ne répond à l'ennemi, et notre terre désolée est abandonnée aux incursions de tous les peuples... Les ennemis dévastent nos ports. Ils pénètrent dans les champs de l'Égypte : y a-t-il un bras de fleuve ? Ils y font halte et demeurent des jours et des mois... »

Les inscriptions aussi nous apprennent, comme l'indique le récit d'Ulysse (v. 279-286), que le Pharaon, après avoir défait les pirates, ne massacre pas les survivants, mais les établit en Égypte comme colons ou soldats.

138. v. 257. Le fleuve Egyptos n'est autre que le Nil.

CHANT XV

139. v. 19. Ces réflexions désobligeantes sur les femmes ont été souvent jugées suspectes et étrangères au premier texte homérique. Elles peuvent se justifier toutefois par le désir d'Athéné qui veut presser le retour de Télémaque.

140. v. 33. Pour éviter les prétendants qui le guettent dans la passe entre Ithaque et Céphallénie, Télémaque, au lieu de se diriger tout droit de l'Élide vers le sud d'Ithaque, longe la côte d'Élide et traverse le golfe de Corinthe avant de cingler à l'ouest pour gagner son île.

141. v. 80. L'Hellade, à l'époque homérique, ne désigne pas l'ensemble de la Grèce, mais seulement le sud de la Thessalie. Si les vers ne sont pas interpolés, comme la présence de ce mot l'a fait croire, il faut admettre que Ménélas, pour mieux prouver son obligeance et

son dévouement, propose à son hôte de l'emmener au loin, jusqu'en « Hellade », c'est-à-dire en Thessalie.

142. v. 111 sqq. Les paroles de Ménélas remettant une double coupe à Télémaque, les mots affectueux d'Hélène quand elle lui offre le voile, œuvre de ses mains, les adieux de Télémaque et de Ménélas, près du char, tout cela évoque un des beaux traits de l'âge héroïque : le sentiment de l'hospitalité, avec ce qu'il comporte d'amitié véritable entre les hôtes.

143. v. 160-181. On a dans l'épopée d'autres exemples de présages analogues. Cf. *Il.*, XII, 202 et *Od.*, XIX, 535.

144. v. 185. Phères (ou Alphiphères), située sur le cours moyen de l'Alphée en Arcadie, ne doit pas être confondue avec Phères en Messénie.

145. v. 272. Même en cas de meurtre involontaire, et même si la victime ne laissait pas de vengeurs puissants ou riches, le meurtrier était tenu de s'exiler. Cf. *Od.*, XXIII, 118-120.

146. v. 297. Phéae désigne le cap le plus occidental de l'Élide. Les îles mentionnées deux vers plus loin s'appelleront ensuite Echinades c'est-à-dire « hérissées », ce qui confirme l'interprétation donnée déjà par Strabon de l'épithète θοαί que leur applique le poète : îles pointues, aiguës. Cf. Boisacq, *Dict. étym. grec*, p. 348.

147. v. 361 sqq. Voici l'un des passages qui éclairent pour nous la condition de l'esclave à l'époque homérique. Condition assez douce : enfant, l'esclave est élevé à peu près comme un fils de la maison ; arrivé à l'âge d'homme il jouit, malgré la servitude, d'une demi-indépendance, et garde avec ses maîtres une familiarité amicale. La rudesse des mœurs existe surtout entre individus de familles différentes ; l'esclave fait partie de la famille. Cf. cependant XX, 105 sqq.

148. v. 384. Guerre et piraterie, telles sont aux temps homériques les deux origines que l'on donne toujours à l'esclavage.

149. v. 404. Ortygie : île des cailles. Le nom a été appliqué à plus d'une île de la Méditerranée ; il paraît ici désigner Délos.

CHANT XVI

150. v. 23. « Te voilà donc, douce lumière ». Ce mot d'accueil si charmant a été souvent repris par les Grecs : on l'employait pour marquer sa joie au retour d'un ami absent.

151. v. 247 sqq. D'après les indications de Télémaque, le nombre des prétendants s'élèverait donc à 108. Chiffre considérable que plusieurs ont jugé suspect. V. Bérard rejette les vers 247-256, alléguant l'impossibilité de réunir tant de convives dans le mégaron d'Ulysse, dont les dimensions ne devaient guère excéder celles des mégara de Tirynthe et Mycènes ; or ceux-ci ne peuvent laisser place autour du foyer central qu'à une cinquantaine de convives. On peut

répondre que l'épopée n'est pas nécessairement l'image fidèle de la réalité, et l'agrandit volontiers au contraire; le poète d'ailleurs n'est pas un contemporain de la civilisation mycénienne, et il ne faut pas s'étonner si le tableau qu'il donne comporte des inexactitudes.

152. v. 281-298. Interpolation probable. On retrouvera une partie de ce développement au chant XIX, v. 9-14, où il est mieux à sa place.

153. v. 327. Chez Clytios. C'est là que Piræos, fils de Clytios, a accueilli le devin Théoclymène, et mis en sûreté les présents offerts par Ménélas à Télémaque.

CHANT XVII

154. v. 12. « Un bout de pain et une pinte de vin » (littér. : une cotyle). C'est une manière de signifier peu de chose. La cotyle est un petit gobelet. Plus tard le mot a désigné une mesure de capacité valant un peu plus d'un quart de litre.

155. v. 57. « Et ses paroles n'eurent point d'ailes », c'est-à-dire ne s'envolèrent point de son esprit; elle y obéit aussitôt. Cette formule annonce toujours l'exécution, sans réplique, d'un ordre reçu; aussi traduit-on parfois, moins exactement : elle ne répondit rien. Au contraire l'expression si fréquente : paroles ailées, ne s'emploie que dans les dialogues où il y a échange de propos.

156. v. 218. « Toujours un dieu conduit le semblable au semblable. » Cette idée se retrouve à peu près dans toutes les langues. En latin : *plerumque similem ducit ad similem deus*. En français : qui se ressemble s'assemble.

157. v. 251. « Puisse Apollon le frapper aujourd'hui! » C'est un souhait de mort subite. Cf. III, 280.

158. v. 378. L'ironie à l'adresse des mendiants peut se retourner contre les prétendants eux-mêmes.

159. v. 442-444. Cette fin du récit d'Ulysse ne s'accorde pas avec le récit fait plus haut à Eumée. Celui-ci ne s'en avise point, ou du moins n'en fait pas la remarque; il peut croire que le mendiant a quelque raison de déguiser la vérité à Antinoos.

160. v. 547. L'éternuement est regardé comme un signe de la faveur des dieux. Cf. Xénophon, *Anabase*, III, 2, 9.

CHANT XVIII

161. v. 6. Le nom d'Iros, messager des prétendants, a été imaginé d'après celui d'Iris, messagère des dieux.

162. v. 73. « Iros qui ne sera plus Iros ». Littéralement, Iros non

Iros. Les Grecs se plaisent à de telles oppositions entre mots de même racine. Cf. Eschyle (*Perses*, 680) : νᾶες ἄναες, vaisseaux qui ne sont plus des vaisseaux (c'est-à-dire vaisseaux détruits).

163. v. 85. Le roi « Échétos », c'est-à-dire le roi « geôlier », qui ne lâche pas la victime qu'on lui livre. Sorte de croque-mitaine épique. On le retrouvera au v. 116.

164. v. 163. « Elle rit sans motif. » Pénélope n'a guère que des sujets de larmes ; c'est Athéné qui excite en elle ce rire insolite, comme elle lui suggère l'idée de plaire aux prétendants.

165. v. 193. Cette essence est l'ambroisie, tantôt aliment, tantôt remède, tantôt parfum pour les dieux.

166. v. 328. On est au temps de l'arrière-saison, et la forge, par les nuits froides, est un refuge qui s'offre aux pauvres gens. L'abri couvert, — λέσχη — qui chez Homère et Hésiode est un lieu d'asile pour la nuit, a désigné ensuite un promenoir où l'on se rencontre et l'on cause.

CHANT XIX

167. v. 5-13. Nous avons vu le même développement au chant XVI (v. 286 sqq.) où il était une interpolation manifeste, rejetée par Aristarque qui, au contraire, le maintient ici où sa présence se justifie beaucoup mieux.

168. v. 34. « tenant un flambeau d'or ». Il n'y a pas lieu de traduire par lampe, quoique le mot plus tard ait pris ce sens ; en lui-même il n'exprime que l'idée de lumière, et la lampe n'était pas en usage à l'époque homérique. C'est d'ailleurs ici le seul endroit où l'on trouve chez Homère ce mot λύχνος. A noter enfin que le flambeau est invisible, comme la déesse qui le tient ; seule apparaît la lumière qui en émane et dont l'éclat surprend Télémaque comme un prodige.

169. v. 176-177. Etéocrétois, c'est-à-dire vrais Crétois, Crétois autochtones, par opposition aux étrangers habitant l'île. Dans l'énumération qui suit, les Cydoniens sont une variété de Crétois autochtones, tandis que Doriens et Pélasges sont des étrangers. Les Doriens ne sont mentionnés nulle part ailleurs dans les poèmes homériques, et leur venue en Crète est postérieure au temps de la guerre de Troie. On peut néanmoins garder le v. 177 et admettre que le poète a commis un anachronisme. L'épithète appliquée aux Doriens est, elle aussi, sans autre exemple chez Homère, et sa signification n'est pas sûre. On peut comprendre soit : divisés en trois tribus, soit : qui agitent la crinière de leur casque, c'est-à-dire belliqueux.

170. v. 179. « dès l'âge de neuf ans ». Cette traduction permet de garder à l'épithète le sens qu'elle a partout ailleurs. On en a donné d'autres : pendant neuf ans, ou : tous les neuf ans.

171. v. 225-231. La lutte du chien et du faon n'est pas une broderie sur le manteau, mais une entaille sur l'agrafe d'or. On sait par

les découvertes archéologiques combien ce métal était habilement travaillé dans Mycènes « riche en or ». Cette description précise et d'une beauté plastique correspond à un trait de civilisation mycénienne.

172. v. 229. « il le tenait, palpitant ». On n'a pas d'autre exemple du verbe employé ici, et on a proposé pour lui plusieurs sens : déchirer, regarder, aboyer. Le premier paraît le plus satisfaisant : au moment même où le chien étrangle sa victime (v. 230), il semble peu naturel qu'il la regarde, et impossible qu'il aboie.

173. v. 363. « Mon enfant ». Euryclée s'adresse à Ulysse qu'elle croit mort, non au mendiant que lui-même ne devine pas son maître.

174. v. 395-466. Long récit qui fait digression, interrompant une scène pathétique, et qui paraît bien être interpolé.

175. v. 396. Autolycos « qui l'emportait sur tous en piraterie et en parjure ». Malgré l'opinion contraire de V. Bérard, il ne faut pas voir en ceci une ironie, mais un éloge. Platon l'entendait bien ainsi, et dans la *République* (I, 8, 334 B) il en tire argument contre Homère.

176. v. 407. « gens vraiment odieux : appelez-le Odysseus ». Cette traduction essaie de faire comprendre le jeu de mots sur ὀδυσσάμενος (m'étant irrité) — qui a peut-être quelque parenté avec le latin *odisse*, haïr — et Odysseus, le nom grec d'Ulysse. D'après cette étymologie plus vénérable que sûre, Odysseus serait « celui qui hait ». V. Bérard, afin de rendre le jeu de mots sensible, a imaginé : « ulcéré » et « Ulysse ». Il paraît mieux de conserver ici, pour une fois, la forme grecque du nom, puisque c'est elle que le poète prétend expliquer.

177. v. 518-524. Cette variation poétique sur le rossignol, étrangère au sujet, éloignée du ton qui convient à Pénélope, et visiblement interpolée, a inspiré à Virgile une imitation célèbre *(Géorg.*, IV, 511-515).

178. v. 562. Exemple bien connu de ces jeux de mots qui plaisaient aux Grecs et nous semblent puérils : ἐλέας = ivoire, ἐλεφαίρομαι = tromper, κέρας = corne, κραίνειν = réaliser. On a tenté d'en donner quelque idée par la traduction. V. Bérard a imaginé : ivoire... ivraie; corne... corner.

CHANT XX

179. v. 18. Cf. l'imitation d'Ovide : *Perfer et obdura; multo duriora tulisti* (*Tristes*, V, XI, 7).

180. v. 27. Comparaison bizarre qui semble plus proche de la parodie que de l'épopée ; V. Bérard la juge « digne des comiques d'Athènes ». De Perrault à Mme Dacier elle a fait couler beaucoup d'encre, au temps de la querelle des Anciens et des Modernes.

181. v. 66-79. Ces vers interrompent la phrase par une longue comparaison, évidemment hors de propos dans la prière de Pénélope :

la déesse n'a nul besoin de ces détails sur le sort des filles de Pandarée.

182. v. 79. « servantes des affreuses Érynies ». Elles subirent cette peine non pour un crime personnel, mais pour expier l'impiété de leur père. Pandareus avait volé dans un temple de Zeus un chien d'or consacré au dieu.

183. v. 105 sqq. Le travail de la meule est souvent infligé comme un châtiment aux esclaves récalcitrants. D'après les paroles douloureuses que prononce la femme esclave, il semble qu'elle et ses compagnes soient restées fidèles à Ulysse et peu dociles aux prétendants. Leur tâche est rude et la condition servile apparaît ici sous un jour plus sombre qu'au chant XV, 361 sqq.

184. v. 121. V. Bérard voit un jeu de mots entre ἀλετρίς « celle qui broie le grain » (v. 105) et ἀλεῖτας « les coupables » (v. 121); et il traduit : Ulysse comprit qu'il allait moudre sa vengeance. Traduction d'ailleurs un peu inexacte, car elle semble donner un sens passif à ἀλεῖτας (ceux qui sont broyés). Le suffixe τας ayant toujours un sens actif, ἀλεῖτας signifierait plutôt : ceux qui broient les autres, par qui les autres sont moulus — si vraiment il y a ici jeu de mots.

185. v. 156. « C'est jour de fête. » La fête est en l'honneur d'Apollon comme l'indiquent les v. 275-278 et XXI, 258.

186. v. 347. « Ils riaient comme avec des mâchoires d'emprunt », c'est-à-dire ils riaient d'un rire involontaire. Et leurs yeux en même temps se remplissent de larmes. Les prétendants sont troublés, sans en avoir conscience, par une appréhension obscure de leur destin; et ceci met dans le récit une note mystérieuse qui déjà prépare la « vision » de Théoclymène. Horace s'est souvenu de l'expression homérique dans *Sat.*, II, III, 72, *malis ridentem alienis.*

187. v. 351. Cette évocation du sort qui va frapper les prétendants est dans sa sobriété et son horreur un peu fantastique un des passages les plus saisissants du poème.

CHANT XXI

188. v. 5. « Elle gagna l'escalier » — pour le monter; car Pénélope à la fin du chant XX (v. 387) était assise près du mégaron au rez-de-chaussée.

189. v. 6. Par clef il faut entendre ici une sorte de crochet muni d'une poignée, pour tirer du dehors le verrou intérieur de la porte.

190. v. 13. En Laconie, littéralement : en Lacédémone. Il s'agit non de la ville mais de la région, comme plus bas Messène (v. 15) désigne la Messénie. De même *Iliade*, II, 181 et 582.

191. v. 14. Eurytos, père d'Iphitos, était roi d'Œchalie en Thessalie.

192. v. 16. Chez le prudent Ortiloque. C'est le fils de celui-ci Dioclès, qui a reçu dans sa maison le fils d'Ulysse (III, 489).

193. v. 21. Les Anciens forment une sorte de conseil, de gérousia primitive.

194. v. 24. Les cavales d'Iphitos avaient été achetées par Héraclès à leur voleur Autolycos, le grand-père d'Ulysse. C'est à Tirynthe, lieu de résidence d'Héraclès, que leur propriétaire vient les réclamer.

195. v. 26. « Héraclès, mortel au cœur énergique ». Homère voit dans Héraclès, non un demi-dieu, mais un homme d'une valeur héroïque.

196. v. 46. Sur la manière d'ouvrir et de fermer les portes, cf. ch. I, 441 et la note.

197. v. 76. « à travers une série complète de douze haches ». Une ouverture se trouvait pratiquée dans la partie supérieure de ces haches. C'était une preuve de grande habileté au tir de faire passer sa flèche à travers les douze ouvertures des haches disposées en ligne droite.

198. v. 102. Télémaque imagine une explication du mouvement de joie qu'il a laissé paraître et qui peut sembler surprenant. Plus étrange encore, et visiblement interpolé, est l'éloge qu'il fait de sa mère (106-110) comme on ferait d'un objet vendu au marché.

199. v. 120. Le texte ne dit pas où Télémaque a disposé les haches à travers lesquelles doit passer la flèche; on voit seulement que le tireur se place sur le seuil (v. 124) du mégaron. Sont-elles dans la salle même, ou dans la cour ? V. Bérard admet la seconde hypothèse, alléguant que dans la salle l'espace manquerait pour tirer. Mais si le tir avait lieu dans la cour, les assistants ne pourraient en juger qu'à la condition de quitter la salle. Or Ulysse veut qu'ils y demeurent et y soient pris comme au piège; il a tout réglé pour cela. C'est donc elle qui est le théâtre de l'épreuve, comme elle le sera du massacre. Rien n'empêche d'ailleurs qu'elle dépasse les dimensions ordinaires; l'épopée a le droit d'agrandir les objets.

200. v. 141. « A gauche ». Littéralement : vers la droite, c'est-à-dire en allant de gauche à droite. Antinoos qui se trouve à l'extrémité de la table à droite, escompte l'échec des autres prétendants, qui mettra plus en valeur son propre succès.

201. v. 241. Le mot κληίς, qui plus haut désignait une clef, ou plutôt une sorte de crochet, désigne ici le verrou intérieur qui servait à fermer la porte.

202. v. 259. « Est-ce le moment de tirer de l'arc ? » L'objection d'Antinoos n'est qu'un prétexte pour retarder une épreuve dont le succès lui paraît douteux.

203. v. 295. C'est pour avoir voulu ravir la fiancée de Pirithoos, Hippodamie, que le centaure Eurytion s'attira le supplice dont nous trouvons le récit interpolé dans la réplique d'Antinoos.

204. v. 350. Le ton autoritaire de Télémaque parlant à sa mère se justifie par le souci qu'il a de lui éviter le spectacle du massacre prochain.

205. v. 407. C'est la cheville que l'on tourne pour tendre ou détendre les cordes de la lyre.

206. v. 419. « il la posa au coude de l'arc, tira à lui la corde et les entailles ». Le coude de l'arc, c'est-à-dire l'armature de métal formant le milieu de l'arc à la jointure des deux branches. Les entailles, c'est-à-dire deux encoches pratiquées dans le trait pour permettre à l'archer de la serrer entre l'index et le médius.

207. v. 428. « servir aux Achéens le repas du soir ». Trait d'ironie macabre.

CHANT XXII

208. v. 86. « une coupe à deux anses ». Sur cette coupe voir III, 63 et la note.

209. v. 126. « une porte surélevée ». Elle donne sur la ruelle voisine dont le niveau est plus élevé que celui du mégaron. Elle est donc pratiquée au-dessus du niveau de la salle, et il faut monter pour en atteindre « le haut seuil ». Deux ruelles étroites bordent ainsi, à droite et à gauche, les côtés longs du mégaron et aboutissent d'une part au vestibule précédant la cour, de l'autre aux chambres, et notamment à celle où sont gardées les armes.

210. v. 136. Mélanthios fait observer que l'issue de la ruelle du côté de la cour est trop voisine de la porte où se tient Ulysse, et d'ailleurs trop étroite et facile à barrer pour être utilisée comme voie d'évasion.

211. v. 143. « les ouvertures de la salle ». Le mot est vague; on peut admettre, avec M. Croiset, qu'il s'agit de « fenêtres hautes qui donnaient du jour et de l'air dans le fond de la salle ».

212. v. 252. Ces six, dont Agélaos lui-même fait partie, ont été nommés aux vers 241-243.

213. v. 334. L'autel était situé au centre de la cour.

214. v. 364. Situation plaisante qui met une note comique au milieu des horreurs du massacre, et fait sourire Ulysse lui-même.

215. v. 412. « Il est impie de triompher sur des hommes abattus ». Cette pensée que la colère ne doit pas survivre au meurtre de l'adversaire élève Ulysse au-dessus des héros de l'Iliade, qui insultent leur ennemi mort.

216. v. 442. La tholos est choisie pour l'exécution des servantes parce qu'elle se trouve à l'écart. C'était un édifice de forme ronde situé dans la cour, non loin du mur d'enceinte; il servait de magasin.

217. v. 462. Télémaque ne suit pas exactement l'ordre d'Ulysse qui voulait que les servantes périssent par l'épée : la pendaison est plus ignominieuse. Ainsi s'opposent deux tableaux et deux genres de meurtre différents. A la fin rapide des servantes, qui s'agitent un instant et poussent à peine un soupir, va s'opposer ensuite le supplice horrible et lent de Mélanthios. Un heureux effet d'art fait valoir ainsi les tableaux l'un par l'autre.

218. v. 465 sqq. L'exécution des servantes est sommairement décrite et l'horreur en est comme voilée sous la comparaison pittoresque des grives prises au filet. Mais cette brièveté laisse dans l'ombre les détails de la scène et ne précise pas comment Télémaque hisse le câble ni comment il y attache les lacets où vont s'étrangler les victimes.

219. v. 481. Le soufre n'est pas seulement un désinfectant; il a une valeur religieuse et purifie la souillure du meurtre.

220. v. 500. Par un dernier contraste, le poète donne au drame terrible un dénouement doux et pathétique.

CHANT XXIII

221. v. 46. Le sol du mégaron est en terre battue, sans dalles ni plancher.

222. v. 139. Ulysse désigne ainsi le domaine où vit le vieux Laërte.

223. v. 157-162. Ces vers appartiennent au chant VI, 230-235, et sont ici vraisemblablement interpolés, car les deux premiers n'ont aucun rapport grammatical avec la phrase où ils se trouvent.

224. v. 178. « dresse le lit (exactement : le bois de lit, non la literie, qui est mentionnée deux vers plus loin) hors de la chambre ». L'ordre est bizarre, puisque Pénélope feint d'accueillir comme son époux celui sur qui elle garde encore un doute. Bien qu'il s'explique par le souci qu'elle a d'imposer à Ulysse une dernière épreuve, on peut trouver gauchement imaginée la ruse où le héros « avisé » se laisse prendre. Ce n'est pas une raison suffisante pour abandonner le texte des manuscrits et remplacer « hors de la chambre » par « dans la chambre » (V. Bérard).

225. v. 197. « au cordeau », littéralement : en suivant le fil à plomb. Ulysse façonne en pied de lit, de forme régulière, le tronc qu'il a ébranché.

226. v. 198. « Je le perçai de toutes parts », pour y enfoncer les chevilles qui fixent le bois de lit au tronc de l'olivier.

227. v. 218-224. Interpolation évidente. Il n'y a aucun rapport entre la conduite d'Hélène et la situation où se trouve Pénélope.

228. v. 295-296. Après ces vers qui donnent au poème sa conclusion heureuse, Aristarque et Aristophane marquaient la fin de l'Odyssée. Les ennuyeuses longueurs qui suivent donnent assez de vraisemblance au jugement des critiques alexandrins.

229. v. 310-343. Ce morceau est un résumé des voyages d'Ulysse contés dans les récits chez Alcinoos. Le goût moderne le juge à la fois sec et languissant; Aristote y voyait un modèle de narration rapide.

230. v. 357. Ulysse veut réparer par des razzias les pertes qu'il a subies. Le pillage chez les peuples voisins est parfaitement admis par les mœurs du temps.

CHANT XXIV

231. On sait combien d'arguments non négligeables ont été invoqués, depuis Aristarque jusqu'à V. Bérard, contre l'authenticité du XXIVe chant, et particulièrement de la descente aux enfers qui en occupe les 205 premiers vers. Il n'est pas douteux que ces arguments méritent une grande attention, ceux surtout qui sont tirés des contradictions existant entre le dernier chant et l'ensemble du poème.

Voici les plus notables de ces contradictions :

a) « Hermès, dieu du Cyllène, appelait à lui les âmes des prétendants » (v. 1). Nulle part ailleurs dans l'œuvre homérique, Hermès n'est le dieu du Cyllène, nulle part il n'est le conducteur des âmes et ne tient en main la baguette d'or.

b) « de sa baguette il menait la troupe » (v. 5). C'est une troupe de morts non ensevelis; partout ailleurs les défunts ne sont admis aux enfers qu'après avoir reçu la sépulture.

c) « les neuf Muses » (v. 60). Homère ne connaît pas ailleurs un nombre déterminé de Muses.

d) Dionysos (v. 74) n'apparaît pas dans le reste de *l'Odyssée*, sauf une fois dans le défilé des femmes (XI, 325) qui est, lui aussi, d'une authenticité très suspecte.

Les arguments d'ordre littéraire, qu'on invoque aussi contre l'authenticité du dernier chant, sont plus faibles : assez d'exemples certains prouvent qu'un poète peut se montrer parfois très inférieur à lui-même. Il faut reconnaître pourtant que négligences et faiblesses abondent ici. Voici quelques-unes des plus fâcheuses :

a) Il est au moins étrange que les Achéens soient effrayés par les pleurs des déesses marines au point de se sauver vers leurs vaisseaux (v. 50).

b) Le dialogue entre Achille et Agamemnon est assez ridicule et invraisemblable : pourquoi Agamemnon, retrouvant Achille aux enfers, aurait-il attendu près de dix ans avant de penser à lui parler de ses funérailles ?

c) L'histoire encore une fois contée de la toile de Pénélope n'est qu'un remplissage maladroitement plaqué dans l'ensemble.

Contre l'authenticité des deux dernières parties : visite chez Laërte, lutte contre le parti des prétendants, ce sont surtout des arguments d'ordre littéraire qui sont invoqués. Et à la vérité, ils ne manquent pas.

a) Ces récits sont tout en formules banales et comme usées, d'où la vie est absente.

b) Ulysse retrouvant Laërte inconsolable de la mort de son fils, devrait aussitôt se faire connaître à lui. Pourquoi lui raconter une série de mensonges sans intérêt ? (v. 303-315). Encore un récit introduit pour enfler le développement.

c) Le sage Ulysse prend avec les siens bien tranquillement son repas sans paraître songer, sinon tout à la fin, au danger qui menace (v. 491).

d) L'entretien d'Athéné avec Zeus est purement oiseux (v. 472-486). La discussion hors de propos entre Ulysse et Télémaque sur le courage, les réflexions de Laërte, confinent au grotesque (v. 505-515). Et on en peut dire autant de la bataille, qui, à peine commencée par le coup de pique du vieux Laërte (v. 522), est aussitôt suspendue par l'intervention d'Athéné (v. 530).

INDEX* DES NOMS PROPRES

(*) Cet index doit beaucoup à ceux des éditions Allen (Oxford, 1907),
et Murray (Londres, 1928).

Les chiffres romains désignent le chant et les chiffres arabes le vers.

XIX, 125, 182, 193; — XXIV, 117.
Ilithye, XIX, 188.
Ilos, I, 259.
Ino, V, 333, 461.
Iolcos, XI, 256.
Iphiclès, XI, 290, 296.
Iphimédie, XI, 305.
Iphitos, XXI, 14, 22, 37.
Iphthimé, IV, 797.
Iros, XVIII, 6, 25, 38, 56, 73, 75, 96, 233, 239, 333, 337, 393.
Ismaros, IX, 40, 198.
Ithacos, XVII, 207.
Ithaque, I, 18, 57, 88, 103, 163, 172, 247, 386, 395, 401, 404; — II, 167, 256, 293; — III, 81; — IV, 175, 555, 601, 605, 608, 643, 671, 845; — IX, 21, 505, 531; — X, 417, 420, 463, 522; — XI, 30, 111, 162, 361, 480; — XII, 138, 345; — XIII, 97, 135, 212, 248, 256, 325, 344; — XIV, 98, 126, 182, 189, 329, 344; — XV, 29, 36, 157, 267, 482, 510, 534; — XVI, 58, 124, 223, 230, 251, 322, 419; — XVII, 250; — XVIII, 2; — XIX, 132, 399, 462; — XX, 340; — XXI, 18, 109, 252, 346; — XXII, 30, 52, 223; — XXIII, 122, 176; — XXIV, 104, 259, 269, 284.
Itylos, XIX, 522.

J

Jason, XII, 72.

L

Lacédémone, III, 326; — IV, 1, 313, 702; — V, 20; — XIII, 414, 440; — XV, 1; — XVII, 121; — XXI, 13.
Laercès, III, 425.
Laërte, I, 189, 430; — II, 99; — IV, 111, 555, 738; — VIII, 18; — IX, 505; — XIV, 9, 173, 451; — XV, 353, 483; — XVI, 118, 138, 302; — XIX, 144; — XXII, 185, 191, 336; — XXIII, 134, 192, 206, 207, 270, 327, 365, 375, 498, 513.
Laërte, (fils de), V, 203; — IX, 19; — X, 401, 456, 488, 504; — XI, 60, 92, 405, 473, 617; — XII, 378; — XIII, 375; — XIV, 486; — XVI, 104, 167, 455; — XVII, 152, 361; — XVIII, 24, 348; — XIX, 165, 262, 336, 583; — XX, 286; — XXI, 262; — XXII, 164, 339; — XXIV, 542.
Lamos, X, 81.
Lampétie, XII, 132, 375.
Lampos, XXIII, 246.
Laodamas, VII, 170; — VIII, 117, 119, 130, 132, 141, 153, 207, 370.

Lapithes, XXI, 297.
Léda, XI, 298.
Leiodès, XXI, 144, 168; — XXII, 310.
Lemnos, VIII, 283, 294, 301.
Léocrite, II, 242; — XXII, 294.
Lesbos, III, 169; — IV, 342; — XVII, 133.
Lestrygon, X, 106, 109, 199.
Lestrygonie, X, 82; — XXIII, 318.
Léto, VI, 106; — XI, 318, 580.
Leucade, XXIV, 11.
Leucothée, V, 334.
Libye, IV, 85; — XIV, 295.
Lotophages, IX, 84, 91, 92; — XXIII, 311.

M

Maera, XI, 326.
Maia, XIV, 435.
Malée, III, 287; — IV, 514; — IX, 80; — XIX, 187.
Mantios, XV, 242, 249.
Marathon, VII, 80.
Maron, IX, 197.
Médon, IV, 677, 696, 711; — XVI, 252, 412; — XVII, 172; — XXII, 357, 361; — XXIV, 439, 442.
Mégapenthès, IV, 11; — XV, 100, 103, 122.
Mégaré, XI, 269.
Mélampous, XV, 225.
Mélaneus, XXIV, 103.
Mélantheus, (Mélanthios), XVII, 212, 247, 369; — XX, 173, 255; — XXI, 175, 176, 181, 265; — XXII, 135, 142, 152, 159, 161, 182, 195, 474.
Mélantho, XVIII, 321; — XIX, 65.
Memnon, XI, 522.
Ménélas, I, 285; — III, 141, 168, 249, 257, 279, 311, 317, 326; — IV, 2, 16, 23, 26, 30, 46, 51, 59, 76, 116, 128, 138, 147, 156, 168, 185, 203, 217, 235, 265, 291, 307, 316, 332, 561, 609; — VIII, 518; — XI, 460; — XIII, 414; — XIV, 470; — XV, 5, 14, 52, 57, 64, 67, 87, 92, 97, 110, 133, 141, 147, 167, 169, 207; — XVII, 76, 116, 120, 147; — XXIV, 116.
Mentès, I, 105, 180, 418.
Mentor, II, 225, 243, 253, 268, 401; — III, 22, 240; — IV, 654, 655; — XVII, 68; — XXII, 206, 208, 213, 235, 249; — XXIV, 446, 456, 503, 548.
Mesaulios, I, 259.
Messénie, XXI, 15.
Messéniens, XXI, 18.
Mimas, III, 172.
Minos, XI, 322, 568; — XVII, 523; — XIX, 178.
Minyen, XI, 284.
Moulios, XVIII, 423.

TABLE DES MATIÈRES

PUBLICATIONS NOUVELLES

Vous trouverez chez votre libraire le catalogue complet des livres de poche GF-Flammarion et Champs-Flammarion.

GF – TEXTE INTÉGRAL – GF

92/09/M0957-IX-1992 – Impr MAURY Eurolivres SA, 45300 Manchecourt.
N° d'édition 13986. – 3ᵉ trimestre 1965. – Printed in France.